市成果受西华师范大学 2016 年度博士科研启动项目资助

中国古代乡约新探

ZHONGGUO GUDAI XIANGYUE XINTAN

朱仕金 ◎ 著

中国政法大学出版社

2021·北京

声　　明　1. 版权所有，侵权必究。

　　　　　2. 如有缺页、倒装问题，由出版社负责退换。

图书在版编目（CIP）数据

中国古代乡约新探/朱仕金著. —北京：中国政法大学出版社，2021.3
ISBN 978-7-5620-9711-2

Ⅰ.①中… Ⅱ.①朱… Ⅲ.①乡村－管理－章程－研究－中国－明清时代 Ⅳ.①D691

中国版本图书馆 CIP 数据核字(2020)第 217781 号

出 版 者	中国政法大学出版社
地　　址	北京市海淀区西土城路 25 号
邮寄地址	北京 100088 信箱 8034 分箱　邮编 100088
网　　址	http://www.cuplpress.com (网络实名：中国政法大学出版社)
电　　话	010-58908285(总编室) 58908433（编辑部）58908334(邮购部)
承　　印	保定市中画美凯印刷有限公司
开　　本	720mm×960mm　1/16
印　　张	18
字　　数	300 千字
版　　次	2021 年 3 月第 1 版
印　　次	2021 年 3 月第 1 次印刷
定　　价	89.00 元

序 言
Introduction

笔者从事中国古代乡约的研究，很大程度上源于对当下中国基层社会秩序构建与维护的关怀。众所周知，我国在村社这一级实行的是村民自治制度。笔者从小耳濡目染各种各样的村民自治活动，但坦率来讲，直至今日，笔者仍然不清楚当下中国村民自治制度中"自治"的具体意指以及这种"自治"的限度之所在。从表面上看，当下中国基层社会秩序的构建与维护进步巨大、指导思想也是日新月异，但从根本上看，当下中国基层社会秩序构建与维护的底色是传统的，或者说是建立在传统中国近千年来基层社会秩序理论与实践之上的。以上是笔者坚持从历史的视角展开思考的基本动因。

受教育脉络的影响，在很长一段时间中，笔者都秉持自上而下的基层社会秩序构建与维护立场，即源于上级的正确指引或导向是基层社会秩序构建与维护基本的理论支撑与规范渊源，直到第一次读到托克维尔的《论美国的民主》。《论美国的民主》让我第一次意识到一个社会秩序的构建与维护可以是自下而上的，正如托克维尔所言："在美国，可以说完全相反，那里是乡镇成立于县之前，县又成立于州之前，而州又成立于联邦之前。"[1]托克维尔对美国基层秩序的论述和传统中国"民惟邦本，本固邦宁"的古训，让我逐渐产生了传统中国的法秩序构建与维护是不是也可能肇始于基层，归结于中央的疑问。带着这个疑问，我一直在寻找考察中国基层社会秩序构建与维护的切入点。2013年，笔者进入中国政法大学法律史学研究院就读博士研究生，导师张中秋教授的"乡约的诸属性及其文化原理认识"[2]一文让我发现了一

---

[1] [法]托克维尔：《论美国的民主》，董果良译，商务印书馆1988年版，第45页。
[2] 张中秋："乡约的诸属性及其文化原理认识"，载《南京大学学报（哲学·人文科学·社会科学版）》2004年第5期。

条展开思考的进路：以乡约为线索探索传统中国基层社会秩序构建与维护。

  博士研究生三年的时间很短暂，为了尽可能的完成博士学位论文这个阶段性的研究任务并顺利毕业，笔者采用了对少量乡约经典文本进行深入研读，运用法学的规范分析方法为主要研究方法的研究思路，对《吕氏乡约》《增损吕氏乡约》《南赣乡约》这三个传统中国乡约理论与实践的典型文本进行了系统、动态的研究，最后形成的研究成果就是笔者的博士学位论文："乡约及其与宋明基层社会秩序研究——以《吕氏乡约》《增损吕氏乡约》《南赣乡约》为分析材料"，亦即本书的上编。在博士学位论文中，笔者从《吕氏乡约》《增损吕氏乡约》《南赣乡约》三个经典乡约文本出发，比较分析了吕大钧、朱熹、王守仁三人独特的乡约组织构造和制度设计，并对乡约在三位贤哲手中的传承与更新进行了考察。进而，笔者也简要涉及乡约与宋明基层社会秩序的基本关联及其历史演变。总体而言，笔者博士研究生期间的传统中国乡约研究主要属于一种理论文本分析，笔者主要的着力点在宋明时期典型的乡约文本，而非宋明乡约的历史实际。朱鸿林先生曾总结的传统中国乡约研究的四大弊端，本书上篇的研究显然免不了"内容上以文当实"[1]的弊端。不过，这篇博士论文代表了笔者进行乡约研究前期阶段的基本思路和理论观点。虽然，目前笔者对于传统中国乡约研究的基本思路和观点早已不同于四年前，但为保持论文原貌，此次出版除个别格式与文字修改外，笔者并未修改博士学位论文的思路、方法与观点。

  当笔者2016年初次阅读朱鸿林先生所著"中国近世乡约的性质、有效性及其现代意义略论""二十世纪的明清乡约研究"等文章时，笔者开始意识到进行传统中国乡约研究不仅是"托古改制"，为当今中国基层社会秩序构建于维护寻找理论根据，更应该是"历史实证"。[2]只有全面、细致考证乡约在传统中国实际的运行实践，才谈得上在扎实的基础上思考、讨论乡约各种理论与学说的优劣。由此，笔者进行传统中国乡约研究的思路开始从纯理论化的规范分析思路开始走向建立在历史考证基础上的适度理论建构，换言之，笔者开始运用历史考证与理论分析相结合的史论结合思路展开新阶段的传统

---

[1] 朱鸿林：《孔庙从祀与乡约》，生活·读书·新知三联书店2015年版，第263页。
[2] 参见程泽时、徐晓光："托古改制与历史实证：乡约新论"，载《政法论丛》2016年第4期。

序 言

中国乡约研究，这部分研究的成果构成了本书的下编。从研究内容时间分期而言，本书上、下编的研究内容有明显的顺承关系：本书上编的研究时间范围上迄秦汉，主要研究内容集中在两宋到明代中期，时间下限设定在王守仁颁行《南赣乡约》期间；本书下编的研究内容则承接上编，以明代中后期和清代乡约为主要研究时间范围。

由于明代朝廷与儒家士大夫的推重，乡约从明代初期即开始进入基层社会秩序构建与维护的理论与实践演进中，到明代中后期，随着明太祖设立的老人制度逐渐荒废，乡约逐渐被赋予多元化的职能，开始成为与保甲制度并行的基层社会秩序构建与维护基本构造。从此以后，贯穿整个明清时期的乡约研究开始呈现出与本书上编的乡约研究明显不同的特征：一方面，明清乡约，尤其是清代乡约的历史记载极大丰富，且呈现出地方化、多样化的特点。清代乡约的记载既有官方记载，也有非官方记载；有中原地带的乡约推行的普通记录，也有边疆少数民族地区的特殊乡约推行记载；有关于乡约执照的文书，也有乡约所建置的记载。进而，上述这些历史记载都确实地证明了乡约在当时曾经推行，而非仅仅停留在文本层面，这就意味着明清乡约的研究必须立基在历史考证之上。另一方面，本书上编所研究的《吕氏乡约》与《南赣乡约》在宋明历史演进中有更化，但更重要的则是精神上的一脉传承：以德业相劝、过失相规、礼俗相交、患难相恤为宗旨和最终目标。明清乡约，尤其是清代乡约与本书上编所研究的乡约有着全方位的差异，这些差异既体现在乡约的价值目标上，也体现在乡约的组织构造上，更体现在乡约运行的基本模式上。因此，与本书上编采用相对系统而封闭的研究模式不同，本书下编的内容构成与研究视野也迥然有异。

下编第一篇文章"再论明清基层法秩序中的'约'"在前贤的研究基础上，笔者运用概念史的研究思路对明清时期"约"这一范畴进行梳理、考察，阐明其内涵、外延以及基本特征。第二篇文章"清代乡约秩序构建研究"笔者尝试通过对清代乡约秩序的基本构造和特征进行分析、总结，勾勒出明清乡约的概貌、基本运行模式以及基本特征。通过这部分的研究不难发现，明清乡约的基层职役定位决定了其与本书上编所论述的乡约有本质的区别，而这种区别既体现在乡约宗旨的变化，也使得乡约从儒家士大夫设计理想蓝图的文本走向了基层社会秩序构建与维护的实践。第三篇文章"明清乡约纠纷解决权能再探"笔者以明清乡约的纠纷解决权能为切入点，对乡约在明确基层社会秩序构建与维护过程中所处的地位以及发挥作用的强度进行了详细考证和系统分析。笔者认为：由于明清国家权力对乡约地位的限定，明清乡约展开纠纷解决权能的法律渊源和法律效力都呈现出尴尬、模糊的处境：一方面，明清乡约纠纷解决权能展开有默示或明确的法律渊源，也有得到州县衙门背书的法律效力；另一方面，明清乡约纠纷解决权能展开的法律渊源和法律效力又有着相当大的弹性。但与此同时，明清基层社会的纠纷解决体系正是由这些看似可有可无，权能相似且交叉竞争，随时可能替代的各部分（如老人、邻佑、亲族、保长、甲长、乡约等）共同构建而成，而这个基层社会纠纷解决体系则显然是不可或缺的，这个从"可有可无"到"不可或缺"的进路值得深思。第四篇文章"乡约与清代基层社会法律秩序研究——以乡约所建置为线索"属于笔者进行明清乡约研究成文最早的研究成果，已于2017年在《民间法》第十九卷发表，此文是笔者进行明清乡约研究的初步尝试。这篇文章体例上与前文不甚契合，内容上也有些重合，但文章的研究视野与研究方法尚有指导意义，故笔者将其附于书尾，请读者辨查。

　　传统中国的乡约研究并非时下学界热点，其研究结论对于当今中国基层社会秩序构建与维护是否有借鉴价值也尚不可知，这大致是笔者传统中国乡约研究的学术背景。笔者虽能"板凳坐上十年冷"，却无力保证"文章落笔不一空"的目标。不过，即使从最保守的观点出发，扎扎实实地去钻透传统中国乡约理论与实践这个故纸堆也自有其价值，毕竟时至今日，我们还没有自信已经看到了中国基层社会秩序构建与维护的全貌。所以，笔者下一阶段的研究主题并不急于将传统中国基层社会秩序构建与维护的"经验"和当下中国基层社会秩序构建与维护接轨，而是花更多精力去了解"经验"本身，毕竟在借鉴"经验"之前，先弄清楚"经验"的源流表里是不可或缺的工作。

朱仕金

二〇二〇年二月于南充

目 录
Contents

序　言...001

上 编

乡约及其与宋明基层社会秩序研究
——以《吕氏乡约》《增损吕氏乡约》《南赣乡约》为分析材料

绪　论...003

 一、选题的源起及意义...003

 二、三个基本限定的说明...006

 三、宋明乡约研究综述...011

 四、基本史料、研究方法与论文结构...024

第一章　乡约的产生及其演进...027

第一节　《吕氏乡约》及其内容...029

 一、《吕氏乡约》的诞生背景...029

 二、《吕氏乡约》的诞生...032

 三、《吕氏乡约》的内容...036

第二节　《增损吕氏乡约》及其内容...044

 一、朱熹增损《吕氏乡约》的背景...044

 二、朱熹对《吕氏乡约》的增损...049

 三、《增损吕氏乡约》的逻辑展开...054

第三节　《南赣乡约》的产生及其转变...057

一、《南赣乡约》诞生的背景...058

二、《南赣乡约》的转型...067

第二章 乡约的基本构造...075

第一节 乡约的参约者...077

一、参约者的社会阶层探析...077

二、参约者的权利与义务...080

第二节 乡约的理约者...083

第三节 乡约的三大簿籍...090

一、约众籍...090

二、旌善籍、规过籍...092

第三章 乡约的基本制度...095

第一节 入约、出约制度...096

一、入约制度...096

二、出约制度...098

第二节 旌善、规过制度...099

一、旌善制度...100

二、规过制度...102

第三节 患难救恤制度...106

第四节 集会制度——兼论乡约集会制度与乡饮酒礼之同异...110

一、乡约集会制度概述...110

二、乡饮酒礼概述...117

三、乡约集会制度与乡饮酒礼之同异...122

第五节 乡约运行模式的转变...127

第四章 乡约与宋明基层社会秩序...130

第一节 宋明基层社会秩序概貌...130

第二节 乡约推行状况考论...133

第三节 宋明基层规范体系中的乡约...140

一、乡约与宋明基层行政制度...140

二、乡约与宋明家族规范...143

三、乡约与其他宋明基层社会规范...147

第四节　乡约之于宋明基层社会秩序...151

第五章　乡约的思想渊源与基本原理...155

第一节　乡约的思想渊源...155

一、宋明士绅的政治主体观...156

二、宋明士绅的社会秩序观...160

第二节　乡约的基本原理...162

一、乡约的权威原理...163

二、乡约的运行原理...166

三、乡约的规范道德化原理...167

结　论...170

下　编

清代乡约新探

第一部分：再论明清基层法秩序中的"约"...175

引言...175

一、"约"的概念群...178

二、"约"的多元化与同质化...187

三、"约"的定位...195

结论...199

第二部分：清代乡约秩序构建研究...200

引言...200

一、清代乡约秩序的法律渊源...203

二、清代乡约秩序的演进...209

三、清代乡约秩序构建的特征...215

结论...219

第三部分：明清乡约纠纷解决权能再探...220

引言...220

一、明清乡约纠纷解决权能概观...223

二、明清乡约纠纷解决权能的法律渊源...225

三、明清乡约纠纷解决的法律效力...232

结论...238

第四部分：乡约与清代基层社会法律秩序研究
——以乡约所建置为线索...239

引言...239

一、清代乡约所建置概貌...241

二、清代乡约所建置的动因...250

三、乡约与清代基层法律秩序构建...252

四、乡约与清代基层法律秩序演进...258

余论：中国古代乡约研究视野反思...263

参考文献...265

上 编

乡约及其与宋明基层社会秩序研究
—— 以《吕氏乡约》《增损吕氏乡约》《南赣乡约》为分析材料

绪　论
Introduction

"一切历史都是当代史"是意大利新黑格尔主义历史哲学家克罗齐的经典论断,其大意是指历史研究者在思考历史时,现实环境起着极端重要甚至支配性的作用。[1]很显然,研究历史并不是为了回到过去,而是立足于现实关怀。因此,历史研究者往往根据现实环境的需要和兴趣点,对历史进程的片段加以选择和研究,并尝试从中得出一般性的结论。可以说,历史研究的这一过程深刻地表达了历史研究中历史材料和现实关怀的互动,中国法律史研究同样如此。

一、选题的源起及意义

社会生活的变化是历史演变的集中体现,而基层社会的演变则是社会演变展开的基础场域。从法学的视角看,基层社会的法律秩序都是整个社会法律秩序的基础和开端,正如先有乡镇,方才有州县,然后才有国家。因此,中国传统社会的基层社会秩序问题理当是中国法律史研究的基本出发点之一。自有史以来,对于基层社会和基层秩序的思考和讨论从未停歇。从《尚书·尧典》的"克明俊德,以亲九族。九族既睦,平章百姓。百姓昭明,协和万邦。"到《孟子·梁惠王上》所论的养民之道,再到王守仁推行《南赣乡约》时的敦敦教诲。近现代以来,关于中国传统社会基层秩序的思考和论著更是层出不穷,学界先贤从政治、社会、行政、文化等方面切入,以家族、乡官职役、结社等为主题探讨中国传统社会的基层秩序问题,其成果亦可谓异彩纷呈。

自宋代开始,中国传统社会开始了"近世"时期。据日本中国史家内藤

---

[1] 参见[意]贝奈戴托·克罗齐:《历史学的理论和实际》,傅任敢译,商务印书馆1982年版,第3页。

湖南的"唐宋变革说",与唐代所处的"中古"时期相较,中国传统社会自宋代开始展现出与之前时代迥然有异的特征。这些特征主要包括:政治上,君主独裁、相权衰退、科举取士等;经济上,土地自由买卖、小家族和平民成为社会主体、商品经济空前繁荣等;文化上,重经义而轻训诂的理学出现、文学艺术平民通俗化等。[1]到明代嘉靖、万历时期,中国传统社会的"近世"特征开始达到顶峰,继之而来的就是中国传统社会的衰退历程和近代社会的开始。在这个跨越近千年的历史进程中,作为中国法律史的研究者,笔者首先关注的是这个进程中的基层社会秩序问题。

众所周知,宋明以来的基层社会秩序是以国家法为主要根据,以官方组织为主要维持依凭的社会秩序体系。这种秩序保证了基层社会与社会整体的一致性,而这种特点正是宋明以来中央集权政治体制的主要表征。正如张中秋教授提出的传统中国法秩序的"一体二元主从式多样化"构成所揭示,传统中国的法秩序主要是"由国家法所确立的至高无上、一统天下的社会大秩序"。[2]显然,宋明时期的中国传统社会法秩序正是"一体二元主从式多样化"法秩序体系的典型例证。正是因为中国传统社会法秩序所表现出的"一体二元主从式多样化"特征,则研究那些居于社会基层构成法秩序体系基础的各种"小秩序"就更有必要。只有深入研究这些"小秩序",才可能更加清晰的了解"大秩序"和"小秩序"的实际运行状态、两者之间的关联以及相互之间的冲突与共生。更为重要的是,只有深入研究这些"小秩序",才可能了解中国传统基层社会对"大秩序"和"小秩序"的取舍以及产生这种取舍机制的深层次社会文化根源。

在由血缘家族和地缘乡社共同构成的宋明基层社会中,基于不同的社会秩序功能,可以识别出家族秩序、乡里秩序、会社秩序以及信仰秩序等。在宋明以来的众多"小秩序"中,家族秩序可谓由来已久,其研究者也极多。但家族秩序往往囿于本家或本族的稳定和发展,并以之为出发点构建家族秩序。这种家族秩序的建立,立基于家族有一定规模且位于一定地域内的族产和丁口,以便于家族秩序的建立和推行。在人口高速流动、社会资源市场化

---

[1] 参见[日]内藤湖南:"唐宋時代の研究——概括的唐宋時代観",载《歷史と地理》1922年第9卷第5号。

[2] 张中秋:"概括的传统中国的法理观——以中国法律传统对建构中国法理学的意义为视点",载《法学家》2010年第2期。

的当代中国，家族产业和人口的广泛分布与频繁流动使得传统家族秩序的存在与运行已经逐渐消亡。从这一点上看，宋明以来的中国传统家族秩序之于当下中国的社会秩序维护进程，其意义已经需要重新考虑。乡里秩序是宋明国家行政权力体系的末梢延伸到基层社会而形成的地缘性的、以职役制为核心的基层官方行政秩序。会社秩序是宋明以来立基于特殊行业或特殊社会目标而形成的各类"小秩序"，比如基于行业而产生的行会、基于社会赈济而产生的社仓、基于社会治安保障的义社等。信仰秩序是宋明以来基层社会基于民间信仰而产生的形态各异、具有相对稳定性的基层社会秩序成分。

欲理解宋明基层秩序的全貌，则上述这些秩序无一不需要仔细地去考查、分析，如此一来篇章浩瀚，远非笔者能力所及，因此，只有选择一个合适的切入点或主题，或者说选择一个适当的范畴，笔者才可能展开宋明基层秩序的讨论：首先，这个主题必须能较全面地反映宋明基层秩序所具备的政治、经济、教化、治安、司法等内容；其次，这个主题必须能体现宋明时期官方法制和民间惯俗的结合，换言之，这个主题能体现国家主流价值和民间自发精神的互动和调和；最后，这个主题必须有一定代表性，意即这个切入点是研究宋明基层秩序真实、必然的主题，而不是偶然的昙花一现。基于上述的分析和要求，笔者选择乡约作为研究宋明基层秩序的切入点和主题：首先，乡约作为宋明基层秩序的一种范式，其包括了家族秩序、乡里秩序、乡社秩序和信仰秩序的功能和内容。以乡约的肇始者《吕氏乡约》为例，其内容有德业相劝、过失相规、礼俗相交、患难相恤四大项，综合其内容来看，宋明基层秩序的其他类型只涵盖了《吕氏乡约》的其中一部分内容。如社仓秩序之于"患难相恤"，乡里行政秩序之于"过失相规"。同时，《吕氏乡约》所涵盖的宋明基层秩序的内容极为宽泛：既包括德行教化，也包括民生经济互助；既包括日常的礼俗相交，也包括定期组织劝善规过。显然，较之其他秩序类型，乡约更能全面反映宋明基层秩序的概貌。其次，宋明乡约的发展经历了从民间组织到半官方化组织再到官方组织的历程。乡约的这种发展趋势既是民间自发与国家控制逐渐结合的过程，也是国家主流价值和民间自发理念冲突、互动的历程，这一点对于思考宋明基层秩序的本质特征和定位至关重要。最后，宋明之乡约无论是民间自主，还是官方主导，其宗旨始终是通过乡约连接基层民众，使之共谋完善基层社会秩序；乡约将血缘的家族治理推广到地缘的乡、县；将乡里行政秩序的惩罚机制引用到乡约中；将社学、社仓等基层"小秩序"融合到一个组织中,并为这个组织的运行制定相关规则。乡约从各种中国传统社会秩序维护机制中汲取营养并形成一套独特的基层社会秩序维护机制,进而通过这种维护机制实现基层社会的政治经济协调、思想文化交流,最终达到基层社会秩序维护的目标,因此,乡约的研究价值和意义不言自明。

自杨开道先生《中国乡约制度》开始,学界对于宋明以来乡约的研究和探讨逐渐全面、深化。归结起来,对宋明乡约的研究大致可以分为三大类型:第一类从政治史或者儒学史的视角入手,将乡约视作教化规范或教化组织而进行的思考,这种观点认为乡约与乡饮酒礼类似,主要起到教化基层民众的功能,正如黄干所说:"此乡饮酒遗意也。"[1]第二类是从社会史的角度入手,将乡约放入宋明结社中去探讨,注重其结社的面向和实际的结社状态和社会效果等。第三类从中国法律史的视角入手,将乡约纳入中国古代乡规民约体系之中进行考查、分析。法律史的研究视角注重从法学和历史的双重视角考查乡约的产生、内容、适用情况以及社会效果。宋明乡约有着规范和组织两个面向,但迄今为止大部分法律史研究者都将宋明乡约首先视作一种规范,而不是一种组织加以思考。将乡约视作一种中国传统乡规民约的一种,并对这些规范进行比较的、类型化的研究,这种研究视角并非错误,但却在极大程度上掩盖了宋明乡约作为一种基层社会组织的面向。揭示宋明乡约作为一种基层自治组织何以会于北宋产生,组织构造如何形成,乡约规范的基本运行模式如何,产生了什么样的基层社会效果,以及由何种思想渊源与社会秩序观给予基本原理上的支撑等,是研究宋明乡约亟需专注的内容。本文的目标是希望以法律史为基本研究视角,从基本构造、基本制度、运行实态以及基本原理四个方面对宋明乡约进行整体、系统的研究,并结合宋明社会历史环境,探讨乡约在宋明基层秩序中的产生、运转及其演变历程,阐明乡约在宋明基层秩序中的基本价值和意义。

二、三个基本限定的说明

在展开乡约与宋明基层秩序研究之前,有三个基本限定需要予以厘清:其一,对"乡约"的内涵进行基本限定;其二,对宋明基层秩序中的"基

---

[1] (南宋)黄干撰:《勉斋集》,商务印书馆1935年版,第12页。

层"略加限定；其三，对本文选择《吕氏乡约》、《增损吕氏乡约》和《南赣乡约》作为核心材料的主要原因进行简要说明。

"乡约"一词从字面上看是指与"乡"相关的"约"。《说文解字》对"约"的解释是："约，缠束也。"[1]由此可知"约"字主要指约束之意，推而广之，可知有法律规制的涵义。如此一来，诸学者将"乡约"理解为"乡规民约"也就可以理解了。概观学界对"乡约"内涵的界定，大致有如下三类观点：①乡约是一种教化形式。王日根教授认为："乡约本是宋代士大夫倡导的加强基层社会道德建设的民间组织形式，到明代朱元璋所创设的老人制度敝坏之后，乡约又获重新提倡。"[2]韩玉胜博士在其"'宋明乡约'乡村道德教化展开的历史逻辑"一文中也持同样观点。[3]②乡约是一种乡规民约。持此观点的宋明乡约研究者为数众多，试举两例。谢长法教授认为："乡约原是指乡村、城坊的民众以美风俗、安里弭盗为宗旨自发订立的乡规民约。"[4]刘笃才和祖伟教授认为："乡约是由乡村士绅发起的乡村自治规约。"[5]甚至一些通行工具书将乡约与乡规民约等同起来，如《中国大百科全书》就将"乡规民约"解释为"中国基层社会组织中社会成员共同制定的一种社会行为规范，又称乡约。"[6]③乡约是一种基层社会组织。段自成认为："乡约是中国古代的一种基层社会组织。……是一个典型的民间教化组织。"[7]以上观点都一定程度上理解了"乡约"的内涵，但"乡约"的内涵要比上述各家的见解要更加丰富。张中秋教授认为"乡约"是"乡民基于一定的地缘和血缘关系，为某种共同目的而设立的生活规则及组织"[8]的观点在将"乡约"的规

---

[1]（东汉）许慎撰：《说文解字附检字》，九州出版社2001年版，第759页。

[2] 王日根："论明清乡约属性与职能的变迁"，载《厦门大学学报（哲学社会科学版）》2003年第2期。

[3] 参见韩玉胜："'宋明乡约'乡村道德教化展开的历史逻辑"，载《伦理学研究》2014年第2期。

[4] 谢长法："乡约及其社会教化"，载《史学集刊》1996年第3期。

[5] 刘笃才、祖伟：《民间规约与中国古代法律秩序》，社会科学文献出版社2014年版，第69页。

[6] 中国大百科全书总编辑委员会：《中国大百科全书（社会学卷）》，中国大百科全书出版社1991年版，第434页。

[7] 段自成："明清乡约的司法职能及其产生原因"，载《史学集刊》1999年第2期。

[8] 张中秋："乡约的诸属性及其文化原理认识"，载《南京大学学报（哲学·人文科学·社会科学版）》2004年第5期。

则属性和组织属性结合起来，可谓极富启发。不久之前，终于出现了"'乡约'这一语词既可以指组织本身，也可以指组织规范，还可以指组织的领袖"[1]的观点，"乡约"的内涵至此基本丰满。从《吕氏乡约》的基本架构和主要内容不难看出，"乡约"首先是一个组织，然后伴随组织的运行规范。到明末清初，"乡约"逐渐官方化、行政化，"乡约"一词开始成为"约长""约正"的代名词，有了基层职役的含义。本文的研究时限截至《南赣乡约》产生时期，此时的"乡约"显然具备组织和规范的涵义。再者，宋明乡约的组织和规范两个属性统合起来，使得宋明乡约成为一种既有规范内容，又有推行其规范内容的组织架构，从这个层面上看，宋明乡约已然超越规范与组织两个面向，成为综合了乡约规范面向和组织面向的基本内涵的"制度"[2]。综上，本文所研究的宋明基层秩序中的"乡约"是指宋明基层民众基于一定的血缘和地缘，为了共同的目标而创立的基层社会秩序维护制度。

"基层"是一个现代概念，是研究者在对中国传统社会进行研究的过程中，对社会形态进行类型化，并进行现代语境解读而采用的概念。"基层"概念在现代语词环境下并没有权威、准确的界定，只有一些相关组合概念的界定。试举两例：一、基层政权。《辞海》对基层政权的界定如下：设在最低一级行政区划的国家机关。[3]二、基层群众自治组织。《辞海》对基层群众自治组织的界定如下：在我国，指城市和农村按居民居住地区设立的居民群众自我教育、自我管理、自我服务的城市居民委员会和农村村民委员会。[4]即使"基层"并没有权威、准确的定义，通过以上两个义项，也不难发现，"基层"概念的内涵具有明显的行政性，意指在行政组织体系的权力位阶或组织结构中处于下层，因此也称之为"下层"，与之相对的是"中层"和"上层"（或顶层）"概念。宋明基层秩序中的"基层"的外延究竟如何？是否与

---

[1] 刘志松、冯志伟："中国古代基层社会民间规范体系略论"，载《贵州师范大学学报（社会科学版）》2014年第1期。

[2] 研究者在论乡约的规范面向时，主要是立足于对乡约进行微观分析的基本视角，研究乡约的组织面向亦然，而笔者所言的乡约的制度面向是综合了乡约的规范面向和组织面向而形成的对乡约进行宏观探讨的一个基本界定。事实上，乡约的内涵丰富，其所表现出的结构和价值面向众多。可以肯定的是，乡约不能用规范、组织以及道德教化等范畴进行涵盖，所以，笔者采用更为宏观的"制度"范畴对乡约加以限定。

[3] 参见辞海编辑委员会编：《辞海（典藏版）》，上海辞书出版社2011年版，第1981页。

[4] 参见辞海编辑委员会编：《辞海（典藏版）》，上海辞书出版社2011年版，第1981页。

绪 论

"乡村"同义呢？美国社会学家塔尔科特·帕森斯的社会功能理论指出，任何社会之所以能保证自身的维持和延续，是由于能够满足四个功能性条件，亦即所谓的"AGIL 图式"。其中 A（Adaptation）可翻译为"适应"，意指社会系统由其外部环境获得足够的资源或能力的可能性，以及这些资源或能力在系统中的分配和布局；G（Goal attainment）可翻译为"目标实现"，意指社会系统所具有的有助于确立系统目标，并为实现这些目标而激发或调动社会系统全部能量的功能；I（Integration）可翻译为"整合"，意指社会系统的内部连贯性或社会系统一体化的维持面向，这一功能在实际社会运作中主要体现为法律体系的运转和价值实现；L（Latency）可翻译为"价值内化"，意指将价值储存并配置于整个社会系统的过程，这种功能在社会中主要通过文化、教育、宗教和意识形态组织的运行来实现。[1]帕森斯所提出的四种社会功能可以化约为经济功能（适应）、政治功能（目标达成）、法律功能（整合）和文化功能（潜护）。不言而喻，任何社会之所以成为社会，即是因为其能实现这四种基本社会功能，使自身得以维持和延存。所谓"基层"意即能实现这四项功能的最低限社群级别。很显然，宋明"乡村"不可能独立实现以上四项社会功能，因此，宋明基层秩序中的"基层"只能立基于宋明最低层政府组织：县。宋明基层秩序则是指在县及县以下官方组织的主导下，官方组织和民间组织协力运行而形成的宋明下层社会运行形态。

自北宋迄清末民国，乡约的文本材料和实践记载众多，要对中国传统社会的乡约进行深入、细致的研究，则核心材料的选取上不得不有所选择，否则，中国传统社会的乡约研究难免在规范构造分析、历史实践考证、思想文化归探源等方面都难以深入。笔者进行乡约与宋明基层秩序的研究之所以选择《吕氏乡约》、《增损吕氏乡约》和《南赣乡约》作为核心文本材料，主要有以下三方面的理由：首先，《吕氏乡约》、《增损吕氏乡约》和《南赣乡约》所代表的宋代至明中期的乡约与明末、清代的乡约有着明显的不同，即笔者所研究的乡约是一种民间自发或者民间自发与国家法制相结合的基层社会秩

---

[1] 参见 Talcott Parsons, *The Social System*. Taylor & Francis Group, 2005, pp. 15-44。转引自刘润忠：《社会行动·社会系统·社会控制：塔尔科特·帕森斯社会理论述评》，天津人民出版社 2005 年版，第 4~7 页。

序维护机制,而明末、清代的乡约则已经变成代表国家权力的基层准行政制度。[1]若笔者的乡约研究拓展至清代乡约,则将涉及研究范式的调整和研究内容的极大扩充,这是本文篇幅和笔者笔力难以完成的任务。其次,由于材料相对丰富,关于明末、清代乡约的研究成果已经有相当规模,如从历史学视角对明末、清代乡约的推行概况进行史实考证的著作,[2]从社会学视角对明末、清代乡约文本和实践进行分析和论证的著作,[3]从地域视角研究明末、清代乡约的地域性个案,[4]也有从乡约与其他基层秩序维护范式互动的研究。[5]相较之下,宋代乡约与明代前中期的乡约研究则略显不足,故笔者将研究的时限限定在宋代到明代中期这一期间。再则,本文的基本研究思路决定了笔者并不试图对中国古代乡约进行系统、全面的历史梳理或规范源流分析,而只是尝试对乡约产生早期的乡约进行源流梳理、演变比较和规范及其原理探讨,并分析其之于基层秩序价值和意义。换言之,本文是一次原理导向的乡约制度分析尝试,而非专注乡约历史演进实际面貌的全面史实考证。因此,笔者选取乡约产生、演变早期的《吕氏乡约》、《增损吕氏乡约》和《南赣乡约》作为核心材料,其根本动因在于通过规范分析研究方法去探索乡约制度诞生之初的原初生态以及其价值原旨,进而通过乡约在宋明的早期演变去认识乡约制度运行的主要优势和困难,并通过乡约早期演进的趋势和规律去发现基层秩序维护机制形成和演进的主要影响因素和基本规律。基于以上三个原因,笔者进行乡约与宋明基层秩序研究拟选择《吕氏乡约》、《增损

---

[1] 乡约自宋代到明代再到明末清代,其本质已经发生了明显的转变,如董建辉教授所言:"(明末到清代)乡约偏离了它原来的发展轨道,在本质上变了种。……明中叶以后,乡民自倡自办的乡约只占极少数,更多的还是属于官倡民办、官督民办或官倡官办性质。这些乡约与保甲、社仓、社学等制度相结合,成为官府管理和控制乡村社会的工具,而其民众自治的色彩则日益淡化乃至消失。清代乡约除了极少数的例外,基本全由官府包办,作为圣谕宣讲的工具。"参见董建辉:《明清乡约:理论演进与实践发展》,厦门大学出版社2008年版,第288~289页。

[2] 参见段自成:《清代北方官办乡约研究》,中国社会科学出版社2009年版。

[3] 参见董建辉:《明清乡约:理论演进与实践发展》,厦门大学出版社2008年版;马馨:"明清时期乡约运行机制研究",南开大学2014年博士学位论文。

[4] 参见卞利:《明清徽州社会研究》,安徽大学出版社2004年版;汪毅夫:"明清乡约制度与闽台乡土社会",载《台湾研究集刊》2001年第3期;衷海燕:"明代中叶乡约与社区治理——吉安府乡约的个案研究",载《华南农业大学学报》2004年第3期。

[5] 参见常建华:"明代徽州的宗族乡约化",载《中国史研究》2003年第3期;常建华:"明代江浙赣地区的宗族乡约化",载《史林》2004年第5期。

吕氏乡约》和《南赣乡约》作为核心材料。

三、宋明乡约研究综述

截至目前，国内有关宋明乡约的研究成果已经很多，关于研究趋势的综述也不鲜见，如董建辉教授对明清乡约的研究成果的梳理采用了专题研究、地域研究和个案研究的分类综述方法。[1]由于本文主要以《吕氏乡约》《增损吕氏乡约》《南赣乡约》为分析材料，故对研究成果的类型化和综述，将紧扣与这三个乡约相关的研究成果。

20世纪30年代，留美返国的杨开道博士先后发表了"乡约制度的研究""吕氏乡约的考证（附表）""中国乡约制度""吕氏乡约的分析""吕氏乡约的增损""吕新吾的乡甲约制度"等文章。1937年，其著作《中国乡约制度》在山东出版，是迄今为止第一部研究中国古代乡约的专著。杨开道对中国古代乡约的产生背景、历史演变、文本考证、条文分析、价值评价、社会效果等方面都有极为丰富的论述，对于中国古代乡约研究来说，其筚路蓝缕之功至今仍极为重要。1935年，王兰荫在《师大月刊》上发表"明代之乡约与民众教育"。该文利用方志资料，对明代乡约实践的场所、理约人员、约众、集会时间、乡约仪式、圣谕宣讲、彰善纠过等项进行了逐项细致的考订，是研究宋明乡约不可多得的二手资料。[2]所不足之处是文章目的在于考证乡约举行的相关史实而不在于研究乡约，故较少对乡约本身的分析和探讨。1936年，《河北月刊》第3期有"中国乡约述要"一文，著者吕著青。[3]同年《四川县训》第9期有"中国乡约概要"一文，著者吕咸。[4]经比较两文，发现内容相差无几，应是一人所作。因无法考订作者真名，姑存疑。文章简要梳理了宋明乡约之条文并做了简要评析。梁漱溟先生的《乡村建设理论》成书于1937年的山东邹平，书中主要讨论了乡村建设的认识问题和解决问题两个方面，而乡约即是其解决问题方面的乡村组织的重要组成部分。1948年，胡庆钧先生在《现实文摘》上发表"论乡约"一文，文章包括"钦定的基层地方组织""地方权力机构里面的执役""公务活动""乡约的再度

---

[1] 参见董建辉：《明清乡约：理论演进与实践发展》，厦门大学出版社2008年版，第7~14页。
[2] 参见王兰荫："明代之乡约与民众教育"，载《师大月刊》1935年第21期。
[3] 吕著青："中国乡约述要"，载《河北月刊》1936年第3期。
[4] 吕咸："中国乡约概要"，载《四川县训》1936年第9期。

贬质"四个部分。同年底，其将该文修订完善，增加"难于生根的自治机构"作为第一部分，将"乡约的再度贬质"修订为"乡约与保长"，并将文章改名为"从保长到乡约"，参与吴晗、费孝通领衔，上海书店出版社出版的《皇权与绅权》一书。2001年，其将《从保长到乡约》略加修订，以"从蓝田乡约到呈贡乡约"命名发表在《云南社会科学》，胡庆钧先生认为中国古代乡约经历了从"基层自治组织"到"地方权力机构里面的执役"的变化，可谓鞭辟入里，多被后学所继承。

1992年，马镛教授发表"我国古代的乡约道德教育"一文，其文对乡约在宋明以来的社会教化中的功能、地位、特点以及对当代的借鉴意义进行了简要的论述。曹国庆研究员是新中国成立以来至20世纪末第一位集中专注乡约研究的学者，其主要专注于明代乡约的研究。自1993年到1999年，曹先生先后发表"王守仁与南赣乡约"[1]"明代乡约发展的阶段性考察——明代乡约研究之一"[2]"王守仁的心学思想与他的乡约模式"[3]"明代乡约推行的特点"[4]"明代乡约研究"[5]五篇宏文，其中"明代乡约研究"是其关于明代乡约研究的集大成之作，也称得上是宋明乡约研究的里程碑之作。"明代乡约研究"叙述了明代乡约的推行概况，组织结构和内部构成，与保甲、社学、社仓的关系，与宗约、士约、兵约、会约的关系，作用与弊端五个方面。其通过全方位的考证，对明代乡约的相关要素进行了系统的分析和探讨，并对明代乡约的社会功能和作用进行了客观的评价。1996年，谢长法教授发表论文"乡约及其社会教化"，文章对乡约的社会教化功能的时代演变做了简要的梳理，着重分析了明清以来乡约宣讲对于社会教化的价值和影响。赵秀玲研究员的大作《中国乡里制度》对宋代乡约进行了简单的介绍。赵秀玲认为《吕氏乡约》继承了汉唐以来的乡里教化传统，并形成了独特的民间自发组织传统，是一种宋代乡里制度的补充。其认为乡约的目标是"纯化民风人情""维护乡里社会的秩序与安定""对乡里社会进行教化"。[6]段自成教授的著

---

[1] 曹国庆："王守仁与南赣乡约"，载《明史研究》1993年第0期。
[2] 曹国庆："明代乡约发展的阶段性考察——明代乡约研究之一"，载《江西社会科学》1993年第8期。
[3] 曹国庆："王守仁的心学思想与他的乡约模式"，载《社会科学战线》1994年第6期。
[4] 曹国庆："明代乡约推行的特点"，载《中国文化研究》1997年第1期。
[5] 曹国庆："明代乡约研究"，载《文史》1999年第1辑，中华书局1998年版。
[6] 参见赵秀玲：《中国乡里制度》，社会科学文献出版社1998年版，第32页。

作《清代北方官办乡约研究》虽然致力于清代中国北方的官办乡约的研究，但其对乡约的基本概念和原理的思考仍然值得借鉴。段自成教授认为，就清代而言，乡约有四层含义：村规民约、圣谕宣讲、乡约首领和基层组织。[1] 其所研究的乡约采用第四种意义上的乡约，即"民众自愿或根据官府的强制，依地缘或血缘或其他关系组织起来的基层社会组织"[2]。黄志繁教授的"乡约与保甲：以明代赣南为中心的分析"以地方方志文献为主，以王阳明推行《南赣乡约》的重要地区——南安、赣州为中心，分析明代《南赣乡约》在地方基层社会的实际运作及其影响。黄志繁教授通过梳理南赣的地理环境和社会环境，结合王阳明在南赣进行乡约保甲并行史实，得出《南赣乡约》在南赣的实际运作状况以及对南赣基层社会乃至明代后期基层秩序的影响："乡约和保甲业已成为地方制度的重要组成部分，而无需地方士大夫做太多的提倡。这就使得王阳明的保甲和乡约尽管当时并没有收到理想中的效果，但却深刻地影响了赣南基层社会。"[3] 王日根教授的"论明清乡约属性与职能的变迁"一文从乡约的基本属性和在宋代以来基层秩序维持中的地位和功能入手，深入探讨了乡约自宋代诞生以来的属性和地位的发展、演变以及功能从道德建设向行政职能的转变。常建华教授关于乡约的基本主张和观点体现在"乡约的推行和明朝对基层社会的治理"一文中，此文在将明代中后期乡约参与基层社会治理的活动详尽的梳理之后认为，由于明代政府和士大夫运用宋儒以教化维持社会秩序的政治主张，结合明代社会实际，进行了创造性的实践，进而形成了一个通过乡约治理基层社会的社会治理形态，并对明代以后的社会产生了深刻的影响。此文可谓是对明代乡约社会功能研究的佳作。除此之外，常氏还有关于明代"宗族乡约化"[4]的文章，但从体系上看，这些文章仍然在此文框架之内。从基本概念上看，常氏认为应该从"以里社为基础，结合社学、乡饮等制度，设立里老与旌善、申明二亭，以调解民间纠纷，

---

[1] 参见段自成：《清代北方官办乡约研究》，中国社会科学出版社2009年版，第1~2页。

[2] 段自成：《清代北方官办乡约研究》，中国社会科学出版社2009年版，第2页。

[3] 黄志繁："乡约与保甲：以明代赣南为中心的分析"，载《中国社会经济史研究》2002年第2期。

[4] 如常建华："宋明以来宗族制形成理论辨析"，载《安徽史学》2007年第1期；"明代徽州的宗族乡约化"，载《中国史研究》2003年第3期；"明代江浙赣地区的宗族乡约化"，载《史林》2004年第5期。

实施教化为特征"[1]的广义角度去理解乡约制度。张中秋教授的"乡约的诸属性及其文化原理认识"一文从乡约的属性、文化原理和历史流变方面，对中国传统社会的乡约进行了原理层面的解析和阐释，是法律史学界不可多得的乡约研究成果。

杨建宏博士"《吕氏乡约》与宋代民间社会控制"一文对中国历史上的第一个乡约，即《吕氏乡约》的产生背景、内容、自治性质及其与国家权力的冲突、增损与推行、历史影响方面进行了分析、探讨和总结。周扬波博士的"宋代士绅结社研究"对宋代乡约的产生背景、内容及其争议、乡约的推行状况以及未能广泛推行的原因进行了系统的分析。他认为乡约的推行需要官方和士绅的合作才能广泛的展开，这是由中国古代社会官民结合的政治模式决定的。牛铭实教授的《中国历代乡规民约》是学界不多见的中国古代乡约的研究专著，有"乡约导读"和"制度节选"两个部分。"乡约导读"部分主要梳理了乡约的历史发展脉络，并简要介绍了历代乡约理论大家的基本乡约主张。"制度节选"部分则收录了一部分乡约的全文或者节文。牛教授希望"介绍的乡约内容或精神，能对当今的村民自治事业有一些启发"[2]。秦富平博士2006年发表的"明清乡约研究述评"虽主要针对明清乡约，却是学界第一篇乡约研究学术史梳理作品。吴晓龙的"《醒世姻缘传》与明代世俗生活"结合例证对明代乡约在基层社会治理中的教化功能、明代乡约实际运作的行政化以及行政化的弊端进行了详细的分析。吴博士认为乡约原本是一种"（乡民）自发订立的乡规民约"[3]，而在明代，"乡约作为一种有效的传输官方意识形态、实施社会教化的工具，在明朝一直被官方和地方绅士所重视"[4]。金滢坤博士的"论唐五代宋元的社条与乡约（二）——以吕氏乡约、龙祠乡社义约为中心"通过《吕氏乡约》与敦煌社条、《龙祠乡社义约》的比较，分析了《吕氏乡约》的本质及其在宋元时代难以推广的原因。

2008年，董建辉教授出版其专著《明清乡约：理论演进与实践发展》，这本著作是继杨开道先生《中国乡约制度》之后，又一部深入研究中国古代

---

[1] 常建华："乡约的推行和明朝对基层社会的治理"，载《明清论丛》第4辑，紫禁城出版社2003年版。
[2] 牛铭实编著：《中国历代乡规民约》，中国社会出版社2014年版，第2页。
[3] 吴晓龙："《醒世姻缘传》与明代世俗生活"，上海师范大学2006年博士学位论文。
[4] 吴晓龙："《醒世姻缘传》与明代世俗生活"，上海师范大学2006年博士学位论文。

乡约的专著。作者以梳理乡约在宋代的起源与修订为开篇，从理论演进和实践深入推广两个方面系统论述了乡约理论在明代的演变并详尽考证了乡约实践在明代的推进。文末，作者结合理论和实证分析、总结了乡约在清代的滥觞与消退的命运。方钰、孙华莹的"浅析宋明时期乡约的发展及功能发挥"对宋明时期乡约的发展及其功能的展开进行了简明扼要的分析探讨。许娟博士研究中国当代基层社会乡约的专著《从符号到信号：乡约价值、类型与机理的考察》对中国传统社会的乡约也有论及。笔者认为中国传统乡村社会的乡约是"儒家思想为主的道德规范的体现，是乡民之间交流与合作所依赖的共同体形式"[1]。翟秀娟硕士的"宋代乡约制度研究——兼与中古英国乡村共同体比较"对宋代乡约的产生背景、乡约组织的自治性、乡约的推行、乡约的价值以及乡约的文化理念方面进行了简要的梳理。王司瑜博士的学位论文"中国古代教化思想及方式研究"辟有专章论述乡约作为一种教化形式在中国古代基层社会中的功能及其演变。刘志松博士、冯志伟博士的"中国古代基层社会民间规范体系略论""宋以来乡约与乡约法探析——以乡约碑刻为考察对象"两篇文章从不同的视角对乡约的属性、发展演变进行了分析和探讨。作者认为："乡约作为一种典型的民间自我组织形式和自生规范在我国宋以后的基层社会秩序生成过程中发挥了重要的作用。"[2]"乡约法，则是注重从组织规范的角度对乡约的探讨，其依托于中国古代基层社会的乡里制度，发源于'出入相友，守望相助，疾病相扶持'的整合观念，具备相对完整的格式和条款，对乡约组织成员具有普遍约束力。"[3]两位作者从法律规范的角度去理解乡约的属性和定位，确是一个极有启发性的方向。刘笃才教授在其与祖伟博士合著的《民间规约与中国古代法律秩序》一书第四章对中国古代乡约进行了系统的研究，可谓近年来研究乡约的又一力作。韩玉胜博士的"'宋明乡约'乡村道德教化展开的历史逻辑"对宋明乡约的道德教化相关问题进行了深入，独到的思考。作者从宋明乡约道德教化的图景设计、宋明乡

---

[1] 许娟：《从符号到信号：乡约价值、类型与机理的考察》，中国社会科学出版社2012年版，第30页。

[2] 刘志松、冯志伟："宋以来乡约与乡约法探析：以乡约碑刻为考察对象"，载《民间法》2013年第1期。

[3] 刘志松、冯志伟："中国古代基层社会民间规范体系略论"，载《贵州师范大学学报（社会科学版）》2014年第1期。

约道德教化的发展动力和宋明乡约道德教化的演进路向三个方面对宋明乡约道德教化进行了系统的论述。

在国内乡约研究逐渐展开的同时，域外研究者也有许多创见。韩国李瑾明教授的"朱熹的《增损吕氏乡约》和朝鲜社会——以对朝鲜乡约特性的研究为中心"以朱熹的《增损吕氏乡约》对朝鲜传统社会的影响为视角研究《吕氏乡约》和《增损吕氏乡约》的本质，进而探讨乡约在朝鲜的运行实态以及与中国乡约演变命运。首先，作者指出："《增损吕氏乡约》试图通过乡约来教化的对象实际上是乡村的上层群体。"[1]其次，作者认为："无论是《吕氏乡约》，还是朱子的《增损吕氏乡约》，均是彻头彻尾地以构筑乡村内的自治秩序为目的。"[2]最后其得出结论认为朱子的《增损吕氏乡约》是"尽可能地谋求构筑一种隔绝同国家权力之间联系的、彻底的乡村自治秩序"[3]的行动。李教授的思考揭示了宋代乡约最核心的一点：自治。狄百瑞关于乡约的观点出自其新著《亚洲价值与人权：儒家社群主义的视角》（*Asian Values and Human Rights: A Confucian Communitarian Perspective*）。狄百瑞全新的视角和思考为解读乡约提供了另一条路径，也将给未来的宋明乡约研究带来极大的影响。狄百瑞认为："'约'是社群的成员为互利而加入的契约。最值得一提的是这种契约的人格化特色——它强调个人之间对他人的需求和心愿要体谅，甚于重视对财产权利的尊重或交易中的锱铢必较。"[4]狄百瑞的乡约观点可谓投石入湖、影响甚广。但宋明乡约中的"约"字是否能化约为"契约"，《吕氏乡约》和《增损吕氏乡约》中的"自愿"是否能等同于其所说的"自由"，恐怕都还需要深入的探讨。同时，宋代乡约与王守仁的《南赣乡约》的精神、语言以及形式也难以用"非常相似"断之。

---

[1] [韩]李瑾明："朱熹的《增损吕氏乡约》和朝鲜社会——以对朝鲜乡约特性的研究为中心"，载葛志毅主编：《中国古代社会与思想文化研究论集（第二辑）》，黑龙江人民出版社2007年版，第223页。

[2] [韩]李瑾明："朱熹的《增损吕氏乡约》和朝鲜社会——以对朝鲜乡约特性的研究为中心"，载葛志毅主编：《中国古代社会与思想文化研究论集（第二辑）》，黑龙江人民出版社2007年版，第224页。

[3] [韩]李瑾明："朱熹的《增损吕氏乡约》和朝鲜社会——以对朝鲜乡约特性的研究为中心"，载葛志毅主编：《中国古代社会与思想文化研究论集（第二辑）》，黑龙江人民出版社2007年版，第225页。

[4] [美]狄百瑞：《亚洲价值与人权：儒家社群主义的视角》，尹钛译，社会科学文献出版社2012年版，第55页。

绪　论

纵观各家对宋明乡约的研究成果，可见诸家对乡约的定性、功能、社会效果以及基本价值都进行了研究。诸家研究虽立足点不同、进路有差异、所得出的结论也多有不同。要系统梳理这些研究成果并不容易，不过，诸家研究乡约时都不能回避对乡约的定性，而这正是研究宋明乡约的枢机。如果以诸家对乡约的定性为乡约研究成果的分类标准，不难发现，20世纪以来理论界对宋明乡约的研究主要表现为以下三种趣向：

（一）道德教化主题乡约研究

道德教化主题乡约研究的基本点在于认为乡约的本质、功能和目标是在宋明基层社会中实现儒家道德的传播和教化，这种研究自杨开道先生开始至目前，一直有着巨大的影响。杨开道先生认为：吕氏乡约有四个基本特色。其一，乡约以乡为单位，而不是以县为单位；其二，乡约是人民的公约，而不是官府的命令；其三，乡约的参与是局部参加、自愿参加，而不是全部参加，强迫参加；其四，乡约的规则是成文规则。[1]他认为，这四个特色也是《吕氏乡约》有别于《南赣乡约》的基本点。他认为《吕氏乡约》最不完善的"礼俗相交"部分在《增损吕氏乡约》中得到了完备，但即使如此，乡约在宋代产生的社会效果却极为细微。到了明代，通过王阳明的《南赣乡约》，乡约的理论为之一变，乡约的本质也发生了极大的变化——由民办乡约向官办乡约转变。同时，乡约的实践也开始发展。杨开道还认为，乡约要在中国获得成功的发展，需要具备以下三个基本条件：首先，乡约只能行于农村而不能行于城市，这是由于乡约必要行于熟人社会的特性而定。其次，乡约的运行须有人格高尚的领袖，方能从道德上感化约众。最后，乡约必须民间自发建设，方才不失乡约的原意。[2]从杨开道将乡约界定为"由士人阶级的提倡，乡村人民的合作，在道德方面、教化方面去裁制社会的行为，谋求大众的利益"可以看出，他一直将乡约看作一种基层社会道德教化形式。但就其论著的分析来看，乡约的这种道德教化形式又与中国一直在乡里推行的乡饮酒礼有一些不同："乡约的精神，就是三礼乡饮酒礼的精神；乡约的办法，也仿佛三礼乡饮酒礼的办法；不过一个是人民公约，一个是政府官法，一个是互助的

---

[1] 参见杨开道：《中国乡约制度》，山东省乡村服务人员训练处1937年版，第103~108页。
[2] 参见杨开道："乡约制度的研究"，载《社会学界》1931年第5期。

实现，一个只是礼仪的演习。似乎乡约制度，又在乡饮酒礼之上！"[1]因此，杨氏眼中的乡约应是一种民间自发自立的，有相对稳定组织机构的道德教化形式。同时期的梁漱溟先生虽未明确界定乡约是一种道德教化的形式，但就其的论述推断，乡约的道德教化显然是题中之义了。梁先生在书中并未对乡约的特征做过多论述，而是通过比较当时的地方自治，强调乡约在"人生向上"方面的价值："乡约这个东西，它充满了中国人精神——人生向上之意，所以开头就说'德业相劝'，'过失相规'。它着眼的是人生向上，先提出人生向上之意；主要的是人生向上，把生活上一切事情包含在里面。"[2]他认为，相对于取材于西方权利观念的地方自治，乡约更符合中国人的精神，也更能促进乡村的"人生向上"。马镛教授虽然认识到"可见最初的乡约既是民间自订的道德规范，又是群众互教互助的组织"[3]这一事实，但又坚称乡约"是我国古代特有的一种道德教育形式，它以社会公德与文明礼貌为主要教育内容，以乡镇百姓为主要对象，以发扬良好社会风气为目的"[4]，其之所以如此论断，显然和其所认为的乡约教化目的的重要性密不可分。金滢坤博士认为，《吕氏乡约》的目的在于通过团结、组织乡绅，控制乡村社会，重在教化、治理乡村民众，并不在于经济互助。因此对于一般乡民来说，这种士绅阶层的道德礼仪超出了乡民的心理需求。一般乡民没有精力，也不一定愿意参加这样讲求道德礼仪的乡约，所以，《吕氏乡约》脱离了宋元时期基层社会的社会基础。同时，通过比较《吕氏乡约》与敦煌社条、《龙祠乡社义约》的文末署名情况，作者认为："《乡约》仅仅是吕大钧自创的试图治理和控制乡村的蓝图，有待于乡民的认同，也就不存在署名的情况。"[5]金滢坤博士的比较、分析清楚地再现了《吕氏乡约》的道德教化蓝图在宋代难以推行的历史情景。方钰、孙华莹认为乡约是一种以社会教化为目的的民间基层组织形式，具有以下六个基本特点：目的是社会教化，有一整套组织机构，有定期的聚会，有比较固定的活动场所，有一套繁琐的仪式，入约需要缴纳一定的

---

[1] 杨开道：《中国乡约制度》，山东省乡村服务人员训练处1937年版，第54页。
[2] 梁漱溟：《乡村建设理论》，上海人民出版社2006年版，第157页。
[3] 马镛："我国古代的乡约道德教育"，载《道德与文明》1992年第4期。
[4] 马镛："我国古代的乡约道德教育"，载《道德与文明》1992年第4期。
[5] 金滢坤："论唐五代宋元的社条与乡约（二）——以吕氏乡约、龙祠乡社义约为中心"，载《敦煌研究》2008年第1期。

"入会费"。[1]进而,二者总结出乡约的三大基本职能:教化、救助和司法,并认为乡约的司法职能是在明代乡约官方化之后才开始形成的。虽然她们已经总结出乡约具有三大基本职能,说明乡约可以教化乡邻,也有救济互助的功能,但作者最后仍然认为乡约是一种以教化为目的的组织。王司瑜博士则认为乡约与乡规民约是等同的概念,这一点从其认为乡规民约是"民间自愿组织制定的道德公约、互助公约"[2]即可看出,但作者的确认识到了中国古代乡规民约,亦即乡约作为基层社会教化形式的基本属性。乡约与乡规民约既有传承联系也有本质的区别,作者论文体系宏大,能指明乡约的教化特征已见学力,未暇将两个概念加以区别也是情理之中。韩玉胜博士认为,宋代乡约由于其基于道德理想的教化模式,在实施过程中不得不面对来自官方、血缘宗族、宗教以及社会风俗等方面的压力,理想化的乡约无法与这些力量进行对抗,因此,乡约道德教化在"德刑之辩"的价值抉择和张力维持中形成了道德理想到政治实践、单一模式到多元并存、从理论沿袭到理论创新三大演进走向。[3]显然,作者从伦理学的角度一针见血地指出了宋代乡约道德教化的本质:导民向善,同时也顺理成章的推导出了明清乡约之所以转型的基本动力和走向。

(二) 规则主题乡约研究

规则主题乡约研究的共同立场基于他们认为乡约是一种规则、规范或者规约,这种观点肇端于吕著青先生的"中国乡约述要"。吕著青先生认为:"乡约者,为邻里乡人互相劝勉,以相助协济为目的之一种组合之成文规约也。"[4]由此可见,作者认为乡约是一种成文规约,而非其它。其评价吕坤《乡甲约》"乡甲事宜"、"乡甲要义"、"乡甲会规"及"乡甲查理"四项之精神时评价道:"其优点所在,非仅以刑为教,实以刑弼教之制也。"[5]由此更可见其所持的乡约是一种成文规约的观点。杨建宏博士认为乡约是一种乡

---

[1] 参见方钰、孙华莹:"浅析宋明时期乡约的发展及功能发挥",载《哈尔滨学院学报》2011年第7期。
[2] 王司瑜:"中国古代教化思想及方式研究",黑龙江大学2013年博士学位论文。
[3] 参见韩玉胜:"'宋明乡约'乡村道德教化展开的历史逻辑",载《伦理学研究》2014年第2期。
[4] 吕著青:"中国乡约述要",载《河北月刊》1936年第3期。
[5] 吕著青:"中国乡约述要",载《河北月刊》1936年第3期。

规民约:"乡约即是基层社会的乡规民约,它是地方精英自觉地利用儒家礼教传统对地方基层社会控制的手段之一。……如果说家训家范是基于血缘宗族的初级群体的基层社会控制,那么乡约则是针对基于地缘的初级群体的基层社会控制。"[1]不过杨博士也认为乡约是一种组织:"《吕氏乡约》是地方士绅基于地方安定、社区合作而组织的一种道德约束组织,目的在于以礼教的方式加强基层社会控制。它与国家权力自上而下对基层社会控制不同,是乡村社会中以士绅为核心的权力场域对地方的自我控制,或者可称之为士绅自治。"[2]牛铭实教授虽未明确界定乡约的属性,但通过其著作《中国历代乡规民约》所收录的乡规民约文本可以看出其坚持的是最为宽泛意义上的乡约界定,即所有基层社会治理的规则、章程和合约都属于乡约的范畴。因而,也难免在国内学界看来,他将许多不属于乡约的内容也归入其中了。[3]同时,牛教授不加分别的将乡约和其他规约归为一类也足以表明其立场:乡约是中国古代众多乡规民约的一种。刘笃才、祖伟认为"乡约是由乡村士绅发起的乡村自治规约"[4],二者在《民间规约与中国古代法律秩序》中对乡约的历史演变进行了扼要的总结:"我们认为,《吕氏乡约》出现时本来是绅民之约,是以乡绅为主体的乡村自治规约,后来成为某些地方官推行其地方治理的工具,变异为官与民约,是为地方法制的表现,再经过皇帝的提倡,一变而为君教谕民之国家正式制度。"[5]基于乡约的创设主体的差异,二者将历史上的乡约文本划分为"典型的乡约文本""非典型的乡约文本""乡约体式"三种类型并分别加以论述。刘笃才、祖伟认为,乡约的本质特征是其"民间性",亦即"非官方性",只有由民间的士绅创设的乡约才是"典型的乡约",可见其对乡约排除国家权力的必要性的强调。

(三)组织机构主题乡约研究

组织机构主题乡约研究也是乡约研究的主流之一。如果说道德教化主题乡约研究主要从乡约的功能和价值目标上去界定乡约的话,组织机构主题乡

---

[1] 杨建宏:"宋代礼制与基层社会控制研究",四川大学2006年博士学位论文。
[2] 杨建宏:"《吕氏乡约》与宋代民间社会控制",载《湖南师范大学社会科学学报》2005年第9期。
[3] 董建辉:《明清乡约:理论演进与实践发展》,厦门大学出版社2008年版,第6页。
[4] 刘笃才、祖伟:《民间规约与中国古代法律秩序》,社会科学文献出版社2014年版,第69页。
[5] 刘笃才、祖伟:《民间规约与中国古代法律秩序》,社会科学文献出版社2014年版,第72页。

约研究则主要从乡约的组织机构上去认识乡约。组织机构主题乡约研究往往将前述两种主题结合在一起展开乡约的研究。胡庆钧在"从蓝田乡约到呈贡乡约"中对乡约的界定如下:"它是绅士以领导者的身份,企图教育与组织农民的规章,冀以形成为人民自动结合的机构。"[1]简而言之,乡约是民治机构的基本规章。由此可见,胡氏在半个世纪以前就已经认识到乡约既是一种组织,更是这个组织的基本规章。这一点可谓极为难得。胡氏认为,乡约组织的目标"不止于教育,而是要从教育里面去组织或者结合人民,成为一个自动周济邻里知礼习义的单位,也就是一个具有政治意义的团体"[2]。胡氏早已看出,乡约不仅仅是一个教化组织或者一部乡规民约,而是一个"具有政治意义的团体"。曹国庆认为,一般而言乡约有两层含义:乡规民约和自治组织。同时他也提出:"历史上的乡约,大都是指以地缘和血缘为纽带的民众自治组织。"[3]足见其已经清晰认识到学界对乡约界定的争议,并且立场明确将明代乡约定性为"自治组织"。段自成教授在其论文"明清乡约的司法职能及其产生原因"中指出:"宋代吕大钧、吕大防初创的乡约是一个典型的民间教化组织,并不具有司法职能。明朝前期,一些乡绅仿照吕氏兄弟,倡办乡约,但此时的乡约与宋代乡约并无明显不同。从明中期开始,直到清末,乡约日渐兴盛,其种类渐多,大致可分为两种类型:职能单纯的乡约(比如,单纯教化的乡约、单纯御敌的乡约)和职能广泛的综合性乡约。后者又包括属于民间自治组织的乡约和具有基层行政职能的乡约两种类型。"[4]由此可见,段氏认为在明代中期以前,乡约是一种典型的道德教化组织,而到了明代中后期,乡约开始呈现多样化的发展,并开始出现官方行政化的乡约组织和非官方自治型乡约组织两条不同的发展方向。

王日根教授认为,乡约在宋代是"士大夫在社会变迁面前提出的挽救社会危机的基本建制,其途径就是通过士大夫自觉地义务地在乡村建立起开展思想教化的组织或机构,向全体民众宣传传统政治统治的合理性"[5],是一

---

[1] 胡庆钧:"从蓝田乡约到呈贡乡约",载《云南社会科学》2001年第3期。
[2] 胡庆钧:"从蓝田乡约到呈贡乡约",载《云南社会科学》2001年第3期。
[3] 曹国庆:"明代乡约研究",载《文史》1999年第1辑。
[4] 段自成:"明清乡约的司法职能及其产生原因",载《史学集刊》1999年第2期。
[5] 王日根:"论明清乡约属性与职能的变迁",载《厦门大学学报(哲学社会科学版)》2003年第2期。

种针对宋代基层道德教化堕落的现状而试图加以矫正的民间教化组织。到了明清时期，针对国家权力在基层社会缺位的现状，乡约超越其初始的道德教化功能，开始成为基层社会全方位的治理机制。虽然明清乡约与国家权力衔接甚多，但王氏还是坚持明清乡约组织的"民间性"[1]。周扬波博士认为乡约是中国古代辅助官府治理百姓的一种重要乡里组织。通过全面的考查和分析，他认为，宋代乡约之所以没有全面推行，是因为宋代乡约"希望全面整合乡里秩序，超过了士绅阶层所发挥社会功能的有效范围，因此具体推行中遇到了重重阻碍，表明这种理想模式缺少生长的社会土壤"[2]。董建辉教授认为："乡约是一种民间基层组织，其主要目的是社会教化。从北宋到明清，乡约的发展经历了从民间到官方的转变，但乡约的组织性和教化性这两个根本属性一直都没有发生大的变化。"[3]由董教授对乡约的界定可知其认为乡约是以社会教化为目的的基层组织，同时，他也严申乡约与乡规民约的区别。诚然，乡约与乡规民约有着根本性的不同，但是，这并不妨碍乡约与乡规民约有共通的一面，即同为维持基层秩序的规范。作者也认同"乡约是乡规民约发展到一定历史阶段的产物"[4]。翟秀娟将宋代乡约与英国中世纪的乡村共同体进行比较并梳理两者的异同点，最后得出结论："乡村自治传统不唯西方独有。在中国古代乡治发展的历程中，也曾一度出现过蕴含本民族特色的自治组织，而宋代乡约就是具有乡民自治属性的乡村组织。"[5]狄百瑞认为《吕氏乡约》和《增损吕氏乡约》的宗旨是"借助文教道德精英之领导而建立稳固的、自我约束管理的地方社群，它鼓励自修、互敬、互助、自愿和为整个社群提供所需的礼"，目的是"构建一个井然有序、自行维持而又相对自主的地方社群"[6]。狄百瑞以新儒家中的"自由"特征为理论基础去分析中国传统社会的乡约，并得出了《吕氏乡约》、《增损吕氏乡约》和《南赣乡约》是基

---

[1] 参见王日根："论明清乡约的属性与职能的变迁"，载《厦门大学学报（哲学社会科学版）》2003年第2期。

[2] 周扬波："宋代士绅结社研究"，浙江大学2005年博士学位论文。

[3] 董建辉：《明清乡约：理论演进与实践发展》，厦门大学出版社2008年版，第297页。

[4] 董建辉：《明清乡约：理论演进与实践发展》，厦门大学出版社2008年版，第20页。

[5] 翟秀娟："宋代乡约制度研究——兼与中古英国乡村共同体比较"，山东师范大学2012年硕士学位论文。

[6] 参见［美］狄百瑞：《亚洲价值与人权：儒家社群主义的视角》，尹钛译，社会科学文献出版社2012年版，第58页。

于"自愿"原则而建构而成的地方社群组织,而清代的乡约则已经是一种"空洞的礼仪"[1]。

概观学界有关宋明乡约的研究成果,诸家对于宋明乡约的研究已经取得了丰硕的成果,对乡约的道德教化功能、社会规范外在形式和组织机构核心特质等方面都有深入研究。但是,宋明乡约目前的研究程度还是难称满意:首先,目前宋明乡约的研究因学科视角的差异,对乡约的发掘和探讨多处于互不关联的板块式研究,如历史性考证成果、社会史分析成果、法律史规范分析成果以及思想史论证成果。这些研究成果基于不同的主题和目标,以不同的视角和价值评判对乡约进行了探讨,其结论虽不能说有河汉之别,却使得目前对宋明乡约的认识愈加模糊。其次,学界的乡约研究多集中在资料相对丰富的明嘉靖、万历时期至清代的乡约,而对乡约产生发展阶段的《吕氏乡约》《增损吕氏乡约》研究则稀少而简略,这种不平衡的乡约研究现状既有害于乡约整体研究的完善,也不利于更加周延的研究乡约的基本原理和基本理论。再次,学界关于宋明乡约的基本原理、基本理论研究相对匮乏,较多的成果是在研究思想家(如王守仁)的时候将乡约作为其哲学理论投影到社会实践的载体,而从乡约本身去探求其原理和理论的成果并不多见。最后,如果将乡约放在宋明基层秩序体系中去认识的话,则目前学界的乡约研究还有亟需展开的面向:其一,需要从乡约文本本身去分析乡约的基本构造、制度内容以及价值目标,并通过比较乡约的历史演变去理解乡约推行者社会秩序观的传承和变迁。其二,需要比较研究乡约与宋明基层秩序维护体系中的其他社会规范和组织的关联、异同以及相互的冲突与互动,进而深入探讨乡约在宋明基层秩序维护体系中的主要功能、秩序价值以及基本定位。总而言之,目前的乡约与宋明基层秩序研究还缺乏从乡约本身出发的系统性、原理性的研究,也缺乏对乡约基本构造、主要制度和核心原理系统、全面、深入的思考和探索。当然,以上这些不足与当前乡约研究刚刚全面展开的研究面貌是一致的,未来乡约与基层秩序研究的丰富、完善,在史实考证方面需要诸家对相关史料进一步的深挖穷读,在乡约基本理论面向也有赖于诸家进一步的殚虑精思。

---

[1] 参见[美]狄百瑞:《亚洲价值与人权:儒家社群主义的视角》,尹钛译,社会科学文献出版社2012年版,第59页。

四、基本史料、研究方法与论文结构

自北宋蓝田吕大钧初肇《吕氏乡约》之后，南宋有朱熹改定的《增损吕氏乡约》。到明代，乡约的文本和实践明显增多。流传至今的有王守仁制定的《南赣乡约》，黄佐制定的《泰泉乡礼》，吕坤制定的《乡甲约》，陆世仪制定的《治乡三约》，以及明代后期至清代付诸实践的《文堂乡约家法》《永丰乡约》《梅花乡约》等。鉴于明代后期到清代的乡约与之前的乡约有着众多差异，而本文主于致力于宋代到明代中期乡约的整体、系统研究，故笔者选取北宋的《吕氏乡约》、南宋的《增损吕氏乡约》和明代中期的《南赣乡约》作为本文的基本材料来源。在《吕氏乡约》、《增损吕氏乡约》和《南赣乡约》之外，由于本文同样需要对宋明乡约以及宋明基层秩序相关的规范、规约和礼仪等进行基本的实证研究，因此，与宋明基层秩序相关的基本历史材料不可不备。在研究过程中难免会使用学界前辈先行发现的史料，对于这些二手材料，本着尊重先行者的检索辛劳、材料摘选创意以及学术观点的准确，笔者将一一核对原文并注明转引出处。

由于本文所进行的研究的法律史学科的交叉特点和本文原理性、系统性研究的视野特点，本文主要采用以下两种研究方法：

其一是比较研究的方法。比较研究法是社会科学研究的基本方法，甚至可以说是无比较无科研，本文研究之展开更是完全立基在比较方法之上的。比较研究依照不同标准可以分为横向比较与纵向比较、求同比较和求异比较、宏观比较和微观比较等类型。本文展开宋明乡约与基层秩序研究的过程中，比较研究方法的以上三种类型都将运用到，如在论述乡约的参约者时，既需要横向比较乡约参约者与其它社会组织参与者的异同，也需要从时间上纵向比较三个乡约的参约者情形的异同，而求异同本来也是比较研究法的题中之义。虽然本文致力于从宏观上研究宋明乡约，但宏观不得不立基于微观之上，故比较研究法中宏观比较和微观比较也是缺一不可。

其二是规范分析和实证分析相结合的方法。笔者从法学和史学的双重视角出发，穿越时空去探讨宋明乡约的本体、功能、价值和实际运作和社会效果，如此一来，仅仅采用规范分析法的规范价值评判去判断宋明乡约的合理性难免陷入以今非古的窘境，而如果单采用实证分析法去还原宋明乡约的实际状态，则既于现世缺乏借鉴意义，由于语境偏好的先入影响，也难以完全

还原宋明乡约的实际运行状态。因此，本文欲达到研究的目标，需要将两种方法结合起来，在力求还原宋明乡约成长、演变的历史语境时，保持追问宋明乡约"应当是什么样"的态度。在对宋明乡约进行意义和价值判断的同时，时刻谨记与宋明时期实际的历史环境相联接。

除此之外，社会科学进行研究使用的一般常规方法诸如考据法、文本分析法、定量分析法、定性分析法等方法也会在文中使用到，因为这些方法是大多研究必备的基本方法，在此毋庸赘述。

本文的研究准备从宋明乡约产生、生长的背景及乡约文本的演变为本文的开篇，进而分析宋明乡约的组织构造，接下来对宋明乡约的基本制度及运行模式进行系统论述，然后考证宋明乡约在宋明基层秩序中的实际地位、作用，并论述作为宋明基层秩序体系一部分的乡约与其他宋明基层秩序规范与制度的异同，最后以对宋明乡约的思想来源与基本原理的提炼为收束章。全文分为绪论、正文、结论三大部分，其中正文共分五章：

第一章"乡约的产生及其演进"。首先，介绍《吕氏乡约》的产生背景、产生过程以及《吕氏乡约》的主要内容。其次，介绍朱熹增损《吕氏乡约》的背景、《增损吕氏乡约》的内容以及《增损吕氏乡约》对《吕氏乡约》的增、删、改，并作简要分析。最后，梳理《南赣乡约》产生的背景、《南赣乡约》的内容、《南赣乡约》对宋代乡约的传承以及《南赣乡约》所产生的巨大转变并作简要分析。

第二章"乡约的基本构造"。主要从《吕氏乡约》、《增损吕氏乡约》和《南赣乡约》的参约者、理约者以及三大簿籍（约众簿、旌善簿、规过簿）三方面进行比较论述，以期梳理出近于史实的宋明乡约基本构造。

第三章"乡约的基本制度"。从《吕氏乡约》、《增损吕氏乡约》和《南赣乡约》的入约出约制度、旌善规过制度、患难恤助制度、集会制度以及乡约的运行模式的演变五个部分对宋明乡约的基本制度加以分析论述，以期还原《吕氏乡约》、《增损吕氏乡约》和《南赣乡约》的基本制度及其运行概貌。

第四章"乡约与宋明基层社会秩序"。考证《吕氏乡约》、《增损吕氏乡约》和《南赣乡约》在宋明基层社会秩序中的实际运行概况；进而考证、分析乡约与宋明基层秩序维护体系中其他制度、规范的异同；最后论证宋明乡约的价值目标从"庶乎其小补"到"协和尔民"的演变，并考证、探讨乡约在宋明基层秩序维护中所处的实际地位和价值。

第五章"乡约的思想渊源与基本原理"。首先从宋明士绅的政治主体观和社会秩序观去论证宋明乡约之所以产生、发展、演变的基本思想来源,进而从"权威原理""运行原理""规范道德化原理"三个方面对宋明乡约的基本原理略加归纳论证。

从法律史学角度对宋明乡约进行宏观性、体系性研究,迄今为止在学界尚属空白,本文如能对乡约基本构造、基本制度、社会效果以及基本原理进行全面、系统的研究,对提升乡约研究的高度,拓宽乡约研究的视野当是"庶乎其小补"。纵观宋明乡约的产生、演变历程,并比较乡约与当代中国的村民基层自治制度,不难发现,这两种制度有着诸多基本原理上的共通点。虽然当前的村民基层自治制度还称不上真正的"自治",但是,未来的中国基层社会秩序必然以"自由"和"自治"为目标,如此一来,通过对乡约与宋明基层秩序的研究,发掘、探索中国传统基层社会秩序维护的制度内容、基本原理和精神来源就显得至关重要。笔者学浅,希望能抛砖引玉,为中国古代乡约与基层社会秩序研究开一局面。

第一章
乡约的产生及其演进

自乡约产生以来,对乡约的追根溯源便已经开始。朱子门生黄干认为乡约是《礼记·乡饮酒义》的"遗意"[1],这种观点多被后世儒家所赞同。同时,也有儒学士绅认为乡约源于《周礼·大司徒》中的"读法之典"。明人王樵认为:"保甲乡约实,古司徒之教法也。……州长各掌其州之教、治政令之法,正月之吉,各属其州之民,而读法以考其道德,行艺而劝之,以纠其过恶而戒之。自州长而下弥亲民者,于教亦弥笃,此即乡法也。"[2]近代以来,从最初进行乡约研究的杨开道先生开始,乡约源于《周礼·大司徒》中的"读法之典"的观点逐渐成为主流。[3]实际上,以上两种观点可以说是密不可分的:从"三礼"所体现的社会状态来看,"读法之典"和"乡饮酒礼"是实现基层社会治理的两个基本方面。可以设想,司徒掌一州之政,要施行政教,必须先行集会,这个集会制度就是"乡饮酒礼",在乡饮酒的进行过程中,把"读法、选举、乡射和蜡祭通通都包含在里面"[4]自是顺理成章。所以,认为乡约源于"乡饮酒礼"或者"读法之典"的两种观点只不过关注的侧重点不同而已,其本质并没有明显区别。

"乡饮酒礼"与"读法之典"终究是儒家经典的理想化叙述,上古时期的乡里秩序未必与这种叙述相契合,而溯源乡约的源头还是需要实际的历史

---

[1] (南宋)黄干撰:《勉斋集》,商务印书馆1935年版,第12页。

[2] (明)王樵:"金坛县保甲乡约记",(清)陈梦雷编纂:《古今图书集成》,中华书局、巴蜀书社1985年版,第40018页。

[3] 参见杨开道:《中国乡约制度》,山东省乡村服务人员训练处1937年版,第52页;张中秋:"乡约的诸属性及其文化原理认识",载《南京大学学报(哲学·人文科学·社会科学版)》2004年第5期;曹国庆:"明代乡约研究",载《文史》1999年第1辑,中华书局1998年版。

[4] 杨开道:《中国乡约制度》,山东省乡村服务人员训练处1937年版,第52页。

生活材料才更有证明力。概览宋代以前的基层治理史实，在唐代以前，基层秩序所存的史料仅足以证明当时有粗略的基层治理模式，且大致以国家行政组织治理模式为主。[1]不过，自先秦秦汉时期开始，基层社会的结社模式便开始出现，如春秋战国时期出现的具有基层行政制度性质的"里社"[2]和秦汉时期出现的民间自发互助性质的"私社"[3]。到唐代，民间互助性质的结社组织开始出现长足发展，唐晚期至北宋初年的敦煌社邑文书就是这种民间组织发展的明证。[4]敦煌社邑文书是唐末五代民间结社的直接证据，它所载的乡社规条表明，民间结社由来已久。唐末至宋初社会动荡，国家权力难以维持基层社会秩序，导致地方盗贼横行、民不聊生。为抵抗外敌和盗贼的侵扰，基层民众不得不依靠自己的力量团结乡里、维护一方社会稳定，于是民间私社便成为基层社会抵御灾伤匪患的基本形式。在此基础之上，旧有乡村、坊市中小规模的民间结社组织已经不能完全满足基层秩序的需要，于是，在敦煌地区逐渐开始出现了以某个乡或数个乡进行结社的大规模、地域性民间结社。这些基层民间乡社拥有基本的防御武装，也担负着乡社防御盗匪和抵御外部侵袭的责任。这些民间结社的社邑规条一般由社员协商而定，并由当地的有文化的社员、低级官吏或者识字僧人执笔起草，其代表了乡社社员的心声，反映了这种民间结社最为迫切的需要——患难互助。这些私社的社邑规条的性质显然是民间性的，正如金滢坤博士所言："社条是以祭春秋二社为中心，以民间互助为辅，也是民众自由、自愿参加的社邑组织需要，由社众共同商议制定的相关规定。"[5]同时，当时的民间结社也形成了一定程度上的内部组织结构和区别于其他基层治理模式的特征。孟宪实教授将当时的民间结社的基本特征总结如下几个方面：①个人在自愿原则基础上结社；②社人大会地位最高；③有制定社条、选举社官、决定重大事务等权利；④社条为社内行为的最高准则；⑤社人地位平等；⑥社务公开。[6]概而言之，唐末至

---

[1] 参见赵秀玲：《中国乡里制度》，社会科学文献出版社1998年版，第2~22页。
[2] 里社又称官社或公社，是具有基层行政以为的基层结社机制。参见杨华："战国秦汉时期的里社与私社"，载《天津师范大学学报（社会科学版）》2006年第1期。
[3] 如著名的《侍廷里僤约束石券》所结成的乡社。
[4] 参见宁可、郝春文辑校：《敦煌社邑文书辑校》，江苏古籍出版社1997年版。
[5] 金滢坤："论唐五代宋元的社条与乡约（二）——以吕氏乡约、龙祠乡社义约为中心"，载《敦煌研究》2008年第1期。
[6] 参见孟宪实："论唐宋时期敦煌民间结社的组织形态"，载《敦煌研究》2002年第1期。

北宋初的敦煌乡社是一种以患难互助为中心而建立的一种自发互助性质的民间结社。敦煌乡社的民间结社模式时间上距离《吕氏乡约》最近，而且《吕氏乡约》的"直月"也与敦煌乡社的"月直"性质相近。不难推断，蓝田吕氏兄弟在制定《吕氏乡约》时在一定程度上参酌了敦煌私社的社邑规条。同时，宋代结社活动比起前代更加频繁，而各类会社的诞生成长也在宋代取得了长足发展。因此，宋代盛行的诸如宗教会社、弓箭团结社、商业行会以及文会诗社等基层社会结社组织，不论从思想理念方面，还是组织构造方面，或者是结社规范的内容方面，都必然会对宋代乡约的诞生产生影响。

第一节 《吕氏乡约》及其内容

本节首先通过梳理《吕氏乡约》诞生的时代和社会背景入手，概述《吕氏乡约》缔造者的基本概况和思想来源，进而对《吕氏乡约》的具体作者、制定过程产生的争议做简要的分析、叙述。然后通过比对《吕氏乡约》的各个版本，核实《吕氏乡约》的具体款、项，最后整理出《吕氏乡约》的内容、体例以及基本逻辑展开。

一、《吕氏乡约》的诞生背景

公元960年，北宋王朝建立。北宋经过太祖到英宗几代统治者的建设，到神宗即位时，北宋王朝已经发展为一个人口众多、经济繁荣的国家。但同时，由于宋代实行的"不立田制，不抑兼并"的土地政策，使得土地兼并愈演愈烈，为此而引发的社会矛盾也日趋激化。这些社会矛盾的缓解，仅仅通过从唐代继承下来的基层行政组织已经难以奏效。因此，如何加强对基层社会的控制就成为宋代基层社会秩序维护的基本问题。一方面，北宋国家通过旌表的方式对家族主导的家族秩序维持模式进行鼓励，以期达到一部分基层秩序的维护目标。另一方面，为了稳定基层秩序，加强国家对基层社会的控制，熙宁三年（公元1069年），王安石在宋神宗的强力支持下，开始推行保甲法。从保甲法规定的保、大保、都保的制度结构、保丁的选择、以保为单位对外抵御盗贼和对内防止各种犯罪等方面的内容，可见保甲法是北宋加强基层社会控制，将基层秩序置于国家权力直接控制下的一种尝试。[1]但是，王安石的保甲主张激起了宋代基层民间绅民和国家权力的冲突。王安石的保甲法推行之初，即遭到坚持国家权力与民间力量各从其是，反对国家权力过度干预基层社会秩序的宋代士绅的激烈批评。元丰八年（公元1085年），司马光上疏废除保甲法时称："（保甲法）夫夺其衣食，使无以为生，是驱民为盗也；使比屋习战，劝以官赏，是教民为盗也；又撤去捕盗之人，是纵民为盗也。"[2]反对保甲法的宋代士绅虽知保甲法之行于基层社会弊害远大于利益，但对更适合基层社会秩序维持和促进的方案的思考却并不多见。宋代中期，对基层社会秩序维持和促进进行系统的思考，并提出独树一帜的方案并倾力实践的儒学士绅中，陕西蓝田吕氏兄弟即是林中之秀。

北宋蓝田吕氏兄弟指吕大忠、吕大防、吕大钧、吕大临四人。兄弟四人在当时极具盛名，被称为"吕氏四贤"。理学家谢良佐曾赞叹："晋伯（吕大忠）弟兄皆有见处。盖兄弟之既多且贵而皆贤者，吕氏也。"[3]

长兄吕大忠，字晋伯，皇祐六年（公元1054年）进士。初为陕西华阴县尉，升任山西晋城县令。不久，又升秘书丞，兼任定国军判官。元丰中，任河北转运判官，曾上疏《生财、养民十二事》。哲宗继位后，又以工部郎中身份，任陕西转运副使，知陕州，徙秦州，绍圣二年（公元1095年）升任宝文阁直学士，知渭州，后受二弟吕大防牵连致仕。大忠为人质直守礼，对子弟要求极为严格。据《宋元学案》记载，有一次大忠端坐厅堂，大防的妻子由两位婢女搀扶前来拜见。大忠见了，大为恼怒，正色道："丞相夫人邪？吾但知二郎新妇耳。不病，何用人扶！"[4]大防和妻子听后羞愧难当。大忠曾追随关学巨擘张载和程颢、程颐兄弟研习理学，至老不倦。大忠一生博览全书，著作有《前汉论》30卷、《辋川集》5卷、《奏议》10卷等，可惜均已失传。

二弟吕大防，字微仲，皇祐元年（公元1049年）进士。大防少年时就养成了沉稳持重、淳朴寡言、洁身自好的品质。大防早年历任地方勇于任事、

---

[1]（元）脱脱等撰：《宋史》，中华书局1985年版，第4767~4771页。
[2]（元）脱脱等撰：《宋史》，中华书局1985年版，第4781页。
[3]（清）黄宗羲著，（清）全祖望补修，陈金生、梁运华点校：《宋元学案》，中华书局1986年版，第1096页。
[4]（清）黄宗羲著，（清）全祖望补修，陈金生、梁运华点校：《宋元学案》，中华书局1986年版，第1096页。

敢于建言，为之后立足政坛奠定了基础。元祐初，大防继司马光为相，执政达 8 年之久。《宋史》评价其执政时称："（大防）立朝挺挺，进退百官，不可干以私，不市恩嫁怨以邀声誉，凡八年，始终如一。"[1]哲宗亲政后罢相，多次遭贬，最后流放岭南，行至途中病逝。徽宗时期，与司马光、文彦博等一道被列为"元祐奸党"，并被刻上"元祐奸党籍碑"。南宋绍兴初年，大防才得以除党籍，复荣谥。大防好藏书，著作有《吕汲公文录》20 卷、《周易古经》2 卷。

三弟吕大钧，字和叔，嘉祐二年（公元 1057 年）进士。早期历任秦州司理参军、延州监折博务、三原知县。大钧在丁父忧三年期满后，开始居家讲学传播张载的学说，以教育人才、移风易俗为己任。元丰年间，因征伐西夏，大钧被任命为鄜延路转运司副使，不久在任上病逝。大钧是吕氏四兄弟中受张载影响最大的人。张载的理学又称"礼学"，以其注重"明礼教，敦风俗"而得名。大钧和张载同一年进士及第，但当大钧了解到张载的学问和人品后，心悦诚服，毅然执弟子礼拜张载为师。大钧秉承张载的一贯风格，强调学贵经世致用，反对虚玄空论。其父吕蕡病逝，大钧主持丧仪坚持"衰麻敛祭之事，悉捐俗习事尚，一仿诸礼"。其后，他又"浸行于冠婚、饮酒、相见、庆吊之间。其义节粲然可观"。因为大钧专注于礼学实践，注重敦风易俗，连张载都赞叹其"勇为不可及"。[2]大钧的礼教实践对关中地方风俗的淳化起到了重要的促进作用。《宋史》称其在推行冠婚、膳饮、庆吊等礼仪之后，"关中化之"[3]。大钧一生专注于礼教实践、敦风化俗，因此，其著述并不多，主要有《四书注》、《诚德集》30 卷、《乡约》、《乡仪》等。

幼弟吕大临，字与叔，吕氏兄弟四人中唯一未参加科举并入仕者。大临受兄长影响，早年从学张载门下。张载对大临的理学基础的形成影响甚大，以至于大临所著的《易章句》在风格上和张载的《易说》很相近。张载去世后，大临再投程颐门下，潜心研究《六经》，尤其精于《三礼》（《仪礼》《周官》《礼记》）的研究。在程颐门下，大临因其博学和沉思，和谢良佐、游酢、杨时并称"程门四先生"。元祐年间，大临因荫补而入为太常博士，后迁

---

[1]（元）脱脱等撰：《宋史》，中华书局 1985 年版，第 10843 页。
[2]（北宋）吕大临等撰，陈俊民辑校：《蓝田吕氏遗著辑校》，中华书局 1993 年版，第 612 页。
[3]（元）脱脱等撰：《宋史》，中华书局 1985 年版，第 10847 页。

秘书省正字，但不久大临即以47岁英年早逝。大临才华横溢、涵养深醇，对张载学说的传承起着不小的作用。同时，大临对礼教的思考和践行也确当得起"曲礼三千目，躬行四十年"[1]这个评价。大临论著述颇丰，主要要有《易章句》《礼记解》《大学解》《论语解》等。自宋元到近代，其论著遗失大半，仅存著述现收录在陈俊民先生辑校的《蓝田吕氏遗著辑校》中。

概览蓝田吕氏兄弟的生平，不难发现虽然四人的行止走向并不一样，长兄为良吏造福一方，二弟居庙堂持国辅政，三弟操行礼教表率士林，幼弟为硕儒精思道学。但兄弟四人的共同点也是显而易见的，即他们都是在宋代中期儒学复兴和儒家经世致用思潮熏陶下成长起来的儒家知识精英。他们都以修身、齐家、治国、平天下为自己的人生终极目标。蓝田吕氏兄弟在张载经世致用的"礼学"影响下，他们以"躬行礼教""敦风睦俗"为己任。在陕西蓝田制定并推行的《吕氏乡约》，正是吕氏兄弟经世济民、垂范后世理想蓝图的一次尝试。

二、《吕氏乡约》的诞生

据《吕氏乡约》文末的署名可知乡约的制定完成时间是宋神宗熙宁九年（公元1076年）十二月初五，当时吕氏兄弟年龄分布为大忠56岁、大防49岁、大钧45岁、大临32岁。《吕氏乡约》存世版本大约有徐乃昌影印的宋嘉定本、陶宗仪《说郛》百卷本、李元春《青照堂丛书》本、《朱子大全》本、《朱子全书》本、章潢《图书编》本、黄宗羲《宋元学案》本、陈梦雷《古今图书集成》本、陈宏谋《五种遗规》本和余治《得一录》本等十来种。据杨开道先生考证，《吕氏乡约》以上版本只有宋嘉定本、《说郛》百卷本和《青照堂丛书》本是吕氏兄弟所定的乡约原本，其他版本皆为朱熹改定后的《吕氏乡约》，即《增损吕氏乡约》。其中《朱子大全》本、《朱子全书》本、《古今图书集成》本和《五种遗规》本注明乡约文本是朱子增损之后的《增损吕氏乡约》。章潢《图书编》本未注明题名。《宋元学案》本和《得一录》本则直接题名为《吕氏乡约》或《蓝田乡约》。[2]董建辉教授又考证出明代王承裕校勘的《吕氏乡约》刻本，该本刻录于明正德五年（公元1510年），

---

[1]（南宋）黎靖德编，王星贤点校：《朱子语类》，中华书局1986年版，第2561页。
[2] 杨开道：《中国乡约制度》，山东省乡村服务人员训练处1937年版，第65页。

第一章 乡约的产生及其演进

1934 年宋联奎辑入《关中丛书》中，1993 年再由陈俊民先生辑入《蓝田吕氏遗著辑校》。《关中丛书》本与徐乃昌影印本文字只有细微差异。与徐本一样，乡约末尾也附有《答伯兄》《答仲兄》《答刘平叔》等通信和朱熹的题跋。由此可知，王承裕的校勘本可能也源自宋嘉定本。[1]关于《吕氏乡约》的宋嘉定本、《说郛》百卷本、《青照堂丛书》本和《关中丛书》本的比对以得出《吕氏乡约》的原文，下文将做详细论述，此处需要先对《吕氏乡约》的作者略作说明。

关于《吕氏乡约》的作者，在朱子以前，结合约文文末的署名，时人多认为是吕大忠，在朱子从吕氏遗著中辑出《答伯兄》《答仲兄》《答刘平叔》三篇信件之后，则可以肯定《吕氏乡约》的执笔者是吕氏三弟吕大钧。但这只是涉及《吕氏乡约》文本的执笔者。事实上，从吕氏兄弟的共同学风、禀性和所受思想的影响，不难发现他们对于《吕氏乡约》的缔造持支持态度，否则，仅以大钧一人之力，显然难以实现缔造《吕氏乡约》的目标。杨开道先生认为："所以《吕氏乡约》，既不是晋伯一人的乡约，也不是和叔一人的乡约，而是全家共同（缔造）的乡约。"[2]所以，吕氏大钧在《吕氏乡约》的地位应该是乡约的执笔者、乡约运行的实际推行主持者。从《答伯兄》和《答仲兄》可以看出，在乡约运行中，吕氏兄弟时刻关注着乡约运行的状况，并对乡约运行遇到的困难提出建议。由此可见《吕氏乡约》为蓝田吕氏兄弟所共同缔造当无疑义。不过，大钧当属于乡约缔造过程中的主要造意者和乡约运行的协调、主持者，从这一点来看，大钧对于《吕氏乡约》可谓直接责任人。《吕氏乡约》之所以产生并流传至今，大钧居功至伟。

《吕氏乡约》的诞生，正处于王安石大行保甲法的时期。吕氏兄弟认为，乡民共同生活在一个相对闭塞的地域，彼此之间的得失、利害、善性和恶迹都息息相关，无一日无之："人之所赖于邻里乡党者，犹身有手足，家有兄弟，善恶利害皆与之同，不可一日而无之。不然，则秦越其视，何与于我哉！大忠素病于此，且不能勉，愿与乡人共行斯道。惧德未信，动或取咎，敢举其目，先求同志，苟以为可，愿书其诺，成吾里仁之美，有望于众君子焉。"[3]

---

[1] 参见董建辉：《明清乡约：理论演进与实践发展》，厦门大学出版社 2008 年版，第 50 页。
[2] 杨开道：《中国乡约制度》，山东省乡村服务人员训练处 1937 年版，第 62 页。
[3] （北宋）吕大临等撰，陈俊民辑校：《蓝田吕氏遗著辑校》，中华书局 1993 年版，第 567 页。

作为与宋代中期官方基层治理模式保甲法相对应的民间约定，《吕氏乡约》从一诞生就注定要面对众多批评和非议。根据《吕氏乡约》文末附载的吕大钧写给吕大忠、吕大防和刘质夫的三封复函《答伯兄》、《答仲兄》以及《答刘平叔》，可知《吕氏乡约》的诞生大致受到了以下几个方面的质疑：

1. 吕氏兄弟制定和推行乡约的身份是否合适。按照中国古代沿袭已久的权威观念，正如《论语·泰伯》所言："不在其位，不谋其政。"如此一来，法令的颁布与执行理所当然应该由朝廷或官府负责。如果非其位而行之，则显然是僭越。更有甚者，即使是移风易俗之类的社会风尚的引导，如大钧所言，也应该由"有德有位者倡之，则上下厌服而不疑"[1]。《吕氏乡约》的制定并非吕氏兄弟的职分，乡约也主要由吕大钧负责推行，招致"传闻者以为异事，过加论说"以至于"诋訾之纷纷也"可以说是自然而然的事。针对这方面的质疑，吕大钧认为：《吕氏乡约》所做的不过是乡里关于水火、盗贼、死丧、疾病、诬枉等寻常事情的互助，这既是乡里人之常情，也并不与国法流俗相悖。这些不过是民间流行已久的做法，并不必需要由"有德有位者"来提倡。同时，乡约也不过是"量议损益，劝率其不修者耳"[2]，并未过有僭越。而所谓"非上所令而辄行者"是指那些"聚萃群小，任侠奸利，害于州里，挠于官府之类"[3]的违反法令和民俗习惯的恶行，乡约与这些显然毫不沾边。

2. 乡约是否有结党或干政之嫌。《吕氏乡约》不仅有约束性的规条，而且有一套组织机制，包括常设机构、定期聚会等制度安排，这使得《吕氏乡约》既表现为一种民间组织，更是一种综合性的制度，而非一般的社条、义约等具体性基层社会规范所能涵盖。乡约以民间组织的形式出现，势必使人担忧其有结党或不轨行动，这是民间组织与国家政权组织之间权威冲突的必然。熙宁年间，政治氛围以国家权力侵蚀、消解民间权威为大势，而《吕氏乡约》的出现不免给人结党的非议。二弟吕大防最担心的也是这一点。所以吕大防对执笔乡约的吕大钧"教督甚切"，甚至希望改乡约为家仪或乡学规以避免非议。吕大钧认为，乡约中所订规矩和执行措施，并非独树一帜，其他

---

[1]（北宋）吕大临等撰，陈俊民辑校：《蓝田吕氏遗著辑校》，中华书局1993年版，第569~570页。

[2]（北宋）吕大临等撰，陈俊民辑校：《蓝田吕氏遗著辑校》，中华书局1993年版，第569页。

[3]（北宋）吕大临等撰，陈俊民辑校：《蓝田吕氏遗著辑校》，中华书局1993年版，第569页。

学校、乡社也曾有之。大钧说:"今庠序则有学规,市井则有行条,村野则有社案,皆其比也,何独至于乡约而疑之乎?"[1]况且,各州都有文学、助教等职官,其职能和乡约的约正类似,只是"久废不举"罢了。因此,旨在敦风易俗的乡约不是什么"非上之所令"的事情。大钧更认为将乡约与汉代的结党之事类比属于无中生有,因为汉代党祸有其自身不务实行、妄相称党、傲视公卿、与宦者相疾如仇等原因,乃是自取之祸。而乡约中设置的约正、直月等,和学校中设立的学正、值日,民间组织中推举的神头、行老一样只是民间治理的必要设置,其目的不过是患难互助,教化约民而已,与汉代的结党毫无共同之处。

3. 乡约的推行是否脱离实际、强人所难。在有着深厚历史传统的环境中成长、生活、劳作的乡民,早已从社会生活的经验中培养出了内化于血脉的生活逻辑。关于如何生活、如何处理社会关系、如何对待生老病死等都有其延续已久的习惯做法。他们无需考虑这样做是否为善行,更不必担心是否符合儒家的道德标准。《吕氏乡约》将儒家抽象的道德主张具体化为若干可供执行的条款,加之于乡民的生活,并用以规范乡民的一言一行。由此,《吕氏乡约》是否会因为脱离了乡民的生活实际,难以被乡民理解以及乡约是否可能达到预期的效果等疑问便会随之而来。《吕氏乡约》面临的这些困惑,南宋的学者张栻也颇有同感。张栻在给朱熹的信函中说:"乡约细思之,若在乡里,愿入约者只得纳之,难于拣择。若不择,而或有甚败度者,则又害事。择之,则便生议论,难于持久。兼所谓罚者可行否,更须详论精处。"[2]关于这些疑问,吕大钧认为礼义廉耻、孝悌忠信等,这都是人心所向的事情。而《吕氏乡约》所规定的,无非是根据人们自身的好恶,使之相规相劝而已,谈不上强人所难。

4. 《吕氏乡约》规定的约束标准是否宽严适中。吕氏兄弟的初衷,是希望借由乡约的推行,践履儒家的道德和社会治理主张,并将之推广于邻里乡党。如果约束标准定得太过苛严,则可能吓退乡民,更兼有强人所难之嫌;而如果约束标准定得过宽,又恐怕难以实现乡约推行的初衷。约束标准的适中与否,是吕氏兄弟在制定《吕氏乡约》时感到左右为难的问题,也是社会

---

[1] (北宋)吕大临等撰,陈俊民辑校:《蓝田吕氏遗著辑校》,中华书局1993年版,第568页。
[2] (南宋)张栻著,杨世文、王蓉贵校点:《张栻全集》,长春出版社1999年版,第426页。

舆论和亲朋好友关注的一个焦点。特别是在《吕氏乡约》推行之初，这个问题显得尤为突出。吕大钧在给刘平叔的书信中就坦言："或谓其间条目宽猛失中，繁简失当，则有之矣。"[1]吕氏兄弟坦承，《吕氏乡约》中的确有一些规定可能太过苛严，为此，吕氏兄弟秉着"改更从宽"的原则，对乡约规定进行多处修改。其中修改幅度最大的当属关于入约的规定这一条。《吕氏乡约》文本没有载入约和出约的规定，但从"其来者亦不拒，去者亦不追"[2]这个改定后的规定反推，可知，改定前的规定对乡约入约者应当是有所选择。同时，改定前的规定对乡约的出约也有限制。而修改之后则变成参加乡约、退出均系个人自愿，这应当是吕氏兄弟在社会舆论的压力下对《吕氏乡约》做出的修改。

三、《吕氏乡约》的内容

《吕氏乡约》的内容部分有两个主要内容需要详述，其一是《吕氏乡约》内容的考定，其二是《吕氏乡约》内容的逻辑展开。下面首先进行《吕氏乡约》内容的考定。

（一）《吕氏乡约》内容考定

如上文所述，迄今为止可见的《吕氏乡约》共有四个版本：徐氏影印嘉定本、《说郛》百卷本、《青照堂丛书》本和《关中丛书》本。要考订《吕氏乡约》的内容，需要选择一个版本作为底本，再以其他版本进行校对、勘误、补缺，才能确定其内容。若论《吕氏乡约》的底本，则非南陵徐乃昌影印的嘉定本莫属，原因如下：徐氏影印所据原版本最早，为南宋嘉定五年（公元1212年）李大有刊行的版本。李大有刊刻《吕氏乡约》离朱子考证、整理《吕氏乡约》不过近四十年，朱子整理后于淳熙二年（公元1175年）刊刻的《吕氏乡约》的原貌应不至于破坏，从此版本《吕氏乡约》后的朱子跋语也可以印证这一点。同时，徐氏影印本除《吕氏乡约》正文外，更有大钧的三封书函和朱子跋语，整体上也更加完整。作为校勘的《说郛》百卷本所据版本为明代钞本，字句多有误植和窜改，更去掉了大钧的书函和朱子的跋语；《青照堂丛书》本为近代，所据版本不明，所存在的主要问题和《说郛》百

---

[1] （北宋）吕大临等撰，陈俊民辑校：《蓝田吕氏遗著辑校》，中华书局1993年版，第570页。
[2] （北宋）吕大临等撰，陈俊民辑校：《蓝田吕氏遗著辑校》，中华书局1993年版，第568页。

第一章 乡约的产生及其演进

卷本一样；《关中丛书》本所据为明正德五年（公元1510年）的王承裕勘刻本，此本内容和徐氏影印本几乎全同，有大钧书函，也有朱子跋语，甚至连徐本所缺损的内容也很完整，正好可以校对徐本的几个空白处。所不足者，王承裕不曾说明其校勘版本来源，故而只有将《关中丛书》本置于校本之列。《关中丛书》本1993年由陈俊民先生辑校收入《蓝田吕氏遗著辑校》，下文所采《关中丛书》本即以陈俊民的辑校本来源。下文笔者以徐氏影印本为底本，以表格的形式勘对《吕氏乡约》诸版本的歧异之处。

表1　《吕氏乡约》文本校勘表[1]

徐氏影印本	《说郛》百卷本	《青照堂》本	陈俊民辑校本	内容出处
能事父兄	同徐氏本	能敬父兄	同徐氏本	"德业相劝"章
能为众集事	能集众事	能集众事	同徐氏本	同上
能居官举职	同徐氏本	能居官奉职	同徐氏本	同上
好礼乐射御书数之类	如礼乐射御书数之类	同徐氏本	同徐氏本	同上
有	无	无	有	"过失相规"章所有小注
犯义之过，一曰……	犯义之过六，一曰……	同《说郛》百卷本	同徐氏本	犯义之过
面是□□	无内容	同《说郛》百卷本	面是背非	犯义之过五小注
及发扬人之私□	无内容	同《说郛》百卷本	及发扬人之私隐	同上
营私太甚	同徐氏本	官私太甚	同徐氏本	犯义之过六

---

[1]　此表主要校对四种版本的文本不同之处，故文字相同之处则略去不表。四种版本的文献来源如下：徐氏影印嘉定本来自一凡藏书馆文献编委会编：《古代乡约及乡治法律文献十种（第1册）》，黑龙江人民出版社2005年版，第1~84页；《说郛》百卷本来自（明）陶宗仪等：《说郛三种》，上海古籍出版社1988年版，第1135~1136页；《青照堂丛书》本来自（清）李元春：《青照堂丛书次编（第62册）》，道光十五年（公元1835年）刻本；《关中丛书》本来自宋联奎：《关中丛书》，载《丛书集成续编（第78册）》，上海书店1994年版。

续表

徐氏影印本	《说郛》百卷本	《青照堂》本	陈俊民辑校本	内容出处
犯约之过，一曰……	犯约之过四，一曰……	同《说郛》百卷本	同徐氏本	犯约之过
不修之过，一曰……	不修之过五，一曰……	同《说郛》百卷本	同徐氏本	不修之过
及□□侵侮	无内容	同《说郛》百卷本	及意在攸侮	不修之过二
凡行婚姻丧葬祭祀之礼	凡有婚姻丧葬祭祀之礼	此行婚姻丧葬祭祀之礼	同徐氏本	"礼俗相交"章
甚不经者	同徐氏本	世不经者	同徐氏本	同上
若家长有故	同徐氏本	若家有故	同徐氏本	同上
亦临时聚议	同徐氏本	亦临事聚议	同徐氏本	同上
若契分深浅不同	同徐氏本	若气分深浅不同	同徐氏本	同上
凡遗物婚嫁及庆贺……	凡遗物婚姻及庆贺……	同徐氏本	同徐氏本	同上
……雉兔果实之类	同徐氏本	……雉兔果食之类	同徐氏本	同上
计所直多不过三千少至二三百	同徐氏本	计所直多少不过三千至一二百	同徐氏本	同上
……以钱帛米谷薪炭等物	……以财帛米谷薪炭等物	同徐氏本	同徐氏本	同上
计直多不过三千少至二三百	同徐氏本	计直多不过三千少二三百	同徐氏本	同上
有	无	无	有	"患难相恤"章所有小注
财物器用	同徐氏本	财物之器用	同徐氏本	"患难相恤"章
若不急之用	同徐氏本	若不及之用	同徐氏本	同上
虽非同约	同徐氏本	虽同约	同徐氏本	同上
亦当救恤	同徐氏本	亦当恤	同徐氏本	同上
有	无	无	改为正文	"罚式"章小注两处[1]

---

[1] 这两处小注内容为：轻者或损至四百、三百；重者或增至二百、三百。

续表

徐氏影印本	《说郛》百卷本	《青照堂》本	陈俊民辑校本	内容出处
凡轻过规之而听	犯轻过规之而听	同徐氏本	同徐氏本	"罚式"章
每月一聚	每一月一聚	同徐氏本	同徐氏本	"聚会"章
每季一会具酒食	每一季一会具酒食	每季一会具酒	同徐氏本	同上
合当事者主之	同徐氏本	令当事者主之	同徐氏本	同上
遇聚会则书其善恶	同徐氏本	过聚会则书其善恶	聚会则书其善恶	同上
同约中不以高下依长少轮次为之	同徐氏本	同约中一人为之下依长幼轮次为之	同徐氏本	"主事"章
则秦越其视何与于我哉	同徐氏本	则秦越相视何有于我哉	同徐氏本	附启
大忠素病于此	同徐氏本	大患素病于此	同徐氏本	同上
且不能勉	但不能勉	同徐氏本	同徐氏本	同上
愿书其诺	愿书其语	愿喜其诺	同徐氏本	同上
熙宁九年（公元1076年）十二月初五日汲郡吕大忠白	淳熙九年（公元1182年）十二月初五日汲郡吕大忠白	熙宁九年（公元1076年）二月初五日吕大忠白	同徐氏本	同上

通过上述校勘表可知，《吕氏乡约》文本字数不过千余，在历史流转中产生的错漏却非常之多。总而言之，虽然陈俊民辑校本和徐氏影印嘉定本内容最相异最小，甚至勘校出徐氏本的三处脱漏，但由于其来源不明，且有改小注为正文的错谬，所以，本文论述所据，便以经过《说郛》百卷本、《青照堂丛书》本和陈俊民辑校本校勘之后徐氏影印嘉定本《吕氏乡约》为文献来源。下文，笔者便对《吕氏乡约》的内容及其逻辑展开做一简单梳理。

（二）《吕氏乡约》的内容

《吕氏乡约》正文可以分为七章："德业相劝"、"过失相规"、"礼俗相交"、"患难相恤"、"罚式"、"聚会"和"主事"。《吕氏乡约》正文前四章"德业相劝"、"过失相规"、"礼俗相交"以及"患难相恤"为《吕氏乡约》

的实体性规则；第五章"罚式"为违反前四章约规的罚则，为程序性规则；第六章"聚会"和第七章"主事"是运行乡约的两大基本制度。乡约集会制度和乡约组织机构，是乡约的基本构造性规则。《吕氏乡约》正文文末有吕氏兄弟代表吕大忠的"附言"。

"德业相劝"章由"德"和"业"两部分组成。其中"德"包括"见善必行，闻过必改。能治其身，能治其家，能事父兄，能教子弟，能御僮仆，能事长上，能睦亲故，能择交游，能守廉介，能广施惠，能受寄托，能救患难，能规过失，能为人谋，能为众集事，能解斗争，能决是非，能兴利除害，能居官举职"共21项内容。这些"德"条目是按照自身→亲族→交游→乡党的逻辑展开的，除此之外并没有特别的内在逻辑，只是对儒家德行相对全面的列举而已。"业"包括"居家则事父兄，教子弟，待妻妾；在外则事长上，接朋友，教后生，御僮仆，至于读书治田，营家济物，好礼、乐、射、御、书、数之类"共10项内容。"业"条目按照居家、在外和其他的逻辑展开，显得更加全面。不过，"业"的有些内容与"德"的内容重合，使得"德"和"业"的内容在理解上难以进行明确的逻辑区分。

"过失相规"章包括犯义之过6项、犯约之过4项和不修之过5项内容。其中犯义之过6项分别为：①酗博斗讼，即"酗谓恃酒喧竞，博谓博赌财物，斗谓斗殴骂詈，讼谓告人罪慝，意在害人者。若事干负累，又为人侵损而诉之者非"。②行止逾违，即"逾违多端，众恶皆是"。③行不恭孙，即"侮慢有德有齿者，持人短长及恃强陵犯众人者，知过不改闻谏愈甚者"。④言不忠信，即"为人谋事，陷人于不善，与人要约，过即背之，及诬妄百端皆是"。⑤造言诬毁，即"诬人过恶，以无为有，以小为大。面是皆非。或作嘲咏匿名文书，及发扬人之私隐，无状可求，及喜谈人之旧过者"。⑥营私太甚，即"与人交易伤于掊克者，专务进取不恤余事者，无故而好干求假贷者，受人寄托而有所欺者"。犯约之过4项，指违反《吕氏乡约》前四章实体性规定的行为，即"德业不相劝""过失不相规""礼俗不相交""患难不相恤"。不修之过5项为：①交非其人，即"凶恶及游惰无行、众所不齿者，若与之朝夕从游，则为交非其人。若不得已而暂往还者非"。②游戏怠惰，即"无故出入，及谒见人，止务闲适者；戏笑无度，及意在侮侮，或驰马击鞠之类，不赌财物者；不修事业，及家事不治，门庭不洁者"。③动作无仪，即"进退太疏野及不恭者，不当言而言、当言而不言者，衣冠太饰及全不完整者，不衣冠入街市者"。④临事不恪,即"主事废忘,期会后时,临事怠慢者"。⑤用度不节,即"不计家之有无,过为侈费者,不能安贫而非道营求者"。在本章最后还规定:"已(以)上不修之过,每犯皆书于籍,三犯则行罚。"不过,此处的"不修之过"应该做广义理解,即指本章所有过失,而非仅指不修之过5项。本章的展开逻辑是按照"过失"的重→轻进行规则安排的,这一点从"罚式"章中犯义之过和犯约之过、不修之过的处罚也可以看出。但从犯义之过6项和不修之过5项的规定来看,《吕氏乡约》对于乡约中过恶规则的安排仍然只是对乡党之中常见恶行较全面的列举。这些列举之中不乏重复和冲突,比如犯义之过第2项"行止逾违"显然也可以涵盖整个"过失相规"章的过恶。同时,犯约之过4项所规定的4项没有具体内容而仅做宏观的抽象化否定规则,如此一来,不仅不免落入空泛,更会引起适用这些规则的困难。总而言之,虽然《吕氏乡约》对"过失相规"章的规则设置有一定的逻辑分布,但由于规则有许多冲突和重复的地方,在实际适用"过失相规"章的规则时可能会面临一定困难。

"礼俗相交"章是关于婚丧、祭祀、交往等方面的礼仪规定,包括以下几项内容:①凡婚姻、丧葬、祭祀之礼,原则上要求遵照《礼经》的规定,如不能行,应从家传旧仪。婚姻、丧葬、祭祀礼俗甚不合经典的,应当逐渐废除之。②凡与乡人交往或书信往来,当共同商议制定相关礼仪并推行之。③凡遇庆吊,应由家长代表,若家长有事,或与庆吊对象不相识,则由其次者当之。所助之事及所赠之物,应临时聚议,各量其力,裁定名物及多少之数。若契分深浅不同,则各从其情之厚薄。④凡遗物婚嫁及庆贺,用币、帛、羊、酒、蜡烛、鸡、兔、果实之类,所值多不过三千,少至一二百;丧葬始丧,则用衣服或衣段以为裢礼,以酒脯为奠礼,计值多不过三千,少至一二百。至葬,则用钱帛为赗礼,用猪、羊、酒、蜡烛为奠礼,计值多不过五千,少至三四百;灾患如水火、盗贼、疾病、刑狱等,则用钱、帛、米、谷、薪、炭等物,计值多不过三千,少至二三百。⑤凡助事谓助其力所不足者,婚嫁则借助器用,丧葬则又借助人夫,及为之营干。《吕氏乡约》的"礼俗相交"章是对《礼经》的细则化,也做了结合乡党交往具体情况的修改。但是,"礼俗相交"章的这种礼仪规定设置模式既没有按照周礼"吉、凶、宾、嘉"的体例分门别类的加以规定;同时,本章规定的礼仪规定也极不完备;最后,直接规定礼俗相交所涉及的财产金额,不免过于刚性而难以操作。杨开道先生认为:"("礼俗相交"章)约文,既不如过失相规、患难相恤的分门别类,纲举目张,也不如德业相劝的德业分别,排列整齐。"[1]因此,可以说《吕氏乡约》的"礼俗相交"章是整个约文最薄弱的一环。也正是因为吕氏兄弟感觉到"礼俗相交"章多有不足,所以他们一方面对完善该部分规定了操作程序,即"当众议一法共行之";另一方面,吕氏兄弟在《吕氏乡约》制定后,又由吕大钧执笔制定了《吕氏乡仪》(一般简称《乡仪》),《吕氏乡仪》则一改《吕氏乡约》之"礼俗相交"章的零散和琐碎,呈现出以宾仪、吉仪、嘉仪和凶仪为纲,宾仪15项、吉仪4项、嘉仪2项和凶仪2项共计23项,形成了纲举目张的清晰礼仪规则体系。不过,《吕氏乡仪》终究不是《吕氏乡约》,下文笔者也将分析二者的关系。总而言之,"礼俗相交"章的礼仪规定存在相对严重的问题。

"患难相恤"章包括以下几项内容:①水火。具体规定为:"小则遣人救之,大则亲往,多率人救之,并吊之耳。"②盗贼。具体规定为:"居之近者,同力捕之。力不能捕,则告于同约者,及白于官司,尽力防捕之。"③疾病。具体规定为:"小则遣人问之,稍甚则亲为博访医药。贫无资者,助其养疾之费。"④死丧。具体规定为:"缺人干,则往助其事;缺财,则赙物及与借贷吊问。"⑤孤弱。具体规定为:"孤遗无所依者,若其家有财可以自赡,则为之处理,或闻于官,或择近亲与邻里可托者主之,无令人欺罔。可教者,为择人教之,及为求婚姻。无财不能自存者,叶力济之,无令失所。若为人所欺罔,众人力与办理。若稍长而放逸不检,亦防察约束之,无令陷于不义也。"⑥诬枉。具体规定为:"不能自申者,势可以闻于官府,则为言之;有方略可以解,则为解之。或其家因而失所者,众以财济之。"⑦贫乏。具体规定为:"有安贫守分而生计大不足者,众以财济之;或为之假贷置产,以岁月偿之"。此外,在"患难相恤"章末还规定:"凡同约者,财物、器用、车马、仆人等,皆得有无相借。若不急之用,及有所妨者,亦不必借。可借而不借,或逾期不还,及损坏借物者,皆有罚。凡事之急者,自遣人遍告同约;事之缓者,所居相近及知者告于主事,主事遍告之。凡有患难,虽非同约,其所知者,亦当救恤。事重,则率同约者共行之。""患难相恤"章作为《吕氏乡约》四章实体性规定之一,其存在决定了《吕氏乡约》在推行基层社会

---

[1] 杨开道:《中国乡约制度》,山东省乡村服务人员训练处1937年版,第111页。

道德教化的同时，亦注重实施社会互助与救济的目标。有此一章，便可以将《吕氏乡约》区别于"乡饮酒礼"和乡校学规，《吕氏乡约》的独立地位和价值方得以彰显。

"罚式"一章是《吕氏乡约》的程序性条款，即对于违反乡约约规的处罚的相关规定。"罚式"章规定："犯义之过，其罚五百，轻者或损至四百三百。不修之过及犯约之过，其罚一百，重者或增至二百三百。凡轻过，规之而听，及能自举者，止书于籍，皆免罚。若再犯者，不免。其规之不听，听而复为，及过之大者，皆即罚之。其不义已甚，非士论所容，及累犯重罚而不悛者，特聚众议，若决不可容，则皆绝之。"由上可见，乡约对违反约规的处罚方式有三种四等：第一种是"书于籍"，主要适用于"轻过"初犯者，这里的"轻过"应当是指犯约之过和不修之过。第二种是罚金，主要适用于两种情况：其一为"轻过"再犯者，其罚一百，重者或增至二百三百；其二为犯义之过，其罚五百，轻者或损至四百三百。第三种是出约。《吕氏乡约》规定这种处罚仅针对那些"其不义已甚，非士论所容，及累犯重罚而不悛"者，并且需要专门集会进行讨论，若讨论的公论为"决不可容"，方能"皆绝之"。"皆绝之"的语气极重，如果对某约众采用了如此处罚，则其效果显然并非让其脱离乡约而已。"皆绝之"的效力类似于古罗马法的"置于法权之外"。约众面对如此处罚，显然只有离开乡约所在地，如此一来，"皆绝之"的法律效果有类似于古希腊"逐出城邦"之处。

"聚会"和"主事"二章是运行乡约的两大基本制度：乡约集会制度和乡约管理制度，是乡约的基本建构性规则。"聚会"章规定："（约中之人）每月一聚，具食；每季一会，具酒食。所费率钱，合当事者主之。遇聚会则书其善恶，行其赏罚。若约有不便之事，共议更易。"乡约聚会时聚餐的做法，可能来自于"乡饮酒礼"以及唐宋民间互助私社聚会时饮宴的先例。酒食"当事者主之"主要包括两种情况：若是常规聚会，则由直月主之；若因事特别聚会，则由事件的当事人主之。聚会主要有3项工作：①登记善行于旌善簿，登记过恶与罚恶簿；②激赏善行，惩罚过恶；③商议更改乡约的不便之处。"主事"章规定："（乡约设）约正一人或二人，众推正直不阿者为之，专主平决赏罚当否。直月一人，同约中不以高下，依长少轮次为之，一月一更，主约中杂事。"由上可知，约正为常任，由约众共推正直不阿者担当，专职负责判断善恶、赏罚的适当。直月依照同约者年龄的长幼，轮流担任,负责乡约的各项杂事如聚会召集、饮食安排、登记乡约簿籍等。《吕氏乡约》设立约正、直月等乡约管理职务,制定常规和特别的聚会制度,使得乡约具备了常规化、组织化和制度化的可能。同时,聚会制度和主事制度也是乡约能够持续运行的基本保障。《吕氏乡约》正是因为有了"聚会"和"主事"两部分内容,方才使得其呈现出独特的基层社会治理制度价值。

第二节 《增损吕氏乡约》及其内容

蓝田吕氏兄弟制定《吕氏乡约》之后,究竟推行过多久,迄今为止尚无定论,但可以肯定的是到了南宋初期,乡约已然被人遗忘。若非朱熹对《吕氏乡约》进行考证、整理,并重新刊行,《吕氏乡约》极有可能至今仍湮没无闻。因此,朱熹之于《吕氏乡约》可谓功莫大焉。杨开道先生说:"假使没有朱子出来修改,出来提倡,不惟《吕氏乡约》的条文不容易完美,《吕氏乡约》的实行不容易推广,恐怕连《吕氏乡约》的原文,《吕氏乡约》的作者,也会葬送在故纸堆里,永远不会出头。……所以和叔是乡约制度的第一功臣,朱子便是乡约制度的第二功臣。"[1]朱熹在对《吕氏乡约》进行整理的同时,对《吕氏乡约》进行了大刀阔斧的调整和修改,以至于修改之后的文本和《吕氏乡约》原本有着巨大的差异,因此,学界将朱熹增损过的乡约文本称之为《增损吕氏乡约》,以示与蓝田吕氏兄弟的《吕氏乡约》相区别。朱子改定后的《增损吕氏乡约》与《吕氏乡约》相比,有着诸多基本理念上的转变,而这一点又不得不和朱熹时代的社会背景、文化背景相联系。

一、朱熹增损《吕氏乡约》的背景

(一)南宋前期社会背景

经过靖康之变后的南迁宋室,仓促之中定行在于临安,以图在金的轮番进攻下偏安江南。绍兴十一年(公元1141年),宋金订立和议,南宋终于可以暂时稳定其偏安政权。南宋的政治传统几乎完全沿袭北宋所定的祖宗家法,因此,从基层社会的视角看,朱熹时代所面临的基层社会秩序和基层社会道

---

[1] 杨开道:《中国乡约制度》,山东省乡村服务人员训练处1937年版,第127页。

德教化问题，与吕氏兄弟在神宗时期面临的情境并没有太多区别。不过，相比之下，朱熹时代的基层社会秩序问题和基层道德教化问题一方面显得更加迫切，另一方面则显现出更多的操作可能性。

就基层社会秩序和基层道德教化方面看，朱熹时代的基层社会表现出有别于北宋时期的复杂性和新的特点：就社会的经济基础而言，自北宋定下"不立田制"的基本国策之后，土地的商品化流转的趋势一步步增强。理学大师张载曾说："今骤得富贵者，止能为三四十年之计。……既死则众子分裂，未几荡尽，则家遂不存。"[1]到南宋初年，土地流转更为剧烈，袁采所言的"贫富无定势，田宅无定主，有钱则买，无钱则卖"[2]已经是甚为流行的事实了。与土地流转频繁相伴随的就是家族盛衰的风云突变和人口流动的日益加速。再加上因宋金战争而导致的大量北方人口南迁，也对江南地区固有的社会秩序构成了很大的冲击。[3]家族新形态和人口流动加剧给南宋基层社会秩序的维护提出了众多新要求。但是，就南宋政权来看，保证基层社会的稳定既是其应对基层秩序的起点，也是终点。在南宋朝廷看来，保证从基层社会征集足额的赋役是第一要务，其他方面则以保证社会稳定为基本治理标准。随着夏秋两税在南宋财政的比例的一再下降，南宋政府对于基层社会（尤其是偏远的乡野地区的基层社会）的治理兴趣也降到最低点。由此可见，朱熹时代的基层社会所面临的社会秩序问题和道德教化问题的迫切性。

同时，随着小商品经济的发达，社会文化交流的增加，自北宋到南宋，士庶知识分子大幅度增加。在这样一个没落与崛起快速流转的时代，与个人、家族乃至整个基层社会息息相关的固有基层秩序维护模式无疑会受到严峻的挑战。不过，正是由于朱熹时代国家权力对于基层社会治理的放任局面，为士庶知识分子重建基层社会秩序、完善基层社会的道德教化提供了的契机。在朱熹时代，士庶知识分子关于建立和完善基层社会秩序的自发努力至少包括以下三个方面：一是在家族之中进行敬宗收族的新型家族培养，其工作包括编修族谱、积聚族田、建造祠堂、年节共祭、修建祠庙等。二是在基层社会倡导经济协作、社会互助等基层秩序维护组织，如社仓、义庄、义役等。

---

[1] （北宋）张载著，章锡琛点校：《张载集》，中华书局1978年版，第258页。

[2] （南宋）袁采著，章锡琛点校：《袁氏世范》，王云五主编：《丛书集成初编》第0974册，中华书局1983年版，第62页。

[3] 吴松弟：《北方移民与南宋社会变迁》，（台北）文津出版社1993年版。

三是对基层社会的道德教化、秩序修复进行了全面、长足的思考。从袁采的《袁氏世范》到朱熹的《朱子家礼》,都是针对南宋基层社会特点的道德教化、秩序修复的全方位思考。

(二)朱熹其人

朱熹,字元晦,又字仲晦,号晦庵,晚年称晦翁,谥曰文,后世又称朱文公。朱熹生于建炎四年(公元1130年)九月十五日,卒于庆元六年(公元1200年)四月二十三日,祖籍江南东路徽州府婺源县,生于福建南剑州尤溪县。朱熹父名朱松,字乔年,号韦斋。朱松自绍兴四年(公元1134年)应召试馆职起,历除秘书省正字、左宣教郎、秘书省校书郎、著作佐郎、尚书度支员外郎兼史馆校勘、吏部员外郎等。后因对绍兴和议持反对意见出知饶州,未几即奉祠家居,于绍兴十三年(公元1143年)病逝,时朱熹年14岁。朱松早年为词章之学,放意诗文;中年为经世之学,留意史论;晚年为义理之学,专意二程道学。朱松的经世之学和义理之学显然对幼年的朱熹产生了潜移默化的影响。

朱松逝后,朱熹以冲龄遵父遗命从屏山先生刘子翚、籍溪先生胡宪、白水先生刘勉之学。朱松为朱熹指定这三位老师既是一时之才俊,更重要的是三人皆与程颢、程颐所传的伊洛学统有着极亲近的关系,朱熹从这三位老师的学习历程在一定程度上决定了他一生坚持二程理学的基本思想走向。朱熹在刘子翚病逝〔屏山病逝于绍兴十七年(公元1148年)十二月,朱熹时年18岁〕之前主要在其门下就学,这一方面是因为刘子翚之兄刘子羽受朱松所托照料朱熹母子生计,朱熹因而家居于刘氏兄弟之侧,便于就学;另一方面是因为当时刘子翚正在开馆教授举业。作为冲龄的朱熹,应试科举自然是当时亲谊对其的期望。但是,刘子翚于朱熹的教育显然不止于应试科举,而是对朱熹的问学之路始开门径。朱子回忆道:"熹蚤以童子获侍左右,先生始亦但以举子见期。而熹窃窥观,见其自为与所以教人者若不相似。暇日僭有请焉,先生欣然嘉其有志,始为开示为学门户,朝夕诲诱,亹亹不倦。……自是日奉汤药,先生所以教诏益详,期许益重,至为县道平生问学次第,倾倒无余。"[1]在三位老师的指导和影响下,在学习应试科举而外,朱熹在儒家经

---

[1] (南宋)朱熹著,朱傑人等主编:《晦庵先生朱文公文集》,上海古籍出版社、安徽教育出版社2002年版,第3966~3967页。

典上的学习也日益醇厚，这为其成为儒家复兴之集大成者奠定了学识基础。

刘子翚逝后到绍兴二十三年（公元1153年）初见延平先生李侗，之间的五六年时间，朱子经历了泛滥于辞章和佛老的历程。经过辞章和佛老的陶冶，朱熹于道体之学问未有所得，于是终于往延平见李侗。作为朱熹青年时代的最重要的老师，李侗师从罗从彦，罗从彦师从"程门四先生"[1]的龟山先生杨时。杨时受程颢、程颐之耳提面命，得二程伊洛道统真传，因此当其归家时程颢尝有"吾道南矣"之叹。豫章先生罗从彦虽亦亲见伊川，其学问宗旨毕竟得自龟山，故《宋元学案》归之于龟山门下。[2]而后来竟有"南剑三先生"（杨时、罗从彦、李侗）之说，以罗从彦独得杨时真传而再传于李侗。朱熹从学于李侗，意味着他开始从伊洛学统的支流进入干流，从此，他开始具备继承二程哲学的学术源流条件。李侗老年得朱熹为弟子，自然将其所学的伊洛学统授予朱熹，由此也奠基了朱子成为统合二程、总结宋代理学的理学大家的学问源流。李侗所学的二程理学祛除了朱熹心中的迷雾，奠定了朱子理学的根本走向。根据朱熹所说，李侗学问大旨有四，即"默坐澄心"、"洒然融释"、"体验未发"和"理一分殊"。[3]李侗从杨时、罗从彦处所学的静坐以体验"未发"，虽然其法门朱熹并未切行，但对于朱子奠定"体验未发"为学根本的概念有着不可忽视的作用。同时，朱子也把李侗"洒然融释"的养气观点改变为"体认天理"的基本法门。最后但也是最重要的一点，朱熹把李侗所注重的心性论上的"已发未发"进行了本体论的阐释，并基于此提出了调和李侗主张的"居敬涵养"和朱熹自己所注重的"格物穷理"的"居敬穷理"为学基调。应该说，延平先生李侗将朱熹的伊洛之学引入堂室，并纠正了朱熹一部分的章句之好，使朱熹成为二程伊洛道统的集大成者：既清醒认识地到杨时→罗从彦→李侗"涵养未发"的本体论、心性论地位，又从"格物穷理"的经验主义方向对"涵养论"的神秘主义进行了调和，进而形成了更为理性的"居敬穷理"为学之道。延平先生李侗卒于隆兴元年（公元1163年），朱熹时年34岁。李侗之后，朱子以传承二程道统自任，十年之内，

---

[1] 程门四先生指上蔡先生谢良佐、蓝田吕氏幼弟吕大临、龟山先生杨时和鹰山先生游酢。
[2] 参见（清）黄宗羲著，（清）全祖望补修，陈金生、梁运华点校：《宋元学案》，中华书局1986年版，第1270~1277页。
[3] 参见（南宋）朱熹著，朱傑人等主编：《晦庵先生朱文公文集》，上海古籍出版社、安徽教育出版社2002年版，第4517~4519页。

先后编次《二程遗书》《论孟精义》《资治通鉴纲目》《西铭解义》等著作，到淳熙二年（公元1175年），朱熹完全形成了"以理性本体、理性人性、理性方法为基点的理性主义哲学的整体结构"[1]，并建立起一个本体论上的"理""气"统一，心性论上的"未发""已发"统一，格致论上的"涵养""格物"的统一的具有"理性主义"倾向的理学集大成者。《宋史》论朱子理学要旨时评价道"其为学，大抵穷理以致其知，反躬以践其实，而以居敬为主"，确为不刊之论。

朱子一生除在学术上捍卫伊洛学统，统合理学，对抗陆九渊的心学和陈亮的功利之学外，朱子同样注重将二程理学的"外王"目标付诸实践：其一，朱熹在治国大略上反对与金议和，坚持用正儒学以排二氏、修德业以自威、立纲纪以正朝纲、纳诤谏以远俸门的基本方案强国固本以制御夷狄。[2]其二，朱熹特别注重儒家礼仪的实践和推行。朱熹的礼仪实践是《大学》开宗明义章"大学之道，在明明德，在新民，在止于至善"的自然结果。朱熹认为君子在自己"明明德"之后，就应该专注于"新民"。所谓"新民"就是将理学的道德礼仪精神通过社会教化的方式遍行于整个社会的礼仪实践过程。朱熹极为重视礼仪在基层社会的推行，他自己曾编定一部影响较大的礼仪著作《家礼》（后世通称《朱子家礼》），作为一般士庶家庭实行冠婚丧祭仪式的依据，其内容包括通礼、冠礼、婚礼、丧礼和祭礼五部分。朱熹晚年还尝试编纂一部大型的礼仪著作，涵盖家礼、乡礼、学礼、邦国礼、王朝礼等儒家典礼。同时，朱熹还通过学校、宣谕榜等形式推广儒家礼仪实践。朱熹在每次宰治地方的时候，都大力整顿州、县学、修复书院。朱熹主持修建了寒泉精舍、武夷精舍和竹林精舍，通过这些机构开展讲学，达到推广其儒家礼仪的主张。朱熹在知南康军时，曾颁布《知南康榜文》，要求民众每年集会，教诫子弟，以成风俗之美。[3]知漳州时，朱熹颁布《劝谕榜》十条，针对保伍、士民、官户、遭丧之家、男女、寺院、城市乡村等不同对象，做不同的劝

---

[1] 陈来：《朱子哲学研究》，华东师范大学出版社2000年版，第2页。

[2] 参见（明）戴铣：《朱子实纪年谱》，朱杰人等：《朱子全书（第27册）》，上海古籍出版社、安徽教育出版社2002年版，第31页。

[3] 参见（南宋）朱熹著，朱傑人等主编：《晦庵先生朱文公文集》，上海古籍出版社、安徽教育出版社2002年版，第4579~4581页。

谕和约束。[1]其三,朱子在推行儒家礼仪实践的同时,也极为关注基层社会的民生维持和赈济。朱熹相信养民是教民的基础,即他坚信先秦儒家的"先养而后教"理论。自早年任职同安起,他就一直关注民众生计,屡次要求朝廷蠲免苛税。乾道四年(公元1168年)建宁府发生灾荒,他和耆老刘如愚等共同主持赈灾,并于乾道七年(公元1171年)制定《社仓事目》,在乡里试行社仓。知南康军时,面对当地大旱,他一方面上报灾情求助,一方面又积极帮助赈济灾民,使南康军摆脱了饥荒的危机。知漳州期间,他尝试减免赋税,划定经界,改革盐政。淳熙九年(公元1182年),朱熹针对地方劳役制度的弊端,又提出义役之法。[2]正是因为朱熹重视维持民生与儒家礼仪实践的并行,所以,当他接触到《吕氏乡约》时,发现其兼具基层社会的道德教化与民生赈济功能之后,便决意去考订并增损《吕氏乡约》,由此才产生了与《吕氏乡约》齐名的《增损吕氏乡约》。

二、朱熹对《吕氏乡约》的增损

朱熹对《吕氏乡约》的增损虽然努力保持《吕氏乡约》的原貌,但是由于朱熹对《吕氏乡约》的基本架构和主干内容进行了改订,所以,朱熹增损后的乡约文本是一个全新的乡约构造,笔者称之为《增损吕氏乡约》。不过,《增损吕氏乡约》毕竟是从《吕氏乡约》修订而来,所以,通过比较《增损吕氏乡约》和《吕氏乡约》在规定和结构上的差异,是厘清《增损吕氏乡约》本质的必由之路。下文,笔者就朱熹对《吕氏乡约》进行内容和结构上的增、损、改三个方面逐一梳理。

(一)增益

朱熹对《吕氏乡约》内容的增益,除在"德业相劝"章增加"畏法令,谨租赋"一项外,主要有两个大项:一是将《吕氏乡仪》裁剪、整理后,并入乡约的"礼俗相交"章,二是在乡约"聚会"章增加"月旦集会读约之礼"。

《吕氏乡仪》是吕氏兄弟关于乡里礼俗交往礼仪和规范的著作,朱子考订

---

[1] 参见(南宋)朱熹著,朱傑人等主编:《晦庵先生朱文公文集》,上海古籍出版社、安徽教育出版社2002年版,第4620~4622页。

[2] 参见(明)戴铣:《朱子实纪年谱》,朱杰人等:《朱子全书(第27册)》,上海古籍出版社、安徽教育出版社2002年版,第68页。

其为吕大钧所著。[1]自此以后,《吕氏乡仪》往往附于《吕氏乡约》之后,二者总称为《吕氏乡约乡仪》。《吕氏乡仪》最初是否作为《吕氏乡约》的补充而存在,至今已然无法定论。按照吕大钧的表述,《吕氏乡约》的内容从初订到运行经历了多次修改:"即今所行乡约,与元初定甚有不同。"[2]是否朱熹所考订的《吕氏乡约》只是最初的文本,大钧在后续修改乡约文本时已经将《吕氏乡仪》吸收到《吕氏乡约》中,或者《吕氏乡仪》一直就是一个乡里规范的单独文本,而非作为《吕氏乡约》的补充而存在。本文认为,就讨论《吕氏乡约》而言,只能将《吕氏乡仪》分别思考,因为没有明确有力的证据证明《吕氏乡仪》与《吕氏乡约》的关联。同时,《吕氏乡约》的"礼俗相交"章虽不够清晰、完备,却很难说这一章需要补充才能得以运行。因此,朱熹将《吕氏乡仪》加以整理、裁剪,然后并入《吕氏乡约》的"礼俗相交"章,使得朱熹增益后的乡约"礼俗相交"章是全新的内容。故而,对《吕氏乡约》"礼俗相交"章的增益属于朱熹全新的创见。

杨开道先生认为"礼俗相交"章是《吕氏乡约》"内容最空,布置最劣"[3]的部分。朱熹之所以将《吕氏乡仪》的内容组合到乡约的"礼俗相交"章,显然是对《吕氏乡约》原"礼俗相交"章内容不完整、结构不清晰的修正。经过朱熹增益的"礼俗相交"章纲举目张,第一条尊幼辈行是礼俗交流的基本准则,第二条造请拜揖和第三条请召送迎则对乡里一般交流的宾主礼仪进行了规定,第四条庆吊赠遗则对乡里的吉凶情事的基本礼仪加以规定。与《吕氏乡仪》相比较,朱熹整理后的"礼俗相交"章只保留了《吕氏乡仪》中的"宾仪"、"嘉仪"以及"凶仪"中的"哭吊"一节,而对《吕氏乡仪》的"吉仪"一章全无所取。显然,在朱熹看来,诸如祭祀、祝祷之事显然属于家族内部的事业,乡约毋庸规定。由朱子对《吕氏乡仪》的裁剪取舍去反推《吕氏乡仪》与《吕氏乡约》的关系,也可以证明两者是立基于不同目标的独立作品:《吕氏乡约》主要目标在于加强基层社会互助交流,以达到"成吾里仁之美"的基层理想社会状态,其主要作用于基层社会的家庭、家族之间,而非家庭、家族内部。吕大钧的《答仲兄一》也明确指出:"盖其间专是

---

[1] 参见(北宋)吕大临等撰,陈俊民辑校:《蓝田吕氏遗著辑校》,中华书局1993年版,第571~583页。
[2] (北宋)吕大临等撰,陈俊民辑校:《蓝田吕氏遗著辑校》,中华书局1993年版,第569页。
[3] 杨开道:《中国乡约制度》,山东省乡村服务人员训练处1937年版,第111页。

与乡人相约之事,除是废而不行,其间礼俗相成、患难相恤,在家人岂须言及之乎?"[1]而《吕氏乡仪》的受众则要宽泛的多,诸如"居丧""祭先"显然是家族内礼仪的部分。故而,吕大钧制定的《吕氏乡仪》是没有区分家内、家外,而是通行于整个基层社会,这一点是《吕氏乡仪》与《吕氏乡约》的本质不同。

《吕氏乡约》的"聚会"章共有三款:集会时间、会务费用、集会议程,其中"集会议程"一款又包括常规事宜"书其善恶、行其赏罚"和修约事宜"约有不便之事,共议更易"。"聚会"章短短几句话将乡约集会的基本架构阐述清楚,可谓要言不烦。朱子增益《吕氏乡约》"聚会"章并更名为"月旦集会读约之礼",可谓对《吕氏乡约》的"聚会"机制进行了全面的调整:首先,改《吕氏乡约》的"每月一聚,每季一会"的集会时间为"月朔皆会"的固定的集会时间,同时又规定居住偏远的约众可以一季度或者一年参加一次乡约集会。朱熹改定乡约集会时间的核心点,是要保证乡约每月进行一次集会,以便进行"读约之礼"。其次,相较于《吕氏乡约》对集会场所没有明确规定的不足,朱熹明确集会的场所为"乡校"或"别择一宽闲处",其目的显然是便于设立"先圣先师之象"。固定的集会场所、先圣先师之象以及深衣制度可以加强乡约集会的仪式感,对于宣教儒家仪礼自然极有帮助。再次,在对《吕氏乡约》规定的集会议程加以调整后,朱子浓墨重彩的增加了乡约"读约"的礼仪:首先是拜揖之礼:集会前,约正、副约正、直月身着深衣,先在本家行礼,次在东序互拜;再引约众礼拜尊者、长者和稍长者;最后,由直月引稍少者、少者和幼者礼拜约正。其次是座次的安排:"约正坐堂东南向,约中年最尊者坐堂西南向(约),副(约)正、直月次约正之东南向西上,余人以齿为序,东西相向,以北为上。若有异爵者,则坐于尊者之西南向东上。"[2]最后,由直月朗读约文一遍,副约正详加解释。在朱熹看来,乡约的主要功能在于约众之间相互促进礼俗自修,故乡约集会的仪式性功能远远大于其协调社会矛盾、推动乡约实际运行的实际操作性功能——而后者正是《吕氏乡约》"聚会"章更为注重的。

---

[1] (北宋)吕大临等撰,陈俊民辑校:《蓝田吕氏遗著辑校》,中华书局1993年版,第568页。
[2] (南宋)朱熹著,朱杰人等主编:《晦庵先生朱文公文集》,上海古籍出版社、安徽教育出版社2002年版,第3603页。

(二) 损删

朱熹对《吕氏乡约》内容的删减主要有两个方面：①将《吕氏乡约》"罚式"章删除，并将"罚式"章部分内容加以调整后附在"过失相规"章末尾。②删除《吕氏乡约》"聚会"章最后一款"约有不便之事，共议更易"。

按照《吕氏乡约》"罚式"章规定，乡约对违反约规的处罚方式有三种四等：书于籍、罚金（轻过和犯义之过两等）、皆绝之。从罚则的结构来看，"罚式"章规定的处罚由轻到重，在一定程度上体现了约众行为与责任相对应的理念。朱熹删除《吕氏乡约》"罚式"章的理由难以确证。不过，朱熹在《答吕伯恭》中曾说过："……削去书过行罚之类，为贫富可通行者。"[1] 由此可以推测朱熹之所以删去《吕氏乡约》的金钱罚则，原因在于：若金钱罚则存在，则乡约行于贫富有差之民，则不免于富民无关痛痒，而于贫民沉重难以承担的困难。而且"这种金钱的处罚，物质的处罚，根本上违反精神感化原则"[2]。如此一来，基于乡约推行的考虑，朱熹很自然的剔除了《吕氏乡约》"罚式"章中有关罚金的规定。在改定的乡约罚则中，朱熹保留了违反约规的"书于籍"和"听其出约"，而且朱熹还细心的规定记过籍只可"默观一过"[3]。不过，从整个朱子改定后乡约罚则的结构来看，最后还是涉及出约的问题。乡约的运行中，难免会出现约众受到出约的惩罚，无论是吕大钧的"皆绝之"，还是朱熹的"听其出约"，其出约的性质并无差异。朱熹力主乡约"彼此交警"的劝善功能，因此，对于乡约罚则是否保存"听其出约"这一条，想来朱熹定是有过深湛思考的。

《吕氏乡约》"聚会"章最后一款"约有不便之事，共议更易"寥寥几字道出了《吕氏乡约》是一个开放的、具备自我完善的能力的基层社会秩序维护系。《吕氏乡约》的集会制度有此一款意味着《吕氏乡约》的约众可以共议乡约的内容和运作，比如集会认为"罚式"章的规定不便于乡约的运行，则可以通过集会共同讨论改易。朱子在改订《吕氏乡约》"聚会"章时将

---

[1] （南宋）朱熹著，朱杰人等主编：《晦庵先生朱文公文集》，上海古籍出版社、安徽教育出版社2002年版，第1458页。

[2] 杨开道：《中国乡约制度》，山东省乡村服务人员训练处1937年版，第134～135页。

[3] （南宋）朱熹著，朱杰人等主编：《晦庵先生朱文公文集》，上海古籍出版社、安徽教育出版社2002年版，第3603页。

"约有不便之事，共议更易"款删去，其原因已不可知，但可以肯定的是，朱熹对这一款的删除在一定程度上改变了宋代乡约的本质：乡约开始由一个开放性的基层秩序维护制度构造转变为一个固定、封闭的基层秩序维护制度构造。

（三）修改

朱熹对《吕氏乡约》的修改最为明显的部分是在乡约文本之首增加"序言"部分，"序言"部分起到了提纲挈领的作用，其结构、功能类似于现代法律制度的"总则"部分。朱子改定后的"序言"部分主要包括两个部分的内容：一是朱熹将《吕氏乡约》的"主事"章加以修改后提至"序言"部分，二是朱熹"序言"部分在明确规定乡约的三大簿籍：约众籍、旌善籍以及规过籍。

《吕氏乡约》"主事"章对管理乡约的成员的资格与职责进行了明确的规定：约正须"约众推正直不阿者"才能担任，其职责为"专主平决赏罚当否"。约正可以是一人，也可以是两人。直月由约众按月轮流担任，主要管理乡约的日常事宜。朱熹对乡约管理者的资格和职责进行了全面修改：首先，朱子将《吕氏乡约》的约正分为两级：都约正一人，资格为"众推有齿德者为之"；约副二人，资格为"有学行"。其次，删去《吕氏乡约》的约正"专主平决赏罚当否"款，不再明确规定都约正、约副的职责。其三，规定乡约的三籍（约众籍、旌善籍、规过籍）由直月管理，但其管理受到约正的监督、质询。朱子对乡约"主事"一项最明显的修改就是删去了约正副的职责款项。但根据"月旦集会读约之礼"章所述，可以看出约正副的职责主要有主持读约之礼、评议善行与过恶两项。如此看来，经朱子调整后的约正副的职责范围显然较《吕氏乡约》的约正宽泛。朱熹不明示约正副的职责范围，极有可能是因为《增损吕氏乡约》的约正副执掌乡约，乡约的所有重大事宜自然离不开约正副的决断，如此一来，约正副的执掌内容是难以罗列。乡约文本不明示约正副的执掌，对于约正副协调约中重大事宜，自然不会出现权限限制的问题。只不过如此一来，约正副的权力不免大包大揽，而这又要涉及约正副权威来源的问题。朱熹眼中的乡约与吕氏兄弟眼中的乡约一样，都是一种乡人自主组建而成的互助互励组织，则约众是否会赋予约正副大包大揽的执掌权限显然是需要思考的问题。如此看来，朱熹在改定约正副职责时，是希望乡约的主要事务只有宣讲约规和德行互励罢了，若再涉及约众的赏罚及修改约规等事宜，乡约的管理和运行就会遇到困难。

《吕氏乡约》虽多处提到"书于籍",但对于乡约的基本簿籍制度却没有清晰明确的规定。朱熹针对《吕氏乡约》在簿籍制度的不明确,对乡约的簿籍制度进行了明确的规定:首先,将乡约的簿籍制度放在乡约的"序言"部分,凸显出制度的重要性。其次,第一次明确规定乡约有约众籍、旌善籍、规过籍三大簿籍。通过朱熹规定的乡约三大簿籍,自然不难推断《增损吕氏乡约》的基本运作模式和社会功能。同样,从《吕氏乡约》的运作模式也可以反推出《吕氏乡约》的簿籍应当不止于朱子所罗列的约众籍、旌善籍、规过籍三大簿籍,而是应当还有诸如罚金登记簿籍等。通过比较《增损吕氏乡约》和《吕氏乡约》簿籍制度的差异,不难看出二者运作模式的区别,以及二者社会功能定位的差异。

三、《增损吕氏乡约》的逻辑展开

经过朱熹改定后的《增损吕氏乡约》共分为"序言""正文""月旦集会读约之礼"三部分。其中,"序言"部分是约规的总体性规定,类似于现代法典的"总则"。"正文"部分包括德业相劝、过失相规、礼俗相交、患难相恤四章,其体例结构同《吕氏乡约》。"月旦集会读约之礼"部分可以称作乡约规范的附录,其主要包含了约众拜揖之礼、宣讲约规、评议德行过恶并书籍三项内容。《增损吕氏乡约》将《吕氏乡约》的"罚式"、"聚会"和"主事"三章加以调整并组合到其他部分,使得《增损吕氏乡约》体现出与《吕氏乡约》迥异的体系结构。

"序言"部分是《增损吕氏乡约》的全新创见,其主要内容有三项:其一,引出乡约所约的四项内容,即德业相劝、过失相规、礼俗相交、患难相恤。其二,将《吕氏乡约》"主事"章修改并作为乡约的基本规定纳入序言。最后,明确规定乡约运行的三大簿籍:约众籍、旌善籍、规过籍。"序言"部分是《增损吕氏乡约》提纲挈领的关键部分,正是因为有"序言"部分,《增损吕氏乡约》方显得纲举目张。与《增损吕氏乡约》的体系相比,《吕氏乡约》的结构就显得略微杂乱。同时,在对《吕氏乡约》原文的增损的基础上,"序言"部分的几款规定大致决定了《增损吕氏乡约》的运行模式。

《增损吕氏乡约》的正文包括德业相劝、过失相规、礼俗相交、患难相恤四章,其展开的逻辑顺序与《吕氏乡约》一致,但各部分的内容结构却与《吕氏乡约》有些不同,下文就这些差异略加叙述:

第一章　乡约的产生及其演进

1. 针对《吕氏乡约》"过失相规"章和"患难相恤"章末尾有附言以加强本章内容的操作性,而"德业相劝"章和"礼俗相交"章末尾却缺少这样的附言,从体例上来看似乎不整齐。因此,朱熹改定后的《增损吕氏乡约》在"德业相劝""过失相规""礼俗相交""患难相恤"四章文末各自加上附言以强化章节内容,并对本章内容的操作细则加以阐释。其"德业相劝"章的附言称:"右件德业,同约之人,各自进修,互相劝勉。会集之日,相与推举其能者书于籍,以警励其不能者。"此条附言既说明了德业进修的规范,也规定了对德业进行旌赏的机制。其"过失相规"章附言称:"右件过失,同约之人,各自审察,互相规诫。小则密规之,大则众戒之。不听则会集之日,直月以告于约正,约正以义理诲谕之。谢过请改,则书于籍以俟。其争辩不服,及终不能改者,皆听其出约。"此条附言实际上是《增损吕氏乡约》的基本罚则。由于《吕氏乡约》的"罚式"章本就是针对"过失相规"章而设,故朱子将该章删除,并将其内容加以修改后附于"过失相规"章之后,从结构上来看使乡约文本的结构更加紧凑,体例也更加简洁。其"礼俗相交"章附言称:"右礼俗相交之事,直月主之。有期日者为之期日,当纠集者督其违慢。凡不如约者,以告于约正而诘之,且书于籍。"此条附言强调"礼俗相交"章内容的操作主掌,及其违反者的罚则。但此条中的"书于籍"一款,未免与"过失相规"章的罚则重复,因为"礼俗不相交"属于"犯约之过",自然按照"过失相规"章的罚则给予处罚。其"患难相恤"章附言与《吕氏乡约》大同小异,主要规定了同约及非同约乡邻救助的互助内容、互助程式、不作为的处罚以及积极救助的旌赏。总体上看,《增损吕氏乡约》正文部分四章,因其文末强调操作约规的附言而显得结构整齐严谨,同时,每章之后的附言又为本章乃至整个乡约的运行提供了较为全面的运行、协调机制和细则。

2. 针对《吕氏乡约》"礼俗相交"章过于凌乱和空泛的弊端,朱子结合《吕氏乡仪》,对之进行了全面的修改。故而《增损吕氏乡约》的"礼俗相交"章较之《吕氏乡约》有着极大的进展:首先,《增损吕氏乡约》"礼俗相交"章的内容更加丰富、整齐、纲举目张。修改后的"礼俗相交"章共包括尊幼辈行、造请拜揖、请召迎送和庆吊赠遗四个大项的内容。其"尊幼辈行"款可有称作《增损吕氏乡约》"礼俗相交"章的通则,其具体内容指在礼俗交往中,首先按年龄的大小将对象分为尊者、长者、敌者、少者和幼者五等。其"造请拜揖"款规定了包括礼见、燕见、道途相遇三项会见的相关礼仪。

其"请召迎送"款规定了请召的礼仪、座位的顺序、敬酒的礼仪和远行送迎的礼仪共四项内容。其"庆吊赠遗"款规定了同约之间遇吉凶事时互相的庆、吊、赠、遗礼仪。经过朱子修改后的"礼俗相交"章纲目清晰,其内容所涵盖的乡约礼俗交流事宜也相当完备,从这一点上看,《增损吕氏乡约》的"礼俗相交"章较之《吕氏乡约》可谓更加清晰、完整。

朱子在《增损吕氏乡约》正文末尾称:"以上乡约四条,本出蓝田吕氏,今取其他书及附己意,稍增损之,以通古今。而又为月旦集会读约之礼如左方。"[1]由此可见,"月旦集会读约之礼"当为《增损吕氏乡约》的附录部分而附于文末。"月旦集会读约之礼"的内容主要两个方面:

1. 由约正副主持约规宣讲,即所谓"读约"。"读约"的过程包括三步:第一步是会集叙拜。会集叙拜的内容包括都约正、副约正、直月如服(深衣)至会所叙拜尊长与客;再由直月引约众叙拜尊者、长者和稍长者;最后由直月引稍少者、少者和幼者礼拜约正。第二步是叙其座次。约众的座次的区分标准有三条:主客、年齿和爵禄,但在一般情况下,依照年齿叙座。第三步是直月宣读约规一遍,副正讲解约规意旨,不能理解者可以提问。

2. 由约众共同评议善行和过恶。有善行者由约众共同推举,有恶行者则由直月检举,约正就善行、过恶求证于约众,如果约众均无异议,便由直月分别记录在旌善籍、规过籍上。直月书于籍之后,善行由直月宣读一遍,过恶则由只能由约众默观一遍。通过《增损吕氏乡约》的"月旦集会读约之礼"部分不难看出,朱子笔下的乡约集会,其仪式性远远大于实际的旌善、规过功能。从规定着装、会场陈设、出场的先后、礼拜的顺序、行走与就座的方位等繁琐的程式,最后到规定讲论、习射的内容,俨然一个仪式化的演习。对于"月旦集会读约之礼"这一套严格的程式,杨开道先生认为:"乡村人民生活简单,虽然颇讲礼节,而礼节也是简单的。这样繁复的礼节,除了孔门弟子的士大夫以外,在农民队里是不容易实用的。"[2]杨先生是立足于读约之礼的实际社会效果而言。董建辉教授则更注重"读约之礼"与儒家礼教的关联,他认为:"聚会中增加读约的内容,明显系受到《周礼》'读法之

---

[1] (南宋)朱熹著,朱傑人等主编:《晦庵先生朱文公文集》,上海古籍出版社、安徽教育出版社2002年版,第3601页。

[2] 杨开道:《中国乡约制度》,山东省乡村服务人员训练处1937年版,第143页。

典'的影响,它使得乡约在形式上更与上古的'读法'趋同。而其中贯穿的对礼仪的强调,更是朱熹重视儒家礼教的突出表现。"[1]常建华教授从社会史的视角出发,认为乡约的"读约之礼"把民间教化与官方正统的意识形态联系起来,从而表明了乡约对儒家正统的认同,同时也使讲约变得更加严肃。[2]虽然各家争论的视角和观点各不相同,不过,朱子之所以在《增损吕氏乡约》文末增加"月旦集会读约之礼",显然有其独到的思考,也正是这样的思考,使得《增损吕氏乡约》异于《吕氏乡约》,成为一个全新的乡约文本。

第三节 《南赣乡约》的产生及其转变

南宋灭亡之后的元代,蒙古族以异族入主中国,对宋代以来逐渐形成、完善的以保甲、社制为基础的基层秩序维护体系予以沿用并推广,同时,对乡约的实践和推广也不加限制。元代乡约大致继承了宋代乡约的精神理念,即乡约注重约众间的道德激励和经济互助。由于传世文献记载的不足,元代乡约的内容、推行状况和社会效果难以尽知。元代所行乡约之中,文献保存最为完善的莫过于元至正元年(公元1341年)在河南濮阳推行的《龙祠乡约》(亦称《龙祠乡社义约》)。《龙祠乡约》是元代西夏遗民唐兀忠显(亦称杨忠显)、唐兀崇喜(亦称杨崇喜)所编著《述善集》其中一部分,其主要内容包括《龙祠乡约》的缘起、序言、和正文15款。[3]《龙祠乡约》正文15款包括乡约集会会期、集会饮食、集会礼仪、约众互助、约众互戒、乡学书院、乡约裁判的尊则、乡约公共财产的管理、违反乡约规范的罚则体系以及乡约簿籍的规定。从《龙祠乡约》的内容上看,其于宋代乡约有所继承,无怪乎时人评价龙祠乡约时称其有"蓝田吕氏之范"[4]。不过,从《龙祠乡

---

[1] 董建辉:《明清乡约:理论演进与实践发展》,厦门大学出版社2008年版,第69页。
[2] 参见常建华:《明代宗族研究》,上海人民出版社2005年版,第190页。
[3] 参见焦进文、杨富学:《元代西夏遗民文献〈述善集〉校注》,甘肃人民出版社2001年版,第23~26页;杨富学、焦进文:"河南濮阳新发现的元末西夏遗民乡约",载《宁夏社会科学》2001年第9期。
[4] 参见焦进文、杨富学校注:《元代西夏遗民文献〈述善集〉校注》,甘肃人民出版社2001年版,第4页。

约》的规范内容看，其多数条款专注于龙神祭祀、约众日常生活上的互相救济和道德生活上的互相监督促进，而对《吕氏乡约》《增损吕氏乡约》体系化的道德进修、过恶规诫和礼俗交接等内容不够完备。同时，《龙祠乡约》的体例和逻辑展开也和《吕氏乡约》完全不同。比较之下，《龙祠乡约》的内容和体例倒与敦煌的乡社规条有诸多相似之处，所以有学者认为："《义约》（即《龙祠乡约》）从题名上看似乎是'乡约'，但其内容更近乎敦煌社条。"[1]由此可见，《龙祠乡约》较之宋代乡约，其构造、内容、功能以及价值目标上并未大的发展，其部分规范模式甚至回到敦煌社条的规模。从乡约的制度构造和规范内容的完备程度看，元代河南的《龙祠乡约》较之宋代的《吕氏乡约》和《增损吕氏乡约》，不能不说是一种退步。不过，也许正是考虑到当时基层乡民的知识水平和文化接受程度，《龙祠乡约》采用了更为注重约众日常生计的乡约模式和简单胪列的规范体例，而这种乡约模式和体例也更容易被基层社会的普通民众所接受。实际上，明代初年颁布的《教民榜文》和王守仁推行的《南赣乡约》无一不采用这种专注基层民众日常生活的规范模式和简单胪列的规则体例。

由于元代国家和社会对宋代乡约的理念和实践的延续和推广，使乡约制度得以完善的保存到明代，并在明代获得更广阔的土壤和更强大的生命力。明代以推翻异族、恢复汉族文化为立国的基础。随之而来，程朱理学关于基层社会秩序维护的主张被明初国家权力全面接受并推广到全国，乡约的繁荣自然在情理之中。明代初期，明太祖推行的一系列教化措施，奠定了明代乡约繁荣的社会基础。明成祖将《吕氏乡约》颁降天下，为明代乡约的繁荣做好了铺垫，王阳明在江西推行《南赣乡约》，则标志着明代乡约的理论与实践达到一个全新的阶段。

一、《南赣乡约》诞生的背景

（一）《南赣乡约》诞生的历史背景

1. 明代前期基层秩序维持概述

明代自太祖到《南赣乡约》诞生的武宗时期，基层社会秩序的维护始终

---

[1] 金滢坤："论唐五代宋元的社条与乡约（二）——以吕氏乡约、龙祠乡社义约为中心"，载《敦煌研究》2008年第1期。

第一章 乡约的产生及其演进

是明代社会政治的基本内容,明代乡约的发展繁荣也与这种社会政治氛围有着重大的关系。金坛人王樵在万历年间所作《金坛县保甲乡约记》勾画了明代基层政治文化的基本轮廓:

> 保甲乡约,实古司徒之教法也。五家为比,十家为联;五人为伍,十人为联;四闾为族,八闾为联。使之相保相爱,有罪奇邪则相及,此即保法也。州长各掌其州之教,治政令之法,正月之吉,各属其州之民而读法。以考其道德行艺而劝之,以纠其过恶而戒之。自州长而下弥亲民者,于教亦弥笃,此即乡法也。三代而下,惟汉此意犹存,彼所谓三老啬夫者,得与县令丞以事相教,又置孝弟力田,二千石一人。盖其重之如此,是以黎民醇厚,几于刑措。至我太祖高皇帝,致治实远复成周之盛,上自六官,下至比闾之长,无不得其人、重其任,至亲降德音以代面命,令布满天下,所谓《圣谕六条》者是也。主之以三老,家临而户至,朝命而夕申,如父母之训子弟。至成祖文皇帝又表章《家礼》及取蓝田吕氏《乡约》列于《性理》,成书颁降天下,使诵行焉。噫,二百余年治平之美,岂无自而然与。〔1〕

王樵所言的这种政治文化自明太祖洪武时期便开始逐渐形成。洪武年间的基层社会秩序维护有着极强的国家权力主导性,这也和朱元璋注重基层社会秩序的培育有着很大的关系。因此,洪武年间的基层政治文化体现出很强的官方教化特征。明太祖对基层社会的教化大致上有一个从宣讲《大诰》三编的分散教化,到颁布《教民榜文》的系统完备的转化过程。《大诰》的宣讲其渊源远可以追溯到古代的"读法之典",近则与《增损吕氏乡约》的"月旦集会读约之礼"有异曲同工之妙。在宣讲《大诰》的同时,太祖更于洪武五年(公元1372年)诏天下行乡饮酒礼,"于是礼部奏取《仪礼》及唐宋之制,又采《周官》属民读法之旨,参定其仪"。每年正月、十月,"有司与学官率士大夫之老者,行之于学校。……里社以百家为一会,粮长或里长主之,百人内以年最长者为正宾,余以序齿坐,每季行之于里中,大率皆本于正齿位之说。……若读律令,则以刑部所编申明戒谕书兼读之。"〔2〕由此可

---
〔1〕(清)陈梦雷编纂:《古今图书集成》,中华书局、巴蜀书社1985年版,第40018~40019页。
〔2〕《明太祖实录》,上海书店1990年版,第1342~1343页。

见，明代乡饮酒礼是以基层社会的里社制为组织，并依托老人制度加以展开的，同时，明代乡饮酒礼的仪式也和"读法"相结合，以推行教化以维持明代基层社会秩序。洪武中叶，明太祖创立了申明、旌善亭和老人制度。洪武二十七年（公元1394年），太祖"命有司择民间耆民公正任事者，俾听其乡诉讼，若户婚田宅斗殴者，则会里耆决之。事涉重者，始白于官，且给教民榜，使守而行之。"[1]虽然老人制度经历兴废并最终在明中期完全废弃，但在明初，申明、旌善亭和老人相结合的基层社会秩序维持方案曾经是主流。因此，常建华教授认为："这是一个非常重要的决定，表明明朝将对基层社会的控制假手于乡里老人的'自治'上。"[2]在对基层社会进行教化的同时，为保证基层社会的互相协作、帮助，明太祖命乡民按照一定户数组成乡社，他命令道："朕置民百户为里，一里之间有贫有富，凡遇婚姻、死丧、疾病、患难，富者助财，贫者胁力，民岂有穷苦急迫之忧，又如春秋耕获之时，一家无力，百家代之，推此以往，百姓宁有不亲睦者乎？尔户部其谕以此意，使民知之。"[3]洪武三十年（公元1397年），明太祖进一步赋予乡里老人教化以及多方面的职责，《明太祖实录》记载："上命户部下令天下民，每乡里各置木铎一，内选年老或瞽者，每月六次持铎徇于道路，曰：'孝顺父母，尊敬长上，和睦乡里，教训子孙，各安生理，毋作非为。'又令民每村置一鼓，凡遇农种时月，清晨鸣鼓集众，鼓鸣皆会田所，及时力田。其怠惰者里老督责之，里老纵其怠惰不勤，督者有罚。"[4]命令中持铎传颂的六句话，就是明代中后期乡约所着力宣讲的"圣谕六言"。有学者认为"圣谕六言"脱胎于《吕氏乡约》，[5]也有学者认为"虽然朱元璋用老人木铎宣传六言与《吕氏乡约》宣讲形式有所不同，其借鉴乡约制度则是无疑的"[6]。

到洪武三十一年（公元1398年），明太祖将洪武年间进行基层社会教化，维持基层秩序稳定的各种措施归纳到《教民榜文》（又称《教民要款》）之中。虽然《教民榜文》大部分是在规定里老人进行基层社会司法的权限、程

---

[1]《明太祖实录》，上海书店1990年版，第3396页。
[2] 常建华：《明代宗族研究》，上海人民出版社2005年版，第196页。
[3]《明太祖实录》，上海书店1990年版，第3456~3457页。
[4]《明太祖实录》，上海书店1990年版，第3677~3678页。
[5] 参见［日］木村英一：《ジッテと朱子の學》，《東方學報》京都第22册，转引自［日］酒井忠夫：《中国善书的研究》，刘岳兵译，江苏人民出版社2010年版，第39页。
[6] 常建华：《明代宗族研究》，上海人民出版社2005年版，第197页。

序等问题,但是,其同样涵盖前述了明太祖基层社会教化的所有方面。诸如奏闻孝子节妇、宣讲圣谕六言、婚丧吉凶互助、宣读《大诰》、行乡饮酒礼、祭祀土谷之神等内容都有涉及,由此可见,《教民榜文》可谓明初基层社会秩序维持的指导全书。同时,《教民榜文》的颁行,也意味着明代初期的基层社会秩序维护机制达到最完备的阶段。常建华教授认为:"《教民榜文》是通过设立里老,并以里甲为基础,结合里社、社学、乡饮等制度,以调节民间纠纷、施行教化为特征的制度性规定。《教民榜文》的颁布,可以视为明朝乡约制度的初立。"[1]因为常建华教授从最宽泛意义上的规范视角去理解明代的乡约,所以,从这个角度看,他的上述观点可谓顺理成章。不过,明代初年,并未出现实行《吕氏乡约》或《增损吕氏乡约》的记载,而且类似《吕氏乡约》《增损吕氏乡约》的乡约文本也未见记载。实际上,明代乡约无论是乡约文本的创新,还是乡约实践的推行,都还需要等待一段时间。因此,董建辉教授将《教民榜文》的颁布被看着"奠定了明代乡约发展的基础"的观点更恰当。[2]

2. 明代前期乡约的萌发及推广

明代初年,明太祖有众多基层教化和基层社会秩序维持的方案,而其中却不见乡约的踪迹。明代第一次官方推广乡约是在明成祖永乐十三年(公元1415年)将《吕氏乡约》编入《性理大全》而颁行天下,令人诵行。在明代政府的倡导下,乡约开始全国各地零星发起、运行。1996年,泉州出土了一方《重修溪亭约所碑记》,《碑记》云:"其(乡约所)建于溪亭者,自前明永乐间始。"[3]因此,有学者认为"明代乡约始于永乐年间,其背景就是明成祖宣传《吕氏乡约》的举措"[4],也有学者认为"(明成祖)看重的只是乡约的规条,并不欣赏其民众自治性质,因而此时的乡约只是停留在文字和口头上,未能付诸实践"[5]。学界一致认可的明代第一次乡约实践是正统初年王源在知潮州任上"刻《蓝田吕氏乡约》,择民为约正、约副、约士,讲肄其中"[6]。

---

[1] 常建华:《明代宗族研究》,上海人民出版社2005年版,第199页。
[2] 参见董建辉:《明清乡约:理论演进与实践发展》,厦门大学出版社2008年版,第167页。
[3] 郑振满、[美]丁荷生编纂:《福建宗教碑铭汇编(泉州府分册)》,福建人民出版社2003年版,第343页。
[4] 董建辉:《明清乡约:理论演进与实践发展》,厦门大学出版社2008年版,第168页。
[5] 曹国庆:"明代乡约推行的特点",载《中国文化研究》1997年第1期。
[6] (清)张廷玉撰:《明史》,中华书局1974年版,第7196页。

广东南海唐豫的《乡约十则》[1]以及广东顺德欧阳祖华"为乡约，率先闾里，早输租赋，里社之会，规勉六行"[2]等乡约实行的记载。正统年间至《南赣乡约》之前，又有一些较为详细的乡约实践记载，最为著名的当属山西潞州仇氏举行乡约的盛况。仇氏世居山西潞州雄山乡，自明初开基雄山至举行乡约时，已历五世。其百口同爨，庭无间言，有"三晋第一家"之美誉。正德六年（公元1511年），仇楫与其兄弟仇森、仇桓、仇栏等人以《吕氏乡约》为蓝本，以仇氏家范作为补充，在雄山乡里举行乡约，使乡里百姓"居家有家范，居乡有乡约，修身齐家以化乎乡人"，入约者竟达260余家，最少时也有176家。除组织乡约外，仇氏兄弟还兴办义学，敦请先生教育宗族子弟和乡党童蒙，为贫病乡民提供医药、义冢，"自冠婚丧祭及事物细微、训后齐家之则，靡有阙遗"。[3]《雄山乡约》在当时影响较大，甚至与稍后王守仁主持运行的《南赣乡约》并称，曹国庆教授即认为："前者（《雄山乡约》）可视为民办乡约的代表，后者（《南赣乡约》）则开启了明中叶以后官府倡办、督办乡约的全盛之局。"[4]遗憾的是，《雄山乡约》的组织建构相关历史记载全部仪式，不得其详。

纵观《南赣乡约》诞生以前的明代乡约，不难发现，在明代初年，由于里甲、老人、旌善申明亭的存在，基层社会的教化和基层社会秩序的维护得以正常推进，故乡约理论的创立和乡约实践的推行缺乏基本的社会环境。同时，明代前期的基层社会受到国家权力的干预极为频繁，若无官方力量的促进，乡约的推行自然没有进行的动力和积极性。明代中期，明初的申明、旌善亭和老人制度逐渐荒废，乡约才开始成为基层社会教化和基层社会秩序维护必不可少的一环。至于明代中期乡里社制和老人制度等官方行政化制度逐渐松弛背后的社会、文化原因，笔者将在后文加以阐释，此处按下不表。总之，明代乡约在这个历史过程中逐渐萌发、成长，并逐渐成熟。但由于是明代乡约发展的早期，一方面乡约的存世记载较少，难以进行比对和分析。另

---

[1] 参见（明）郭棐：《粤大记》，书目文献出版社1990年版，第449页。
[2]（明）欧大任："高祖处士南野府君行状"，载《四库禁毁书丛刊》编纂委员会编：《四库禁毁书丛刊（第47册）》，北京出版社1998年版，第166页。
[3]（明）何瑭：《柏斋集》卷10《宿州吏目仇公墓志铭》，台北"商务印书馆"1986年版，第13页。
[4] 曹国庆："明代乡约推行的特点"，载《中国文化研究》1997年第1期。

一方面也有一些乡约文本较为简略，[1]不能全面体现明代乡约的面貌。王守仁的《南赣乡约》之所以能够诞生，除《吕氏乡约》和《增损吕氏乡约》的指引外，明代前期基层社会政治文化的经验和明代前期乡约的积淀，也同样重要，这也是笔者将研究明代乡约的立足点放在《南赣乡约》的主要原因。

(二) 王守仁其人

王守仁，字伯安，浙江绍兴府余姚县人，生于成化八年（公元 1472 年）九月三十日，卒于嘉靖七年（公元 1529 年）十一月二十九日。王守仁以弘治十二年（公元 1499 年）进士进入仕途，曾经担任过刑部主事、贵州龙场驿丞、庐陵知县、右佥都御史、南赣巡抚、两广总督等官职，晚年则官至南京兵部尚书、都察院左都御史。因平定宁王朱宸濠叛乱而被赐爵新建伯，后赐谥号"文成"，故后世又称王文成公。王守仁是明代著名的政治家、文学家、哲学家和军事家，陆王心学之集大成者，精通儒学、道学、佛学。王守仁因曾筑室于会稽山阳明洞，自号阳明子，学者称之为阳明先生，亦称王阳明。王守仁之父王华，字德辉，世称龙山先生，成化十七年（公元 1481 年）辛丑科状元。王华学识为一时之秀，为人正直不阿、遇事沉着冷静。王华的学识和气质对王守仁的影响伴随其一生。自幼时起，王华就对王守仁进行经典启蒙教育。11 岁起，王守仁随父亲生活于京城，直到 17 岁回余姚迎娶夫人诸氏为止。弘治三年（公元 1490 年），王华又命从弟王冕、王阶等人给王守仁讲经析义。可以说，正是由于王华在王守仁成长时期给予的引导和教诲，成就了王守仁作为有明一代旷世大儒的超卓风范与高尚品格。

据当时学者与王守仁弟子的论述和记载，王守仁的思想成长历程经历了"五溺"和"三变"的过程。所谓"五溺"是湛若水为王守仁所做墓志铭时所下的论断，其称"（王守仁）初溺于任侠之习，再溺于骑射之习，三溺于辞章之习，四溺于神仙之习，五溺于佛氏之习，正德丙寅始归于圣贤之学。"[2]

---

[1] 如唐豫的《唐氏乡约》共计十条，结构单一，内容也较为简略。其内容如下：一言秋收后即输税粮，使役人无怨期；二言补尺籍必遣少壮当行之人；三言冠礼当依文公定制，殊见习俗之美；四言渐老燕非礼，但如仪醮之；五言父在子立，违者叱之；六言丧无款客，远者具蔬食，朔望含哭勿留；七言祭以四时，忌日哭尽哀，不饮酒食肉，居留于外如礼；八言冠昏丧祭，朋友亲戚往来助之；九言子弟教以孝友，睦于亲族、乡党，读书学文，毋令侈其衣冠，悖奕饮酒，为父母谬；十言乡为甲，其出入务相周知，其事有不善者，闻于有司治之，庶免其累。

[2] （明）湛若水：《阳明先生墓志铭》，（明）王守仁著，吴克等编校：《王阳明全集》，上海古籍出版社 1992 年版，第 1401 页。

所谓"三变"又分为"前三变"与"后三变",是王守仁弟子钱德洪对其一生学法和教法的总结。王守仁思想成长经历就是指"前三变",即钱德洪所言:"(王守仁)少之时驰骋于辞章;已而出入于二氏;继乃居夷处困、豁然有得于圣人之旨,是三变而至于道也。"[1]以上对王守仁思想成长的论断各有其理,但都没有明确王守仁对朱子"格物之学"的反思过程。所谓"辞章""任侠"本来就是小道,并不妨碍王守仁思想的基本方向。王守仁之所以在"龙场悟道"之前会有"出入二氏"的经历,其根本原因在于对朱子"格物之学"的思考陷入困境[2],希望从佛教和道教汲取力量以打通这个关节。陈来先生"如果说龙场以后的阳明思想主要致力于在儒家的立场上融合仙佛,那么,龙场之前阳明思想的主要课题就是如何扬弃宋儒格物之学以重建心学"的观点可谓不刊之论。[3]王守仁在"龙场悟道"之后,逐渐建立了其"知行合一"的心学哲学体系。与此同时,王守仁对于政治伦理和社会秩序的思考,也在反思朱子学的基础上,进入了一个全新的视野。

王守仁的为政治民思想主要包括了以下几项内容:①仁同万物、顺情制礼的仁礼观。王守仁在继承先儒的仁学思想的同时,又创造性地提出了自己的"万物一体之仁"思想。在《大学问》中,王守仁说:"大人者,以天地万物为一体者也。……见瓦石之毁坏而必有顾惜之心焉,是其仁之与瓦石而为一体也。是其一体之仁也,虽小人之心亦必有之。"[4]王守仁这段逻辑严密而生动形象的论述从本体论上论证了人与他人原为一体、一体相通的基本原理,此即王守仁著名的"万物一体之仁"的仁学要义。在强调"万物一体之仁"的同时,王守仁也强调顺情制礼。王守仁将遵"礼"提至服从"天理"的高度他认为:"礼即是理字。理之发见,可见者谓之文;文之隐微,不可见者谓之理:只是一物。"[5]对于当时生活中的重要礼制,王守仁认为,人们只要遵循那些"本于人心、因乎人情"的礼;对那些"泥古不化、流于形式"的礼节则没有持守的必要。同时,在行"礼"之前,应该追问其是否合乎

---

[1](明)钱德洪:《刻文录序说》,(明)王守仁著,吴克等编校:《王阳明全集》,上海古籍出版社1992年版,第1574页。
[2]这一困境有一个著名的例证,就是王守仁青年时代"庭前格竹"的经历。
[3]参见陈来:《有无之境——王阳明哲学的精神》,人民出版社1991年版,第321页。
[4](明)王守仁著,吴克等编校:《王阳明全集》,上海古籍出版社1992年版,第968页。
[5](明)王守仁著,吴克等编校:《王阳明全集》,上海古籍出版社1992年版,第6页。

"仁"、顺乎"情",而不只是考虑礼仪是否入时。他批评说:"若只是那些仪节求得是当,便谓至善,即如今扮戏子,扮得许多温清奉养的仪节是当,亦可谓之至善矣!"[1]②圣凡平等、四民平等的人格平等观。王守仁受张载"民胞物与"思想的影响,在坚持人与人平等、职业与职业平等方面较之前辈,前进了甚多。王守仁之所以能够得出如此认识,既和其所处的社会环境相关联,也和王守仁质疑程朱理学"气禀"说有很大的关系。王守仁认为:"良知良能,愚夫愚妇与圣人同。"[2]良知良能普遍存在于每个人心中,每个人只要能体认良知、依良知行事,则人人都存在成为圣人的可能性。同时,王守仁也第一次提出了职业平等的观念,其在为处士方麟撰写的墓表中即进行了论证:"古者四民异业而同道,其尽心焉一也。士以修治,农以具养,工以利器,商以通货,各就其资之所近,力之所及者而业焉,以求尽其心。其归要在于有益于生人之道,则一而已。士农以其尽心于修治具养者,而利器通货犹其士与农也。工商以其尽心于利器通货者,而修治具养犹其工与商也。故曰:四民异业而同道。"[3]③"觉民行道"的亲民观。与汉唐儒者寄希望于引导统治者施行"仁政"不同,王守仁希望培养每个人的"良知"而实现天下大治。"觉民行道"的亲民观意味着王守仁的为政理念已经完成了从"官本"向"民本"的转向。亲民思想是中国古代儒学政治家为政的一个基本理念,其最初的理论来源在于春秋战国时期的民本思想。王守仁也秉持此思想,并把此观点应用于为政治民的政治实践,其在南赣地区制定推行的《南赣乡约》就是这种亲民观的典型体现。王守仁的政治伦理以"良知"为本根、"明明德"为目标、"亲民"为途径,在明代形成了一幢影响深远的政治伦理思想大厦。

(三)《南赣乡约》产生的社会背景

与《吕氏乡约》和《增损吕氏乡约》有所区别,王守仁的《南赣乡约》是为了应对南赣基层社会的实际需要而制定的,因此,便不得不对这些实际的需要及其原因略加分析。《南赣乡约》的产生背景与《吕氏乡约》《增损吕氏乡约》最大的不同即在于它产生在明代中期的江西赣南地区。

---

[1] (明)王守仁著,吴克等编校:《王阳明全集》,上海古籍出版社1992年版,第3页。
[2] (明)王守仁著,吴克等编校:《王阳明全集》,上海古籍出版社1992年版,第49页。
[3] (明)王守仁著,吴克等编校:《王阳明全集》,上海古籍出版社1992年版,第941页。

明代的赣南地区，其东、西、南三面与福建、湖南、广东交界，区内绝大部分为山势陡峭的山区，分属赣州、南安二府。明代初年，赣南地区地旷人稀，数十里不见民居。明代中期开始，赣南开始成为流民活动的重要场所。大批赣中、福建、广东等地的编民逃离明代里甲体制避入此地，与本来就生活在此的畲族、瑶族等混杂在一起，形成了一个人口成分复杂、社会流动性极大的流民社会。人口流动的频繁，随之而来的就是开始出现盗匪猖獗的现象。由于盗匪活动的猖獗，弘治八年（公元1496年）起，明朝政府开始在赣州设立南赣巡抚，专门负责赣南地区盗匪活动和社会动乱的剿除和治理。然而，尽管明代政府动用大量兵力和财力组织征剿，甚至调用广西的土著狼兵，但南赣地区盗匪猖獗的现状始终没有根本性好转。正德十一年（公元1516年）王守仁巡抚南赣时，当地的流民、贼盗问题仍然十分严重。据《明史》载："当是时，南中盗贼蜂起。谢志山据横水、左溪、桶冈，池仲容据浰头，皆称王，与大庾陈曰能、乐昌高快马、郴州龚福全等攻剽府县。而福建大帽山贼詹师富等又起。前巡抚文森托疾避去。志山合乐昌贼掠大庾，攻南康、赣州，赣县主簿吴玭战死。"[1]王守仁向朝廷汇报匪情时也忧心不已："……潜引（隐）万安、龙泉等县避役逃民并百工技艺游食之人杂处于内，分群聚党，动以万计。始渐虏掠乡村，后乃攻劫郡县。"[2]为肃清南赣地区盗匪，消弭盗贼遍行的社会风气，控制社会人口流动，重建地方社会秩序，王守仁采取了剿与防相结合的整肃措施：一方面，利用地方军事力量，挑选民兵，增加军费，全力剿灭土贼，并在匪患平定的区域设立县治治理地方。另一方面，推行十家牌法，清理流民，防范流民与盗匪沟通为患。正德十二年（公元1517年）正月，王阳明抵达赣州就任伊始，即颁行十家牌法。促使王阳明推行十家牌法的原因有两方面：其一，他认为，解决盗匪问题必须用兵，但用兵的前提是稳定社会内部的秩序。其二，他发现，盗匪与军民互通消息，有时甚至"民""盗"难分。十家牌法最基本内容是要求官府掌握各人户的基本户籍情况，包括人口的流动、职业、田产等。推行十家牌法，令各家连坐，相互监督，既能详实查核各户的基本情况，包括人口的迁徙、职业、田产等，又可以有效地切断他们与盗匪之间的联系。可以说，十家牌法就是针对包括

---

[1]（清）张廷玉撰：《明史》，中华书局1974年版，第5160页。
[2]（明）王守仁著，吴克等编校：《王阳明全集》，上海古籍出版社1992年版，第968页。

赣南在内的南赣地区社会动荡复杂、为盗之风盛行的局面而设立的。十家牌法在推行过程中并不顺利，其中最突出的是，一些地方官以虚文抵塞，不愿切实施行。或有一些官员"假此科取纸张供给，或乘机清查流民，分外骚扰，是本院之意务要安民，而各官反以扰民也"[1]。然而，虽然十家牌法推行的效果并不完美，但在王守仁剿匪的过程中却起到了重要作用。在十家牌法施行后，王守仁仅仅用了一年多时间，他就攻破横水、左溪、桶冈、浰头等寨，使南赣盗风得以遏制。到正德十三年（公元1518年），南赣地区大规模的盗贼匪乱基本得到平息。

尽管南赣地区的盗患已经消弭，但王守仁并未完全放心。王守仁认识到，只有解决好南赣基层乡民的道德意识问题，社会动乱的根源才能从根本上得到解决。在平定匪患之后写给门人杨仕德的一封信中，王守仁已经认识到整肃南赣社会动乱仅靠武力难以奏效，他感叹道："破山中贼易，破心中贼难。"[2]正是基于为南赣乡民破除"心中贼"的考虑，正德十三年（公元1518年）十月，王守仁又颁布了《南赣乡约》。《阳明先生年谱》记曰："十月，举乡约。先生自大征后，以为民虽格面，未知格心，乃举乡约告谕父子弟，使相警戒。"[3]由此可知，王守仁在南赣举行乡约，的确有其现实原因。但是，从王守仁书写的《南赣乡约》序言可以看出，《南赣乡约》是基于一般人性的过恶，以期教化并最终让基层社会的民众互相警励以"共成仁厚之俗"。从这一点上看，《南赣乡约》的基层社会秩序价值显然已经超越明代中期经历盗匪的赣南地区和王守仁所处那个时代。

二、《南赣乡约》的转型

在王守仁颁行《南赣乡约》之时，明代的乡约之风已然比较浓厚。假使没有《吕氏乡约》和《增损吕氏乡约》，以王守仁的天才，构造出超乎前人的乡约制度显然也有可能。但是，王守仁作为儒学的代言人，想必其早年就已阅读过《吕氏乡约》和《增损吕氏乡约》文本。正是明代前期的乡约氛围的影响和王守仁对先哲乡约文本的解读，使得《南赣乡约》在传承宋代乡约

---

[1]（明）王守仁著，吴克等编校：《王阳明全集》，上海古籍出版社1992年版，第1107页。
[2]（明）王守仁著，吴克等编校：《王阳明全集》，上海古籍出版社1992年版，第168页。
[3]（明）王守仁著，吴克等编校：《王阳明全集》，上海古籍出版社1992年版，第1255页。

的同时,又有着极为明显的创见。比较《吕氏乡约》、《增损吕氏乡约》与《南赣乡约》,不难发现《南赣乡约》较之两个宋代乡约文本,在结构体例、主要内容、和基本属性上都发生了明显的转变。

(一) 结构体例的转型

如前文所述,《吕氏乡约》的内容分为七章,其中实体性内容为德业相劝、过失相规、礼俗相交、患难相恤四章,罚式、集会、主事三章为乡约的操作性规定。《吕氏乡约》的结构上虽不能称之尽善,但其纲目清晰、内容简练、实体规范与程序规范区分明确而相得益彰(见下图)。

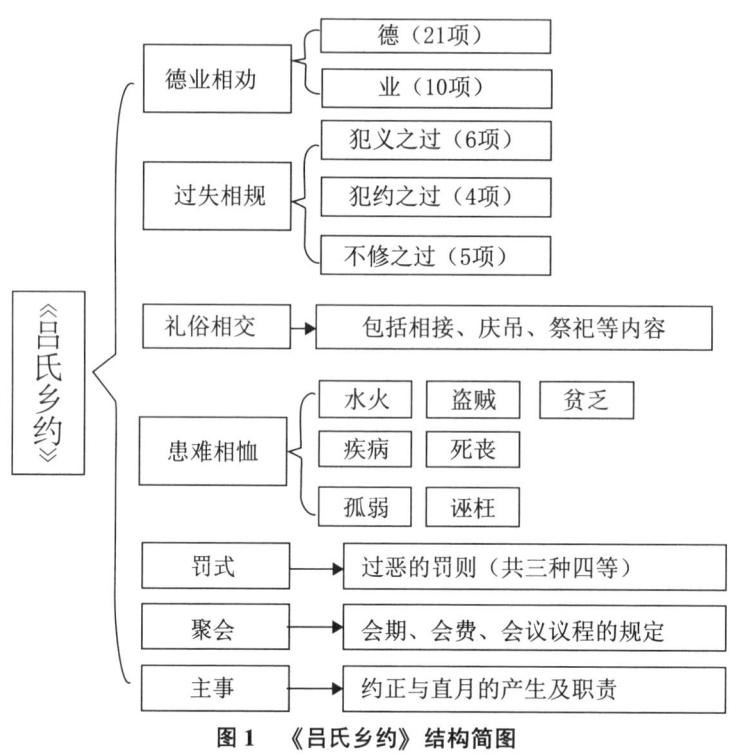

图1 《吕氏乡约》结构简图

《增损吕氏乡约》的结构体例在《吕氏乡约》之上更加完善:一方面朱熹将《吕氏乡约》内容进行调整组合,形成了序言、正文和附言的三大部分,使得《增损吕氏乡约》的结构体例堪称完备;另一方面,朱子在乡约正文各章之后增加附言作为该章规范的操作细则。朱熹改定之后的《增损吕氏乡约》形成了结构严密、层次分明的结构体系(见下图)。

第一章 乡约的产生及其演进

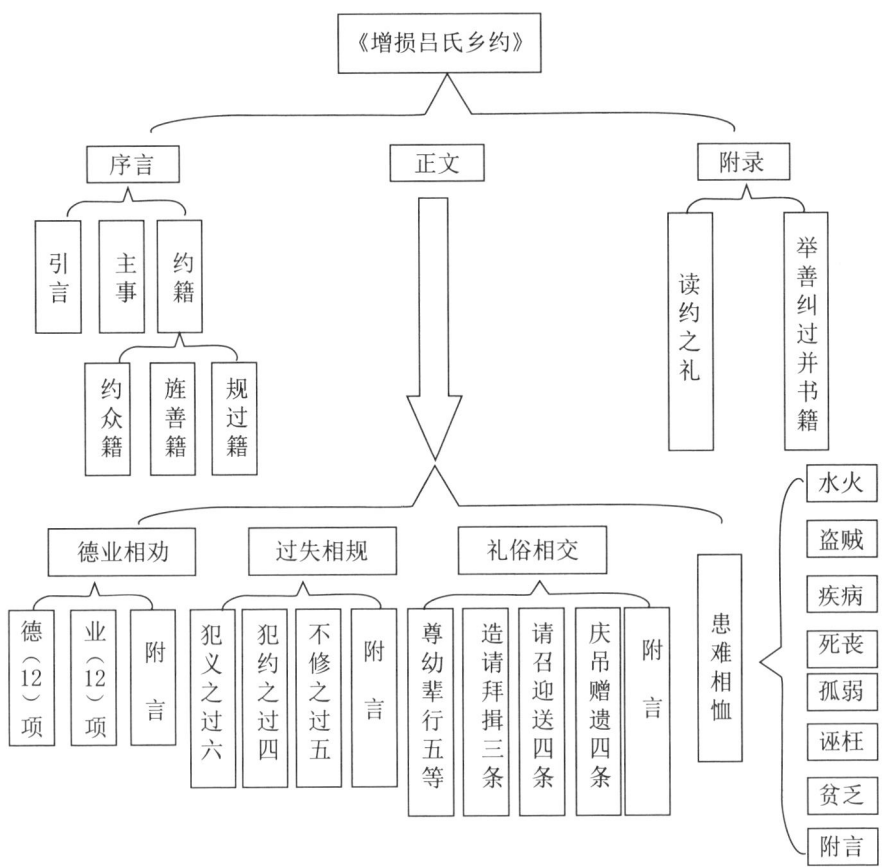

图 2 《增损吕氏乡约》结构简图

《南赣乡约》在体例上则一反《吕氏乡约》和《增损吕氏乡约》的篇章层次结构，而采用简单的逐条列举，这可谓是一个明显转变。从传世文本来看，王守仁的《南赣乡约》包括两个部分：一是约规之前的告谕。告谕主要阐明了完善推行南赣乡约的主要原因和终极目标，并苦心劝谕乡民修身向善。二是《南赣乡约》的具体内容。《南赣乡约》正文共计15条，其具体内容如下表：

表 2　《南赣乡约》内容概括简表

条序	主要内容	规则类型
一	乡约的组织机构及其组成人员；乡约的约众籍、彰善籍、纠过籍设置。	乡约的组织及运行规范
二	集会费用来源及执掌。	
三	会期；无故缺席的罚则。	
四	会所选址；违反约规的罚则；彰善、纠过的操作模式。	
五	乡约事务的处理模式，乡约机构不作为的罚则。	
六	谕寄庄人户应承赋役，以及逃避的罚则。	乡约的实体性规范
七	谕约内借贷应公平、宽减以及违反的处理模式。	
八	谕约内纠纷的解决规则，以及违反的处理模式。	
九	约众暗通盗贼的处理模式。	
十	乡胥骚扰乡约的处理模式。	
十一	谕约众不得怀旧仇，及其违反的处理方案。	
十二	谕新投约众自新从良，以及违反的处理方案。	
十三	谕约众嫁娶不得过取。	
十四	谕约众丧葬不得过奢侈，及违反的罚则。	
十五	乡约集会的内容及程序：宣读告谕、盟誓、彰善、纠过、申诫。	乡约集会的程序规范

从上表不难看出，《南赣乡约》不论从结构严密上，还是从内容的完备上都远远不及《吕氏乡约》和《增损吕氏乡约》。以王守仁学识和才干，建构一个比《吕氏乡约》《增损吕氏乡约》更完备的乡约规范体系显然不成问题，但是他为何没有进行这样的努力，而是采用了这种文告式的简单结构呢？笔者认为，王守仁之所以制定出《南赣乡约》这种简单的规则结构，一方面是因为他受到了宋明以来的盛行的"教谕榜"体例的启发；另一方面，《南赣乡约》所针对的受众是南赣基层社会最普通的民众，这一点也促使王守仁使用简单的结构和平实的语言去构建《南赣乡约》。

"教谕榜"作为宋明时期典型的基层社会教谕模式，在南宋时期已经极为盛行。朱熹在历任地方时就多次"教谕榜"、"劝农榜"和"约束榜"作为教谕百姓、申诫不法的工具。[1]自明代初年始,"教谕榜"开始作为官方宣教伦理道德,维持基层秩序的一种常见方案,这其中最为全面、系统,影响也极深远的莫过于明太祖洪武三十一年(公元1398年)刊行的《教民榜文》。若从体例结构上看,《南赣乡约》最近于《教民榜文》:首先,《南赣乡约》正文前有大段"告谕",《教民榜文》正文前则有大段的"圣旨昭示"[2]。其次,《教民榜文》全文41条可谓杂糅了包括基层社会教化、治安、司法、赋税、学校、祭祀等制度,[3]与之类似,《南赣乡约》自第6条至第14条所规定的内容涉及赋税、司法、私斗、婚嫁、丧葬等基层社会的各个方面。最后,《南赣乡约》和《教民榜文》一样,虽然目的都在于建立一个维护基层秩序的组织和制度:《教民榜文》是老人,《南赣乡约》是乡约,但两者都没有对制度的内容、运行机制进行纲举目张的层次结构规定,而是采用简单的胪列式的逻辑展开。王守仁之所以采用类似于《教民榜文》的体例制定《南赣乡约》,有可能是《教民榜文》在当时的南赣地区已经为民众所知,而采用这种体例推行《南赣乡约》,民众更容易接受。或者,当时的南赣地区地处偏远,而《教民榜文》历时日久,早已被遗忘在故纸堆中,但是《教民榜文》这种文告式的体例容易为文化程度较低的普通民众所理解、接受则是情理之中的事。王守仁在颁行乡约之时,考虑到乡约所适用的南赣基层民众的可接受度,放弃《吕氏乡约》《增损吕氏乡约》那种纲目式的层次结构体系,而采用《教民榜文》的胪列式体例,应该有其实际考虑。

(二)主要内容的转型

《南赣乡约》的主要内容相较于《吕氏乡约》[4],主要有三个方面的明显转变:①实体性规定趋于具体与零散。《吕氏乡约》的内容大都是经过总结抽象而形成的,其意在全方位涵盖乡约的某一方面的内容。以其"患难相恤"章为例,该章包括水火、盗贼、疾病、死伤、孤弱、诬枉、贫乏七款,大致已经包括基层社会日常会遇到的所有灾患。由此可见,吕氏兄弟在制定这些

---

[1] 朱子此类榜文和告谕数量众多,参见(南宋)朱熹著,朱傑人等主编:《晦庵先生朱文公文集》,上海古籍出版社、安徽教育出版社2002年版,第4579~4642页。
[2] 参见杨一凡点校:《皇明制书(第二册)》,社会科学文献出版社2013年版,第725页。
[3] 参见杨一凡点校:《皇明制书(第二册)》,社会科学文献出版社2013年版,第725~733页。
[4] 《增损吕氏乡约》和《吕氏乡约》内容上大体一致,故此处以《吕氏乡约》作为《南赣乡约》的比较参照系,则《南赣乡约》较之《增损吕氏乡约》的转变自然隐含其中。

乡约规定时，考虑过周延的涵盖乡约运行中会遇到的全部德行、过恶、交往和患难情形。而《南赣乡约》则不同，其实体性规定只有九条，分别指向了基层社会极为具体的情形，如借贷过取、丧葬奢侈等。这9条规定显然难以涵盖基层社会的全貌。王守仁在制定乡约之时，显然没有要制定类似《吕氏乡约》的全面、宏观架构的想法，所以，他只把南赣特别突出的基层社会秩序问题纳入了乡约进行规制。②《南赣乡约》具有明确的官方强制性。《南赣乡约》共计15条，即有8条提及"呈官"或"告官"的情形，这意味着《南赣乡约》的权威与国家权力直接挂钩，官方自然也允许《南赣乡约》作为基层社会组织的存在。如此一来，《南赣乡约》的权威和强制性就有了强有力的国家权力保障。与之相反，《吕氏乡约》只字未提在运行中与国家权力的协调和衔接问题。③《吕氏乡约》所订约规没有涉及特殊的地理、社会环境，换言之，《吕氏乡约》可以行之所有地理、历史、民族环境下的基层社会。而《南赣乡约》则有一些约规是针对南赣地区而设定的，如第9条"不得暗通盗贼"与第12条"不得再怀仇怨，骚扰地方"等。《南赣乡约》的这些条款自然不可能"放之天下皆准"，这也意味着如果《南赣乡约》所建构的乡约制度如果要改适异地，则需要将其中的规范进行因地制宜的修改、调整。

（三）基本属性的转型

《南赣乡约》与《吕氏乡约》在内容上的差异，和上文所述机构体例上的差异一起决定了《南赣乡约》较之《吕氏乡约》在基本属性上发生的巨大转变：①《吕氏乡约》是基层社会乡绅自发的民间私约，而《南赣乡约》是以国家权威为依凭的强制性官办乡约。《吕氏乡约》是吕氏兄弟与乡人相约"成吾里仁之美"的事业，所以在推行时，吕氏兄弟先以平等的口吻，征求乡人的意见。吕大忠在《吕氏乡约》"附言"中说："大忠素病于此，且不能勉，愿与乡人共行斯道。惧德未信，动或取咎，敢举其目，先求同志，苟以为可，愿书其诺，成吾里仁之美，有望于众君子焉。"[1]而《南赣乡约》则是王守仁以地方官员身份推行的基层社会秩序维护组织，故在《南赣乡约》开篇有"……故今特为乡约，以协和尔民"[2]的告谕。②《吕氏乡约》是一种参加和退出相对自由的基层社会自发组织，而《南赣乡约》是强制性的基层社会

---

[1]（北宋）吕大临等撰，陈俊民辑校：《蓝田吕氏遗著辑校》，中华书局1993年版，第567页。
[2]（明）王守仁著，吴克等编校：《王阳明全集》，上海古籍出版社1992年版，第600页。

秩序维持组织。吕氏兄弟对于乡约的约众,秉持"其来者亦不拒,去者亦不追"的态度,因此约众的入约和出约自然相对自由。同时,正因如此,基层社会不可能全民参加乡约,故《吕氏乡约》只是基层社会的局部组织。《南赣乡约》是以官方强制力为依凭,力图规范所有南赣乡民的言行乃至精神,因此乡约的加入和退出不可能自由。与此同时,《南赣乡约》对那些不服从乡约规范的约众,不是按照《吕氏乡约》的"皆绝之"和《增损吕氏乡约》的"听其出约"作为罚则,而是采用极重的"请兵灭之"作为罚则。由此可见,《南赣乡约》是不存在自由出约的可能的。③《吕氏乡约》是宋代基层社会生长出来的一种民间绅民自发维护基层社会秩序的制度,而《南赣乡约》则是民间自发与国家权力相结合的基层社会秩序维护制度。《吕氏乡约》是一种基层社会乡绅和乡民自发推行的道德上旌善规过、经济上患难互助的民间组织,这种组织以德行相励、过失相规、礼俗相交、患难相恤为主要内容,以期最终达到"成吾里仁之美"的目标。《吕氏乡约》以其自发性、民间性为其基本特征。《南赣乡约》从一开始就缺乏这种自发性,所幸王守仁在推行《南赣乡约》时,排除了明代基层行政组织的直接干预,重新创立了一套以约长、约正为首的乡约组织构造。《南赣乡约》的独特组织体系保证了其运行不受明代基层行政组织的直接干预,换言之,这种组织体系在一定程度上保证了《南赣乡约》的非官方性。总而言之,就其基本属性而言,《南赣乡约》是一种由国家权力倡导的,立足于基层社会秩序维护,民间自发与国家权力相结合的基层社会秩序维护制度。

综合本章的分析论述,大致可以发现宋明乡约演进的基本趋势和规律。就本文目前的论述展开程度来看,宋明乡约的演变方面主要有两个方面的基本内容:其一,乡约的制度构造逻辑和规范体例并不随着时间的推移逐渐走向更加严谨、完备的乡约规范模式,而是由宋代乡约纲举目张的体系化制度构造演变为《龙祠乡约》再到《南赣乡约》简单胪列的乡约制度构造。宋明乡约的制度构造模式之所以会出现这种演变趋势,意味着我们祖先的乡约思考历程并非一直处在逻辑上的上升阶段,而是有可能中途放弃了进一步完善乡约制度体系的思考,转而思考乡约如何贴近基层民众,或者说转而思考乡约之于基层民众的可接受性。正是基于这种思考,《南赣乡约》较之宋代乡约,删去了绝大多数道德进修、礼俗交接、患难救恤和过恶惩罚等乡约的具体规范内容,而更注重乡约能够遍施于基层社会所有乡民。又正是基于将乡约遍施于所有基层民众的思考，《南赣乡约》的规范内容无一不紧贴着南赣基层乡民切身利害。因此，我们在思考《南赣乡约》之时，理应注意到《南赣乡约》专注于乡约之于基层民众的接受性思考，这也正是《南赣乡约》之所以具备超越南赣地区的普遍制度价值的基本原因之一。同时，《南赣乡约》的乡约接受性思考恰好是宋代乡约有所不足的。其二，乡约运行模式从宋代乡约的民间自发乡约运行模式演变为《南赣乡约》的民间自发与国家权力相结合的乡约运行模式。《南赣乡约》之所以采用与宋代乡约完全不同的民间自发与国家权力相结合的乡约运行模式，其根本原因在于《南赣乡约》是一项王守仁推行的强制性基层秩序维护制度，而非宋代乡约和《龙祠乡约》那种"苟以为可，愿书其诺"[1]的民间自发、自愿的合约。概言之，王守仁推行的《南赣乡约》在保证乡约被基层民众接受方面做了两方面的努力：一是调整乡约内容，保证乡约的规范内容贴近基层民众的日常生活；二是从外部的国家权力强制基层民众接受乡约。

---

[1]（北宋）吕大临等撰，陈俊民辑校：《蓝田吕氏遗著辑校》，中华书局1993年版，第567页。

第二章

乡约的基本构造

乡约作为一种自发性的基层社会秩序维护组织，其渊源可以追溯到汉代的《侍廷里僤约束石券》[1]所结成的乡社，但与宋明乡约相似的乡社开始大规模出现仍然以唐代的记载居多。唐代的乡社类型复杂且功能多元，其乡社的社条也体现出不同的样态。唐代的乡社距宋代乡约的产生去时不远，唐代乡社的理念和规则对《吕氏乡约》的产生所起的促进作用不言而喻。唐代乡社的存世记载主要以敦煌社邑文书为主，主要有社条、社司转帖、社历、社文、社状牒等类型，基于这些文书而形成的民间结社组织就是乡社。据存世文献记载来看，敦煌的乡社种类非常多，如亲情社、兄弟社、女人社、官健社、巷社、辇子社、修佛堂社、渠人社等等。结社规模一般为十几人到几十人不等，社人身份既有贵族官吏，也有普通百姓。关于这些乡社的基本性质，孟宪实教授认为："（敦煌的）民间结社是一种契约组织，而社条就是契约本身，特殊之处在于签署这个契约的不是两个人而是众多的人。所以，这个契约是一个公共契约。社条是事先起草的，不同意则不签名等同于拒绝。"[2]由此可见，敦煌的乡社是一种民间自主的契约型互助组织。同时，也有研究者强调敦煌乡社的"私社"性质："社的活动目的不在于替政府组织管理社人；

---

[1] 有关《侍廷里僤约束石券》的考证、分析，参见黄士斌："河南偃师县发现汉代买田约束石券"，载《文物》1982第12期；宁可："关于《侍廷里父老僤买田约束石券》"，载《文物》1982年第12期；邢义田："汉代的父老、与聚族里——'汉侍廷里父老僤买田约束石券'读记"，载《汉学研究》1983年第1卷第2期；俞伟超：《中国古代公社组织的考察——论先秦两汉的"单——僤——弹"》，文物出版社1988年版；张金光："有关东汉侍廷里父老僤的几个问题"，载《史学月刊》2003年第10期；林兴龙："东汉《侍廷里父老僤买田约束石券》相关问题研究"，载《云南师范大学学报（哲学社会科学版）》2007年第4期。

[2] 孟宪实：《敦煌民间结社研究》，北京大学出版社2009年版，第25页。

社的参与者也并非某一行政村社的全体成员；结社章程以及活动内容都由社人自己制定；不同的人们组织起来的同一类型的社其活动方式以及相关规定也不尽相同。……它是在民主平等、公开自愿的基础上组建起来的以互助互惠、甘苦共担为目的的私社。"[1]结合以上两家的考证和论断，大致可以断定敦煌乡社的民间私社属性。由于资料翔实，敦煌乡社的组织构造——尤其是社员的社会阶层问题——可谓明确。宋明乡约的组织构造由于存世文本过于简略，关于乡约组成人员的社会阶层和乡约运行的组织结构等相关问题，必须要参酌相关史料略加论证。

自上个世纪初以来，研究宋明乡约的成果可谓不少，但着重于宋明乡约组织构造的研究、探讨却并不多。各家在研究宋明乡约时，大都对其组织构造一笔带过，或者将之杂糅到乡约文本的梳理之中简要论述。对于乡约组织机构最早的论述还是要追溯到杨开道先生。杨开道先生认为乡约的根本目的是道德上的"劝善规恶"，因此他说："道德工作便不用什么严密组织，许多集会讨论，只有一两个公正领袖，一两次简单集会，便可达到劝善规恶的初衷。"[2]胡庆钧先生则第一次明确界定了乡约参约者的社会阶层："约正一人或二人，众推正直不阿者为之，专主平决赏罚当否，任期不定，实即应从比较正直的绅士中选任。……（直月）在农村人口中农民占绝大多数而又不以高下进行轮流的情况下，这类人选大体应由农民出身的人来充当。"[3]时至近年，在众多研究宋明乡约的文章中，对于乡约组织构造的论述却鲜有超出上述两位前辈的新见。董建辉教授在其大作《明清乡约：理论演进与实践发展》中对《吕氏乡约》、《增损吕氏乡约》和《南赣乡约》的组织构造文本进行了比较的论述，但对于三乡约的组织构造未能详加探析未免有些遗憾。[4]笔者认为，之所以会出现这种忽略宋明乡约组织构造的倾向，一方面是因为宋明乡约的组织构造的确相对简略，杨开道先生更是认为"乡村（乡约）组织因为人民的稀少，人才的缺乏，本就应该因陋就简，以少为多"[5]。另一方面，

---

[1] 高天霞："论唐宋时期敦煌民间结社的当代意义——以敦煌社邑文书为中心"，载《东南学术》2012 年第 4 期。

[2] 杨开道：《中国乡约制度》，山东省乡村服务人员训练处 1937 年版，第 118 页。

[3] 胡庆钧："从保长到乡约"，载吴晗等：《皇权与绅权》，上海书店出版社 1948 年版，第 62、68、188 页。

[4] 董建辉：《明清乡约：理论演进与实践发展》，厦门大学出版社 2008 年版，第 297 页。

[5] 杨开道：《中国乡约制度》，山东省乡村服务人员训练处 1937 年版，第 165 页。

第二章 乡约的基本构造

历来研究宋明乡约的成果多从乡约的社会功能入手，并以之为研究价值的依归。如此一来，诸家研究宋明乡约时大都直奔主题，将研究重点放在促使宋明乡约产生基本社会功能的几项实体制度，对于使乡约的实体制度实现运转的乡约组织构造反而无暇关注。

宋明乡约的组织构造包括以下三个方面：乡约的参约者、乡约的组织机构以及贯穿乡约运行的约众、旌善、规过三大簿籍。首先，乡约的参约者的社会阶层、参约者在乡约中的权利与义务需要详细探讨。其次，协调乡约运行的组织机构的组成人员的资格限制、权力以及职责也是研究乡约组织构造的重要一环。最后，作为宋明乡约的独特设置，乡约的约众、旌善、规过三籍也需要论述终始。

第一节 乡约的参约者

自北宋蓝田吕氏的《吕氏乡约》到南宋朱熹的《增损吕氏乡约》，再到明代中期王守仁的《南赣乡约》，不论在社会阶层方面，还是在乡约中的权利与义务方面，乡约的参约者都表现出明显的变迁，而且这种变迁有着明显的趋势和规律。

一、参约者的社会阶层探析

从《吕氏乡约》的文本初步考查，似乎不难得出《吕氏乡约》的参约者是北宋中期陕西蓝田的"乡人"[1]。不过，这个"乡人"只能确定《吕氏乡约》参约者的民间身份，至于参与《吕氏乡约》的"乡人"在当时的社会阶层中属于士绅、大家族还是处于社会最底层的普通乡民，这一点并不能容易的确定。《吕氏乡约》参约者的社会阶层判断，从《吕氏乡约》的文本和吕大钧的几篇书信中可以发现端倪。虽然《吕氏乡约》文末的"附言"称乡约的参约者是"邻里乡党"和"乡人"，但这并不意味着乡约的参约者是普通乡民，相反，吕氏兄弟所言参加乡约的"乡人"是指有一定文化、家世和才干的乡绅或家族，其原因有以下两方面：一方面，在吕氏兄弟看来，凡未曾

---

[1] （北宋）吕大临等撰，陈俊民辑校：《蓝田吕氏遗著辑校》，中华书局1993年版，第567页。

居于庙堂者，自当以乡野之人居之，这一点从吕大钧在《答刘平叔》一书中以"愚且贱者"[1]自居可见一斑。同时，以吕氏兄弟在蓝田的声望和影响，其所言的"愿与乡人共行斯道"、"先求同志"和"有望于众君子焉"，显然吕氏兄弟所求的"同志"不是不名一文的普通乡民，而是有一定文化，能够理解、体会吕氏兄弟推行乡约的道理和价值的家族和乡绅。另一方面，从《吕氏乡约》文本也能够推断出乡约参约者的社会阶层。首先，《吕氏乡约》的"德业相劝"章所规定的诸项德业，大部分都需要一定的文化修养方能践行，这些要求对于日日为温饱劳碌的普通乡民来说，显然是强人所难。其次，《吕氏乡约》的"罚式"章所规定的罚金金额虽然并不特别巨大，但从实际社会生活来看，却是乡民生活固有支出之外的一项额外负担。这种额外的罚金自然也并非勉力维持生活的普通乡民所能且所愿意承受。再次，《吕氏乡约》的"聚会"章涉及聚会费用时规定："所费率钱，合当事者主之。"[2]此处的"当事者"应当是直月。这就意味着，每逢月、季的聚会，直月必须准备酒、食以供聚会所需。聚会费用显然需要一定财力上的余裕才能支撑，吕氏兄弟没有采用《南赣乡约》那种"同约之人每一会，人出银三分"[3]的会费筹集方案，而是直接规定聚会费用"合当事者主之"，自然是因为《吕氏乡约》的参约者具备一定的家世、财力，举行乡约聚会不会对他们形成太大负担。最后，《吕氏乡约》的直月"不以（身份、爵禄）高下，依长少轮次为之"决定了乡约参约者需要具备一定的才干和能力。综上，笔者认为，《吕氏乡约》只可能是在吕氏兄弟感召下，有一定文化和家世的蓝田地区的乡绅和家族参加。正因为《吕氏乡约》对参约者有着较高的门槛要求，所以，《吕氏乡约》的实际运行的难度可想而知。

朱熹在增损《吕氏乡约》之时，针对《吕氏乡约》不能"为贫富所通行"[4]的弊端，对乡约的文本做了两项主要的修改：一方面，朱熹删去了《吕氏乡约》的罚金规定。为使改订后的《增损吕氏乡约》能遍行于乡绅、家族和普通乡民之间，朱熹删除《吕氏乡约》的罚金规定。朱熹的改订至少

---

[1]（北宋）吕大临等撰，陈俊民辑校：《蓝田吕氏遗著辑校》，中华书局1993年版，第569页。
[2]（北宋）吕大临等撰，陈俊民辑校：《蓝田吕氏遗著辑校》，中华书局1993年版，第567页。
[3]（明）王守仁著，吴克等编校：《王阳明全集》，上海古籍出版社1992年版，第600页。
[4]（南宋）朱熹著，朱傑人等主编：《晦庵先生朱文公文集》，上海古籍出版社、安徽教育出版社2002年版，第1458页。

在形式上可以满足所有"乡人"实际上参加乡约的可能。另一方面，与《吕氏乡约》未规定聚会费用的限制不同，朱熹的《增损吕氏乡约》明确规定聚会时酒食费用"每人不过一二百"[1]。缩减聚会的费用，也就意味着减轻约众直月的经济负担。如此一来，就意味着家世和财力较为一般的乡民家庭也可以参加乡约。不得不说，朱熹为了使乡约遍行于贫富之间，在乡约的制度设计上做了不小的改动。不过即使朱熹做了修改，但朱熹改订后的《增损吕氏乡约》参约者与《吕氏乡约》的参约者实际上并没有太大的区别：相较于《吕氏乡约》，《增损吕氏乡约》完善了"礼俗相交"部分，增加了"月旦集会读约之礼"部分。排除对乡约规范进行仪式化宣传的因素，《增损吕氏乡约》改动较大的两部分的规范，恰恰需要较高文化修养的参约者才能够适用。《增损吕氏乡约》规定的一系列礼仪规范需要一定的礼仪学习过程，而对这种礼仪的习熟又是一种较长期的文化修养过程。《增损吕氏乡约》严格、繁琐的礼仪规范，实际上在无形中拉开了与那些普通乡民的心理距离。正如有学者道："显然，用这种缙绅阶层的道德礼仪来教化、约束、改造乡民，自然超出了乡民的心理需求。"[2]因此，《增损吕氏乡约》的参约者与《吕氏乡约》的参约者大致相同，仍然是居于乡间，有一定文化修养和家世的乡间缙绅和家族。

与宋代的《吕氏乡约》和朱熹增损后的《增损吕氏乡约》不同，王守仁明代中期推行的《南赣乡约》是一个官方督导、基层乡民全体参与的基层社会秩序维护组织和制度。因此，《南赣乡约》的参约者是以乡为地域单位的所有乡民，这其中自然既包括富户阶层，也包括贫民阶层。因为《南赣乡约》属于强制性的全民参与乡约，所以不存在有乡民排除在乡约之外的情形。从《南赣乡约》的参约者所处地域的社会阶层结构去考察参约者的社会阶层显然没有必要，因为参约者必然涵盖了当地的全部社会阶层成员，缙绅、富户、大家族、贫农等，概莫能外。但是，以宋明社会史的比较视角去考察《南赣乡约》参约者所体现的社会阶层则有其独特的意义：《南赣乡约》的参约者较之《吕氏乡约》和《增损吕氏乡约》的参约者，其社会阶层来源上的差异十分明显；相较于文化比较成熟的北宋关中地区和南宋闽浙地区，明代中期的

---

[1]（南宋）朱熹著，朱傑人等主编：《晦庵先生朱文公文集》，上海古籍出版社、安徽教育出版社2002年版，第3601页。

[2] 金滢坤："论唐五代宋元的社条与乡约（二）——以吕氏乡约、龙祠乡社义约为中心"，载《敦煌研究》2008年第1期。

南赣地区属于儒家主流文化的边缘地带，若吕氏兄弟和朱熹的乡约是当时社会文化的反应，则王守仁结合明代基层社会治理文化传统和南赣地区的文化氛围推行的《南赣乡约》，也自然是南赣地区社会政治文化的反应。南赣地区社会文化环境决定了《南赣乡约》参约者的社会阶层相较于《吕氏乡约》和《增损吕氏乡约》要相对低一些，这一点在《南赣乡约》文本中就有着明显的表征：一方面是文化上的差距。相较于《吕氏乡约》的"德业相劝"章，《南赣乡约》对参约者日常婚丧嫁娶的仪节都明确加以规定，足见《南赣乡约》参约者的文化素养较之《吕氏乡约》的参约者，有着高下之别。同样，较之《增损吕氏乡约》集会时南向设"先圣先师之象"，《南赣乡约》则设告谕牌与香案南向。告谕牌强调宣教，香案用于盟誓，此二者较之《增损吕氏乡约》井然有序、进退有节的礼仪，自然高下立判。另一方面，《南赣乡约》的参约者有许多"投招新民"和"被新民之害"的乡民，[1]这些乡民，不只家世、财力并不丰裕，由于长期被于匪盗，文化修养层次自然也不会太高。由于这种被强制加入乡约的乡民在乡约中占有很大比例，自然会对《南赣乡约》参约者的社会阶层起到主导性的影响。总而言之，较之宋代二乡约的参约者是有一定文化修养和家世的乡间缙绅和家族，《南赣乡约》的参约者则大多属于社会阶层相对较低的南赣基层社会的一般乡民。

二、参约者的权利与义务

宋明乡约参约者的权利义务是指，根据乡约文本所规定的乡约制度，参约者取得的资格、应享受的权益、承担的义务以及应履行的职责。大体而言，宋明乡约的参约者在乡约中的权利义务包括以下几项：

（一）入约

从《吕氏乡约》到《南赣乡约》，乡约参约者的入约经历了从自由到强制的演变历程。《吕氏乡约》的入约自由有两处证据可以证明：第一，在《吕氏乡约》"附言"部分，吕氏兄弟明确指出，《吕氏乡约》的参与采用"苟以为可，愿书其诺"[2]为准则，其大意是指：如果乡邻认为《吕氏乡约》可行，则签书承诺以共同推行之。第二，吕大钧在《答伯兄》中提到乡约的入约与出约

---

[1]（明）王守仁著，吴克等编校：《王阳明全集》，上海古籍出版社1992年版，第602页。
[2]（北宋）吕大临等撰，陈俊民辑校：《蓝田吕氏遗著辑校》，中华书局1993年版，第567页。

采用"其来者亦不拒，去者亦不追"[1]为原则。由这两条证据可以看出，《吕氏乡约》的入约采用自愿入约的方式，意即乡人有参与乡约的自由，也有不参与乡约的自由。同时，《吕氏乡约》的参约者在入约之时，会通过"书其诺"的签名形式加以确认。《吕氏乡约》采用这种自愿署名的入约形式，是对唐宋以来民间私社以签名为入约基本要件历史传统的继承。朱熹《增损吕氏乡约》对参约者的入约，虽无直接的入约形式要件和参约资格规定，但《增损吕氏乡约》的"前言"部分对入约规定称："凡愿入约者书于一籍。"[2]由此可见，《增损吕氏乡约》的入约仍然以"自愿"为基本原则。同时，其言"愿入约者书于一籍"，有可能是参约者自己签书于籍，也可能是直月代书于籍。这种"书于籍"的行为基于参约者的意思，因此其规范意义等同于签名。与《吕氏乡约》与《增损吕氏乡约》的自由入约不同，《南赣乡约》的入约则是强制入约的典型例证。与《吕氏乡约》需要乡人"愿书其诺"为乡约运行的基本要件不同，王守仁则站在官方的角度，以"故今特为乡约，以协和尔民"为乡约运行的基本要件。由此可见，《南赣乡约》的参约者必然是依照官方的行政指令，按照一定行政地域进行强制入约的。换言之，在南赣地区，但凡属于登记在籍的乡民，则理所当然地成为乡约的参约者。如此一来，《南赣乡约》的入约就不再是自由选择的意思，而是一种强制性的入约义务。

（二）出约

虽然《吕氏乡约》的出约作为一种罚则存在，但从参约者的权利角度看，《吕氏乡约》的约众也有自由出约的可能。而且，在经过修改后的约规中，与入约一样，《吕氏乡约》的出约秉持了"去者亦不追"的参约者自主选择。由此可见，《吕氏乡约》出约的主动权大部分是掌握在参约者自己手中。在《增损吕氏乡约》中，出约是作为违反乡约规范的一种罚则而存在。在《增损吕氏乡约》中，约众的出约是一种处罚，而且出约的决定权也归于乡约，参约者不再有自由出约的权利。但是，从《增损吕氏乡约》的"皆听其出约"规定可知，出约虽然是一种惩罚，但毕竟意味着有出约的可能，而到《南赣乡约》中，约众的出约则已不可能。《南赣乡约》第4条规定："若有难改之

---

[1]（北宋）吕大临等撰，陈俊民辑校：《蓝田吕氏遗著辑校》，中华书局1993年版，第568页。
[2]（南宋）朱熹著，朱傑人等主编：《晦庵先生朱文公文集》，上海古籍出版社、安徽教育出版社2002年版，第3594页。

恶，……若不能改，后纠而书之。又不能改，然后白之官；又不能改，同约之人执送之官，明正其罪。势不能执，戮力协谋官府请兵灭之。"[1]与《吕氏乡约》与《增损吕氏乡约》由基层社会部分成员组成不同，《南赣乡约》是按照地域强制推行的全民组织。设若《南赣乡约》规定有约众出约的情形，则出约的乡民四面皆为乡约所包围、孤立，势必无法生存下去。王守仁在制定《南赣乡约》时，早已考虑到这一点。故而，《南赣乡约》的约众除非死亡或被"灭之"，即使被官府"明正其罪"，也不失去其乡约参约者的身份。当然，从另一个角度看，除非死亡或被"灭之"，《南赣乡约》的参约者不可能有出约的选择。

（三）参加集会

参加乡约集会一方面体现了参约者作为乡约成员的权益与资格，另一方面则意味着参会的义务。参加集会的积极性能反映出参约者对乡约事业的热情，也能反映出参约者对于乡约政治生活的态度。《吕氏乡约》没有规定缺席聚会的罚则，并不意味着没有人会缺席聚会。朱熹改订《吕氏乡约》时，已然意识到约众参加乡约集会的积极性不高，但朱熹又不愿意施加处罚，由此产生了"所居远者，唯赴孟朔，又远者，岁一再至可也"[2]的宽限规定。至《南赣乡约》，则对缺席乡约集会的约众处以"以过恶书，仍罚银一两公用"[3]的明确罚则。参约者之所以不愿意参加集会，一方面是因为对乡约集会的权威性的认可度不够，另一方面也意味着乡约集会的集会议程与参约者的切身利害关联性不足。参约者参加乡约集会主要进行三项内容：其一，推举乡约的理约者，包括约长、约正、约副、知约等。其二，评议乡约约众的善行和过恶。宋明乡约的旌善和规过，虽一般由理约者提议、主持，但最后的决定权则在全体约众的共同决议。其三，参加乡约其他重大事项的开展。在《吕氏乡约》中指共同商议更改乡约的不便之处等，在《增损吕氏乡约》和《南赣乡约》中主要体现为参加乡约集会的读约之礼、申诫仪式。

（四）直月（知约）

直月是《吕氏乡约》与《增损吕氏乡约》理约者的基本构成，其来源极

---

[1] （明）王守仁著，吴克等编校：《王阳明全集》，上海古籍出版社1992年版，第600~601页。
[2] （南宋）朱熹著，朱傑人等主编：《晦庵先生朱文公文集》，上海古籍出版社、安徽教育出版社2002年版，第3601页。
[3] （明）王守仁著，吴克等编校：《王阳明全集》，上海古籍出版社1992年版，第600页。

可能来自敦煌私社中的"月直"[1]，但月直的功能止于负责杂役，而直月所辖事务要复杂得多。从《增损吕氏乡约》"会日夙兴，约正、约副、直月本家行礼若会族，罢，皆深衣俟于乡校"[2]也可以断定，乡约的直月有一定地位和尊崇。直月的职责较杂，但主要包括以下方面：主持乡约集会、准备酒食、向约众传达乡约事宜、执掌乡约的三大簿籍等。宋代乡约的直月制度体现出乡约作为一种民间自发组织的根本特征。《南赣乡约》的知约类于宋代乡约的直月，只不过其产生的方式有所差别，所主事项也不同。轮值直月作为一种管理乡约事宜的资格，既是乡约约众的权利，也是义务。轮值直月制度是推动乡约运行、前进的重要环节，乡约的德业相劝、过失相规、礼俗相交和患难相恤无不与之息息相关。乡约的运转正是在参约者的轮值直月制度中展开，而轮值直月又是参约者乡约权利的基本体现。同时，直月意味着需要付出财力和时间的代价，因此直月也是参约者之于乡约的一种义务。《吕氏乡约》与《增损吕氏乡约》的直月采用轮值制度，而《南赣乡约》的知约则同约长等由众推的形式产生，因此也意味着《南赣乡约》并非每一位参约者都有管理乡约的机会，这是《南赣乡约》较之宋代乡约明显的差异。

除以上几项基本的权利义务外，宋明乡约的参约者还有遵守乡约规范、缴纳集会费用等义务。总体而言，宋明乡约参约者在乡约中的权利义务较为笼统，且倾向于道德化。但是，相对于宋明时期的其他基层秩序规范，乡约对于其参与者权利义务的规定已较为明确。正是这种较为明确的权利义务规范，使得乡约在宋明基层秩序维护中体现出其独特的制度价值以及穿越时空的基层社会秩序维护经验。

第二节　乡约的理约者

宋明乡约作为宋明时期的一种基层秩序维护组织和制度，其组织机构也

---

[1] 私社月直只轮流负责斋饭，不是社官。参见S.2041号云："所遭事一遍了者，便须承月直，须行文帖，晓告诸家。"参见宁可、郝春文辑校：《敦煌社邑文书辑校》，江苏古籍出版社1997年版，第4页。

[2] （南宋）朱熹著，朱杰人等主编：《晦庵先生朱文公文集》，上海古籍出版社、安徽教育出版社2002年版，第3602页。

有相当的独特性。大致而言，宋明乡约的机构包括两个方面：一方面是人，即乡约的理约者；另一方面是物，即约众与旌善、规过簿。本节先论述第一方面。宋明乡约的理约者有众多名目，如：约正、都约正、约长、约史、直月等。乡约的理约者作为乡约运行的协调管理者，在宋明乡约的运行过程中，可以说居于枢机的位置。追本溯源，宋明乡约理约者的历史渊源可以追溯到秦汉基层社会组织中的"乡三老"和"乡啬夫"之职，但秦汉时期的这种基层社会管理职名有相当的行政性，或者本就是秦汉基层行政的代表。因此，作为基层社会组织自发推举的乡约协调管理者，宋明乡约理约者的历史渊源可能难以追溯到秦汉时期。但为基层社会组织设立管理协调者以推动其运转，却并非由宋代乡约最初创见。其最为相近的渊源可以在唐代敦煌民间结社中寻得。孟宪实教授认为敦煌民间结社是"依靠自愿原则组建起来的民间团体"[1]，敦煌民间结社的形成是否完全出乎社众自愿，限于资料难以确证，但就现今所见的结社资料及研究成果，可以断定敦煌地区的绝大部分结社当属于民间自发、并为国家权力所认同的基层社会组织。敦煌结社组织为运行结社所推举的社官——即一般所指的是社官、社长和录事等——在敦煌民间结社中既体现出其公益性，也有一定的权威。同时，社官也受到结社社规的制约。这种民间结社的良性运作机制体现了唐代敦煌基层社会自发性社会维护的精神，以至于孟教授对敦煌民间结社推崇道："一千多年前的敦煌百姓，就是利用民主的方式组建了自己的组织，维系着结社的运转，建设着自己的生活。"[2]宋明乡约在自发维护基层社会这一方面和敦煌民间结社相同，社官的推举制和乡约理约者的推举机制也相近。《吕氏乡约》的约正、直月很可能是在参考敦煌民间结社的社官基础上创设起来的。之后的《增损吕氏乡约》和《南赣乡约》则在《吕氏乡约》的基础上，对乡约的理约者进行了修改或扩充。

论及乡约理约者的职责和任职资格，又不得不追溯到敦煌民间结社时期。关于敦煌民间结社的社官职责和资格，敦煌社邑文献《拾伍人结社社条（文样）》（S.6537V/3-5）对此说明最清晰："且三人成众，亦要一人为尊，义邑之中，切藉三官铃辖。老者请为社长，须制不律之徒；次者充为社官，但是事当其理；更拣英明厚德，智有先诚，切齿严凝，请为录事。凡为事理，

---

[1] 孟宪实：《敦煌民间结社研究》，北京大学出版社2009年版，第25页。
[2] 孟宪实：《敦煌民间结社研究》，北京大学出版社2009年版，第21页。

一定至终，只取三官获裁，不许众社紊乱。"[1]由此可知，敦煌民间结社之社官的推任资格首先是年齿，然后才取才干。敦煌民间结社之所以如此推举社官，自然和中国古代属于父家长制的家族制社会密不可分。推重父长是父家长制社会的典型特点，因此，也可以断定唐代敦煌地区的社会基本架构是典型的父家长制社会。宋明乡约上承敦煌民间结社，其乡约理约者构造自然也是在扬弃敦煌民间结社的社官制度基础之上而形成的。宋明乡约的理约者所任职分，以及所需具备的任职资格在《吕氏乡约》、《增损吕氏乡约》和《南赣乡约》文本中都有着明确的规定。详见下表：

表3 乡约理约者职责即任职资格对照表

规则来源	职位	职责	任职资格
《吕氏乡约》	约正（1~2人）	平决赏罚当否	正直不阿
	直月（1人）	主约中杂事	约众轮次为之
《增损吕氏乡约》	都约正（1人）	主旌善、规过事等	有齿德
	副约正（2人）	宣讲约规等	有学行
	直月（1人）	司三籍；主持乡约聚会礼仪等	约众轮次为之
《南赣乡约》	约长（1人）	司彰善、纠过簿；主持裁处约中危难事；呈告官府；晓谕约众等	有齿德为众所敬服
	约副（2人）	同约长	同约长
	约正（4人）	主持彰善、纠过事	公直果断
	约史（4人）	主举察善恶	通达明察
	知约（4人）	司约众簿；主约中杂事	精健廉干
	约赞（2人）	主乡约集会礼仪	礼仪习熟

通过上表，不难发现自《吕氏乡约》至《南赣乡约》，乡约理约者呈现出由简到繁的过程。同时，从《吕氏乡约》到《南赣乡约》，理约者的职责及其资格也有着明显的变化，这种变化既体现出宋明乡约在目标上的转变，也意味着乡约在宋明基层秩序中的价值和意义的转变。下文就《吕氏乡约》、

---

[1] 宁可、郝春文辑校：《敦煌社邑文书辑校》，江苏古籍出版社1997年版，第50页。

《增损吕氏乡约》和《南赣乡约》所规定的理约者职责及其任职资格,以及其所体现的规范价值和基层秩序维护意义并就这些价值和意义在宋明间的演变略作分析:

1. 《吕氏乡约》所推举的理约者较为单一,而且注重理约者裁处善恶的公正德行。如前文所述,《吕氏乡约》的参约者为陕西蓝田的民间绅士,这些参约者大多具备一定的家世、才干和文化修养,故约中之事自然唯贤任之。身份、年齿的考虑反倒被淡化了。《吕氏乡约》是在吕氏兄弟号召之下,自愿参与的一个自发性基层社会组织,而且《吕氏乡约》又有着较高的道德目标,而其目标的主要实现途径是所有参约者的自发进修,而非主要依靠乡约规范的强制。《吕氏乡约》的主要执事是平决赏罚,自然应当以正直不阿为第一准则。因此《吕氏乡约》只有约正和直月两个理约职位:"约正一人或二人"主掌对德行的旌赏和对过失的处罚,由参约者共同推举。约正的换届程序不明,大致需要等到约正不再适合其职位时,再另行推举新约正。"直月一人"执掌约中除"平决赏罚当否"之外的"约中杂事"[1],大致而言,这些"约中杂事"包括:执掌乡约的约众、旌善即规过籍,月末检校后移交给下一任直月;对入约与出约、约众的德行和过失、乡约集会的赏罚结果等书籍情形"书于籍";主持每月和每季度的聚会等乡约事务。直月既是参约者的基本乡约权利,也意味着参约者鼎力推动乡约运转的义务和一定的经济负担,因此,《吕氏乡约》所规定的直月更换程序十分明白:一方面,约中不以身份高下,而以年齿长少决定先后顺序;另一方面,直月一月一更。这两方面既保证了参约者在参与乡约事务方面的平等地位,也避免了直月事繁任重影响参约者的日常生活。《吕氏乡约》的理约者构造简略和《吕氏乡约》属于"以同志共行斯道"的乡绅之约是分不开的。

2. 《增损吕氏乡约》的理约者有都约正一人、副正二人、直月一人。与《吕氏乡约》不同,《增损吕氏乡约》没有明确界定理约者的基本职责,而只是对理约者的任职资格做了明确的界定:"众推有齿德者一人为都约正,有学行者二人副之。约中月轮一人为直月,都副正不与。"[2]仅从理约者的任职资

---

[1] (北宋)吕大临等撰,陈俊民辑校:《蓝田吕氏遗著辑校》,中华书局1993年版,第567页。
[2] (南宋)朱熹著,朱杰人等主编:《晦庵先生朱文公文集》,上海古籍出版社、安徽教育出版社2002年版,第3594页。

格来看,《增损吕氏乡约》就和《吕氏乡约》有着明显的区别:一方面,《吕氏乡约》仅在轮值直月时考虑年齿的长少,而朱子《增损吕氏乡约》则将年齿和德行并立作为都约正的任职资格。另一方面,《吕氏乡约》并不特别注重学行在理约任职资格中的重要程度,而在《增损吕氏乡约》中,学行是成为乡约理约者的一个重要条件。《增损吕氏乡约》之所以与《吕氏乡约》有如此差异,其基本原因即在于朱熹认识到《吕氏乡约》是一种"乡绅之约",如欲将乡约做到"为贫富所通行者"[1],则强化齿德与学行是顺理成章的结果。对南宋中期的乡民而言,年齿和学识往往意味着权威。由于《吕氏乡约》的参约者多为民间绅士,大多具备一定学识,学识和年齿所代表的权威性就会淡化许多。通过上述比较,不难发现朱熹修订《吕氏乡约》以通行于普通乡民的意图及其在乡约理约者构造上的体现。《增损吕氏乡约》不明确界定都约正和副正的职掌,反映出朱熹在限定《增损吕氏乡约》理约者的权利时采用概括性权利的模式,即对理约者的乡约管理协调权利并不明确限定。在朱熹看来,《增损吕氏乡约》如可行,则理约者可以主掌约中所有大小事宜;如不可行,则理约者的年齿和学识可以为以道德宣讲为目的的乡约集会提供一定程度上的合法性和权威。基于此,《增损吕氏乡约》规定都约正须有齿德,其主持读约之礼方能众所敬服;副正须有学行,其所推讲的乡约规范才能为约众信服。通过《增损吕氏乡约》对乡约理约者的界定,不难发现较之于《吕氏乡约》,《增损吕氏乡约》所体现出的道德宣教特征更为明显。

3. 较之《吕氏乡约》和《增损吕氏乡约》,《南赣乡约》所的理约者明显增多。根据《南赣乡约》第1条规定,乡约推举有约长1人、约副2人、约正4人、约史4人、知约4人、约赞2人,共计17人。理约者人数众多,一方面说明《南赣乡约》的参约者一定不在少数。笔者推断,王守仁制定的《南赣乡约》大致以南赣地区的数个镇寨为一乡约,在南赣基层社会教化、维护上形成了县→乡约→镇寨的体系。通过梳理《南赣乡约》文本中关于理约者的任职资格和涉及理约者职责的规定,不难厘清《南赣乡约》理约者的基本职能及其在明代基层社会秩序维护中的价值和意义。

(1) 约长。《南赣乡约》规定担任约长需要三个条件:年高、有德、为

---

[1] (南宋)朱熹著,朱傑人等主编:《晦庵先生朱文公文集》,上海古籍出版社、安徽教育出版社2002年版,第1458页。

众所敬服,较之《增损吕氏乡约》多了"为众所敬服"。《南赣乡约》之所以需要约长有"为众所敬服"的威望,最主要的原因是《南赣乡约》的约长职责重大。就《南赣乡约》明确规定而论,至少包括以下内容:主持裁处约众危疑难处之事(第5条);调理约中债利纠纷(第7条);调解约众斗殴纠纷(第8条);劝诫约众通匪事宜(第9条);保护约众不被胥吏盘剥(第10条);劝谕约众以安生事产、婚丧节俭(第11、12、13、14条)。《南赣乡约》全文不过15条,而与约长职责直接相关的条文则多达9条,约长的职责重大不言自明。《南赣乡约》与《增损吕氏乡约》不同:《增损吕氏乡约》的约正职责并不突出,就乡约最为重大的书于旌善、规过二籍事宜,约正也必须"询其实状于众,无异辞",才可以"命直月书之"。[1]《南赣乡约》的约长与《吕氏乡约》的约正差异更大:相较于《南赣乡约》的"事必主于约长",《吕氏乡约》的约正主要职责在于决断对约众的赏罚是否公正,而《吕氏乡约》的其他重大事务仍然依靠乡约集会加以决断。通过比较《吕氏乡约》、《增损吕氏乡约》和《南赣乡约》的乡约"约首"[2],不难发现,《南赣乡约》的运行是在约长这个枢机上展开的。

(2)约副。《南赣乡约》的约副,是作为约长的副手,辅助约长展开各种活动。同时,虽然约规没有明言,但约副应当有在约长因意外空缺的情形下,代理约长权力的权利。

(3)约正。《南赣乡约》的约正的职责虽无明确规定,但就其推选资格要求约正"公直果断"而言,应是乡约主司判别善行、过恶的职位,这一点在集会仪式一条也可以得到佐证。从其职责上看,《南赣乡约》的约正与《吕氏乡约》的约正职责相近,但是,由于《南赣乡约》的约正之上还有约长和约副,因此,和《吕氏乡约》的约正"平决赏罚当否"不同,《南赣乡约》的约正只能"判断"善恶,而最后的决断权仍在约长和约副。

(4)约史。约史一职是《南赣乡约》的创见,就其以"通达明察"为任职资格而言,约史的主要职责是察纠乡约的善行和过恶,类似于现代的警察

---

[1](南宋)朱熹著,朱杰人等主编:《晦庵先生朱文公文集》,上海古籍出版社、安徽教育出版社2002年版,第3603页。

[2]"约首"一词是笔者自拟,宋明三乡约虽然差异巨大,但对于乡约协调运行的架构中心的位置,都极为重视。《吕氏乡约》名之"约正",《增损吕氏乡约》名之"都约正",《南赣乡约》名之"约长",若综合三个身份在三乡约中的地位,则以"约首"共称之当无不可。

机关。与《吕氏乡约》和《增损吕氏乡约》以约众自发进修以彰善、去恶不同，《南赣乡约》设立约史以敦促约众修业进德，同时检举约众的过恶以惩戒之。设立约史一职意味着王守仁已经意识到乡约规范推行的困难并在机制上进行了改进。同时，约史的设置意味，在着王守仁规划中的《南赣乡约》仅仅依靠参约者自发的德业进修和过失劝诫难以实现预定目标，换言之，《南赣乡约》的运行已经不单单基于约众的道德自觉，而是开始依靠一些外在强制性构造推动乡约的运转，约史就是这种强制性构造的代表。

（5）知约。《南赣乡约》的知约脱胎于《吕氏乡约》和《增损吕氏乡约》的直月，其职责也极为类似。知约一职可谓《南赣乡约》继承《吕氏乡约》和《增损吕氏乡约》的要点之一，但是《南赣乡约》的知约与《吕氏乡约》《增损吕氏乡约》的直月有着巨大的区别：正如前文所述，《吕氏乡约》的直月来源敦煌民间结社的"月直"，而且直月由约众"依长少轮次为之"，《增损吕氏乡约》亦然。《南赣乡约》的知约之所以推举约众"精健廉干"者担任，可能基于以下两点原因：一方面，《南赣乡约》的约众人数众多，若按月轮值直月，周期太长，难以操作。另一方面，《南赣乡约》的约众素质良莠不齐，采用轮值直月，不便于乡约的良性运转。鉴于《南赣乡约》知约的职责大多为乡约的日常事务，因此即使采用按月轮值的方式也不会对乡约的运转产生太大的不利影响，故《南赣乡约》之所以不采用宋代乡约轮值直月制度，极大的可能是因为约众人数众多，实行按月轮值操作不便。

（6）约赞。约赞也是《南赣乡约》的创见，就其以"礼仪习熟"为任职资格可知约赞的基本职责是在乡约集会时主持相关礼仪。

通过上述对《南赣乡约》理约者职能及其价值、意义的梳理、分析，可以得出《南赣乡约》不同于《吕氏乡约》和《增损吕氏乡约》的基本点：一方面，《南赣乡约》的理约构造是一种以约长为宰制的集权式架构。在这种架构之下，乡约内外的重大事宜无不决断于约长。与之相应，约长乃至约长家族素质的高下，往往决定乡约运行状况的好坏。比如，约长如要"为众所敬服"，仅仅年高有德往往不够，有时候还需要家族经济实力的支撑，正如王守仁在《南赣乡约》颁行次年将约长的任职条件改为"家道殷实、行止端庄"[1]，显然其已经意识到经济基础作为担任约长的重要性。另一方面，《吕氏乡约》"集

---

[1]（明）王守仁著，吴克等编校：《王阳明全集》，上海古籍出版社1992年版，第574页。

会"章规定:"若约有不便之事,共议更易。"[1]笔者认为,这项规定在最大程度上调动了约众参与乡约事务的积极性。纵观《南赣乡约》的理约架构,不难发现,由于《南赣乡约》这种层级分明、职权既定的理约构造,已经把绝大部分约众排除在乡约的管理和协调之外了。因此,《南赣乡约》的普通约众自然不会有太大参与乡约事务的积极性,而对于乡约所宣教的那些德行和美俗也缺乏携手共同进修的动力。如此一来,《南赣乡约》便成为约众患难时求助的一种可能,和乡约集会聆听告谕的一种节目。由此不难推断,以《南赣乡约》为代表的明代乡约开始走向基层行政化和仪式化,并在清代彻底转变成为一种国家权力在基层社会推行的基层行政制度,与其脱离约众的理约构造有很大的关联。

第三节　乡约的三大簿籍

宋明乡约的基本构造,除去上文所言的参约者与理约者,还有一个独特的基本构造,即乡约的三大簿籍:约众籍、旌善籍和规过籍。宋明乡约的三大簿籍一方面是记载乡约运行行为的载体。另一方面,三大簿籍更是实现乡约目标和价值的乡约行为评价机制。基层社会结社的簿籍构造由来已久,汉代的《侍廷里僤约束石券》就是基层社会结社簿籍制度的活化石,唐宋时期的敦煌结社对簿籍制度也极为重视,敦煌民间结社的所涉及的簿籍不仅涉及社众入社登记、社众赏罚记录,还涉及会社公共财产的收支记录等。乡约在宋明时代演进过程中,乡约的簿籍制度一直贯穿始终,如元代河南濮阳的《龙祠乡约》亦继承了宋代乡约的簿籍制度,《南赣乡约》较之宋代乡约虽多有修改,但对宋代乡约的约众籍、旌善籍和规过籍却完全继承下来。关于三大簿籍的实际运行机制,下文将加以详述,本节仅论述三大簿籍在《吕氏乡约》、《增损吕氏乡约》和《南赣乡约》中的设置、执掌以及"书于籍"所体现的基层社会秩序价值与意义。

一、约众籍

凡乡里有合约,必然有约众登记的记载,这个道理不言而喻。民间合约

---

[1]（北宋）吕大临等撰,陈俊民辑校:《蓝田吕氏遗著辑校》,中华书局1993年版,第567页。

第二章　乡约的基本构造

这种明确登记记载约众的习惯可以追溯到东汉建初二年（公元77年）的《侍廷里僤约束石券》。[1]到唐代敦煌民间结社时，但凡结社之社条必然附有社员的名单或者签名。[2]也许正是因为约众籍的存在不言自明，吕氏兄弟所订的《吕氏乡约》正文无一字提及约众籍或者约众出入乡约的登记和记载的事项。但是，通过梳理《吕氏乡约》的附言和相关文献，不难发现《吕氏乡约》的约众籍虽然隐于文后，却是乡约实实在在的建制。在《吕氏乡约》的附言中，吕氏兄弟呼吁道："惧德未信，动或取咎，敢举其目，先求同志，苟以为可，愿书其诺，成吾里仁之美，有望于众君子焉。"这段话的核心意思是：我们吕氏兄弟害怕德行不足以推行乡约，所以先以约规遍告乡里，以求愿意共行的同志。如果诸位君子觉得可行，请署名入约以推行乡约。由此可见，《吕氏乡约》显然有约众的入约记载。同时，在吕大钧的《答伯兄》一书中，他明确提到约众的出入约采用"其来者亦不拒，去者亦不追"[3]的机制。既然乡约有办理出约、入约的机制和程序，则有约众之籍不言而喻。《吕氏乡约》的约众籍应该是由直月执掌，因为《吕氏乡约》机构只有约正和直月，而约正"专主平决赏罚当否"，所以，执掌约众籍应是归于"约众杂事"由直月执掌，凡入约者，由直月登记在籍；出约者，直月去除其名。到朱熹改订的《增损吕氏乡约》中，约众籍得到明确规定并居于约规之首。其执掌仍然是直月。与《吕氏乡约》不同，《增损吕氏乡约》的直月在执掌约众籍时，受到约正的制约和监督，这一点体现在"月终则以告于约正，而授于其次"[4]的规定上。《增损吕氏乡约》关于约众籍的规定说明直月只是约众籍的管理者，而约众籍所载内容的审定和判断则在约正。

---

[1]《侍廷里僤约束石券》将参与约束的人员名单及其署名附于文末，共计25人：单侯、单子阳、尹伯通、锜中都、周平、周兰、□□、周伟、于中山、于中程、于季、于孝卿、于程、于伯先、于孝、左巨、单力、于稚、锜初卿、左中文、于思、锜季卿、尹太孙、于伯和、尹明功。

[2] 关于敦煌民间结社的社条有社员署名这一点，竺沙雅章先生在1964年的《敦煌出土"社"文书研究》一文中明确指出"实用社条有明确的结社时间和社员署名"，参见［日］竺沙雅章："敦煌出土'社'文书研究"，载《东方学报》1964年总35分册，第241页。宁可、郝春文先生也认为："实用社条一般要在社条正文后（有些是在社条正文前）列上参加该社的成员名单，有些在社人姓名下还有本人的签押。"参见宁可、郝春文辑校：《敦煌社邑文书辑校》，江苏古籍出版社1997年版，第10页。

[3]（北宋）吕大临等撰，陈俊民辑校：《蓝田吕氏遗著辑校》，中华书局1993年版，第568页。

[4]（南宋）朱熹著，朱傑人等主编：《晦庵先生朱文公文集》，上海古籍出版社、安徽教育出版社2002年版，第3595页。

《南赣乡约》关于约众籍的规定来源于《吕氏乡约》和《增损吕氏乡约》，但又有着很大的差异。《南赣乡约》第1条明确规定："其一备写同约姓名及日逐出入所为，知约司之。"[1]由此项规定可以看出，较之宋代乡约的约众籍，《南赣乡约》的约众籍有两个特点：其一，其作为约众籍的文簿仅用于"备写"同约姓名，这就意味着约众籍不再有诸如"出约"的事项变更的登记功能。《南赣乡约》第4条规定可知《南赣乡约》不会有约众出约的可能，所以，《南赣乡约》的约众籍的功能仅仅是作为乡约登记入约约众的姓名之用。其二，《南赣乡约》的约众籍不再单独成为一个簿籍，而是和乡约的日常事务记录的流水账合并在一起，由此可见约众籍在乡约中的地位和重要性也大大下降。《南赣乡约》的约众籍由知约执掌，根据前文论述，《南赣乡约》的知约类于宋代乡约的直月，因此，从宋代到明代，约众籍的执掌是一以贯之的。

二、旌善籍、规过籍

宋明乡约的旌善、规过二籍既是乡约独特存在的两大簿籍，更是乡约主要的评价机制构造。旌善籍与规过籍相对应，在乡约中的设置也并立而存在，因此，此处归并一项同时加以比较、论述。如果说宋明乡约的约众籍有着长久的历史传承，那旌善籍、规过籍则完全属于宋明乡约全新的创见。旌善籍与规过籍有着明显的乡约特点，即二籍所体现的旌善、规过方案带有很强的一般性和概括性，这一点和自古以来的民间结社的奖惩方案都不同。因此，笔者认为，旌善籍与规过籍是伴随乡约而产生的极为特别的基层社会秩序维护的奖惩机制构造。关于旌善籍、规过籍所体现的乡约旌善规过制度下文将详述，此处需要厘清的是旌善、规过二籍在宋明乡约中的设置、执掌以及所体现的基层秩序价值和意义。

《吕氏乡约》虽没有明确规定乡约应该设置旌善、规过二籍及其执掌的问题，但约规中涉及善恶当书于籍的情形却极为明确。同时，在《吕氏乡约》"聚会"章亦规定："聚会则书其善恶……"由此可见，《吕氏乡约》必然设置有完备的旌善籍和规过籍。关于旌善、规过籍的执掌，《吕氏乡约》也没有明确规定，但《吕氏乡约》的理约者不过约正与直月两者，约正专主善恶的

---

[1] （明）王守仁著，吴克等编校：《王阳明全集》，上海古籍出版社1992年版，第600页。

判别,则将旌善、规过的结果"书于籍"的人,只能是直月。不过,此处说直月执掌旌善、规过籍,只是意味着直月享有管理旌善、规过籍的权利,与之相对,直月亦有在聚会平决善恶之后及时登记善行和过恶于旌善、规过籍的义务。同时,执掌旌善、规过籍并不意味着直月有随意登记善恶的权力,因为约众善恶的评议和决断权利属于全体约众。

朱熹改订后的《增损吕氏乡约》开始在约规之首明确规定了旌善、规过籍的设置:"(乡约)置三籍,……德业可劝者书于一籍,过失可规者书于一籍。直月掌之,月终则以告于约正,而授予其次。"[1]由此规定可知,《增损吕氏乡约》的旌善、规过籍由直月执掌,但直月的执掌需受到约正的监督。同时,在直月"书于籍"的过程中,也会受到约众的监督。《增损吕氏乡约》"月旦集会读约之礼"部分规定:"约正询其实状于众,无异辞,乃命直月书之。直月遂读记善籍一过,命执事以记过籍遍呈在坐,各默观一过。"[2]也正是因为直月执掌旌善、规过籍的行为受到约正和约众两方面的监督,而直月又是由约众轮值,因此《增损吕氏乡约》规定直月执掌旌善、规过籍的制度构造既保证了全体约众最大程度参与乡约事务,也在最大程度上保证了乡约"书于籍"制度的公正性。

《南赣乡约》继承了宋代乡约关于旌善、规过籍的制度设计,在《南赣乡约》第1条即明确规定了旌善、规过籍的设置与执掌。与《吕氏乡约》《增损吕氏乡约》由直月执掌旌善、规过籍不同,《南赣乡约》的旌善、规过籍改为由乡约的领袖——约长执掌,《南赣乡约》第1条规定:"……其二扇一书彰善,一书纠过,约长司之。"《南赣乡约》何以将本属于知约——职权同于宋代乡约的直月——的执掌径归于约长?结合宋代乡约中直月在执掌旌善、规过籍的过程中受到约正和约众的监督,意味着执掌旌善、规过籍本身即是一项意义重大的权限,宋代乡约的直月由约众轮值,又意味着所有约众都有可能享有执掌旌善、规过籍的权利。很显然,轮值直月并得以执掌旌善、规过籍的权利不仅意味着一种荣誉,更意味着乡约对于约众的权益的认可。根据笔者上文所述,《南赣乡约》的约众人数众多,其理约者则采用推举而非轮值

---

[1] (南宋)朱熹著,朱傑人等主编:《晦庵先生朱文公文集》,上海古籍出版社、安徽教育出版社2002年版,第3594页。

[2] (南宋)朱熹著,朱傑人等主编:《晦庵先生朱文公文集》,上海古籍出版社、安徽教育出版社2002年版,第3603页。

产生，这就意味着只有乡约的理约者才有可能执掌旌善、规过籍。旌善、规过籍作为乡约至关重要的簿籍，既然不能保证约众轮流参与执掌，则必须保证执掌旌善、规过籍的理约者有足够的权威使所有约众敬服。因此，在《南赣乡约》中，执掌旌善、规过籍的人非约长莫属。由约长执掌旌善、规过籍，意味着《南赣乡约》的旌善规过行为开始失去制度架构上的监督，试想一下：谁有足够大的权威去质疑约长的判断？且《南赣乡约》对约长执掌旌善、规过籍并没有监督机制的规定。总之，较之宋代乡约的旌善、规过籍由直月执掌，约正与约众监督的旌善、规过籍制度建制，《南赣乡约》的旌善、规过籍设置极为明显地体现了《南赣乡约》的权力集中特性。

第三章

乡约的基本制度

本章叙述乡约的基本制度。如果按照《吕氏乡约》、《增损吕氏乡约》和《南赣乡约》所构建的制度的展开逻辑，似乎应该按照总论→基本制度→集会的展开逻辑对乡约的基本制度进行梳理。但是，一方面由于《吕氏乡约》、《增损吕氏乡约》和《南赣乡约》在体例上并非一以贯之，而是有着明显差异，因而按照《吕氏乡约》、《增损吕氏乡约》和《南赣乡约》的固有体例对其基本制度进行分析既不便于逻辑的展开，也可能因流于琐碎而难以得出相对概括的规律和结论。另一方面，《吕氏乡约》、《增损吕氏乡约》和《南赣乡约》所制定的规范着重于实体性规范，即更多关注乡约的德行进修、过恶规诫、礼俗相成乃至患难救助的实体方面，而对入约、出约、理约者的更替、患难救助规范的运行等程序性或操作性制度则较为零散、琐碎。乡约的程序性规范是乡约得以良性运行的基本支撑和保障，因此，笔者拟从乡约的程序性规范的动态过程中去探讨乡约的制度构造，进而尝试梳理乡约实体性制度和程序性制度的互动，最后厘清乡约基本制度运行的展开逻辑。对于本章的论述，有一点笔者必须要说明，即本章所论述的乡约基本制度，是《吕氏乡约》、《增损吕氏乡约》和《南赣乡约》所规定的乡约规范所体现的乡约制度展开的应然状态，换言之，本章探讨的是《吕氏乡约》、《增损吕氏乡约》和《南赣乡约》的基本制度运行应当呈现的理想情形，至于《吕氏乡约》、《增损吕氏乡约》和《南赣乡约》基本制度的实际运行状态及其在宋明基层社会秩序中产生的社会效果和影响，将下一章加以论述。

第一节 入约、出约制度

就约众与乡约的关联而言，入约是享有乡约权利、承担乡约义务的开始，出约则是这些权利义务的结束。就乡约本身而言，约众的入约、出约从根本上事关乡约的存续和运行，但是，入约、出约制度的设计又在一定程度上决定了乡约的价值、目标乃至本质。

一、入约制度

《吕氏乡约》的入约在《吕氏乡约》正文中并未明确规定，但在《吕氏乡约》的"附言"，吕大忠代表吕氏兄弟表达了乡邻参与乡约"苟以为可，愿书其诺"的态度，这一点足以说明《吕氏乡约》的参约采用的是自由原则，即以乡邻自愿承诺入约为乡约的基本入约制度。不过，《吕氏乡约》的入约是否有实质性的选择标准，换言之，《吕氏乡约》是否排斥不符合参约标准的人参与，迄今并不可知。不过，在吕大钧《答伯兄》一书中，他提到更改后的乡约规范对入约实行"其来者亦不拒"[1]的新规。吕大钧在书信如此表达，隐约可以推测在《吕氏乡约》实行之初，参加乡约似乎有一定选择标准。笔者之所以如此推断是因为如果乡约实行不加甄别的绝对自由入约，则难免导致乡约的约众良莠不齐，以至于乡约的基本制度难以推行。结合《吕氏乡约》的出约制度，则对于乡约"皆绝之"的原约众，是否允许再次入约也需要思考。南宋阳枋在写给同道宋寿卿的信中曾说："要他立脚入头，须是他愤悱自来求益方好，如强与之，彼亦轻视亵置，不以为贵。"[2]因此，也许《吕氏乡约》在入约制度上最初并不完全坚持自由入约，而是注重吸纳那些愿意"愤悱自来求益"的乡邻。但这种制度也有它的难处。对于这种困难，张栻说得十分明白："若在乡里，愿入约者只得纳之，难于拣择。若不择而或有甚败度者，则又害事。择之则便生议论，难于持久。"[3]《吕氏乡约》运行中肯定

---

[1]（北宋）吕大临等撰，陈俊民辑校：《蓝田吕氏遗著辑校》，中华书局1993年版，第568页。
[2]（南宋）阳枋撰：《字溪集》，台北"商务印书馆"1986年四库全书影印本，第289页。
[3]（南宋）张栻著，杨世文、王蓉贵校点：《张栻全集》，长春出版社1999年版，第426页。

也遇到了这样的问题，因此吕大钧才会改弦更张，对乡约的入约实行"其来者亦不拒"的新规。

较之《吕氏乡约》的改弦更张，《增损吕氏乡约》的入约制度则明显而简练，其有一个核心字样："愿"。《增损吕氏乡约》"序言"部分规定："……愿入约者书于一籍……"[1]此项规定明确了《增损吕氏乡约》的约众入约完全依赖乡民的自愿，这是《增损吕氏乡约》与《吕氏乡约》有区别的地方。

《南赣乡约》的入约制度则完全没有继承宋代乡约。王守仁颁行的《南赣乡约》全文并没有明确规定乡约的入约制度，但是结合《南赣乡约》正文和正文之前的"告谕"，不难推断出《南赣乡约》的入约制度。在《南赣乡约》开篇的"告谕"中，王阳明说："……尔父老子弟所以训诲戒饬于家庭者不早，薰陶渐染于里闾者无素，诱掖奖劝之不行，连属叶和之无具，又或愤怨相激，狡伪相残，故遂使之靡然日流于恶，则我有司与尔父老子弟皆宜分受其责。呜呼！往者不可及，来者犹可追。故今特为乡约，以协和尔民，自今凡尔同约之民，皆宜孝尔父母，敬尔兄长，教训尔子孙，和顺尔乡里，死丧相助，患难相恤，善相劝勉，恶相告戒，息讼罢争，讲信修睦，务为良善之民，共成仁厚之俗。"[2]从这段谕文不难看出，《南赣乡约》是王守仁以地方政府官员身份推行的。王守仁的目标是要"协和"整个南赣的乡民，那么《南赣乡约》自然需要全体乡民参与。因此，王守仁是以官方行政命令强制南赣地区的所有乡民参与乡约。同时，为了防止部分乡民名义上参约，实际上却不参与乡约的集会活动的情况，《南赣乡约》第2条专门设立了罚则："……无故不赴（乡约集会）者，以过恶书，仍罚银一两公用。"[3]对于《南赣乡约》的约众来说，"罚银一两"并不是个小数目，此项规定在强制保证所有乡民参加乡约方面必然起到了不小的作用。由此可见，较之《吕氏乡约》和《增损吕氏乡约》以自愿入约为乡约的基本入约制度，《南赣乡约》要求一定地域内的全体乡民强制入约。因此，笔者认为，《吕氏乡约》和《增损吕氏乡约》的推行不需要过于注重行政地域的划分，而是以自愿入约的约众群

---

[1]（南宋）朱熹著，朱杰人等主编：《晦庵先生朱文公文集》，上海古籍出版社、安徽教育出版社2002年版，第3594页。

[2]（明）王守仁著，吴克等编校：《王阳明全集》，上海古籍出版社1992年版，第599~600页。

[3]（明）王守仁著，吴克等编校：《王阳明全集》，上海古籍出版社1992年版，第600页。

体作为乡约的约众基础。与之相对,《南赣乡约》则是以一定地域内的全体乡民作为乡约的约众基础。从这一点上看,《南赣乡约》具有与明代官方基层行政区划同样的地域划分,只不过官方行政区划主要目标在于赋役和治安,而乡约的主要目标则偏重于道德教化。

二、出约制度

宋明乡约的出约包括两种情形:其一是自愿出约;其二是作为乡约惩罚机制的出约。《吕氏乡约》并未规定自愿出约的情形,因此可以推断吕氏兄弟并未考虑这种情形。不过,在《吕氏乡约》运行中,必然出现过约众意欲出约的情形,否则吕大钧在《答伯兄》一书中不会提到"去者亦不追"[1]一说。因而,《吕氏乡约》的约众应当是享有自主出约的权利的。《增损吕氏乡约》亦没有规定自愿出约的情形,但是鉴于《增损吕氏乡约》在制度上大体继承了《吕氏乡约》,而且更强调约众参与乡约的自愿,所以,如果《增损吕氏乡约》的约众意欲自主出约,在乡约方面不会有制度上的障碍。《南赣乡约》的情形则完全不同,一方面,由于《南赣乡约》是王守仁以官方权威推行的以一定地域内全体乡民为参约者的强制性乡约,因此,《南赣乡约》的约众不可能自愿出约。另一方面,《南赣乡约》的约众身份大致与南赣基层行政区划内的保甲制度相联接,约众意欲出约也就意味着放弃保甲户籍而亡命山泽,这是不可想象的。再者,结合《南赣乡约》对于约众的过恶惩罚中没有出约这一项,也可推知《南赣乡约》的约众不可能自主出约。

作为乡约过恶惩罚机制之一的出约是《吕氏乡约》和《增损吕氏乡约》的特色。《吕氏乡约》"罚式"章规定:"……其不义已甚,非士论所容者,及累犯重罚而不悛者,特聚众议,若决不可容,则皆绝之。"[2]此项约规说明《吕氏乡约》将出约作为违反约规最严厉的惩罚,主要针对约众"不义已甚"、人人共愤的行为,或者多次严重违反约规而不改过者。由于《吕氏乡约》属于约众自愿入约,因而乡约讲求共同修德进业,若出现上述恶行,自然会严重毁坏约众共同推进的乡约事业。同时,严重违反乡约规范者与其他约众亦不再是同道,所谓"道不同不相为谋",《吕氏乡约》将其出约也是情

---

[1] (北宋)吕大临等撰,陈俊民辑校:《蓝田吕氏遗著辑校》,中华书局1993年版,第568页。
[2] (北宋)吕大临等撰,陈俊民辑校:《蓝田吕氏遗著辑校》,中华书局1993年版,第567页。

理之中。和《吕氏乡约》的惩罚性出约制度同理,《增损吕氏乡约》的"皆听其出约"规定也有着同样的考虑。《增损吕氏乡约》与《吕氏乡约》所不同者,在于文辞上的差异:《吕氏乡约》言辞激烈,"皆绝之"有强烈的隔绝、驱逐意味,而《增损吕氏乡约》的"听其出约"有任其自便的意味,言辞较为缓和。《南赣乡约》与《吕氏乡约》《增损吕氏乡约》的出约制度区别最大的一点在于《南赣乡约》没有惩罚性出约制度。关于约众"不义已甚"或者多次严重违反约规而不改过的行为,《南赣乡约》第4条规定:"……又不能改,然后白之官;又不能改,同约之人执送之官,明正其罪;势不能执,戮力协谋官府请兵灭之。"[1]由此项规定可知,《南赣乡约》之约众,即使其被官府"明正其罪",仍然不改其乡约约众的身份,直到被"灭之"之前,《南赣乡约》的约众都不会失去其身份。《南赣乡约》之所以没有规定出约制度,其原因上文已经提及。王守仁颁行《南赣乡约》的基本意图即希望南赣乡民在《南赣乡约》中的约众身份等同于国家基层行政制度的保甲户籍。由于《南赣乡约》属于全体乡民参与的乡约,如果《南赣乡约》存在出约制度,则被出约的乡民属于被大多数乡民弃绝的情形。如此一来,被出约乡民势必与亡命为盗的盗匪无异,这显然与王守仁在南赣地区颁行乡约的初衷完全矛盾。所以,对那些恶行昭彰的约众,王守仁推行的《南赣乡约》,宁愿"戮力协谋官府请兵灭之",也不会允许出约。

第二节 旌善、规过制度

旌善、规过制度是乡约运行的枢机。乡约的运转需要旌善、规过制度的推动和促进,乡约价值目标的实现也需要依靠旌善、规过制度作为制度支撑。理解宋明时代的乡约,乡约的旌善、规过制度定然是重中之重。本节拟从基本内容、程序规则和结果三个方面对乡约的旌善、规过制度加以分析和探讨,以期增进目前对乡约旌善、规过制度的理解。

---

[1] (明)王守仁著,吴克等编校:《王阳明全集》,上海古籍出版社1992年版,第600~601页。

一、旌善制度

作为乡约肇端的《吕氏乡约》对于旌善制度的设置既不够完备、也不够明确。就《吕氏乡约》正文而言，约文明确规定应当予以旌励的行为只有"德业相劝"章的"德行"部分，并且这部分所规定的善行过于笼统，如该款末规定："凡有一善为众所推者，皆书于籍，以为善行。"[1]此项规定中"凡有一善为众所推"的含义并不明确。若其意指"德行"部分的19项德行，似乎19项德行难以概括所有善行；若此项规定为"德行"部分的兜底规定，则似乎更易于理解。约文在"过失相规""礼俗相交""患难相恤"三章则没有具体的旌励规定，尤其是缺乏在"过失相规""礼俗相交""患难相恤"三章有善行表现的具体旌励细则，这不能不说是一种制度设计上的缺陷。但是，如果说《吕氏乡约》没有旌励善行的具体规定，则有失偏颇。《吕氏乡约》"聚会"章明确规定："聚会则书其善恶，行其赏罚。"[2]由此可知，《吕氏乡约》确有旌励善行的固定机制，只是这个制度的具体内容不可得而知——因为《吕氏乡约》毕竟是一个纲领性的乡约文本。大致而言，《吕氏乡约》之善行旌励的结构可以归纳如下：以"德业相劝"章"德行"部分的概括性规定为基本内容；以约众聚会时的"众推"为基本程序；以书于旌善籍和实质性奖赏为旌励结果。正如前章所论，《吕氏乡约》的旌善、规过籍是一种独特创建，而"书于籍"制度自然也伴随着其独特的基层社会秩序效果。乡约的簿籍制度是约众共同认可的制度设计，则"书于籍"自然伴随着约众共同施加于被书约众的价值评判，而这种价值判断正是《吕氏乡约》旌善、规过籍制度的精神所在。正是因为《吕氏乡约》在旌善、规过籍制度设计上的独到之处，朱熹的《增损吕氏乡约》和王守仁推行的《南赣乡约》都在适当调整之后继承了这个制度。

在《吕氏乡约》基础之上，《增损吕氏乡约》的旌善制度一方面做了删减，另一方面则更加明确。朱熹改定后的《增损吕氏乡约》删除了《吕氏乡约》"聚会……行其赏罚"一款，就乡约的旌善制度而言，只保留了"书于籍"这一种旌善机制。朱熹之所以做如此修改，其根本原因在于实质性奖赏

---

[1]（北宋）吕大临等撰，陈俊民辑校：《蓝田吕氏遗著辑校》，中华书局1993年版，第563页。
[2]（北宋）吕大临等撰，陈俊民辑校：《蓝田吕氏遗著辑校》，中华书局1993年版，第567页。

既不合乎《增损吕氏乡约》自愿道德进修的初衷和目标，也容易导致这种实质性奖赏失去其本来意义，成为利益追逐的渊薮。在删减《增损吕氏乡约》的旌善制度的同时，《增损吕氏乡约》将"书于籍"机制的适用明确化了。《增损吕氏乡约》的"德业相劝"、"过失相规"、"礼俗相交"和"患难相恤"四个部分都有明确的"书于籍"适用细则，其中"德业相劝"部分文末和"患难相恤"部分文末明确规定了"书于籍"的适用程序："会集之日，相与推举"，以及"书于籍"的功能和结果："警励其不能者"和"告乡人"以示荣耀。

《南赣乡约》的旌善制度与宋代两个乡约有着巨大区别。《吕氏乡约》与《增损吕氏乡约》的旌善制度虽简略，但都有相对明确的内容和适用程序规则，而《南赣乡约》的旌善制度却没有具体规定哪些德行应当旌励，也没有单独规定旌善制度的运行机制和程序。《南赣乡约》有关乡约旌善制度的规则在约文只有两处：其一是正文第4条的"彰善者，其辞显而决"，此项规定属于乡约旌善制度的操作细则，或称之为乡约旌善的要领，但实际上已经属于乡约旌善制度的细枝末节了；其二是第15条关于旌善的程序，其核心内容是关于乡约旌善制度的两大内容：旌善的内容，即有善行或能改过及书于彰善籍并表彰的程式。何以《南赣乡约》有大量条文规定了规诫过恶的内容，却没有一条关于德行的独立内容？笔者认为，这和王守仁推行《南赣乡约》的社会背景有关。《南赣乡约》的约众大多是盗贼多发地的新投之民，对于《南赣乡约》来说，防恶的功能大于旌善，这是其一；其二，正因为大多约众是新投之民，所以《南赣乡约》对于约众的德行和善迹应是极为鼓励，正如王守仁在《南赣乡约》开篇的"告谕"所言："尔等父老子弟毋念新民之旧恶而不与其善，彼一念而善，即善人矣。"[1]由此可见，但凡约众有所善行，自然属于旌励的范围。如此一来，《南赣乡约》就没有明确规定德业与善行纲目和具体内容的必要。最后，《南赣乡约》开篇"告谕"中所列举的德目，结合了《教民榜文》的"圣谕六言"和宋代乡约的四项基本德目，因此，这些德目自然是《南赣乡约》旌善制度的内容纲目。总体而言，《南赣乡约》的旌善制度显然比较简略：其旌善制度的内容过于概括以至于可有可无——毕竟关于善恶的一般标准人人共知；其旌善的程序则继承《增损吕氏乡约》，并无新意；旌善的结果也继承《增损吕氏乡约》，只保留了"书于籍"，而并不

---

[1] （明）王守仁著，吴克等编校：《王阳明全集》，上海古籍出版社1992年版，第600页。

像《吕氏乡约》那样有奖赏的存在。

二、规过制度

《吕氏乡约》的规过制度是宋明乡约规过制度的肇始，《吕氏乡约》所规定的规过规范的主要内容、违反之后的罚则以及处罚后果，都在一定程度上被后续的乡约所继承。同时，《吕氏乡约》所规定的规过制度体系也是宋明乡约中最为系统、明确和详备的，具体表现在以下两点：其一，《吕氏乡约》明确规定了规过制度的适用内容，其中包括犯义之过六：酗博斗讼、行至逾违、行不恭孙（逊）、言不忠信、造言诬毁、营私太甚；犯约之过四：德业不相劝、过失不相规、礼俗不相交、患难不相恤；不修之过五：交非其人、游戏怠惰、动作无仪、临事不恪、用度不节。《吕氏乡约》的这些规过条目每一条都有细目解释、有明确所指，规定可谓清晰明了。进而，这些规过条目较为全面地涵盖了约众在日常生活中会遇到的绝大部分过失情形，其规定可谓详备。其二，《吕氏乡约》在明确规定过恶内容的同时，在触犯过恶规范的罚则体系上进行了详尽的制度安排。结合《吕氏乡约》"过失相规"和"罚式"两章的内容，可知《吕氏乡约》的规过罚则体系包括三个层面：最轻者是书于规过籍，主要针对不修之过、犯约之过和犯义之过中的较轻者。《吕氏乡约》"罚式"章规定："凡轻过，规之而听，及能自举者，止书于籍，皆免罚。"[1]在书于规过籍之上，《吕氏乡约》对较为严重的过失规定了两级罚金："犯义之过，其罚五百。轻者或损至四百三百。不修之过及犯约之过，其罚一百，重者或增至二百三百。"其主要针对约众较为严重的犯义之过、"三犯"[2]的不修之过以及"其规之不听，听而复为，及过之大者"的过恶。在罚金之上，《吕氏乡约》的规过罚则对约众最严重的惩罚是出约。《吕氏乡约》"罚式"章规定："……其不义已甚，非士论所容者，及累犯重罚而不悛者，特聚众议，若决不可容，则皆绝之。"出约主要针对约众极其严重的过恶和累犯严重过恶的情形。在约众过恶的基础上，此款规定的适用还有一个附加条件，即"绝不可容"，意即约众已于乡约聚会达成众议，不再容留已犯过恶的约众。

---

[1]（北宋）吕大临等撰，陈俊民辑校：《蓝田吕氏遗著辑校》，中华书局1993年版，第567页。
[2]（北宋）吕大临等撰，陈俊民辑校：《蓝田吕氏遗著辑校》，中华书局1993年版，第564页。

表4 《吕氏乡约》规过体系表

罚则 \ 过恶		不修之过五	犯约之过四	犯义之过六
书于籍		初犯	初犯	初犯且轻过或能自举
罚金	其罚五百。轻者至四百三百			累犯或过之大者
	其罚一百。重者增至二百三百	三犯	再犯	
出约				不义已甚或累犯重罚

从上表可知，《吕氏乡约》的规过制度体系明确而层次分明。就制度设计而言，《吕氏乡约》的规过制度可谓体系严密，足为后世乡约所参照，而《增损吕氏乡约》的规过制度的规模，正是朱熹在《吕氏乡约》所规定的规过制度体系之上加完善和调整而形成的。《增损吕氏乡约》的规过制度大致继承《吕氏乡约》，但在继承的同时也有增损。一方面，《增损吕氏乡约》完善了规过制度的运行程序规则。《吕氏乡约》对于规过制度的适用对象和后果规定较详，但对规过制度的适用程序规则却语焉不详，《增损吕氏乡约》在这一点上进行了完善。《增损吕氏乡约》"过失相规"部分明确规定："右件过失，同约之人，各自省察，互相规戒。小则密规之，大则众戒之。不听则会集之日，直月以告于约正，约正以义理诲谕之。谢过请改，则书于籍以俟。其争辩不服，与终不能改者，皆听其出约。"[1]设若《增损吕氏乡约》有一约众犯有过失，其规过程序应包括以下三步（见《增损吕氏乡约》规过程序示意图）：第一步是约众劝诫；第二步是乡约集会时约正诲谕；第三步是书于籍或出约。在完善乡约规过程序的同时，《增损吕氏乡约》还在"礼俗相交"部分的附言明确规定了"约众于礼俗相交有所违慢"的罚则，这也是《吕氏乡约》约文所欠缺的。

---

[1]（南宋）朱熹著，朱杰人等主编：《晦庵先生朱文公文集》，上海古籍出版社、安徽教育出版社2002年版，第3596页。

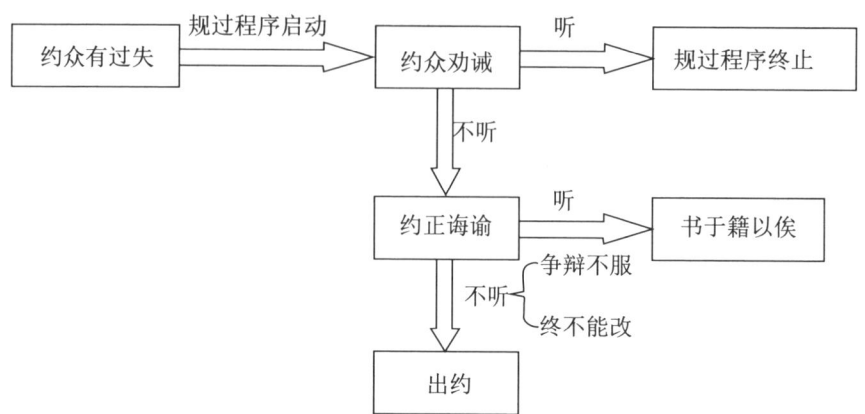

图 3　《增损吕氏乡约》规过程序示意图

另一方面，朱熹增损后的《增损吕氏乡约》完全取消了《吕氏乡约》规过制度中的罚金罚则，使得《增损吕氏乡约》的规过罚则体系只保留了"书于籍"和"出约"两种。至于朱熹基于何种考虑删除乡约规过罚则中的罚金，前文在论述入约者的社会阶层时已有讨论，此处不再赘述。但是，剔除罚金之后的《增损吕氏乡约》规过罚则体系明显不及《吕氏乡约》的罚则体系合理。须知约众的过失有从轻到重的层级，则罚则不得不有较轻的"书于籍"、较重的"罚金"以及最重的"出约"。朱熹虽考虑到乡约的罚金罚则会影响到约众的经济状况，容易导致乡民望而却步，却无法避免假如有约众过失较重，但又并未达到"听其出约"地步，而陷入《增损吕氏乡约》规过罚则的两难困境。虽然朱熹可能如杨开道先生所虑："罚钱的办法过失轻重既不易定，钱文多少也难取决，并且这种金钱的处罚，物质的处罚，根本上违反精神感化原则。"[1] 但对于本应以适当惩罚加以惩戒，以敦促其改过向善的约众，《增损吕氏乡约》却以"听其出约"将其弃于乡约之外。从这一点看，《增损吕氏乡约》未免有独善其身之嫌，于乡约彼此警励、共同进修的目标有所偏离。

《南赣乡约》的规过制度与宋代乡约大为不同。其一，《南赣乡约》的规过制度不再有纲举目张的适用内容，而是代之以几条零散的过失列举。因此，乡约规过制度的适用内容只能代之以通常的善恶标准。由于善恶属于道德的

---

[1]　杨开道：《中国乡约制度》，山东省乡村服务人员训练处1937年版，第134~135页。

范畴，具有极大的延展性和模糊性，所以《南赣乡约》的规过制度的适用不得不具有极大的主观性。所幸《南赣乡约》的规过程序是在乡约集会时由约众共同推进的，这样自然减少了乡约规过的主观性。不过，从乡约规过制度的构造上看，《南赣乡约》的规过制度是极不完备的。其二，《南赣乡约》第15条规定的乡约规过程序过于单一机械，远不如《增损吕氏乡约》那么层次分明。《南赣乡约》的规过程序像是一场表演，其规过的结果显然在表演之前必须排好。因此，这种单一机械的规过程序既不便于约众过失的实际规诫，而这种机械的规过程序若不参酌更多的操作细则，其本身也难以持久运行。其三，《南赣乡约》的规过罚则体系较之宋代乡约更体现出巨大的转变，其表现有两点：一是，《南赣乡约》仅保留了《吕氏乡约》所创建的规过罚则体系中的"书于籍"一项，而将"罚金"和"出约"排除在规过罚则之外。《南赣乡约》第3条虽然规定对无故不按时参加乡约集会的约众"罚银一两公用"，但这只是特别规定，显然不能证明《南赣乡约》有系统的罚金罚则。由于《南赣乡约》对约众的过恶只能在乡约集会时加以劝诫并书于籍，由此推知，无论约众的过恶何其严重，在乡约的规过罚则下都无可如何，既不能处以实质性的经济处罚，即罚金，也不能像宋代乡约那样将其出约。二是，正是由于《南赣乡约》规过罚则体系的缺陷，才使得《南赣乡约》将约众的规过和国家法律联接在一起，形成了一个独特的乡约规诫→国家惩罚的规过罚则体系。《南赣乡约》第4条、第8条、第9条、第11条、第12条所规定的内容，约众若有所违反且约长及约众劝诫无效，其结果都是"呈官"，即交给官府，按照国家法律加以惩处。由此可见，与《吕氏乡约》《增损吕氏乡约》不同，《南赣乡约》的规过制度与国家权力有着密切联系。

  《南赣乡约》之所以没有继承宋代乡约的规过罚则体系，而是采用独创的乡约规诫→国家惩罚相联接的规过罚则体系，其最根本的原因在于：正如前文所述，《吕氏乡约》的参约者有一定的家世、财力和文化修养，而且《吕氏乡约》属于自愿参与的基层社会德业进修组织。因此就《吕氏乡约》所规定的"书于籍"、"罚金"与"出约"罚则而言，约众在经济上能够承受罚金的惩罚，而"书于籍"和"出约"亦能对约众形成较大的道德压力和心理威慑力。而王守仁所推行的《南赣乡约》是针对南赣地区久被盗贼的新民之地，由于《南赣乡约》的约众许多是由盗匪归正而来，家世贫困且业心未定，若《南赣乡约》采用宋代乡约的罚金罚则，则约众必然难以承担；若《南赣乡约》采用宋代乡约的出约罚则,则这些约众极有可能再次为盗。所以,在引导约众归正向善方面,宋代乡约的罚金和出约罚则对于南赣乡民来说显得过重。结合明代国家权力对盗匪的惩罚,正如王守仁在《南赣乡约》第12条所言,盗贼属于"自取灭绝"的重罪行为,而宋代乡约对约众过恶的罚则至重不过出约而已。对于《南赣乡约》业心未定、极易重操旧业的新民约众而言,出约正好为之打开了再次为盗的机会,因此,在防止《南赣乡约》约众为恶害民方面,宋代乡约的出约罚则显得过轻。王守仁推行《南赣乡约》时采用从乡约规诫到国家惩罚的乡约规过罚则体系,正是对以上因素仔细斟酌后得出的折衷结论。

第三节 患难救恤制度

宋明乡约之所以异于宋明其他基层社会道德教化模式,其根本点之一即在于乡约的患难救恤制度,同时,也正是乡约的患难救恤制度,乡约方能从单一的基层社会教化制度转变为集基层社会道德教化和经济互助为一体的基层社会秩序维护制度。可以说,正是由于乡约的患难救恤制度,乡约才可能真正融入宋明基层社会的血脉中,成为一种宋明基层社会秩序维护的独特模式。在从宋到明的社会历史演变中,由于主导乡约运行的社会环境和关键人物发生了明显变化,因此,乡约的患难救恤制度也随之呈现出明显的转变。

《吕氏乡约》"患难相恤"章所规定的患难救恤制度包括七项,并且每一项都附有操作细则:"①水火。其细则曰:小则遣人救之,大则亲往,多率人救之,并吊之耳。②盗贼。其细则曰:居之近者,同力捕之。力不能捕,则告于同约者,及白于官司,尽力防捕之。③疾病。其细则曰:小则遣人问之,稍甚则亲为博访医药。贫无资者,助其养疾之费。④死丧。其细则曰:缺人干,则往助其事;缺财,则赙物及与借贷吊问。⑤孤弱。其细则曰:孤遗无所依者,若其家有财可以自赡,则为之处理,或闻于官,或择近亲与邻里可托者主之,无令人欺罔。可教者,为择人教之,及为求婚姻。无财不能自存者,叶力济之,无令失所。若为人所欺罔,众人力与办理。若稍长而放逸不检,亦防察约束之,无令陷于不义也。⑥诬枉。其细则曰:不能自申者,势可以闻于官府,则为言之;有方略可以解,则为解之。或其家因而失所者,众以财济之。⑦贫乏。其细则曰：有安贫守分而生计大不足者，众以财济之；或为之假贷置产，以岁月偿之"。[1]在"患难相恤"章附言中，约文还强调了约众间财物互助的规则以及违反的罚则，并明确乡约的患难救助并不止于同约约众，而应该"凡有患难，虽非同约，其所知者，亦当救恤"[2]。由上述七项内容可知，《吕氏乡约》的患难相恤制度所涵盖的内容极为广泛，涉及宋代基层社会民生的几乎所有方面。杨开道先生认为："患难相恤里所列举的七项，每一项都可以说是代表一个社会问题，一个实际问题，需要我们通力合作，不像德业、过失的那样空泛，不容易见诸实行。老实讲起来，农村社会里面的重要问题，除了儿童教育和经济合作以外，差不多都包含在这些条款里面。"[3]董建辉教授也认为："水火所涉及的防洪救灾，盗贼所涉及的治安防御，疾病所涉及的卫生保健，死丧所涉及的公墓公祭，孤弱、贫乏所涉及的慈善救济，诬枉所涉及的公断调解，都分别代表了某一方面的社会问题，需要乡村社会成员的通力协作方能有效解决。"[4]患难救恤制度可以说是《吕氏乡约》最为明确，也最具特色的制度，其纲举目张的体例和简明扼要的操作细则都足以说明这个制度设计本身的优秀品质。如能实际贯彻《吕氏乡约》的患难相恤制度，则于宋代基层秩序维护的价值不可限量。《吕氏乡约》作为乡约的肇始者之所以能脱胎于中国古代的乡饮酒礼和其他基层社会秩序维护模式，成为中国近古时期基层社会秩序维护体系中的一枝独秀，与其首创基层社会自发的制度性互助模式密不可分。

《增损吕氏乡约》的患难救恤制度在体例和纲目上完全继承《吕氏乡约》，只在文字表达上有些许改动。不过，在《增损吕氏乡约》"患难相恤"部分的附言中，在评价约众救恤乡民的行为时，《增损吕氏乡约》与《吕氏乡约》有明显区别：《吕氏乡约》的患难救恤制度运行过程中，较为注重约众违反患难救恤制度的处罚，即"皆有罚"[5]。《增损吕氏乡约》则赏罚并重：一方面，约规对约众之间不予救助的行为"论如犯约之过，书于籍"；另一方面，约规对于积极救恤乡人的约众，则以"书其善于籍，以告乡人"加以旌

---

[1] （北宋）吕大临等撰，陈俊民辑校：《蓝田吕氏遗著辑校》，中华书局1993年版，第566页。
[2] （北宋）吕大临等撰，陈俊民辑校：《蓝田吕氏遗著辑校》，中华书局1993年版，第566页。
[3] 杨开道：《中国乡约制度》，山东省乡村服务人员训练处1937年版，第115页。
[4] 董建辉：《明清乡约：理论演进与实践发展》，厦门大学出版社2008年版，第61页。
[5] （北宋）吕大临等撰，陈俊民辑校：《蓝田吕氏遗著辑校》，中华书局1993年版，第566页。

赏。但从乡约患难救恤制度的奖惩机制上看，较之《吕氏乡约》单方面强调救助的义务和处罚，《增损吕氏乡约》的奖惩并行自然更有利于乡约患难救恤制度的运行。

当论及《南赣乡约》的患难救恤制度时，不难发现，《南赣乡约》通篇仅有三条涉及乡约的患难救恤制度：其一，《南赣乡约》第5条乡约负责裁处约众之"危疑难处之事"，此处的"危疑难处之事"内涵宽泛，可能指自然灾祸，也可能指盗贼、争讼等人际、社会危难；其二，《南赣乡约》第6条规定寄庄人户不按时向国家缴纳赋税而危及约众权益时乡约的对策，属于具体的约众患难的防护规范；其三，《南赣乡约》第10条规定乡甲胥吏侵犯约众权益时乡约的对策，也属于具体的乡约患难的救恤。王守仁所颁行的《南赣乡约》总计15条，所涉及的内容指向极为宽泛。从上述三条所占比例来讲，似乎《南赣乡约》的患难救恤制度所占比重并不低，但比较《南赣乡约》与《吕氏乡约》《增损吕氏乡约》在乡约患难救恤上的规范设置，不难发现，在《南赣乡约》的规范体系中，患难救恤制度属于乡约理所当然的制度组成部分，但又并非《南赣乡约》制度体系的核心。

《南赣乡约》与《吕氏乡约》《增损吕氏乡约》的患难救恤制度主要有两个方面的差别：一方面是结构上的差别。《吕氏乡约》《增损吕氏乡约》的患难救恤规范表现出清晰的纲目结构：患难相恤为纲，水火、盗贼、疾病、死丧、孤弱、诬枉、贫乏七项为目，七目之下各有细则，整章末尾则有附则规定奖惩细则。其结构可谓纲举目张，结构完整。而《南赣乡约》所规定的三条患难救恤规范则明显没有结构性可言：第5条规定过于概括抽象，实际操作难以认定和判别；第6条和第10条则完全是极为具体的患难事项。这三条规定是《南赣乡约》患难救恤制度的全部规范，由此不难推断《南赣乡约》的患难救恤制度是一种零散的制度。另一方面，《吕氏乡约》和《增损吕氏乡约》的患难救恤制度内容包含了水火、盗贼、疾病、死丧、孤弱、诬枉、贫乏七个方面，言简而意繁。这七个方面的内容几乎涵盖了乡约约众会涉及的天灾人祸的所有方面，由此可见《吕氏乡约》和《增损吕氏乡约》的患难救恤制度内容较为完善。《南赣乡约》的患难救恤制度只规定了约众有"危疑难处之事"、寄庄人户侵犯约众权益以及乡甲胥吏侵犯约众权益三项内容。《南赣乡约》第5条内容高度概括，无所不包，但又未有明确所指，只能作为基本指导原则而存在，第6条和第10条内容所指则极为具体。因此，在制度内容的完善程度上，《南赣乡约》远称不上完善。

《南赣乡约》的患难救恤制度之所以与《吕氏乡约》《增损吕氏乡约》大为不同，和王守仁对《南赣乡约》的功能定位密不可分。王守仁对《南赣乡约》的功能定位较为复杂，与此节患难救恤制度密切相关的主要有两方面：一方面，相较于《吕氏乡约》《增损吕氏乡约》道德进修与患难相恤并重，最终达致"成吾里仁之美"[1]的基层秩序理想境界，《南赣乡约》更加注重对约众的道德教化。这种特点从《南赣乡约》序言部分的"告谕"就不难看出，《南赣乡约》的"告谕"近千言，其对约众的期望只有一个："务为良善之民，共成仁厚之俗。"[2]同时，较之《吕氏乡约》《增损吕氏乡约》在道德进修时讲求德行旌励和过失规诫并重，《南赣乡约》的道德教化更加注重防止约众为恶。《南赣乡约》着力防范约众为恶的特征，《南赣乡约》三令五申乡约理约者对约众过恶的"晓谕"和"呈官"职责足以证明[3]。因此，《南赣乡约》的主要功能在于教导约众安分守己不为恶，其他诸如德行旌赏、患难救恤、礼俗交接等方面的重要性则相对较低。另一方面，就乡约患难救恤制度而言，《吕氏乡约》和《增损吕氏乡约》都强调约众"患难相恤"，换言之，宋代乡约的患难救恤制度立足于约众自发的彼此互助。《南赣乡约》在乡约患难救恤制度的立足点和基本视角上与宋代乡约有着根本区别。从《南赣乡约》第5条的"罪坐约长约正诸人"至第11条的"呈官治罪"，不难发现，当涉及危及乡约的危难情形时，最后的救济手段都是诉诸官司。因此，《南赣乡约》的患难救恤制度与宋代乡约最大的区别即在于：《南赣乡约》的患难救恤制度是建立在国家权力支持下的。正是因为建立了与国家权力对接的患难救恤制度，乡约运行的自发性和乡约事务协调的自主性受到了极大影响。也正因此，《南赣乡约》自主运行的道德旌励、过失规诫和礼俗交接都不得不受到官方权力的影响，所以杨开道先生评价《南赣乡约》道："乡约到了阳明先生手里，不惟成为政府的规条，并且成为政府的工具，可以查察奸非，助行法律，和保甲制度的功用相差不远。"[4]虽然杨开道先生认为《南赣乡约》已经成为"政府的规

---

[1] （北宋）吕大临等撰，陈俊民辑校：《蓝田吕氏遗著辑校》，中华书局1993年版，第567页。
[2] （明）王守仁著，吴克等编校：《王阳明全集》，上海古籍出版社1992年版，第600页。
[3] 参见（明）王守仁著，吴克等编校：《王阳明全集》，上海古籍出版社1992年版，第601~602页。
[4] 杨开道：《中国乡约制度》，山东省乡村服务人员训练处1937年版，第115页。

条"的观点并不准确，但却一针见血地点破了《南赣乡约》的官方化特征。

第四节 集会制度——兼论乡约集会制度与乡饮酒礼之同异

黄直卿在评价《增损吕氏乡约》时说："此乡饮酒遗意也。"[1]直卿之意自然是指乡约集会的仪式和内容类似于乡饮酒礼，而乡约的目标也是乡饮酒礼所一贯强调的。不过，概观宋明乡约之集会制度与乡饮酒礼的仪式和内容，二者的同异可谓明了。本节在论述乡约集会制度的同时，笔者尝试梳理乡饮酒礼的基本仪式和内容，进而厘清乡约集会与乡饮酒礼的共同之处以及分途之歧。通过本节的论述，笔者希望能在比较乡约集会制度和乡饮酒礼的同异基础之上，得出乡约集会制度的基本特征和根本属性。最后，通过与乡饮酒礼的比较得出乡约异于乡饮酒礼的基本要点。

一、乡约集会制度概述

宋明乡约的集会制度包括集会场所、会费来源、集会日期、集会议程四项基本内容，其中集会议程又包括集会仪式如会见之礼或盟誓、旌善、规过、宣讲乡约或申诫等内容。

(一) 集会场所

《吕氏乡约》对乡约集会时的集会场所并未明确规定，因此《吕氏乡约》的集会场所不得而知。正如笔者上文所言，《吕氏乡约》是运行的纲领，而乡约运行的诸多具体内容另有细则规定，相信这些细则中定有乡约集会场所的规定。《增损吕氏乡约》第一次明确规定了乡约集会的场所："……于乡校。设至圣先师之象于北壁下，无乡校则别择一宽闲处。"[2]《增损吕氏乡约》注重对约众道德和学行的教化和引导，因此设乡约集会场所在乡校正是情理之中。不过，朱熹考虑到乡约所行之处不一定有乡校，所以乡约的集会场所不限于乡校，也可以是一个宽闲而便于集合约众、开展仪式的地方。不过，《增

---

[1] (南宋) 黄干撰：《勉斋集》，台北"商务印书馆"1986年版，第238页。
[2] (南宋) 朱熹著，朱杰人等主编：《晦庵先生朱文公文集》，上海古籍出版社、安徽教育出版社2002年版，第3602页。

损吕氏乡约》的集会场所虽有明确规定，却并不表示乡约的集会场所是固定的。在固定乡约集会场所这一点上，《南赣乡约》走得更远。《南赣乡约》第4条规定："立约所于道里均平之处，择寺观宽大者为之。"[1]由此规定可知，《南赣乡约》的乡约集会场所有三个特点：一是固定。集会场所能被定名为约所，自然是众所选定的固定场所，不会频繁更改。二是约所选择需要考虑约众参约的方便，同时必须地势平坦，才能容纳众多约众的集会，即所谓的"道里均平"。三是选择"寺观宽大者"作为约所。较之《增损吕氏乡约》的集会场所首选乡校，《南赣乡约》则首选寺观，两者的用心显然有异。如前文所论，《增损吕氏乡约》的约众文化素养较高，大多在乡校学习过，因此选择乡校作为集会场所于约众的文化认同有很大作用。结合《南赣乡约》的乡约集会中的盟誓仪式，可知对于《南赣乡约》的约众，盟誓中的"神明诛殛"指导作用更为明显。所以，《南赣乡约》选择在寺观这种宗教信仰传播场所设立约所自是情理之中。

（二）会费来源

按照《吕氏乡约》"聚会"章的规定，《吕氏乡约》的集会费用当由主事的直月提供。如前文所论，《吕氏乡约》的约众有一定家世，在提供聚会费用方面不成问题，而且直月由约众轮值，所以对其安排也较公平。不过，由于《吕氏乡约》设置有罚金制度，直月在提供集会酒食时，可能先以其所掌的罚金承担，不足部分方由直月补充。《增损吕氏乡约》的集会费用则由直月带领约众共同筹集。由于《增损吕氏乡约》删去了罚金制度，这就意味着每次集会都需要约众集费，所以《增损吕氏乡约》规定："每人不过一二百（钱），孟朔具果酒三行，面饭一会，余月则去酒果，或直设钱可也。"[2]据学者考证，在南宋时期一二百钱大约价值二、三升米[3]。因而，如此花费对于约众参加每月集会的经济压力不会太大。况且如笔者前文所述，《增损吕氏乡约》的约众是有一定家世的乡民和绅士，对他们来说一二百钱的集会费用自然不成问题。《南赣乡约》的集会费用也需约众共同筹集。《南赣乡约》第2条规定："同约之人每一会，人出银三分，送知约，具饮食，毋大奢，取免饥渴而

---

[1] （明）王守仁著，吴克等编校：《王阳明全集》，上海古籍出版社1992年版，第600页。

[2] （南宋）朱熹著，朱傑人等主编：《晦庵先生朱文公文集》，上海古籍出版社、安徽教育出版社2002年版，第3601~3602页。

[3] 参见梁庚尧：《南宋的农村经济》，新星出版社2006年版，第191~201页。

已。"〔1〕按照明中期"每钱七文，折银一分"〔2〕的钞关制度，则约众每一会出银三分，大约需要花费二十文。据《吴川县志》载陈舜系《乱离见闻录》"斗米钱未二十文"〔3〕的记载，则可知集会费用给约众施加的负担并不轻。鉴于乡约集会的饮食"取免饥渴而已"，因此可以推断，约众每一会所筹集的会费不仅仅用于集会的饮食，应当还用于乡约运转的其他方面。《南赣乡约》是以官方强制力作为后盾的国家权力督导乡约，故乡约集会费用的筹集困难相对较小，所以《南赣乡约》乡约集会的会费制度，称得上是南赣地区乡民在国家赋役之外另一项经济上的负担。

（三）集会日期

《吕氏乡约》的集会日期为每月一聚，每季一会，聚则备饮食，会则备酒食。《吕氏乡约》之所以将乡约集会区分为每月的集会和每季的聚会，其原因在于：乡约的事务和奖惩有所大小，则处理的层次有所区别。每月的集会较为频繁，所决定的奖惩自然数量亦必不可少，然则何以将约众的善行过恶的奖惩进行有层级的处断？除去在罚则上进行层级规定，将旌善规过置于月聚还是季会上行之，也是《吕氏乡约》在乡约旌善、罚恶上的一种制度建制。以旌善为例，约众的善行于每月的集会上被旌励较之每季的集会上被奖赏，其效果自然有差。《增损吕氏乡约》删去《吕氏乡约》的罚金罚则，则就乡约的旌善、规过而言，月朔集会与孟朔集会的区分可谓更有必要。事实上，《增损吕氏乡约》的确完全继承了《吕氏乡约》的乡约集会日期设置规则。《南赣乡约》的乡约集会日期则没有月聚和季会的区分，而是直接规定了乡约在每月的"月之望"举行乡约集会。王守仁在制定《南赣乡约》时，没有参考《吕氏乡约》和《增损吕氏乡约》关于乡约集会日期的规定，也没有考虑《吕氏乡约》《增损吕氏乡约》之所以如此设置乡约集会日期的用心。不过，从另一方面看，《南赣乡约》之所以规定每月集会而不规定每季集会，其原因也在于《南赣乡约》约众众多，所涉及的事务众多，乡约在一月之内所涉事务，大半已经在平日由理约者加以协调处理，如规过有"约长副等，须先期阴与之言，使当自

---

〔1〕（明）王守仁著，吴克等编校：《王阳明全集》，上海古籍出版社1992年版，第600页。
〔2〕李龙潜："明代钞关制度述评——明代商税研究之一"，载《明史研究》第4辑。
〔3〕瞿宣颖纂辑、戴维校点：《中国社会史料丛钞（甲编397）》，湖南教育出版社2009年版，第273页。

首，众共诱掖奖劝之，以兴其善念，故使书之，使其可改。"[1]由此可知，《南赣乡约》的每月集会本就属于定期对乡约重大事务进行处断的集会。每月之事，必须月内择一期日裁断方不延误，这也是《南赣乡约》只设置每月集会，而不再规定更为隆重、盛大的每季集会的根本原因。

（四）集会议程

乡约集会的议程指乡约集会在进行过程中所开展的行为和所进行的事务。宋明乡约关于乡约集会议程的规定虽有所差别，但大体内容一致，归纳起来不外乎以下三个主要内容：集会礼仪、旌善规过、读约或申诫，下文略叙述之：

1. 集会礼仪

集会礼仪是指在乡约聚会制度中所规定的，贯穿于整个乡约集会的必要的礼仪和仪式，诸如，设坐、拜揖、盟誓、敬酒等。《吕氏乡约》没有明确规定聚会时的仪式，但是，从《吕氏乡仪》"长少之名""衣冠""刺字""往见进退之节"等章的所规定的内容来看，《吕氏乡约》必有细致严格的乡约集会仪式[2]。《增损吕氏乡约》的乡约集会关于集会仪式的规定系统而详致。首先，于集会地点"设至圣先师之象于北壁下"，并以此为准设约众座次，具体位次如下："约正坐堂东南向，约中年最尊者，坐堂西南向，副正直月次约正之东南向西上。余人以齿为序，东西相向，以北为上。若有异爵者，则坐于尊者之西南向东上。"[3]其次，约众互见的仪式。《增损吕氏乡约》的约众会见仪式颇为繁复，简而言之可以归纳为"约众礼拜尊者、长者以及稍长者""稍少者、少者以及幼者礼拜约正"两个方面[4]。最后，《增损吕氏乡约》有关乡约集会的饮食和敬酒仪式略而不言。因为乡约集会的饮食和敬酒在集会之末，集会的议程已经结束，故约文不再赘言饮食和敬酒礼仪。

《南赣乡约》的乡约集会仪式脱胎于《增损吕氏乡约》的集会制度，同

---

[1] （明）王守仁著，吴克等编校：《王阳明全集》，上海古籍出版社1992年版，第600页。

[2] 参见（北宋）吕大临等撰，陈俊民辑校：《蓝田吕氏遗著辑校》，中华书局1993年版，第571~574页。

[3] （南宋）朱熹著，朱傑人等主编：《晦庵先生朱文公文集》，上海古籍出版社、安徽教育出版社2002年版，第3603页。

[4] 参见（南宋）朱熹著，朱傑人等主编：《晦庵先生朱文公文集》，上海古籍出版社、安徽教育出版社2002年版，第3602页。

时又有明显的改变：其一，与《增损吕氏乡约》"设至圣先师之象于北壁下"的做法不同，《南赣乡约》在约所设立的是告谕牌和香案。告谕牌是用来书写《南赣乡约》"序言"部分的"告谕"，即"咨尔民……毋忽"那一段告谕文字，香案则是用于乡约盟誓。与宋代乡约以孔子代表的儒学作为集会的精神依归不同，《南赣乡约》选择盟誓这种原始宗教仪式来凝聚约众，换言之，《南赣乡约》的精神依归是约众共立的誓约。盟誓的主要形式和内容如下："约长合众扬言曰：'自今以后，凡我同约之人，只奉戒谕，齐心合德，同归于善，若有二三其心，阳善阴恶者，神明诛殛。'众皆曰：'若有二三其心，阳善阴恶者，神明诛殛。'"[1]由此可见，《南赣乡约》的推进和运转除去外在的国家权力的强制力，还以南赣乡民对"神明诛殛"的恐惧为内在支撑力量。其二，《南赣乡约》对约众互见的礼仪和拜揖的规则没有详细的规定，而是代之以"北向跪听"和"东西交拜"两个简单规则。《南赣乡约》关于约众互见的仪式的简化和其约众的文化素养层次有相当的联系，毕竟《增损吕氏乡约》那种繁复的拜揖仪式并不适合文化层次较低的南赣新民。同时，《增损吕氏乡约》要通过这种拜揖仪式本身的功能达到明正长少、尊卑的基层社会教化目标，而《南赣乡约》对这一点并不注重。其三，与《增损吕氏乡约》并不规定乡约集会的酒食礼节不同，《南赣乡约》将酒食礼节与乡约的旌善、规过程序联系起来，形成以酌酒礼仪推动乡约的旌善、规过乃至乡约集会议程的进行：少者酌酒于长者三行，然后旌善；旌善时约长酌善者，善者亦酬约长；复酌酒三行，然后规过；过者酌酒自罚，复酌酒二行，然后申诫。《南赣乡约》以酌酒礼仪推动乡约集会的进行可谓宋明乡约集会制度的一大创举。就《南赣乡约》这一创举的渊源和优劣，董建辉教授曾谈道："《南赣乡约》在《吕氏乡约》的基础上增加了饮酒的仪式，明显系受到乡饮酒礼的影响。……饮酒仪式看起来挺复杂，但与朱熹所强调的读约前的揖拜礼仪相比，还是要简化许多。而且，仪式展演过程中善恶者与乡约主事人员的饮酒与对话，拉近了双方之间的距离，从而使得乡约更易于被人们所接受。但是，南赣乡约甚至连某人应该说什么话都规定得一清二楚，也未免显得太机械化了，以致所有与约者在整个仪式过程中，简直就像是被人操纵的木偶，没有任何

---

[1] （明）王守仁著，吴克等编校：《王阳明全集》，上海古籍出版社1992年版，第602页。

自主性。"[1]董教授言其仪式机械化确有道理,但《南赣乡约》的饮酒礼仪还有作为乡约奖惩机制的功能。至于集会仪式的机械化可以从两个方面去理解:一方面,《南赣乡约》集会仪式的固定化本来就是保证乡约集会威信的一个重要方面,这一点和《增损吕氏乡约》繁复的拜揖礼仪有异曲同工之妙。另一方面,这种机械化的仪式便于学习和灌输,这和《南赣乡约》所适用的南赣乡民的社会阶层分不开,换言之,王守仁在制定《南赣乡约》第15条时,本来就有将此机械化的仪式灌输给南赣乡民以便《南赣乡约》推行的意思。

2. 旌善规过

乡约的旌善规过制度通过乡约集会中的旌善规过程序实现。关于乡约的旌善规过程序,前文已有详述,此处不赘(参见本章第二节:旌善、规过制度)。

3. 读约或申诫

《吕氏乡约》并未规定在乡约集会时需要对约文加以宣讲解读。如前文所论,《吕氏乡约》的参约者大多是有一定文化和家世的绅民家庭,而且他们在入约之时,吕氏兄弟已经将约文告之他们,并且希望入约的乡邻"苟以为可,愿书其诺"。如此可见,《吕氏乡约》的约众必定在入约之前就对约文的内容、功能、价值和目标有清醒的认识,毋庸在乡约集会上宣讲了。宋明乡约第一个明确规定在乡约集会上进行读约的是《增损吕氏乡约》。《增损吕氏乡约》"月旦集会读约之礼"部分规定:"顷之,约正揖就坐。直月抗声读约一过,副正推说其意。未达者,许其质问。"[2]《增损吕氏乡约》的乡约集会将读约作为第一项集会议程,其意义有两方面:其一,为接下来的旌善规过宣示规则,使旌善、规过的议程更容易进行。其二,约文所规定的"德业相劝"、"过失相规"、"礼俗相交"和"患难相恤"四个部分具有明显的道德教化之意,因此将约文于乡约集会上宣读讲解,有利于约众深入理解乡约制度的价值和意义,激发约众平日践行乡约规范的积极性。总而言之,《增损吕氏乡约》将读约作为乡约集会的首要议程,其根源在于《增损吕氏乡约》的内容多涉基层社会道德教化,而道德教化不得不时时宣讲。乡约集会的读约仪式,

---

[1] 董建辉:《明清乡约:理论演进与实践发展》,厦门大学出版社2008年版,第192页。
[2] (南宋)朱熹著,朱傑人等主编:《晦庵先生朱文公文集》,上海古籍出版社、安徽教育出版社2002年版,第3603页。

其目的就在于促使乡约规范的内容在约众间形成共鸣,进而约众彼此警励,最终实现乡约的价值目标。

与《增损吕氏乡约》不同,《南赣乡约》在乡约集会时并不进行读约仪式,而是代之以申诫仪式。《南赣乡约》所规定的内容大多属于具体事宜,并没有多大宣读的必要,但《南赣乡约》在借鉴《增损吕氏乡约》读约仪式的基础上,形成了独特的乡约教谕仪式。《南赣乡约》的教谕仪式包括两个部分:其一,乡约集会之初的"跪听约正宣读告谕"。如前文所述,《南赣乡约》的告谕牌的内容即王守仁所书的《南赣乡约》"序言"部分,教谕的内容寄托了王守仁对《南赣乡约》的目标期望,其包括了"孝尔父母,敬尔兄长,教训尔子孙,和顺尔乡里,死丧相助,患难相恤,善相劝勉,恶相告戒,息讼罢争,讲信修睦,务为良善之民,共成仁厚之俗"等诸多德业进修、过失规诫的目标。可以说,乡约集会的宣读告谕仪式与《增损吕氏乡约》的读约仪式大致相近,主要区别在于一者为讲解,一者为宣读,形式有所差异。其二,乡约集会最后进行的申诫仪式。关于申诫的内容,《南赣乡约》第15条借约正之口说得极为明白:"呜呼!凡我同约之人,明听申戒!人孰无善,亦孰无恶!为善虽人不知,积之既久,自然善积而不可掩;为恶若不知改,积之既久,必至恶积而不可赦。今有善而为人所彰,固可喜;苟遂以为善而自恃,将日入于恶矣!有恶而为人所纠,固可愧;苟能悔其恶而自改,将日进于善矣!然则今日之善者,未可自恃以为善;而今日之恶者,亦岂遂终于恶哉?凡我同约之人,盍共勉之!"〔1〕由此可见,《南赣乡约》集会申诫的核心在于劝导约众勉善悔过,并没有具体的、指向性的申诫内容。总而言之,《南赣乡约》的教谕较之《增损吕氏乡约》的读约,其内容更加概括而缺乏明确的指引性,其形式也体现出较强的灌输意识而非约众间对等的沟通、交流。

集会制度是宋明乡约得以正常运转的核心,其原因在于:在乡约集会中,乡约之约众有一个正式的机会沟通、交流;乡约的旌善、规过乃至救恤的制度内容能够在约众的参与下开展和运转;乡约的仪式也能够在乡约中形成井然有序的层级秩序。总而言之,宋明乡约基本制度的展开和运行是通过乡约集会实现的,而乡约的价值和目标也只有通过乡约集会制度的运转方能得以实现。在某些情形下,乡约集会甚至作为乡约的代名词而出现,由此可见乡

---

〔1〕(明)王守仁著,吴克等编校:《王阳明全集》,上海古籍出版社1992年版,第603页。

约集会制度在乡约中的重要地位。

二、乡饮酒礼概述

乡饮酒礼是中国古代自先秦至明清一直传承和沿袭的一种以尊老宾贤、宣扬教化为目的的礼仪形式,在维持基层社会秩序、推行道德教化方面有着重要的地位。乡饮酒礼又称为乡礼,或单称为"乡"。《礼记·乡饮酒义》载:"孔子曰,吾观于乡而知王道之易易也。"孔颖达疏道:"乡谓乡饮酒。"[1]同时,"乡"也称为"饗"。《说文解字》载:"饗,乡人饮酒也。"[2]乡饮酒礼的主要仪式、内容和要义主要来源于《仪礼·乡饮酒礼》、《礼记·乡饮酒义》以及《周礼·地官乡大夫》等儒家礼仪经典。自汉至唐,诸儒又对乡饮酒礼的经典文本多有注疏阐释。在西周时期,所谓"乡人饮酒"只是乡里百姓的饮酒聚会活动,尚未演变出某些比较仪式化的礼仪。正如杨宽先生所言:"(乡饮酒礼)起初的礼节该是很简的,后来贵族在不断举行中,就越来越繁,《仪礼·乡饮酒礼》记述的,该已是春秋、战国间比较繁复的一种。"[3]在汉代,曾有郡国十月行乡饮酒礼,用其"复尊卑长幼之义"以正齿序。北魏太和年间,亦曾于"孟冬岁隙"之际推行乡饮酒礼"导以德义"。[4]唐代朝廷也十分注重乡饮酒礼的推广。《唐会要·乡饮酒》曾记载睿宗复位后推广乡饮酒礼的敕令:"乡饮酒礼之废,为日已久,宜令诸州每年遵行乡饮酒礼。"[5]唐玄宗开元六年(公元718年)又诏令:"初颁乡饮酒礼于天下,令牧宰每年至十二月行之。"[6]宋代基本上承袭了唐代的乡饮酒礼,但宋代乡饮酒礼的举行还仍是少数地方官所为,并未形成固定的乡饮酒礼推行机制。不过较之唐代,宋代乡饮酒礼的实际推行开始出现明显增多的趋势。明清时期的乡饮酒礼更加注重对齿德的推崇,而乡饮酒礼的推行则大多依靠国家的行政命令促成。

(一) 乡饮酒礼的内容

乡饮酒礼的内容实际上就是举行乡饮酒礼所展开的礼仪步骤。根据《仪

---

[1] (清)阮元校刻:《十三经注疏(清嘉庆刊本)》,中华书局2009年版,第3654页。
[2] (东汉)许慎撰:《说文解字附检字》,中华书局1963年版,第107页。
[3] 杨宽:《古史新探》,中华书局1965年版,第290页。
[4] 参见(北齐)魏收撰:《魏书》,中华书局1974年版,第162页。
[5] (北宋)宋敏求编:《唐大诏令集》,中华书局2008年版,第570页。
[6] (北宋)王溥撰:《唐会要》,中华书局1955年版,第498页。

礼·乡饮酒礼》的记载，乡饮酒礼的进行分为谋宾、献宾、作乐、旅酬、无算爵与无算乐、送宾六个基本步骤。乡饮酒礼的这六个基本步骤及所体现的基本内涵，是乡饮酒礼研究的核心内容，下文笔者逐一略述之：

1. 谋宾。乡饮酒礼的谋宾之礼包括谋宾、戒宾、速宾、迎宾四项内容。谋宾指主人（诸侯之乡大夫）与先生（乡中致仕者）商议请哪些贤能的人作为宾客。宾客分为三等："贤者为宾，其次为介，又其次为众宾。"[1]宾、介都只一人，众宾可有多人，并选定三人为众宾之长。戒宾即由主人亲自前去通知宾、介。戒宾之后则设置主人、宾、介、众宾的席位，同时陈设酒具。速宾指酒宴的肉煮熟后，主人亲自到宾、介府上催请，宾、介和众宾则跟随主人一道前来。迎宾指主人带一相（传宾主之命者）在庠门外迎接，经过三揖三让，把宾客迎入庠中堂上。至此，饮酒前的谋宾之礼结束。

2. 献宾。献宾是乡饮酒礼最为细致繁复的部分。由于献宾所涉礼仪的内涵极为重要，因此笔者不避文烦，将《仪礼·乡饮酒礼》关于"献宾"[2]的礼仪规则征引如下：

> 主人坐取爵于篚，降洗。宾降。主人坐奠爵于阶前，辞，宾对。主人坐取爵，兴，适洗。南面坐，奠爵于篚下，盥洗。宾进，东北面，辞洗。主人坐奠爵于篚，兴，对。宾复位，当西序，东面。主人坐取爵，沃洗者西北面。卒洗，主人一揖、一让，升，宾拜洗。主人坐奠爵，遂拜，降盥。宾降，主人辞，宾对。复位，当西序，卒盥，揖让，升。宾西阶上疑立，主人坐取爵，实之宾之席前，西北面献宾，宾西阶上拜，主人少退，宾进受爵，以复位。主人阼阶上拜送爵，宾少退，荐脯醢。宾升席自西方，乃设折俎。主人阼阶东疑立，宾坐左，执爵，祭脯醢。奠爵于荐西，兴；右手取肺，却；左手执本，坐，弗缭；右绝末以祭。尚左手，哜之，兴，加于俎。坐挩手，遂祭酒。兴，席末坐，啐酒。降席，坐奠爵。拜，告旨，执爵兴，主人阼阶上答拜。宾西阶上北面坐，卒爵，兴，坐奠爵，遂拜，执爵兴。主人阼阶上答拜。

以上即乡饮酒礼"献宾"礼仪的全过程。主宾之间的进酒礼节称为

---

[1] （清）阮元校刻：《十三经注疏（清嘉庆刊本）》，中华书局2009年版，第2115页。
[2] 此处的"献宾"仅指献宾之礼中的献"宾"，即献"贤者"。

"献""酢""酬"。主人取酒到宾席前敬酒称"献",宾取酒到主人席前回敬称"酢",主人先斟酒自饮,再劝宾客随饮称"酬",这样的一"献"、一"酢"、一"酬"合称之为"一献之礼"。献酒的同时,宾主的膝上必须有食物陈设,陈设有脯醢(干肉片和肉酱)与折俎(盛有折断牲体的俎)。乡饮酒礼属于乡遂间的低等士族的聚饮之礼,所以"一献之礼"已经足够,而天子飨诸侯,则有九献、七献、五献之礼。"献宾"之后,还有"献介"和"献众宾"之礼。"献介"即主、介之间的"献""酢":先由主人向介献酒,次由介对主人还敬。"献众宾"即主人向众宾敬酒,由众宾之长三人代表拜受饮酒,其他众宾也随着饮酒。至此,献宾之礼圆满结束。献宾之礼的次序集中体现了乡饮酒礼的基本目标:崇尊礼贤。《礼记·乡饮酒义》云:"拜至献酬辞让之节繁,及介,省矣。至于众宾,升受,坐祭,立饮,不酢而降,隆杀之义别矣。"[1] 由此可见,乡饮酒礼之"献宾""献介""献众宾"迥然有别的敬酒礼仪,正是对宾客在乡里地位的认定和判别。

3. 作乐。献宾之礼进行完毕之后,即开始作乐。按照《仪礼·乡饮酒礼》所载的作乐规则,乡饮酒礼的作乐包括升歌、笙奏、间歌、合乐四个步骤,而每一步骤所唱奏的诗篇都有其独特的意义。升歌是指主人之吏一人举觯向宾敬酒后,引乐工四人(鼓瑟者二人、歌者二人)升堂歌唱《诗经·小雅》的《鹿鸣》、《四牡》和《皇皇者华》篇,并用瑟伴奏,唱奏完毕,主人向乐工敬酒。郑玄注《仪礼·乡饮酒礼》道:"《鹿鸣》,君与臣下及四方之宾宴饮讲道修政之乐歌也;……《四牡》,君劳使臣之来乐歌也;……《皇皇者华》,君遣使臣之乐歌也。"[2] 这三首诗篇主要表达主人欢迎宾客、慰劳宾客和求教于宾客之义。笙奏指由吹笙者在堂下演奏《诗经·小雅》的《南陔》、《白华》和《华黍》篇,演奏完毕,主人向吹笙者敬酒。贾公彦疏《仪礼·乡饮酒礼》道:"《南陔》,孝子相戒以养也;《白华》,孝子之洁白也;《华黍》,时和岁丰宜黍稷也。"[3] 这三篇主要讲孝子养老之义。不过既然郑玄表示次三篇"今亡其义"[4],则不排除贾公彦所疏的歌义由后人附会。堂上的升歌和堂下的笙奏相间唱奏《诗经·小雅》中的部分诗篇即所谓的间歌,

---

[1] (清)阮元校刻:《十三经注疏(清嘉庆刊本)》,中华书局2009年版,第3655页。
[2] (清)阮元校刻:《十三经注疏(清嘉庆刊本)》,中华书局2009年版,第2127页。
[3] (清)阮元校刻:《十三经注疏(清嘉庆刊本)》,中华书局2009年版,第2128页。
[4] (清)阮元校刻:《十三经注疏(清嘉庆刊本)》,中华书局2009年版,第2128页。

其具体规则是：歌唱《鱼丽》→笙奏《由庚》→歌唱《南有嘉鱼》→笙奏《崇丘》→歌唱《南山有台》→笙奏《由仪》。郑玄注《仪礼·乡饮酒礼》道："《鱼丽》言大平年丰物多也；《南有嘉鱼》言大平君子有酒乐与贤者共之也；《南山有台》言大平之治以贤者为本。"[1]贾公彦疏《仪礼·乡饮酒礼》道："《由庚》，万物得由其道也；《崇丘》，万物得极其高大也；《由仪》，万物之生各得其宜也。"[2]这六篇主要表达适逢太平盛世，君子以酒乐宾礼贤者的意思。合乐即由升歌和笙奏并行合奏，奏唱《诗经·周南》的《关雎》《葛覃》《卷耳》篇和《诗经·召南》的《鹊巢》《采蘩》《采蘋》篇。郑玄注《仪礼·乡饮酒礼》道："《周南》《召南》，国风篇也，王后、国君夫人房中之乐歌也。《关雎》言后妃之德、《葛覃》言后妃之职、《卷耳》言后妃之志、《鹊巢》言国君夫人之德、《采蘩》言国君夫人不失职、《采蘋》言卿大夫之妻能修其法度。"这六篇借周、召之名，讲仁贤之风，基本意图在于激励乡中贤者以周公、召公为榜样修德以辅弼王政。合乐完毕，乐工报告乐正称"正歌备"[3]，乐正再告知主宾，至此，正式的作乐圆满结束。

4. 旅酬。正礼正乐之后，主人为了留住宾客继续宴饮，使"相"（主人命之者）担任司正，奉主人之命挽留宾客。在司正告知主宾和主人之后，开始进行的由宾酬主人、主人酬介、介酬众宾、众宾按长幼依次相酬的敬酒礼仪就是"旅酬"。旅酬的规则是尊长酬卑幼，因为旅酬是尊长对卑幼在"献宾"中的敬酒的答谢礼仪，所以贾公彦在说明旅酬功能时道："旅酬，所以酬正献也。"[4]

5. 无算爵、无算乐。旅酬之后，司正奉主人之命请宾客升坐，随即将原来陈列的折俎撤去，以便宾客坐下。宾主脱履坐下后，开始进食并不计数地举爵饮酒，醉而后止，此即"无算爵"。同时乐工开始不计数地唱奏，尽欢而后止，此即"无算乐"。

6. 送宾。宾主酒足尽欢之后，奏《陔夏》，主人送于门外。明日，宾有前来拜谢之礼。至此，乡饮酒礼圆满完成。

郑玄注《礼记·乡饮酒义》曾言："乡饮酒义以其记乡大夫饮宾于庠序之

---

[1]（清）阮元校刻：《十三经注疏（清嘉庆刊本）》，中华书局2009年版，第2128页。
[2]（清）阮元校刻：《十三经注疏（清嘉庆刊本）》，中华书局2009年版，第2128页。
[3]（清）阮元校刻：《十三经注疏（清嘉庆刊本）》，中华书局2009年版，第2130页。
[4]（清）阮元校刻：《十三经注疏（清嘉庆刊本）》，中华书局2009年版，第2134页。

礼，尊贤养老之义也。"[1]同时，《礼记·乡饮酒义》载："乡饮酒之礼，六十者坐，五十者立侍，以听政役，所以明尊长也。六十者三豆，七十者四豆，八十者五豆，九十者六豆，所以明养老也。"[2]从上述乡饮酒礼的基本规制来看，于尚贤之意极为明确，于养老之意却并不明显。而为何乡饮酒礼的礼制却并未明显提及"养老之义"？之所以乡饮酒礼的礼制没有明确提及"养老之义"，而乡饮酒礼的意旨却包含了"养老之义"，其原因在于乡饮酒礼的适用范围有四：一则三年宾贤能、二则卿大夫饮国中贤者、三则州长习射饮酒、四则党正蜡祭饮酒，而注重"养老之义"的乡饮酒礼主要指党正蜡祭饮酒之礼。贾公彦疏《仪礼·乡饮酒礼》时曾考证乡饮酒礼的"尚贤"与"尊长"不同的适用情形："凡乡党饮酒必于民聚之时者，此乡饮酒（指《仪礼·乡饮酒礼》所规定的乡饮酒礼规制）必于三年大比民聚之时，党正乡饮酒亦于大蜡民聚之时也。云皆欲其见化，知尚贤尊长也。尚贤据此篇，乡饮酒尊长据党正乡饮酒也。"[3]郑玄也道："此说乡饮酒谓党正国索鬼神而祭祀，则以礼属民而饮酒于序以正齿位之礼也。"[4]同样，《礼记·射义》所规定的"乡饮酒之礼者，所以明长幼之序也"也只是针对"士大夫之射"的乡饮酒情形[5]，不能扩大解释成乡饮酒礼通用的基本原则。结合宋代社会样态，黄干所言"此乡饮酒遗意也"中的乡饮酒礼应介于尚贤的"乡大夫饮乡中贤者"与尚齿的"党正蜡祭乡饮酒"之间，换言之，黄干眼中的乡饮酒礼正合于《礼记·乡饮酒义》："乡大夫饮宾于庠序，明尊贤养老"之义。

通过上文对乡饮酒礼内容的梳理和辨析，乡饮酒礼的基本性质及其基层秩序价值就显而易见了：作为官方治理、教化基层社会的一种方案，乡饮酒礼通过饮酒、歌乐的礼仪本身去传达基层社会的基本道德价值，即尚贤和尊老。乡饮酒礼通过饮酒礼仪中对贤者和老者的尊崇，在基层社会中宣扬尚德、尚齿的社会秩序观念。同时，乡饮酒礼所表达的社会秩序观也为中国古代基层社会提供了社会阶层区分的标准和依据：按照乡饮酒礼所表达的理想状态，组成中国古代基层社会的社会成员的阶层，正是按照乡饮酒礼宴请宾客时

---

[1]（清）阮元校刻：《十三经注疏（清嘉庆刊本）》，中华书局2009年版，第3651页。
[2]（清）阮元校刻：《十三经注疏（清嘉庆刊本）》，中华书局2009年版，第3654页。
[3]（清）阮元校刻：《十三经注疏（清嘉庆刊本）》，中华书局2009年版，第2116页。
[4]（清）阮元校刻：《十三经注疏（清嘉庆刊本）》，中华书局2009年版，第3654页。
[5]（清）阮元校刻：《十三经注疏（清嘉庆刊本）》，中华书局2009年版，第3662页。

"贤者为宾,其次为介,又其次为众宾"的高下标准进行区分的。

三、乡约集会制度与乡饮酒礼之同异

依黄干所言,乡约之集会秉承乡饮酒礼的仪式和要义,举行乡约集会意味着重申乡饮酒礼的"尊贤养老之义",则乡约集会制度与乡饮酒礼必有共通之处。然而,乡约集会与乡饮酒礼虽然在集会仪式上有相同之处,但乡约集会制度与乡饮酒礼在内容、功能、目标以及基层秩序意义上,都有着巨大的差异。下文笔者拟就乡约集会制度与乡饮酒礼的同异略加辨析。

(一) 乡约集会制度与乡饮酒礼之同

结合上文对乡约集会制度和乡饮酒礼内容的梳理,不难发现,乡约集会制度与乡饮酒礼的共通之处主要体现在以下三个方面:

1. 宣扬道德教化的社会功能相同。有关乡饮酒礼的道德教化功能,《礼记·乡饮酒义》的表达可谓详尽系统。乡饮酒礼迎接主宾时"三揖而后至阶,三让而后升",《礼记·乡饮酒义》说:"所以致尊让也。……君子尊让则不争,絜敬则不慢,不慢不争,则远于斗辨矣,不斗辨则无暴乱之祸矣,斯君子所以免于人祸也。"[1]乡饮酒礼行礼时"六十者坐,五十者立侍""六十者三豆,七十者四豆,八十者五豆,九十者六豆",《礼记·乡饮酒义》说:"所以明尊长也。……所以明养老也。民知尊长养老,而后乃能入孝弟。民入孝弟,出尊长养老,而后成教,成教而后国可安也。"[2]《礼记·乡饮酒义》评价乡饮酒礼的价值道:"贵贱明,隆杀辨,和乐而不流,弟长而无遗,安燕而不乱,此五行者,足以正身安国矣,彼国安而天下安。故(孔子)曰:吾观于乡而知王道之易易也。"[3]由此可见,乡饮酒礼的基本功能,正是通过宴饮歌乐的仪式本身向乡遂之民宣扬尚贤尊老、贵贱有序的道德观念,进而达到维持基层社会道德秩序的目标。同样,乡约集会制度也承载了在乡民之中宣扬道德教化的社会功能,其主要体现有二:一方面,乡约集会在约众相见礼仪、座次排列以及理约职责的分配上都体现了尊贵敬老的道德内涵,这一

---

[1] (清) 阮元校刻:《十三经注疏(清嘉庆刊本)》,中华书局2009年版,第3652页。
[2] (清) 阮元校刻:《十三经注疏(清嘉庆刊本)》,中华书局2009年版,第3654页。
[3] (清) 阮元校刻:《十三经注疏(清嘉庆刊本)》,中华书局2009年版,第3656页。

点上,《南赣乡约》体现的极为明确[1]。另一方面,乡约集会的议程中的旌善规过和读约申诫所依据的乡约所定德业、过失等内容本身即是乡约的道德教化功能的体现。进行规过旌善和读约申诫,将这些道德教化内容付诸实行,正是乡约集会的基本动因。

2. 高下有别的集会礼仪有共通之处。乡饮酒礼进行时,从迎宾、座次到最核心的献宾,无不体现出高下之别,正如《礼记·乡饮酒义》所言:"至于门外,主人拜宾及介,而众宾自入。贵贱之义别矣。……拜至、献、酬、辞、让之节繁,及介,省矣。至于众宾,升受,坐祭,立饮,不酢而降,隆杀之义别矣。"[2]乡约集会对分别高下贵贱的集会礼仪亦规定得十分详细。《增损吕氏乡约》"月旦集会读约之礼"部分对约众相见礼仪和座次规定得极为详致,可谓乡约集会相见之礼的典范[3]。《南赣乡约》规定乡约集会时"少者各酌酒于长者三行"[4]的礼仪和乡约旌善规过的职能划分与乡饮酒礼在饮酒歌乐之礼中宾、介、众宾有差的礼仪,其初衷可谓如出一辙,即通过集会的等级差别礼仪强调尊卑长幼之别,并最终在基层社会中形成贵贱有别、长幼

---

[1]《南赣乡约》在旌善规过时,知约设旌善规过位,约赞赞礼,约史举善行过恶,约正决断善行过恶,约长旌善规过,秩序井然,其职能的划分正是一副尊贵敬老的道德教化模范图。参见(明)王守仁著,吴克等编校:《王阳明全集》,上海古籍出版社1992年版,第602~603页。

[2](清)阮元校刻:《十三经注疏(清嘉庆刊本)》,中华书局2009年版,第3655页。

[3]《增损吕氏乡约》规定的乡约集会相见礼仪的具体程序如下:先以长少叙,拜于东序(凡拜,尊者跪而扶之,长者跪而答其半,稍长者俟其俯伏而答之),同约者如其服至(有故,则先一日使人告于直月。同约之家子弟,虽未能人籍,亦许随序拜。未能序拜,亦许侍立观礼,但不与饮食之会。或别率钱,略设点心于他处),俟于外次。既集,以齿为序,立于门外,东向北上。约正以下出门,西向南上(约正与齿是尊者正相向)。揖迎入门,至庭中,北面,皆再拜。约正升堂上香,降,与在位者皆再拜(约正升降皆自阼阶)。揖,分东西向立(如门外之位)。约正三揖,客三让,约正先升,客从之(约正以下升自阼阶,余人升自西阶)。皆北面立(约正以下西上,余人东上)。约正少进,西向立,副正、直月次其右少退。直月引尊者东向南上,长者西向北上(皆以约正之年推之,后放此。西向者,其位在约正之右少退,余人如故)。约正再拜,凡在位者皆再拜(此拜尊者)。尊者受礼如仪(唯以约正之年为受礼之节)。退北壁下,南向东上立。直月引长者东面,如初礼。退则立于尊者之西东上(此拜长者,拜时惟尊者不拜)。直月又引稍长者东向南上,约正与在位者皆再拜,稍长者答拜,退立于西序,东向北上(此拜稍长者,拜时尊者、长者不拜)。直月又引稍少者东面北上,拜约正。约正答之,稍少者退立于稍长者之南。直月以次引少者东北向西北上,拜约正。约正受礼如仪,拜者复位。又引幼者,亦如之。既毕,揖,各就次(同列未讲礼者,拜于西序如初)。顷之,约正揖就坐(约正坐堂东南向,约中年最尊者坐堂西向向,副正、直月次约之东南向西上,余人以齿为序,东西相向,以北为上,若有异爵者,则坐于尊者之西南向东上)。参见(南宋)朱熹著,朱傑人等主编:《晦庵先生朱文公文集》,上海古籍出版社、安徽教育出版社2002年版,第3602~3603页。

[4](明)王守仁著,吴克等编校:《王阳明全集》,上海古籍出版社1992年版,第602~603页。

有序的社会等级秩序。

3. 乡饮酒礼和乡约集会都采用饮酒唱酬的集会形式。以酒食为媒介的集会是中国古代集会的常见形式，如《仪礼》所规定的燕礼、乡射礼、士冠礼、公食大夫礼等都是如此。根据《义理·乡饮酒礼》的规定，乡饮酒礼以饮酒为媒介，其唱酬形式有献、酢、酬三种，而主要的唱酬礼仪则有献宾、献介、献众宾、旅酬、无算爵五种。在饮酒的同时，筵席上还必须有食物陈设。常规的食物陈设有羹（熟狗肉）、脯醢（干肉片和肉酱）与折俎（盛有折断性体的俎）。乡约集会同样以酒食为媒介而展开。《吕氏乡约》"聚会"章规定："每月一聚，具食；每季一会，具酒食。"[1]《增损吕氏乡约》"月旦集会读约之礼"部分规定："直月率钱具食，每人不过一二百（钱），孟朔具果酒三行，面饭一会，余月则去酒果，或直设饯可也。"[2]《南赣乡约》第15条规定："少者酌酒于长者三行，……酒复三行，遂饭。"[3]由以上三乡约的明文规定可知，和乡饮酒礼一样，乡约集会也是一种以酒食为媒介的集会形式。不过，乡饮酒礼专注于酒食礼节本身，因为乡饮酒礼需要通过这些礼节本身去分别尊卑长幼，从而达到尚贤尊老的目标。而乡约集会的酒食礼节不过是穿插于集会议程的附属内容，其重要性较之乡饮酒礼大为降低了。从乡饮酒礼的酒食礼仪到宋明乡约对乡约集会酒食的明文规定，不难发现，乡约集会制度的酒食规则应当是传承自前代礼仪中的酒食礼节，当然，这其中也包括乡饮酒礼。所以，黄干之所以认为乡约有近于乡饮酒礼的特征，与乡饮酒礼和乡约集会相近的礼节也有不小的关联。

（二）乡约集会制度与乡饮酒礼之异

乡饮酒礼与乡约集会的共通之处已如上文所述，但乡约集会制度与乡饮酒礼的差异要远远大于其共通之处。下文就乡约集会制度与乡饮酒礼的主要区别略加辨析，以期在分析归纳的基础上，得出乡约集会乃至乡约和乡饮酒礼各自的本质特征。

1. 乡饮酒礼与乡约集会制度的内容不同。结合前文的论述可知，乡饮酒礼的主要内容自始至终共包括以下几项：谋宾、献宾、作乐、旅酬、无算爵

---

[1]（北宋）吕大临等撰，陈俊民辑校：《蓝田吕氏遗著辑校》，中华书局1993年版，第567页。
[2]（南宋）朱熹著，朱杰人等主编：《晦庵先生朱文公文集》，上海古籍出版社、安徽教育出版社2002年版，第3601~3602页。
[3]（明）王守仁著，吴光等编校：《王阳明全集》，上海古籍出版社1992年版，第602~603页。

和无算乐、送宾。通过乡饮酒礼的六项主要内容可以看出，乡饮酒礼的进行是为了开展一场饮酒宴会，换言之，乡饮酒礼通过一系列饮酒的礼节体现其价值。与乡饮酒礼仅注重集会礼仪本身不同，乡约集会重视集会礼仪的同时，还有着更多重要的内容需要进行。乡约集会的集会礼仪虽较之乡饮酒礼简化许多，但仍然清晰严格。以《南赣乡约》为例，《南赣乡约》第15条规定："约赞鸣鼓三，众皆诣香案前序立，北面跪听约正读告谕毕。……皆再拜，兴，以次出会所，分东西立。……乃东西交拜。兴，各以次就位，少者各酌酒于长者三行，知约起，设彰善位于堂上，南向置笔砚，陈彰善簿。"[1]以上只是集会礼仪中的一部分，可见集会礼仪亦是乡约集会制度的重要组成部分。但是，乡约集会在集会礼仪之外，还规定了旌善规过和读约申诫两项重要内容，正是这两项实际的集会议程，使得乡约集会呈现出与乡饮酒礼完全不同的面貌。仍以《南赣乡约》为例，《南赣乡约》第15条在规定集会礼仪时，更浓墨重彩地规定了乡约旌善规过的进行程序，以及劝善规诫的乡约集会申诫议程。简而言之，乡饮酒礼是一场单纯的饮酒仪式，其目的是展示基层社会中高下有别的社会阶层，宣扬尚贤敬老的社会伦理，以期形成长幼有序、贵贱有差的基层社会秩序。乡约集会制度的内容则复杂得多。宋明乡约的乡约集会制度不仅仅需要通过乡约集会礼仪的展开培养乡约尊贵敬老的风气，以期在乡约中形成长幼有序的乡约秩序。乡约集会制度需要通过实际的旌善规过和读约申诫去实现乡约德业的进修、过恶的规诫、礼俗的相成、患难的救恤。换言之，宋明乡约有着明确的内容需要通过乡约集会制度的运行加以展开和促进，这也是乡约集会的根本职责所在。

2. 乡饮酒礼与乡约集会制度的功能不同。正如《礼记·乡饮酒义》所言，乡饮酒礼的进行能够形成"贵贱明，隆杀辨，和乐而不流，弟长而无遗，安燕而不乱"[2]的基层伦理秩序。乡饮酒礼价值目标的实现，正是依靠乡饮酒礼进行过程中展现的对贤者、老者的区别礼仪。对这些等级差别礼仪的宣扬，又是乡饮酒礼实现其道德教化功能的基本途径。与乡饮酒礼仅止于对基层社会进行尚贤尊老的宣教不同，乡约集会制度在道德教化功能之外，还有其他重要功能，如制度性的旌善、规过。与乡饮酒礼一样，乡约集会制度也

---

[1] （明）王守仁著，吴克等编校：《王阳明全集》，上海古籍出版社1992年版，第602页。
[2] （清）阮元校刻：《十三经注疏（清嘉庆刊本）》，中华书局2009年版，第3656页。

有通过集会仪式和读约申诫向约众宣扬尊贵敬老的功能,这也正是黄干之所以认为乡约是"乡饮酒遗意"的原因。但是,乡约集会制度的旌善、规过制度却是全新创见,也正是乡约集会制度的这一功能,才使得乡约集会制度成为与乡饮酒礼大为不同的一种制度构造。乡约集会制度通过以约正、约长为代表的约众一致认定,对约众的德行和过恶进行评价,对有德行的约众进行旌赏,对有过恶的约众加以惩戒,并通过旌善、规过机制的运行,带动乡约德业进修、过恶规诫、礼俗相成、患难救恤等乡约功能的全方位运行。因此,可以说乡约集会制度中的旌善、规过机制是乡约得以自我代谢、调整,进而实现良性运转的核心机制。正是乡约集会制度的旌善、规过机制使得其与乡饮酒礼完全不同:乡饮酒礼承载的功能是单一的基层社会宣教功能,而乡约集会制度则具备集道德教化、旌善规过、患难救恤为一体的全方位功能。

3. 乡饮酒礼与乡约集会制度的基层秩序意义也有明显区别。通过对乡饮酒礼内容的梳理,不难发现,乡饮酒礼是中国古代地方官员主导的士绅道德宣教集会。郑玄注《仪礼·乡饮酒礼》之开篇道:"主人,谓诸侯之乡大夫也;先生,乡中致仕者;宾、介,处士贤者。"[1]由此可见,乡饮酒礼参与者的身份并非普通民众。据历代举行乡饮酒礼的历史记载,乡约的倡导主持者多为官府,甚至有皇帝亲自主持乡饮酒礼,如"晋武帝泰始六年(公元270年)冬十二月,帝临辟雍,行乡饮酒之礼"[2]。基于官府主导、参与者多为基层士绅的乡饮酒礼,其功能又限于尚贤尊老的道德教化,这样的集会能够起到多大的秩序维护价值,笔者不免疑惑。与乡饮酒礼不同,乡约集会制度是乡约运行必不可少的协调机制,这一点从乡饮酒礼的举行期日不固定,举行次数较少,而乡约集会制度则采用每月定期集会的规则也可以看出[3]。乡约集会制度是乡约运行状况协调、善行旌励、过恶规诫、患难救恤以及道德教化的集会制度安排,换言之,与乡饮酒礼专注于道德宣教不同,乡约集会制度融合了基层社会道德教化、患难救恤和过恶防范的综合价值,其对于基层秩序维护的意义不言而喻,这是乡约集会制度基层秩序意义的一方面。另

---

[1] (清)阮元校刻:《十三经注疏(清嘉庆刊本)》,中华书局2009年版,第2115页。

[2] (南宋)郑樵撰:《通志》,中华书局1987年版,第591页。

[3] 关于乡约集会的会期,《吕氏乡约》采用每月一聚,每季一会的规则,其日期则不明确;《增损吕氏乡约》则规定每月月朔集会,孟朔大会;《南赣乡约》的集会不区别孟月与余月,直接规定每月月望集会。

一方面，乡约集会是约众集合而成，而集会进行的内容也与约众息息相关，因此，这样的集会制度安排的意义之于每位约众都十分重大。进而言之，若乡约实际成为基层社会的组成部分，则乡约集会制度的基层秩序的意义较之乡饮酒礼，其差别不啻云泥。

综合以上所进行的论述、分辨，结论已然明了：乡饮酒礼是中国古代地方官员主导的以饮酒礼仪为基本内容、以尊齿尚贤为基本功能的士绅道德宣教集会，乡约集会制度则是融合了乡约道德教化、旌善规过、患难救恤等基本功能的乡约协调机制。乡饮酒礼与乡约集会制度虽有共通之处，但两者的区别是根本性的，而其根本区别正是乡约与乡饮酒礼不同的功能定位和价值目标所决定的。

第五节 乡约运行模式的转变

上文，笔者对乡约的入约出约制度、旌善规过制度、患难救恤制度以及乡约集会制度的主要内容、基本特征、运作机理以及本质属性进行了系统的论述。至此，对于乡约的制度运作可以说已知其全貌。不过制度本身是固定的，只有整个乡约制度按照一定模式开始运转，才能体现出乡约的基本内涵和本质特征。从《吕氏乡约》到《南赣乡约》，乡约的运行模式是一以贯之，还是转变巨大？本节拟通过论述乡约的运行模式在宋明间的发展和演变，从整体、宏观的视角去认识乡约的基本制度，以期得出恰当结论。乡约制度的运行模式立足于乡约的价值目标，而乡约的价值目标自宋到明经历了明显的转变。笔者认为，自《吕氏乡约》到《南赣乡约》，乡约制度的运行模式经历了从民间自发运行到官方督导运行的模式，而这种转变的出现与乡约价值目标的转向有着根本性的关联。

《吕氏乡约》的基本价值目标是实现对约众的德业旌励、过失规劝和患难救恤，最终达到"成吾里仁之美"的基层社会秩序的理想境界。因此，《吕氏乡约》的旌善、规过制度所适用的是约众所认可的德业相劝、过失相规、礼俗相交和患难相恤四个部分的内容。同时，由于乡约是由自愿加入的约众所组成，而乡约规范也为约众所公认，故若约众有众所难容的过恶情形，约众可以集会将其出约，即所谓"皆绝之"[1]。当然，由于约众属于自发参加乡约，其出约也是自由的，即所谓"其来者亦不拒，去者亦不追"[2]。《增损吕氏乡约》的价值目标与《吕氏乡约》无异，其乡约制度的运行模式也与《吕氏乡约》大同小异。《增损吕氏乡约》的运行模式较之《吕氏乡约》最大的变量在于其删去了《吕氏乡约》规过制度中的罚金罚则，并增加了一项"月旦集会读约之礼"。朱熹之所以会对乡约运行模式做如此调整，原因在于他认为《吕氏乡约》的制度决定了其运行模式于劝善之处着力太少，而于规过之处过于严苛。因此，为了使乡约的运行更加顺畅有效，朱熹对《吕氏乡约》的运行模式进行了局部调整。总体而言，《增损吕氏乡约》的运行模式仍基于《吕氏乡约》，即仍然属于由约众自发组织协调运行的运行模式。到了明代的《南赣乡约》，情况就有了明显的变化。如前文所述，《南赣乡约》是王守仁以地方大员的身份，以"咨尔民"[3]的教谕口吻加以推行的。因此，《南赣乡约》的运行必然立足于国家权力的支撑，其运行自然也形成了独特的官方督导与约众自发相结合的乡约运行模式。关于国家权力对于《南赣乡约》运行的支撑和监督，《南赣乡约》中随处可见的"呈官"规定足以佐证。同时，《南赣乡约》的价值目标除继承了《吕氏乡约》和《增损吕氏乡约》的德业旌励、过失规劝和患难救恤之外，还有一个格外明显的预防约众为恶的目标。《南赣乡约》所施行的地区原属于盗匪出入之地，《南赣乡约》的约众也有许多属于改邪归正的新民。王守仁推行《南赣乡约》的主要目的之一即在于帮助南赣新民"破心中贼"[4]。预防约众为恶需双管齐下，正如《南赣乡约》第12条规定"投招新民，因尔一念之善，贷尔之罪；当痛自克责，改过自新，勤耕勤织，平买平卖，思同良民；无以前日名目，甘心下流，自取灭绝。约长等各宜时时提撕晓谕，如踵前非者，呈官征治"[5]，《南赣乡约》在劝谕约众"孝尔父母，敬尔兄长，教训尔子孙，和顺尔乡里，死丧相助，患难相恤，善相劝勉，恶相告戒，息讼罢争，讲信修睦，务为良善之民，共

---

[1]（北宋）吕大临等撰，陈俊民辑校：《蓝田吕氏遗著辑校》，中华书局1993年版，第567页。
[2]（北宋）吕大临等撰，陈俊民辑校：《蓝田吕氏遗著辑校》，中华书局1993年版，第568页。
[3]（明）王守仁著，吴克等编校：《王阳明全集》，上海古籍出版社1992年版，第600页。
[4]（明）王守仁著，吴克等编校：《王阳明全集》，上海古籍出版社1992年版，第168页。
[5]《南赣乡约》这类规定还有第8条、第9条和第11条，参见（明）王守仁著，吴克等编校：《王阳明全集》，上海古籍出版社1992年版，第602页。

成仁厚之俗"[1]的同时，也明确规定了乡约联合国家权力预防约众为恶的目标。

总而言之，自《吕氏乡约》到《南赣乡约》，乡约的基本运行模式经历了约众自发组织协调模式到官方督导与约众自发相结合模式的转变，正是由于乡约运行模式的转变，宋明乡约的功能展开、社会效果实现以及乡约在宋明基层社会中的位置也发生了相应的变化，这正是下一章所论述的内容。

---

[1]（明）王守仁著，吴克等编校：《王阳明全集》，上海古籍出版社1992年版，第600页。

第四章

乡约与宋明基层社会秩序

在前两章论述的基础上，本章进一步论述宋明基层社会秩序中的乡约。本章论述包括三个部分：首先，承接前两章，考证乡约在宋明基层社会中的推行概况，乡约推行所遇到的困难以及应对方案，并考证、分析乡约推行难易的基本原因；其次，论述乡约在宋明基层规范体系中的位置，即通过比较乡约与其他宋明基层社会规范的关联与异同，得出乡约在宋明基层秩序维护制度中的地位和价值；最后，论述乡约的基本构造、基本功能、基本价值以及目标蓝图之于宋明基层社会的价值和意义。

第一节 宋明基层社会秩序概貌

宋明基层社会秩序是宋明社会秩序的基础场域，也是宋明乡约之所以产生、演变的背景和秩序大环境。欲知乡约在宋明基层社会秩序的存在状况以及乡约与宋明基层社会秩序的基本关联，则不得不对宋明基层社会秩序的基本概貌略加概述。

宋代社会是中国近世社会的肇始时期，而近世社会的主要表征则立基于宋代社会秩序的基础性场域，即宋代基层社会秩序。宋代基层社会秩序较唐代基层社会有以下三个方面的显著区别：其一，基层社会的基本身份构成发生了明显的变化。在唐代基层社会中，社会成员主要由掌握大量田土的世袭贵族地主、占有少量田土的自耕农、从事各种手工业的小户以及大量以部曲或仆婢身份依附于大地产主的非自由人构成，而且，在唐代中前期，非自由人在基层社会成员中占有相当的比例。同时，非自由人与主人的严格附属关系也得到了国家法律的认可。而到了宋代,情况出现了明显的变化。由于唐代世袭贵族制的衰败,宋代基层社会中掌握大量田土的世袭贵族地主难以存续,加之宋代"不立田制"的基本国策,宋代基层社会中所存在的大多是聚散流移的中小型地产主。同样,由于地产的流转加速,宋代地产主已然没有能力掌控和养活大量严格附属的部曲和仆婢,因此,宋代的非自由人与主人的关系较之唐代,已然大致由附属关系转变为契约关系。由此而来,宋代基层社会成员主要由相对稳定的中小型地产主、占有少量田土的自耕农和从事其他行业的主客户构成。其二,基层社会的活动性增强、稳定性减弱。谢和耐先生在评价唐宋社会转变时道:"一个尚武、好战、坚固和组织严明的社会,已经为另一个活泼、重商、享乐和腐化的社会所取代了。"[1]其实,谢和耐先生这一结论同样适用于唐宋基层社会的转变。在宋代,由于土地流转加速,社会成员之间的沟通交流较之唐代频繁得多。同时,由于在唐代能自由支配自身社会活动的社会成员相对于宋代较少,因此唐代社会的组织化和定型化的难度较小。宋代有能力和权力支配自身社会活动的社会成员较之唐代多出太多,随着社会经济流动的加剧,宋代基层社会的组织和定型难度则要大得多,而这正是宋代基层社会产生诸多民间自发或国家推行的基层社会秩序维护制度的根本原因。其三,较之唐代,宋代完善基层社会秩序维护的必要性和可能性有着显著的发展。在唐代,县以下的乡里治理往往完全倚仗基层社会成员的自发维护,而国家权力往往仅提供协助或对这种自发维护的身份和活动进行认可而已,由于组织和定型程度较高,唐代基层社会的秩序维护如此已然足够。宋代基层社会由于社会活动的频繁和社会流动的加剧,依靠历史传承的固有社会秩序维护模式已然不够,这是完善宋代基层社会秩序维护模式的必要性。同时,由于宋代基层社会成员的身份自由度和宋代社会文化传播的推广、加速,为各种基层社会秩序维护方案的产生和推行提供了可能性基础。总而言之,较之唐代,宋代基层社会秩序维护的健全和完善既显得势在必行,又在可能性上具备社会政治和思想文化基础。

自北宋开国到南宋灭亡于元,无论是从国家权力强制推行的角度(如保甲法、劝分制度等),还是从民间自发的自救、自励的角度(如乡约、行会

---

[1] [法]谢和耐:《蒙元入侵前夜的中国日常生活(插图本)》,刘东译,北京大学出版社2008年版,第2页。

等),宋代基层社会秩序的维护都在一步步走上强化、完善的道路。宋代基层社会秩序维护的强化、完善趋势一方面反映了国家权力向基层社会渗透的意图,另一方面则反映出宋代基层社会成员试图对这个"活泼、重商、享乐和腐化的社会"进行组织化和定型化的努力。

由于元代国家对中原乃至江南地区固有社会秩序维护模式的认可,元代基层社会秩序维护在宋代基础之上,有了进一步的发展,其中最为显著的基层社会秩序维护的制度方案就是在中原地区推广社制,并由此形成了一直延续到明清时期的北方以社制为主、南方以里甲为主的近世基层社会行政建制体系。同时,在元代,宋代所创建的基层社会秩序维护制度和模式大多得到延续和发展,比如继承宋代乡约精神的龙祠乡约。正是由于元代基层社会秩序对宋代的继承和发展,在元代短短百年的寿命结束之后的明代,基层社会秩序的维护结合明代基层社会的时代特征,在方案创新和制度发展方面既表现出对宋元经验的继承,又表现出明代的特点。

明代初年,图王霸业的明太祖朱元璋一心整肃、刷新整个明代社会秩序——当然也包括明代基层社会秩序。太祖在位期间,明太祖通过设置粮长、老人、申明亭等制度建制对基层社会进行组织化和定型化,同时,太祖也通过《大诰》《教民榜文》等文告为基层社会的组织化和定型化提供思想和舆论支撑。但是,就整个明代的基层社会秩序维护而言,仅仅依靠太祖或后继者的雄才大略既是不足够的,在某种程度上说,也是不适当的,因为通过强大、专制的国家权力去干预基层社会秩序的维护,只会有利于形成俯首听命于专制国家的、死气沉沉的基层社会。卜正民在论述明代国家权力对社会秩序形成演变的影响时断言:"明太祖实行的严酷控制,也许可以用来证明:国家有能力(对社会)实行专制统治。但是,这种专制统治却是短命的。很快,国家便不得不与地方利益进行谈判,以保护那些符合地方控制政策的机构,以及惯例。"[1]在明代基层社会秩序维护中的事实也正是如此。明太祖以后,明成祖颁行《性理大全》,其中就有宋代基层社会秩序维护体系中的乡约。到明代中期,太祖所推行的诸多基层社会秩序维护制度都荒废已久,如粮长制度被荒废,老人理讼司法制度则因腐败而走入尾声。与之同时,明代基层社会秩序的维护则呈现出国家权力与民间自发相结合的基本模式,而这也正是

---

[1] [加]卜正民:《明代的社会与国家》,陈时龙译,商务印书馆2014年版,第17页。

宋代基层社会秩序维护的基本趋势。大体而言，宋代有义仓、社仓，明代则有义仓、社仓以及济农仓；宋代有乡约，明代乡约更得以推广；宋代有吕氏兄弟、朱熹思虑基层社会秩序维护并尝试推行《吕氏乡约》与《增损吕氏乡约》，明代则有王守仁制定并推行《南赣乡约》、黄佐制定《泰泉乡礼》、吕坤制定《乡甲约》、陆世仪制定《治乡三约》，以及仇楫兄弟推行的《雄山乡约》等明代基层社会秩序维护的思考和实践。总之，明代基层社会秩序的概貌继承并进一步发展了宋代基层社会秩序的基本面貌。若论宋明基层社会秩序最为显著的不同，则在于明代基层社会秩序受到明代国家权力的影响更强大，也更深入，究其原因：一方面，明代（太祖治理的洪武年间是个例外）的基本社会样态类于宋代，同样可以用谢和耐论述宋代的"活泼、重商、享乐和腐化的社会"这一断言涵盖。然而，明代的商品经济和社会流动较之宋代更为频繁，而这些现象也明显反映在明代基层社会中。经济发展和社会流动意味着财富的集聚和再分配，在这一点上，明代国家是不可能置身事外的。因此，经济原因是明代国家强化干预基层社会秩序的根本原因。另一方面，这是中国古代近世国家权力向基层社会延伸的大趋势，况且明代基层社会秩序还曾受到明太祖朱元璋的强力干预，这种干预的惯性虽然随着时间的推移逐渐变小，但就整个明代基层社会秩序而言，其影响可谓深远。

第二节　乡约推行状况考论

《吕氏乡约》的实际推行状况由于文献不足，难以尽见全貌，以至于有研究者认为《吕氏乡约》是"是一种初步设计，一种未经实践检验的理想化纲领"[1]。但可以确定的是，《吕氏乡约》自神宗熙宁九年（公元1076年）结成，至元丰三年（公元1080年）吕大钧过世，在吕氏兄弟的倡导下，《吕氏乡约》在关中蓝田地区推行过。关于《吕氏乡约》的推行情况，目前有吕大钧写给亲友的四封书信可以提供直接证据，分别是《答伯兄》《答仲兄一》《答仲兄二》《答刘平叔》。从以上四封书信不仅可以看出《吕氏乡约》的确

---

[1]　周扬波：."宋代乡约的推行状况"，载《浙江大学学报（人文社会科学版）》2005年第5期。

曾经实行过,更能看出《吕氏乡约》推行过程中遇到的困难以及吕氏兄弟的应对方案。《答伯兄》一函寥寥数语,却是《吕氏乡约》推行的明证:"乡约中有绳之稍急者,诚为当已逐,施改更从宽。其来者亦不拒,去者亦不追,固如来教。"[1]同时,《答伯兄》也明确指出《吕氏乡约》在推行中曾经修改,修改的主要原因是因为《吕氏乡约》的罚则过于严格,出约入约也并非完全自愿,以至于部分约众不愿意负担这样的乡约制度。鉴于此,吕大钧采纳长兄吕大忠的建议,放宽乡约的罚则和出约、入约限制。《答仲兄一》《答仲兄二》《答刘平叔》三函内容相近,都是吕大钧针对舆论对乡约的质疑做出的回应,其中最核心的内容是申辩社会事业的推行不必一定需要国家权力才能推行,而《吕氏乡约》所为之事不过是维护基层秩序道之所在、义不容辞的事情而已。吕大钧认为学问和修养才是推行乡约的根本依据,他认为:"若止取在上者之言为然,则君子何必博学。"[2]同时,吕大钧强调民间推行社会事业和官方推行这些事业性质相同,并没有特别的冲突,他说:"人性之善则同,而为善之迹不一,或出或处,或行或止,苟不失于仁,皆不相害,又何必须以出仕为善乎?"[3]不过,综合吕大钧的四封书信,可以推知《吕氏乡约》推行的大致情形如下:首先,自神宗熙宁九年(公元1076年)至元丰三年(公元1080年)间,《吕氏乡约》确实在吕氏兄弟的倡导下实行过。除此之外,《吕氏乡约》的推行情况不可知。其次,《吕氏乡约》在推行的过程中遇到了很大的阻力,这些阻力既来自社会舆论,也来自参加乡约的约众。再次,非议的核心主要集中在民间推行乡约是否具有身份上的合法性方面。这些非议的力量十分强大,甚至可能部分还来自国家权力的质疑。最后,针对非议和质疑,吕大钧在坚持推行乡约的同时,对乡约内容作了必要的调整。

何以《吕氏乡约》的实行难以推广,以至于除吕大钧的几封书函之外,别无传世记载?[4]同时,有学者认为:"乡约在推行的地域、数量、规模上均未形成大的气候,与同样由理学家推行的两大民间社会机构社仓和书院相比,

---

[1] (北宋)吕大临等撰,陈俊民辑校:《蓝田吕氏遗著辑校》,中华书局1993年版,第568页。
[2] (北宋)吕大临等撰,陈俊民辑校:《蓝田吕氏遗著辑校》,中华书局1993年版,第568页。
[3] (北宋)吕大临等撰,陈俊民辑校:《蓝田吕氏遗著辑校》,中华书局1993年版,第569页。
[4]《宋史》吕氏兄弟的列传将具体推行《吕氏乡约》的责任者错置于吕大防,范育所书吕和叔(大钧)墓表则未提及《吕氏乡约》,可见《吕氏乡约》在北宋后期产生的实际社会影响并不大。

其影响更是不能同日而语"[1]。笔者认为,《吕氏乡约》之所以没能得以推广,既有乡约本身的原因,也与北宋后期的社会环境分不开。一方面,《吕氏乡约》作为意图全面整合基层社会秩序的宏大纲领,既由基层民间乡绅发起推行,自然需要其制度宽严适中且符合基层社会大部分民众的需要,才能培养起广泛的民众基础。而《吕氏乡约》在实际推行中一方面表现出罚则上的宽严不当,吕大钧也承认有时"绳之稍急"[2];另一方面在乡约运行中表现得不近人情,即吕大钧所言的"简繁失当"[3]。这两方面的因素又纠合在一起造成了《吕氏乡约》推行上的困难,正如有学者论道:"乡约偏向严格是因为,其以礼仪教化为核心的内容难以得到民众的深度认同,仅采取自愿原则必然难以形成有规模地推行,在这样的前提下,乡约推行往往采取利益制约、严格惩罚等强制性措施,其本质还是宽猛难于适当的两难困境。这种两难困境始于乡约推行之初,一直困扰着有志推行乡约的理学家们,限制着他们宏图的拓展。"[4]另一方面,熙丰年间的社会环境也是阻碍《吕氏乡约》推行的一个主要原因。熙宁年初,宋神宗赵顼用王安石变法。王安石改革基层社会秩序维护模式的主要倾向就是将基层的经济、民生、教育和治安纳入国家权力的直接统辖之中。吕氏兄弟推行的乡约采用民间自发的基层秩序维护模式,显然与当时的国家基层秩序维护大趋势分道扬镳,所以,社会舆论认为《吕氏乡约》是"非上所令而辄行者"的"异事",甚至将《吕氏乡约》比拟为"汉之党事"。虽然吕大钧对这些非议都进行了一一回应,以证明《吕氏乡约》推行的合法性,但是,这些非议却反映出在当时的关中地区,对《吕氏乡约》持质疑立场者不在少数,而且这些非议有着相当的社会影响力。由此可见,在推行乡约的社会环境方面,熙丰年间的社会主流思潮对《吕氏乡约》的民间自发模式并没有足够的认同,换言之,《吕氏乡约》所主张的基层秩序维护模式在当时尚缺乏广泛的社会认知基础。

《增损吕氏乡约》由朱熹增损《吕氏乡约》而成,但在朱熹生前,《增损吕氏

---

[1] 周扬波:"宋代士绅结社研究",浙江大学2005年博士学位论文。
[2] (北宋)吕大临等撰,陈俊民辑校:《蓝田吕氏遗著辑校》,中华书局1993年版,第568页。
[3] (北宋)吕大临等撰,陈俊民辑校:《蓝田吕氏遗著辑校》,中华书局1993年版,第570页。
[4] 周扬波:"宋代士绅结社研究",浙江大学2005年博士学位论文。

乡约》并未得以推行。一方面朱熹认为"（乡约）其实恐亦难行，如所喻也"[1]，同时朱熹所整理的基层秩序维护方案众多，而《增损吕氏乡约》只是其中之一，其他诸如社仓、义役等朱熹都曾力行，而独无其推行乡约的记载，可见朱熹只是对《吕氏乡约》文本进行增损，并未有推行乡约的实践。而且，朱熹晚年又卷入庆元党禁，遭褫职罢祠，其学术也被指为伪学，故在其生前，《增损吕氏乡约》的影响可能极为有限，大概只在理学同道和朱熹门人中流传。朱熹之后，身体力行乡约者，有阳枋、胡泳、程永奇等人，他们均为朱熹的弟子和再传弟子，其中又以阳枋所行乡约留下的记载最为详尽，其所推行的乡约规模和社会影响也最大。

胡泳于嘉定八年（公元1215年）在南康推行乡约，黄干曾为之跋涉。程永奇居家期间曾"用伊川先生宗会法，以合族人举行《吕氏乡约》，而凡冠昏丧祭，悉用朱氏礼，乡族化之"[2]。程永奇推行乡约的时间当与胡泳推行乡约的时间相仿，而且也取得了一定成效，不过主要是在家族内推行，社会影响较小。阳枋（公元1187年~公元1267年），字正父，合州巴川（今重庆铜梁县）人。据载，他一生中曾先后两次推行乡约，第一次是在淳祐三年（公元1243年）。当时，巴蜀地区频遭蒙元军队袭扰，民众颠沛流离，居无定所。阳枋目睹乡里荒废、流民四起、盗贼横行的社会现实，痛心疾首。为了恢复原有的社会秩序，阳枋决意与家人、友人和乡人一起，在乡里推行乡约和乡饮酒礼。阳枋的乡约得到众多乡里绅民的响应，从约者达八十余人。据阳子昂《纪年录》记载："（阳枋）与友人宋寿卿、陈希舜、罗东父、向从道、黄叔高、弟全父、侄存子、王南运，讲明《吕氏乡约》，行之于乡，从约之士八十余人"[3]。同时，乡约以前进士黄应凤为约正，"正齿位、劝德行、录善规过"，同时赈济战乱后的灾民。"悉所有以周亲故之饥寒"。经过乡约一番"孝悌忠信"的教化之后，达到"一乡化焉"[4]的良好基层社会效果。阳枋第二次推行乡约是在宝祐五年（公元1257年），阳枋以七十高龄"与宋寿卿

---

[1]（南宋）朱熹著，朱傑人等主编：《晦庵先生朱文公文集》，上海古籍出版社、安徽教育出版社2002年版，第1331页。
[2]（明）程敏政辑撰，何庆善、于石点校：《新安文献志》，黄山书社2003年版，第1703页。
[3]（南宋）阳枋撰：《字溪集》，台北"商务印书馆"1986四库全书影印本，第434页。
[4]（南宋）阳枋撰：《字溪集》，台北"商务印书馆"1986四库全书影印本，第442页。

合乡士就渝，讲明乡约"[1]，地点是在渝州（今重庆市），友人宋寿卿仍是主要合作者。阳枋的《与宋东山（即宋寿卿）书》，反映了一些这次乡约的推行情况："尊友乡约讲说，极有功于后学，然这般处极淡极深，极难卒解。要他立脚入头，须是他愤悱自来求益方好，如强与之，彼亦轻视亵置，不以为贵。闻蒲漕使招来，甚佳。古人抱道守素，必待其求，必待其问，然后以序语之，彼未虚心，徒然为说，便几失言，而迂腐鄙执之名往往由是而起，此道之所以不明不行也。"[2]阳枋第一次推行乡约有"前进士"参与，第二次乡约推行有"蒲漕使"参与，证明阳枋推行的乡约在当时已形成了一定的规模和社会影响。除以上三人以外，还有张时举和无名氏推行乡约的记录，但记载过于简略，现今已经不得其详。此外，还有乡约与其他基层组织联合推进基层秩序并得到官方支持的记载，如咸淳六年（公元 1270 年），邱龙友、王英杰具奏朝廷，提请划拨土地，设立社坛，在组织乡民集体祭祀的同时，讲明乡约，"庶春祀秋，报有所因得，于时申明乡约，劝沮臧否，以保年谷丰登，以笃扮榆谊契，下期风俗之淳，上乐圣明之治"。南宋朝廷批复道："看得职官邱龙友、王英杰所奏事理，有协于义，准与立社。着本州官给帖付照，地税免征。"[3]

朱熹增损《吕氏乡约》之后，由于朱子理学的影响力，乡约的推行显然较之吕氏兄弟在关中的规模要大得多，同时，乡约的传播也更广泛。不过，与吕氏兄弟推行乡约所遇到的困难相近，南宋中后期的乡约推行仍然困难重重。从前文所述阳枋推行乡约的记载中可以看出，乡约推行存在强制入约的情况，即所谓"强与之"，然而按照阳枋的观点，这种强制入约的方法反而不利于乡约价值目标的实现，即所谓"徒然为说，便几失言，而迂腐鄙执之名往往由是而起，此道之所以不明不行也"。如果考察阳枋推行乡约的基层社会外部环境，则屡罹兵祸，民生凋敝的巴州、渝州地区实在亟需乡约这样的基层秩序维护方案，加之阳枋一方面"周亲故之饥寒"，一方面行"正齿位、劝德行、录善规过"的乡约，按理说乡约的推行应该较为顺利才对，而实际情况是，乡约的推行、运转仍然艰难，否则阳枋没有理由不将乡约一直推行下

---

[1]（南宋）阳枋撰：《字溪集》，台北"商务印书馆"1986 四库全书影印本，第 436 页。
[2]（南宋）阳枋撰：《字溪集》，台北"商务印书馆"1986 四库全书影印本，第 289 页。
[3]（清）佘华瑞纂：《岩镇志草》，江苏古籍出版社 1992 年版，第 213~214 页。

去，而是在原先乡约难以存续被废弃的十多年后另起炉灶，重新推行乡约。实际上，就《吕氏乡约》和《增损吕氏乡约》的基层社会秩序维护模式而言，其构造纲领中的约众自愿组成、自发协调的乡约推行原则和保证乡约目标得以实现的乡约强制力规则是一对矛盾，而这对矛盾的缓和或激化，与推行乡约的基层社会民众基础以及外部社会环境有着十分紧密的关系：首先，乡约需要基层民众对于乡约所主张的德业内容有基本的认识和践行的热情，这就需要民众有一定的经济基础和文化素养；其次，乡约的强制力——乡约对违反乡约的行为的强制罚则——会遭遇到社会舆论的合法性质疑，即乡约是否有资格对约众施加诸如罚金、出约等处罚措施；最后，如果乡约行之于亟待修复的凋敝基层环境，则免不了借用官方的"前进士""蒲漕使"之威望和捐助资财"周亲故之饥寒"的恩惠。如阳枋推行乡约这般恩威并施，虽然便于乡约的推行，但乡约自发组织、自主协调以及以约众自主推动乡约运转，以及乡约民间自发的价值目标的实现等《吕氏乡约》传承下来的乡约基本精神和理念，则不免变成以恩惠和豪民之威裹挟基层乡民而以图拯救衰世的权宜之计。

较之《吕氏乡约》和《增损吕氏乡约》在推行中的困难重重，《南赣乡约》的推行则相对顺遂而且受到的赞誉颇多。之所以《南赣乡约》会推行的畅通无阻，一方面是因为《南赣乡约》具有的官方督导的属性，因此可以免去类似吕氏兄弟推行《吕氏乡约》时身份合法性非议，《南赣乡约》的推行可谓名正言顺。另一方面，为了确保《南赣乡约》的有效推行，王守仁采用了多方面的举措：首先，王守仁加强对南赣地区府县官员的催督和考成，要求定期检查乡约运行的情况并及时汇报，其次，王守仁颁布众多谕民文告，如《告谕各府父老子弟》《告谕新民》《告谕顽民》《谕俗文》等，围绕乡约和基层秩序维护对南赣乡民三令五申。进而，王守仁在《南赣乡约》实际推行的过程中，对《南赣乡约》不便于推行的部分规范进行了必要修订。南赣地区久被盗贼，民生凋敝，王守仁意识到选择家道殷实的乡民主持乡约更利于乡约的推行，于是《南赣乡约》推行不久之后将原定"同约中推年高有德为众所推服者一人为约长，二人为约副"条改为"各自会推家道殷实、行止端庄一人为约长，二人副之"，同时规定"将各人户编定排甲，自相巡警保守，各勉忠义，共勤国难，敢有违抗生事惊扰地方者，就便拿解赴官，治以

第四章 乡约与宋明基层社会秩序

军法。约长若有乘机侵害众户,及受财不举,许被害人告发重治"[1]。还有极为重要的一点,即王守仁将《南赣乡约》与其独创的保甲制度"十家牌法"相配合,使得乡约在南赣地区的推行不仅少去许多阻力,更可谓多了国家基层行政制度的支撑。当然,除《南赣乡约》本身的官方化属性和王守仁的诸多努力外,《南赣乡约》之所以易行,也与南赣地区独特的社会环境有关。南赣地区基层社会刚从匪乱中恢复过来,其秩序的形成具有很强的可塑性,换言之,南赣地区的基层社会并没有根深蒂固、盘根错节的基层固有社会秩序以及基层社会文化传统。从这一点看,《南赣乡约》的推行不仅仅有改风易俗的作用,更在南赣地区基层社会秩序的形成和维护中起到了主要支撑作用。

《南赣乡约》的推行顺畅,而其达到的社会效果和社会评价也是赞誉颇多。其江右门生邹守益评价《南赣乡约》时赞赏道:"蓝田通都大邑,名卿世族也,公以世族大邑之法望于村童野叟,其仁矣乎!"[2]《南赣乡约》之后,仿效而行之者不在少数,如季本、聂豹、邹守益、史桂芳等。季本(公元1485年~公元1563年)嘉靖七年(公元1528年)在主簿任内"以化民为事,约为条规。乡立约长以总其教,约副以助其决,约正司训诲,约史主劝惩,知约掌约事,约赞修约仪,月朔会民读约讲义,数约复为一总约"[3]。季本所推行的乡约明显以《南赣乡约》为蓝本。以后同知吉安,他又在聂豹的倡议下,于江西永丰县推行乡约。万历年间,史桂芳(公元1518年~公元1598年)于汝南推行乡约,称"昔明道先生令晋城,近阳明先生抚南赣,率用此法,其治效可睹也"[4]。其所行汝南乡约显然受到了《南赣乡约》的影响。实际上,《南赣乡约》的推行对明清乡约有着举足轻重的开拓引导作用。曹国庆教授在评价《南赣乡约》的历史影响时道:"伴随着王学的传播,王守仁显赫勋名的远扬,以及乡约在南赣、田州所取得的成功,王氏乡约模式,迅速在明朝更广泛的地区传播和推广,从而开启了明中后期官倡、官督、官办乡

---

[1] (明)王守仁著,吴克等编校:《王阳明全集》,上海古籍出版社1992年版,第574页。
[2] (明)邹守益著,董严编校:《邹守益集》,凤凰出版社2007年版,第794页。
[3] (清)屈大均撰:《广东新语》,中华书局1985年版,第288页。
[4] (明)史桂芳:"题汝南乡约册",载(清)陈梦雷编纂:《古今图书集成》,中华书局、巴蜀书社1985年版,第40018页。

约的兴盛之局。"[1]董建辉教授则从《南赣乡约》的推行模式上加以评价道："他（王守仁）同时推行保甲、乡约和社学，以及将《吕氏乡约》与'圣谕六言'相结合等做法，对明中后期的乡约理论和实践都产生了巨大影响。"[2]

第三节　宋明基层规范体系中的乡约

宋明基层社会规范体系的构成可以分为国家制定规范和民间生成规范两类：国家制定的基层社会规范体系属于官方规范范畴，国家基层社会规范体系在宋代主要包括里甲制度、保甲制度以及义仓制度等，在明代则包括里甲制度、保甲制度、粮长制度、老人制度以及预备仓制度等。明代后期的乡约也开始具备国家基层社会规范的特征，这是明代到清代乡约发展的趋势之一。民间生成规范范畴要复杂得多。一方面，宋明家族在宋明基层社会秩序中一直发挥着重大作用；另一方面，诸如义仓、社仓、义庄、义役、义约等制度也在宋明基层社会秩序的形成和维持过程中发挥了独特的作用。乡约作为宋明基层秩序中的一环，从宋代到明代，其身份和重要性发生了明显的转变，在这个转变过程中，乡约大量吸收了宋明基层社会规范体系其他制度、规范的内容和理念，才形成了明清时期的乡约运行模式。在宋明基层社会秩序的运行和维持过程中，宋明基层规范体系各部分各自发挥着功能和作用，在这些国家制度和民间规范为宋明基层秩序的维护发挥作用时，它们与乡约的交集或差异，正是本节要论述的主要内容。

一、乡约与宋明基层行政制度

北宋立国之初，承袭了唐代以来的乡里建制，以里正、户长、乡书手为乡里主要头目，负责催征赋税："里正、户长掌课输，乡书手隶里正。"[3]基层社会治安的维护则由耆长主持，耆长"主盗贼烟火之事"[4]，耆长之下有

---

[1] 曹国庆："王守仁的心学思想与他的乡约模式"，载《社会科学战线》1994年第6期。
[2] 董建辉：《明清乡约：理论演进与实践发展》，厦门大学出版社2008年版，第197页。
[3]（南宋）赵彦卫撰，傅根清点校：《云麓漫钞》，中华书局1996年版，第219页。
[4]（南宋）赵彦卫撰，傅根清点校：《云麓漫钞》，中华书局1996年版，第219页。

第四章 乡约与宋明基层社会秩序

壮丁,耆长之上有巡尉,《庆元条法事类》载:"诸乡村巡检、县尉每月遍诣巡捕,地界远阔处所,巡、尉更互分巡。"[1]熙宁三年,推行保甲法。保甲法最初主要用于兵政联防,但逐渐侵蚀基层行政制度,熙宁六年,社会治安开始归于保长之下,之后又以保甲制度催督赋税:"(熙宁)七年,轮保丁充甲头催税。"[2]绍圣之后,保甲制度与乡里制度互相糅合,逐渐演变成南宋的基层行政制度。南宋时乡里制度主要因袭北宋之制,其实行乡里制与保甲制时有更替,但总体上仍然是杂糅二者而行之。宋代基层行政制度的主要功能在赋役催督、词讼匪火和患难救济三方面。赋役征求是宋代国家与基层社会最重要的利益关联,因此其制度也最为完善。一方面,监管赋役拘催的人员众多,如里正、保长、耆长、户长、甲头等都曾是赋役拘催人员,同时,这些职务本身也是宋代赋役内容的一部分。另一方面,宋代赋役拘催法制完备,例如:"诸县税租,夏秋造簿,于起纳百日前同旧簿并干照文书送州审磨点检,书印讫,起纳前四十日付县。"[3]"县于起催前两月真书开具每户应纳数单子,折变者,具折变实数送纳处所,令、佐分定乡村,案簿点对毕付催税人,给散纳户。"[4]"县钞付县,户钞给人户,监钞付监官,住钞留本司。每钞用长印日,印其扣头,并县、户、官钞,各监官亲用团印。"[5]基层社会的词讼匪火若事件涉及较小,则往往由耆长、里正、保长等主持分辨,如《名公书判清明集》所言的"本保戒约""本保追究"[6]等。若事件复杂或涉及刑案,则直接由国家基层政府组织,即县进行侦查、审判、裁决,乡里组织则需要做好协助工作。宋代的自然灾荒发生后,国家有一套严格的程序进行赈济,其具体步骤有诉灾、检放、抄札、赈济等。基层行政组织在自然灾荒救助过程中,尤其在抄札和赈济环节扮演着重要的角色。总结而言,宋代的

---

[1] (南宋)谢深甫等纂修,戴建国点校:《庆元条法事类》,黑龙江人民出版社2002年版,第133页。

[2] (南宋)赵彦卫撰,傅根清点校:《云麓漫钞》,中华书局1996年版,第219页。

[3] (南宋)谢深甫等纂修:《庆元条法事类》,戴建国点校,黑龙江人民出版社2002年版,第634页。

[4] (南宋)谢深甫等纂修:《庆元条法事类》,戴建国点校,黑龙江人民出版社2002年版,第612页。

[5] (南宋)谢深甫等纂修:《庆元条法事类》,戴建国点校,黑龙江人民出版社2002年版,第618页。

[6] 中国社会科学院历史研究所宋辽金元史研究室校:《名公书判清明集》,中华书局1987年版,第27页。

基层行政制度功能和作用相对完善，但其主要目标在于赋役征求的完成和社会治安的保障，而对于基层社会的教化和赈济则有所不足。有学者认为："宋代乡村行政组织虽然也参与灾荒救助和修补桥道等社会公共事务，但这一方面的职能比起赋税催征和社会治安来明显要弱一些。……与其他朝代相比，宋代乡村行政组织在社会教化方面的职能则更弱一些。"[1]宋代乡约之所以得以制定并推行，正是立基于宋代基层行政制度在基层社会教化和救恤方面的不足，基层社会绅民当仁不让地自发努力去弥补宋代基层秩序维护中的短板。从《吕氏乡约》和《增损吕氏乡约》规定的内容看，乡约的基本目标显然在于促进约众之间的道德进修和约众间的经济互助，而这正是宋代国家基层行政制度所欠缺的。同时，宋代乡约对于国家基层制度有所规定的范围并不否认，而是加以支持和促进，如《增损吕氏乡约》的"德业相劝"部分所规定的"畏法令、谨租赋"[2]，是明显的乡约与国家基层行政制度的衔接。再者，在国家基层行政制度缺失或者不健全的情形下，宋代乡约也能起到维持基层社会秩序的核心作用，如阳枋在巴渝地区推行的乡约即是此类。

明代基层行政制度仍然以里甲制度为基础。明代里甲制度除设里长、甲首外，还设有里书，协助里长编制黄册，摊派赋役。明代前期，明代基层行政制度在里甲制度之外，还有异于宋代的一些基层行政制度设置：首先，明初太祖为了更高效地完成粮赋的征求，在里甲制度之外设置了粮长制度，用以粮税的征收、发解。其次，为了弥补里甲制度对基层社会缺乏教化的缺陷，明太祖设置了在基层社会专司教化和词讼的老人制度。此外，还有申明亭、旌善亭制度等。随着时间的流逝和人口的流动，到了明代中期，里甲制度开始成为一个财政和地域单位，已经完全失去基层社会治安维护的功能，宋代的保甲制度经过元代和明代王守仁的改进，开始成为明代后期基层社会治安维护的主体，"到了明代末期，保甲制度延伸到了半个中国。"[3]保甲制度最初主要目的在于选练保丁以维持社会治安，但其编户齐民的作用一步步将其功能范围扩大并最终取代里甲制度，成为和里甲制度一样的财政和地域单位。在明代里甲制度逐渐转变为保甲制度的同时，明太祖苦心建设的老人制度和

---

[1] 谭景玉：《宋代乡村组织研究》，山东大学出版社2010年版，第147~153页。
[2] （南宋）朱熹著，朱杰人等主编：《晦庵先生朱文公文集》，上海古籍出版社、安徽教育出版社2002年版，第3595页。
[3] ［加］卜正民：《明代的社会与国家》，陈时龙译，商务印书馆2014年版，第56~57页。

粮长制度也在明代中期几乎完全废弛；老人的教化和词讼功能更趋于民间化，粮长则完全成为人人畏惧的苦役。如此情形之下，粮长赋役催收的职权可以重新回归保甲，老人制度的基层社会教化、司法等功能则付之阙如，同时，明代国家基层行政制度对于基层社会秩序维护并无良策，而这正是明代中后期乡约理论和乡约实践繁荣的基本社会根源。

王守仁之所以推行《南赣乡约》，其出发点和吕氏兄弟推行《吕氏乡约》的宗旨相差无几，而其所推行的《南赣乡约》较之宋代乡约则有较大的转变。《南赣乡约》正是王守仁传承宋代乡约的基层秩序价值，反思明代基层社会秩序维护既有模式的优缺点所做出的南赣基层社会秩序维护方案。一方面，王守仁针对宋代乡约的推行缺乏强制力，难以保证乡约实现其价值和目标的困境，王守仁推行的《南赣乡约》毫不犹豫地将乡约与国家基层行政制度联接在一起，通过国家权力保证《南赣乡约》的顺利推行。从这一点看，宋代乡约只是保持与国家基层行政制度不相违背，而乡约的运行却仍然坚持自发、自主，《南赣乡约》则已然把自己看作国家基层行政制度的一部分——至少是由国家强制力保证的国家基层行政制度的附庸。《南赣乡约》的运行模式属于约众自发、自主运行，但如果涉及重大事项，则乡约的运行与国家权力有清晰的对接机制，《南赣乡约》为数众多的"呈官"[1]规定即是明证。另一方面，明代老人制度虽然在明代中期开始式微，但老人制度的余续，即老人裁决乡中事务的惯俗权威仍然有某种程度上的社会影响力，所以《南赣乡约》的推行仍然推重老人，这显然与王守仁认识到老人制度之于明代基层社会秩序维护的价值是分不开的。

二、乡约与宋明家族规范

家族规范是宋明家族实现自身协调、发展的礼法规训的总称，换言之，若乡约的推行是为了实现乡约秩序的维持和运转，则家族规范是家族秩序稳定和发展的规范保障。家族规范的历史渊源可以追溯到如汉代班昭的《女诫》、诸葛亮的《诫子书》以及被称为"家训之祖"的《颜氏家训》，但家族规范真正大行其道，并成为被用来调节家族成员行为的基本规范，则始于宋代。宋代家族规范层出不穷且流传甚广，较为知名的有司马光的《温公家范》

---

[1]（明）王守仁著，吴克等编校：《王阳明全集》，上海古籍出版社1992年版，第601~602页。

和《司马氏居家杂仪》、袁采的《袁氏世范》、赵鼎的《家训笔录》、陆游的《放翁家训》、吕祖谦的《家训》、叶梦得的《石林家训》和《石林治生家训要略》、陆九韶的《陆梭山公家制》、朱熹的《朱子家礼》、刘清之的《戒子通录》等，可谓煌煌大观。明代家族的发展模式上承宋代，宋代以家族规范治理家族的经验在明代得以进一步推广，且开始出现家族治理模式的多样化，如家族乡约的流行。同时，明代家谱、族谱的修订往往伴随着家族规范的制定和修改，甚至在某种程度上可以说，有家谱则有家规，有族谱则有族规。明代较为知名的家族规范文本有方孝孺的《家人箴》与《宗仪》、杨继盛的《杨忠愍公遗笔》、高攀龙的《高氏家训》、张履祥的《训子语》、胡墙的《胡氏世德堂家规》、余懋衡的《余氏宗祠约》、汪云秀的《汪氏世范录》以及著名的宗族乡约文本《文堂陈氏乡约》等。

宋明家族规范的内容主要包括以下几方面：其一，家族规范是家族成员修身处世、进德修业的指南。陆游论子弟交游时道："人士有与吾辈行同者，虽位有贵贱，交有厚薄，汝辈见之当极恭逊；已虽高官，亦当力请居其下，不然则避去可也。吾少时见士子有与其父之朋旧同席而剧谭大噱者，心切恶之，故不愿汝曹为之也。"[1]欧阳修在劝勉子侄尽心国事时说："偶此多事，如有差使，尽心向前，不得避事。至于临难死节，亦是汝荣事，但存心尽公，神明自佑汝，慎不可思避事也。"[2]明末吴麟征在告诫子弟修身时道："知有己，不知有人；闻人过不闻己过，此祸本也。故自私之念萌，则铲之；谄谀之徒至，则却之。"[3]明代名臣庞尚鹏更是以形象的比喻告诫家中幼稚修身的道理："凡做人，在心地。心地好，是良士；心地恶，是凶类。譬树果，心是蒂；蒂若坏，果必坠。"[4]其二，家族规范是治家睦族的准则。治家之先要勤俭节费。勤俭节约，是治生裕家的根本。陆游告诫子弟："天下之事，常成于

---

[1]（南宋）陆游：《放翁家训》，于义方撰，王云五编：《丛书集成初编·黑心符及其他三种》，商务印书馆1938年版，第5页。
[2]（北宋）欧阳修：《欧阳修全集》，中华书局2001年版，第2528页。
[3]（明）吴麟征：《家诫要言》，新文丰出版公司编辑部编：《丛书集成新编（第33册）》，台北新文丰出版公司1985年版，第187页。
[4]（明）庞尚鹏：《训蒙歌》，新文丰出版公司编辑部编：《丛书集成新编（第33册）》，台北新文丰出版公司1985年版，第195页。

第四章　乡约与宋明基层社会秩序

困约，而败于奢靡。"[1]因此，治家不可乐而忘忧，而应该时刻以勤俭为根，以节制家用，否则家道不免败落，子弟则不免"陷于危辱之地，沦于市井，降于皂隶"[2]。治家睦族的核心在于长幼孝悌、夫妇和顺。司马光在劝诫子弟谨"孝悌"、睦家族时对和睦家族的原因说得极为透彻："夫人爪牙之利，不及虎豹；膂力之强，不及熊罴；奔走之疾，不及麋鹿；飞扬之高，不及燕雀。苟非群聚以御外患，则反为异类食矣。是故，圣人教之以礼，使人知父子兄弟之亲。人知爱其父，则知爱其兄弟矣；爱其祖，则知爱其宗族矣。……自古圣贤未有不先亲其九族，然后能施及他人者也。彼愚者则不然，弃其九族，远其兄弟，欲以专利其身。殊不知身既孤，人斯戕之矣，于利何有哉！"[3]南宋初袁采则从"性不可以强合""父子贵慈孝""处家贵宽容""同居贵怀公心"等方面对治家睦族提供了准则和指导。[4]明代方孝孺更以诗歌的形式教导夫妇和顺对家庭和睦的重要性："妻贤少夫祸，子孝宽父心。不知何人语，相传犹至今。室家两相好，如鼓琴与瑟。二亲岂不欢，花木罗春阴。"[5]其三，家族规范是宋明家族治学传家的精神指引。家族成员的学业不仅与修身相关，而且与家族举业有密切联系。在宋明时期，一个家族的资源丰沛程度往往与家族成员学业成就直接相关。欧阳修在论及子弟学业时说："玉不琢，不成器；人不学，不知道。然玉之为物，有不变之常德，虽不琢以为器，而犹不害为玉也；人之性因物则迁，不学则舍君子而为小人，可不念哉！"[6]明代方孝孺在《家人箴十五首》论及子弟学业的重要性时说："无学之人，谓学为可后。苟为不学，流为禽兽。吾之所受，上帝之衷。学以明之，与天地通。尧舜之仁，颜孟之智，圣贤盛德，学焉则至。夫学可以为圣贤、俾天地，而不学不免与禽兽同归。"[7]吴麟征告诫子弟专心学业也时说："士

---

[1]（南宋）陆游：《放翁家训》，于义方撰，王云五编：《丛书集成初编·黑心符及其他三种》，商务印书馆1938年版，第1页。

[2]（南宋）陆游：《放翁家训》，于义方撰，王云五编：《丛书集成初编·黑心符及其他三种》，商务印书馆1938年版，第1页。

[3]（北宋）司马光：《温公家范》，郭超、夏于全编：《传世名著百部（第34卷）》，蓝天出版社1998年版，第12~13页。

[4]（南宋）袁采著，章锡琛点校：《袁氏世范》，于义方撰，王云五编：《丛书集成初编·黑心符及其他三种》，商务印书馆1938年版。

[5]（明）方孝孺：《逊志斋集》，徐光大校点，宁波出版社2000年版，第801页。

[6]（北宋）欧阳修，吕雪菊点校：《欧阳修全集》，中华书局2001年版，第1972页。

[7]（明）方孝孺：《逊志斋集》，徐光大校点，宁波出版社2000年版，第29页。

人贵经世，经史最宜熟。工夫逐段作去，庶几有成。"[1]

宋明家族规范所规范的对象毫无疑义限于家族成员，虽然宋代许多家族规范目标也有推家及乡以端正基层社会风俗的意图，如有研究者认为"（宋代家训）走出了私家的空间而成为社会话语，广泛地弥散于民间社会"[2]。乡约与宋明家族规范在规范内容上确有许多共通之处：首先，乡约对约众的德业劝导与家族规范对家族成员的修德进业规训在目标上一致，在修行方法上也共通。其次，家族规范的规范作用不止对于家族的维持、发展大有裨益，推而广之，对于整个基层社会秩序的维持和推动也能起到良好的作用。方孝孺论及家族秩序的维护及其与乡里秩序的关系时说："人之亲疏有恒理，而无恒情。自同祖推而至于无服，又至于同姓。爱敬之道，厚薄之施，固出于天，而不可易。然有亲而若疏者，有疏而若亲者，常情变于所习也。阅岁时而不相见，则同姓如路人。比庐舍，同劳逸，酒食之会不绝，则交游之人若昆弟。使同姓如路人，他人如昆弟，斯岂人之至情哉？物有以移之，君子未必然，而常情所不能免也。圣人之治人，以常人之情为中制，俾厚者加厚，而薄者不至于离。恐其以不接而疏，疏而不相恤也。故为之祭酺之法，合之以燕乐饮食，以洽其欢忻慈爱之情。恐其徇于利，而不知道也。肃之以乡射、读法，使之祗敬戒慎，而不至于怠肆。祭而酺所以为乐也，读法所以为礼也，约民于礼乐，而亲者愈亲，疏者相睦，此先王之所以为盛也哉！"[3]同时，宋明乡约的规范内容在完备程度上和执行严密程度上看，也可以作为宋明家族规范的弥补和参照，换言之，宋明乡约的规范内容在某种程度上也是宋明家族规范的当然内容。

但是比较诸多家族规范的规范内容与乡约的规范内容，则可以看出，规范家族成员的家族规范与规范基层社会秩序的乡约有着明显差别：一方面，《吕氏乡约》推行之后，针对诸多非议，吕大防有意将《吕氏乡约》改为吕氏家族所用之家仪，吕大钧就曾表明："所欲改为家仪，虽意在逊避，而于义不安。盖其间专是与乡人相约之事，除是废而不行，其间礼俗相成、患难相

---

[1]（明）吴麟征：《家诫要言》，新文丰出版公司编辑部编：《丛书集成新编（第33册）》，台北新文丰出版公司1985年版，第188页。

[2] 刘欣："宋代家训研究"，云南大学2010年博士学位论文。

[3]（明）方孝孺：《逊志斋集》，徐光大校点，宁波出版社2000年版，第41~42页。

恤，在家人岂须言及之乎？"〔1〕由此可见，宋明家族所制定推行的家族规范与规范基层社会秩序的乡约有着本质的不同。"家仪"专注家族内部秩序的稳定和发展，而乡约则致力于整个基层社会秩序的维护和发展，即吕大钧所言"专是与乡人相约之事"，这就意味着乡约规范的适用人群较之家族规范宽泛得多。另一方面，乡约所规范诸如"礼俗相交""患难相恤"等内容对家族而言不消提及，因为家族之内的尊卑、亲疏、礼仪等，较之基层社会层面的乡党交接，礼仪等大为不同，而患难救助对于家族而言更是分内之事，不必明文定制。所以，较之宋明时期的家族规范，宋明乡约所规范的基层社会秩序内容要宽广许多。

三、乡约与其他宋明基层社会规范

上文所论的国家基层行政制度和家族规范对宋明基层社会秩序的形成和维护起到了基础性的作用，其与乡约在基层社会秩序维护中的共通之处和分歧，前文已经阐明。在宋明基层社会秩序的运转和维护过程中，除了上文所论的国家基层行政制度、家族规范和乡约之外，还有一些特别的制度和规范沟通、协调基层社会各种政治力量和社会力量，实现基层社会的经济和政治互助，并最终起到了维护基层社会秩序的作用。这些特别制度中较有社会影响的有义仓、义庄、社仓和义役等，这些制度主要致力于基层社会的社会救济和经济互助，在宋明时期也产生了较大的社会效果。下文笔者简要分析这些制度的运作概况以及其在宋明基层规范体系中的大致地位，并通过比较宋明乡约与义仓、义庄、社仓和义役在宋明基层秩序维护方面的基本异同，进一步论证乡约在宋明基层社会秩序中的地位。

（一）义仓

北宋建隆四年宋太祖诏设立义仓："多事之后，义仓废寝，岁或小歉，失于备预。宜令诸州于所属县，各置义仓，自今官中所收二税，每石别输一斗贮之，以备凶歉，给与民人。"〔2〕北宋义仓建立后几次经历兴废：乾德四年废除，庆历二年复置，庆历五年又废除，熙宁十年复置，元丰八年又废除，绍圣元年终又复置，南宋继承北宋义仓制度并延续到南宋末年。明代最早在景

---

〔1〕（北宋）吕大临等撰，陈俊民辑校：《蓝田吕氏遗著辑校》，中华书局1993年版，第568页。
〔2〕（清）徐松辑：《宋会要辑稿》，中华书局1957年版，第5729页。

泰年间就有义仓设置，嘉靖、万历年间，随着明代预备仓制度的衰废，义仓重新开始流行。宋代义仓由官方进行收支、出纳管理，其仓本来源主要是从春秋二税中分拨。明代义仓一般由政府发起设立，但义仓的出纳、管理一般由民间的殷富之家掌握，其仓本来源主要靠民间捐纳。义仓制度专用于救助基层社会的灾荒患难，其救助的基本形式有赈济、赈贷和赈粜三种：赈济又称赈给，是一种免费的施与救济模式，一般适用于灾伤比较严重的情形，如"可令今后灾伤州县，检放及五分处，即令申常平司，取拨义仓米量行赈济"[1]即规定必须达到免税50%才能给予赈济。其具体赈济标准不一，如乾道五年有"将最重处支二十日，次重处支半月，大口日支一升，小口日支五合"[2]的记载。赈贷和赈粜是义仓的辅助功能。赈贷指灾荒时节或青黄不接时，百姓可以从义仓免息借贷粮种，秋收之后归还原数即可。赈贷的标准与赈济的标准大致相同，而且，往往赈济和赈贷也同时进行。赈粜本属于常平仓进行的事例，但在宋代中期，义仓隶提举常平司，原行于常平仓的赈粜也开始行于义仓，如宣和五年诏："成都府今后如遇米价腾贵，依席旦己得指挥，将义仓米减价出粜，收桩价钱，岁稔却行收籴。"[3]南宋重整义仓以后，义仓米谷用于出粜的情形渐多，范围也更加广泛。明代义仓功能较之宋代较为收缩，影响也相对较小。

（二）义庄

义庄制度由范仲淹首创，其根本目的是保证家族成员的基本生活，"为家族长保富贵提供稳固的物质基础"[4]。设立义庄之后，范仲淹设《义庄规矩》[5]十三条以规制义庄的收支、运转。从《义庄规矩》的内容看，范氏义

---

[1]（清）徐松辑：《宋会要辑稿》，中华书局1957年版，第5855页。
[2]（清）徐松辑：《宋会要辑稿》，中华书局1957年版，第2108~2109页。
[3]（清）徐松辑：《宋会要辑稿》，中华书局1957年版，第6287页。
[4] 王善军："范氏义庄与宋代范氏家族的发展"，载《中国农史》2004年第2期。
[5]《义庄规矩》全文如下：一、逐房计口给米，每口一升，并支白米，如支糙米，即临时加折（支糙米每斗折白八升，逐月实支每口白米三斗）。一、男女五岁以上入数口。一、女使有儿女，在家及十五年，年五十岁以上，听给米。一、冬衣每口一匹，十岁以下，五岁以上各半匹。一、每房许给奴婢米一口，即不支衣。一、有吉凶增减。数，画时上薄。一、逐房各置请米历子一道，每月末于掌管人处批请，不得预先隔跨月分支请，掌管人亦置薄拘辖，薄头录请房口数为额，掌管人自行破用，或探支与人，许诸房觉察勒陪填。一、嫁女支钱三十贯（七十七陌，下并准此）；再嫁二十贯。一、娶妇支钱二十贯，再娶不支。一、子弟出官人有还家待阙、守选、丁忧，或任川、广、福建官，留家乡里者，并依诸房例给米绢并吉凶钱数，虽近官实有故留家者，亦依此例支给。一、逐房丧葬，尊长

庄的基层社会救助意义不大，更多程度上是限于家族内部的"锦上添花"。到南宋时期，范氏义庄成为义庄的范式被士绅效仿，据梁庚尧先生统计，南宋义庄遍布两浙、江东、江西、福建、湖南、湖北、四川诸路，其规模则小自百余亩，大至五千亩[1]。同时，义庄的支给方式也有所变化，"但南宋也有若干庄，其赡给对象仅限于贫困族人，与范氏义庄逐房计日赡给不同。"[2]同时，南宋义庄开始具备救济家族之外的乡民的功能，如史浩设立义庄的目的即在于"给助乡里贤士大夫之后，贫无以丧葬嫁遣者"[3]。明代家族、宗族有族田、祭田，义庄制度反而不再盛行。

（三）社仓

社仓制度由朱熹首创，并通行于宋明时期。淳熙八年朱熹上呈《社仓事目》[4]，请求在全国推广社仓，南宋朝廷采纳朱熹的建议，诏行"朱熹社仓法"[5]于诸路。根据梁庚尧先生统计，至南宋末年，社仓之制遍行于南宋全境[6]。梁先生研究还指出南宋社仓法发展及演变的四个方向：其一，社仓以田产作为贷本，藉田租收入替代借贷利息；其二，将常平仓的经营方式移用

（接上页）有丧，先支一十贯，至葬事，又支一十五贯；次长五贯，葬事支十贯；卑幼十九岁以下丧葬通支七贯，十五岁以下支三贯，十岁以下支二贯，七岁以下及婢仆皆不支。一、乡里、外姻、亲戚如贫窘中非次急难，或遇年饥不能度日，诸房同共相度诣实，即于义田米内量行济助。一、所管逐年米斛，自皇祐二年十月支给逐月糇粮并冬衣绢；约自皇祐三年以后，每一年丰熟桩留二年之粮；若遇凶荒，除糇粮外，一切不支；或二年粮外有余，却先支丧葬，次及嫁娶，如更有余，方支冬衣；或所余不多，即凶吉等事众议分数均匀支给，或又不给，即先凶后吉，或凶事同时，即先尊口，后卑口，如尊卑又同，即以所亡所葬先后支给；如支上件糇粮吉凶事外，更有余羡数目，不得粜货，桩充三年以上粮储，或虑陈损，即至秋成日方得粜货，回换新米桩管。

[1] 梁庚尧：《南宋的农村经济》，新星出版社2006年版，第263页。
[2] 梁庚尧：《南宋的农村经济》，新星出版社2006年版，第265~266页。
[3] （南宋）沈作宾：《嘉泰会稽志》，中华书局编辑部编：《宋元方志丛刊》，中华书局1990年版，第6950页。
[4] 《社仓事目》规定的社仓制度总则如下：有愿依此置立社仓者，州县量支常平米解，责与本乡出等人户主执敛散，每石收息二斗，仍差本乡土居官员士人有行义者，与本县官同出纳，收到息米十倍本米之数，即送元米还官，却将息米敛散，每石只收耗米三升。其有富家情愿出米作本者，亦从其便。息米及数，亦拨还。如有乡土风俗不同者，更许随宜立约，申官遵守，实为久远之利。其不愿置立去处，官司不得抑勒，则亦不至搔扰。其具体制度参见（清）俞森：《社仓考》，李文海、夏明方主编：《中国荒政全书（第二辑第一卷）》，北京古籍版出版社2004年版，第93~96页。
[5] （元）脱脱等撰：《宋史》，中华书局1985年版，第677页。
[6] 梁庚尧：《南宋的农村经济》，新星出版社2006年版，第237~243页。

于农村,出现平粜式社仓;其三,社仓与举子仓、义役两种民间经济互助组织结合运行;其四,国家权力在社仓组织中的角色逐渐增强[1]。明代社仓与义仓在称呼上经常混用,但社仓与义仓并不是一回事:"义仓是官方设立并管理,设在城镇,每县只一、二所;社仓则由民间自行管理,设在乡村,每县可有多处。"[2]明代所立社仓甚多,并多有创立规制者,其中以汪道亨所创之《汪道亨修举社仓事宜》[3]最为完备,全文共十二款,内容涉及仓谷来源、社仓管理、社仓分赈等内容。明代沈鲤曾系统总结社仓的优点:社仓数量众多,便于赈济;社仓设于乡里村社,便于就近救济;社仓无官仓吏胥作弊侵渔的问题;社仓之相互救济,有助于乡里风教等[4]。

(四) 义役

义役是南宋民间为减轻差役负担而结合的社会互助组织,其渊源自王安石的免役法。义役的基本设计是参加义役的家族共同签订的按经济能力的高低负担执役费用、编排役次以及服役补助等的差役负担协议。义役协议中富家负担起较大的责任,而中户、下户则可免于破产之患。义役制度推广之后,除原有由民众共同备置田产,以田租补助执役户的方式外,又发展出出资募役的情形。南宋义役因为国家和富户的支持,对于基层社会经济和社会秩序起到了协调和维护作用,正如梁庚尧先生所言:"在富家的自觉和政府的赞助及监督下,贫富阶层用互助合作的方式,解决差役不均的问题,富家、政府以其财力协助中下户减轻差役的负担,贫富之间因差役而产生的冲突自可缓和。"[5]

通过梳理以上四种宋明时期的基层经济救助和互助制度,不难发现,这些制度在救助基层社会患难、实现基层社会经济互助方面与乡约的功能和目标一致:都致力于实现基层社会民众的患难救济和经济互助。这些制度与乡约所不同的基本点在于:一方面,较之乡约从道德劝诫、患难互助、过恶惩

---

[1] 梁庚尧:《宋代社会经济史论集》,台北允晨文化实业股份有限公司1997年版,第455~468页。

[2] 何朝晖:《明代县政研究》,北京大学出版社2006年版,第240页。

[3] 《汪道亨修举社仓事宜》的具体内容参见(清)俞森:《社仓考》,李文海、夏明方主编:《中国荒政全书(第2辑第1卷)》,北京古籍版社2004年版,第110~113页。

[4] 参见(清)俞森:《社仓考》,李文海、夏明方主编:《中国荒政全书(第2辑第1卷)》,北京古籍版社2004年版,第115~116页。

[5] 梁庚尧:《南宋的农村经济》,新星出版社2006年版,第229页。

戒等方面全面调整基层社会秩序，义仓、义庄、社仓和义役制度的目标较为单纯，其实效也更为明显，因此，这些制度更容易在宋明基层社会中产生立竿见影的社会效果。朱熹之所以在有生之年致力于推行社仓，却并不着力于推行乡约，可能主要的考虑还是乡约的运行难以及时产生明显的社会效果。另一方面，与义仓、义庄、社仓和义役相比，乡约有着更全面、更长远、更宏大的基层社会秩序目标，而这个目标以及实现目标的乡约运行模式，是以上几个经济救助的特殊制度所难以比拟的。同时，乡约这样的基层社会秩序维护方案的推行，也需要更加宽厚的社会意识土壤、更加广泛的社会文化基础以及更加强有力的政治支持。

第四节 乡约之于宋明基层社会秩序

通过上文对宋明乡约推行状况和乡约在宋明基层社会规范体系中所处地位的考证，宋明基层社会秩序中的乡约诸如推行实况、乡约在基层社会秩序中的位置以及乡约在宋明间发生的巨大转变等研究内容已然明了，至此，理应对乡约的基本构造、基本功能、基本价值以及目标蓝图之于宋明基层社会的价值和意义略作总结。

正如《吕氏乡约》附言吕大忠所言："人之所赖于邻里乡党者，犹身有手足，家有兄弟，善恶利害，皆与之同，不可一日而无之。不然，则秦越其视，何与于我哉？大忠素病于此，且不能勉，愿与乡人共行斯道。惧德未信，动或取咎，敢举其目，先求同志。苟以为可，愿书其诺。成吾里仁之美，有望于众君子焉。"[1]由此可见，吕氏兄弟之所以推行乡约，其基本动因是乡党之信赖互助不足，且非一家一室的激励和表率所能改观；乡约推行的基本模式是基层绅民自愿加入，即所谓"敢举其目，先求同志。苟以为可，愿书其诺"；乡约的最终目标是要达到乡党善恶利害一致，如一身，如一家的乡里"里仁之美"。从《吕氏乡约》以民间自发、基层民众自愿的乡约组成形式，以约众相互激励、互相救济的乡约组织、协调运行模式以及约众集体决议的议事、奖惩机制，可见《吕氏乡约》已称得上是宋代关中基层社会的一个小

---

[1] （北宋）吕大临等撰，陈俊民辑校：《蓝田吕氏遗著辑校》，中华书局1993年版，第567页。

型乌托邦了。朱熹增订后的《增损吕氏乡约》基本继承了《吕氏乡约》的内容，因而，《增损吕氏乡约》除去增加了一个仪式化的"读约之礼"外，乡约的组成形式、运行模式以及议事奖惩机制完全是《吕氏乡约》的再生。《吕氏乡约》与《增损吕氏乡约》的最终目标虽然宏远，其实践出发点却非好高骛远的空中楼阁：对于《吕氏乡约》的运行目标，吕大钧在《答仲兄一》中就说："约中止是量议损益，劝率其不修者耳。"[1]朱熹在评价《增损吕氏乡约》时更是直接说："所惧自修不力，无以率人，然果能行之，彼此交警，亦不为无助耳。"[2]据两位乡约文本执笔人的本旨，乡约之推行，显然是作为维护基层社会秩序的辅助而存在，朱熹的"庶乎其小补"[3]这一表达可谓恰如其分。基于如此定位，《吕氏乡约》和《增损吕氏乡约》在宋代基层社会规范体系中所能充当的，自然是国家法制、家族规范之外的基层社会秩序维护之辅助。同时，乡约所主张的内容和国家法制、家族规范重叠的地方，其所能为者不过"劝率其不修者耳"。进而，由于乡约的民间自发属性，乡约的基层社会秩序维护辅助作用还需要避免与国家法制发生冲突。正因如此，《吕氏乡约》和《增损吕氏乡约》在宋代的推行虽然时有进行，却并未推广。不过，与义仓、义庄、社仓等专注于基层秩序某一方面的特殊制度不同，宋代乡约对基层秩序维持的辅助是全方位的。假设宋代基层规范体系全面崩坏，则乡约能够提供全面的基层社会秩序辅助作用。南宋末年乡约得以在久被兵火蹂躏、基层规范体系崩坏的部分地区推行并取得良好的社会效果，恰是乡约作为基层社会秩序维护之辅助的例证。总而言之，《吕氏乡约》《增损吕氏乡约》之于宋代基层社会秩序，是一个全方位的基层社会秩序辅助方案，但在实践层面上，乡约却并未成为宋代基层社会秩序维护力量的主流。

明代乡约经历了一个从式微到繁荣的过程。明代初年，太祖朱元璋将基层社会的经济、治安、教化、司法等方面都进行了制度性的安排。在此情形之下，纵使明代朝廷将宋代的乡约文本颁行天下，民众也不会有太多积极性去实行之。到了明代中期，太祖所推行的粮长制度、老人制度、申明亭制度

---

[1]（北宋）吕大临等撰，陈俊民辑校：《蓝田吕氏遗著辑校》，中华书局1993年版，第568页。

[2]（南宋）朱熹著，朱傑人等主编：《晦庵先生朱文公文集》，上海古籍出版社、安徽教育出版社2002年版，第1458页。

[3]（南宋）朱熹著，朱傑人等主编：《晦庵先生朱文公文集》，上海古籍出版社、安徽教育出版社2002年版，第1350页。

第四章 乡约与宋明基层社会秩序

等已经渐次荒废，基层社会的诸多方面都亟待修复，其中又以基层社会的教化最为迫切。王守仁之所以在南赣地区推行乡约：一方面是因为南赣地区属于匪祸之后的新生地带，社会制度的诸多方面有再创的可能；另一方面则是王守仁对明代中期基层社会维护现状进行反思而提出的改进方案。较之宋代乡约，《南赣乡约》的组织形式和运作模式虽然仍属于民间自发、约众自决，但《南赣乡约》同时却增加了一个重大变量：乡约与国家权力的联接，这一点从《南赣乡约》决断乡约事务时采用的诸多"呈官"机制不难断定。《南赣乡约》之所以重视乡约与国家权力的对接，其根本原因在于《南赣乡约》是王守仁作为国家权力代言人施加于南赣民众的，换言之，《南赣乡约》本质上是国家对南赣基层社会进行管理、教化的一种全新模式，王守仁所言的"协和尔民"[1]一词可谓道出了《南赣乡约》根本属性的枢机。《南赣乡约》继承宋代乡约的精神，并在其中注入国家权力因素，使其成为一种国家维护基层社会秩序的全新模式。在《南赣乡约》的功能展开之中，除去宋代乡约所主张的教化功能和救恤功能之外，还有防范约众为恶的"防民"功能，这一功能的出现也意味着《南赣乡约》脱离民间自发属性，开始转变为明代国家督导的基层社会秩序维护模式。

据前文考证，《南赣乡约》所产生的明代基层社会的整体社会效果和历史影响虽然较之宋代乡约要明显许多，但也称不上十分显著。一方面是因为《南赣乡约》基于其地方特性不便于全国性推广和借鉴；另一方面，《南赣乡约》所采用的民间自发、政府督导的乡约运行模式被明代基层社会所接受也需要一段时间；再者，《南赣乡约》诞生之时，明代基层社会秩序维护体系崩坏已经到了相当严重的地步，而《南赣乡约》的推行只是第一步。明代乡约要通过联接其他基层规范，诸如保甲、家训、社学、社仓等等，形成一个全新的基层社会秩序维护体系，进而真正形成全新的基层社会秩序维护制度体系，所以说，《南赣乡约》仅仅只是一个开始。《南赣乡约》之于明代基层社会秩序维护最重要的价值，不只在于其推行了一系列维护南赣地区基层社会秩序的乡约制度，更在于《南赣乡约》开创了民间自发与国家权力联接的乡约运行模式先河。《南赣乡约》之后，明代乡约开始逐步走上乡约官方化的道路，而在王守仁的影响下，明代州县官员也乐于推行乡约来彰显自己的政绩。

---

[1] （明）王守仁著，吴克等编校：《王阳明全集》，上海古籍出版社1992年版，第600页。

同时，《南赣乡约》之后，明代乡约在国家权力的支持下，开始探索乡约和其他基层社会规范相结合的全新基层社会秩序维护机制和更加完善的乡约运行模式，明代后期吕坤的"乡甲约"[1]、陆世仪的"治乡三约"[2]等大儒的睿见正是这种思考的结晶，而明代江西《永丰乡约》[3]、徽州祁门《文堂陈氏乡约》[4]等乡约的推行实践则是乡约与国家权力联接运行模式的实践例证。

何以《吕氏乡约》《增损吕氏乡约》的乡约模式其内容纲举目张且全面，其目标义不容辞且宏远，而其产生的实际社会效果不过基层社会秩序维护的辅助而已，而《南赣乡约》所主张的乡约运行模式其制度内容零散、其举措多强制，却最终完善成为明清时期基层社会秩序维护的基本模式和主张？其根源恐怕还得从《吕氏乡约》、《增损吕氏乡约》与《南赣乡约》的思想渊源和基本原理去探求，这正是笔者下一章要论述的内容。

---

[1]（明）吕坤撰，王国轩、王秀梅整理：《吕坤全集》，中华书局2008年版，第1061~1088页。

[2]（清）陆世仪："治乡三约"，载王德毅主编：《丛书集成三编（第21册）》，台北新文丰出版公司1997年版，第559~570页。

[3]《永丰乡约》的具体内容参见董建辉：《明清乡约：理论演进与实践发展》，厦门大学出版社2008年版，第305~313页。

[4]《文堂陈氏乡约》的具体内容参见董建辉：《明清乡约：理论演进与实践发展》，厦门大学出版社2008年版，第314~318页。

第五章

乡约的思想渊源与基本原理

作为论文的收束章,本章主要从理论上论述两个主题:其一是乡约的思想理论来源。笔者拟从乡约产生及演变的社会思想文化背景即宋明士大夫的政治主体观和宋明士大夫的社会秩序观去探讨宋明乡约之所以产生、演变的思想理论渊源;其二是乡约的基本原理。笔者拟从乡约的权威原理、乡约的运行原理、乡约的规范道德化原理以及乡约的"基本法"原理四个方面去理解宋明乡约的基本法律文化原理。

第一节 乡约的思想渊源

宋明乡约之产生、发展与演变无一不是发生在儒学作为社会文化主流的文化背景之中。与专注经典注疏的汉唐注疏儒学不一样,宋明时期的儒学已然成长为演绎经典的义理儒学。宋代立国注重文治,故文章义理的发展推陈出新,到宋仁宗时期,文章之学已经臻于极致,对文章义理的全面探求便成为顺理成章的节目。在宋神宗、宋哲宗时期,群贤竞出的各种思想流派如王安石的"新学"、张载和吕氏兄弟的"关学"、周敦颐的"濂学"、苏氏父子的"蜀学"、二程的"洛学"、司马光的"朔学",等等,无一不是对儒学的道德义理进行全新思考的结果。以上诸家所思考的核心问题不外于对传统儒学进行全面改造和总结,并以之作为当时和后世社会得以凭借的哲学、政治以及文化理论依托。《吕氏乡约》正是诞生在这种思想文化大环境之下,《吕氏乡约》所蕴涵的思想深度和所体现的基层社会秩序维持理念也正是这个思想迸发时期的全新创见。到了南宋朱熹的时代,宋代义理儒学的发展已经到了总结时期，而朱熹正是这个学问万流聚海的集大成者。朱熹时代的《增损吕氏乡约》理念上较之《吕氏乡约》并没有特别的发展或转变，而到了王守仁的《南赣乡约》，情况就有了很大的不同。明代前期，程朱理学为学问之正宗，而在社会思想文化方面，又多出了诸多国家法制的钳制和监管，因此，明代思想和学问在王守仁的"心学"成熟之前，不论是明代儒学哲理的阐发，还是对社会政治文化方面的实际影响力，都可以用波澜不惊来形容。王守仁之所以推行《南赣乡约》，既是他所秉持的"知行合一"心性儒学对其的指引，也是王守仁继承宋代儒学思想的表现。总体而言，从《吕氏乡约》到《南赣乡约》，乡约背后的理论基础大致上一以贯之，下文从宋明士绅的政治主体观、社会秩序观两个方面略叙述之。

一、宋明士绅的政治主体观

所谓宋明士绅的政治主体观，其核心是指在整个宋明时期的政治权力场域中，宋明士绅将自己看作整个政治生活的主体，而非客体或与礼乐一样仅为"治民之具"[1]而已。自曾参言"士不可以不弘毅，任重而道远"开始，政治生活主体观念一直贯穿在中国古代士绅的精神之中。较之前朝，宋明时期的士绅政治主体观念更为复苏。西汉时期，贾谊在论及士大夫在政治权力场域中的位置及功能时曾道："人臣之道，思善则献之于上，闻善则献之于上，知善则献之于上。夫民者，唯君者有之，为人臣者助君理之。"[2]由此可见，在贾谊看来，士大夫显然只是政治生活的配角或辅助而已。中唐时期大儒韩愈虽然首开"文以载道"的士大夫政治主体观念，但其在士大夫政治主体性的核心方面则显然不通透："是故君者，出令者也；臣者，行君之令而致之民者也。"在韩愈看来，士大夫在政治权力场域中的身份和功能只是将君主的命令传达给民众而已，其工具属性显露无疑。宋代立国以文，以文章立身的宋代士绅自然成为宋代政治生活的主要角色，与之相随的是宋代士绅的政治主体性身份认同的成长，其中最广为人知的莫过于范仲淹那句慷慨激昂的"先天下之忧而忧，后天下之乐而乐"的政治承担宣言。政治担当的可能正是立基于宋代士绅政治主体性的觉醒，宋神宗时期，"新法"与"旧制"针锋

---

[1] （北宋）欧阳修：《欧阳修全集》，中华书局 2001 年版，第 673 页。
[2] （汉）贾谊：《贾谊新书译注》，于智荣译注，黑龙江人民出版社 2003 年版，第 261 页。

相对，但王安石与司马光在政治主体意识上则表现得极为一致：王安石秉持"以天下为己任"[1]的政治主体立场，非其道不出，出则君臣相知，同治天下；司马光则因神宗力主新法坚决请辞，坚持自己的政治主体性立场和治道主张。王安石、司马光的言论与行动与贾谊、韩愈所言臣下为帝王的附庸的情形可谓天壤之别。

宋代士绅在政治生活中坚持政治主体性的同时，更是将这种政治主体观上升到哲学的高度。关学巨擘张载在《正蒙·乾称篇》中道：

干称父，坤称母；予兹藐焉，乃混然中处。故天地之塞，吾其体；天地之帅，吾其性。民吾同胞；物吾与也。大君者，吾父母宗子；其大臣，宗子之家相也。尊高年，所以长其长；慈孤弱，所以幼其幼；圣其合德；贤其秀也。凡天下疲癃、残疾、惸独、鳏寡，皆吾兄弟之颠连而无告者也。于时保之，子之翼也；乐且不忧，纯乎孝者也。违曰悖德，害仁曰贼；济恶者不才，其践形，惟肖者也。知化则善述其事，穷神则善继其志。不愧屋漏为无忝，存心养性为匪懈。恶旨酒，崇伯子之顾养；育英才，颍封人之锡类。不弛劳而底豫，舜其功也；无所逃而待烹，申生其恭也。体其受而归全者，参乎！勇于从而顺令者，伯奇也。富贵福泽，将厚吾之生也；贫贱忧戚，庸玉汝于成也。存，吾顺事；没，吾宁也。[2]

此即宋明士绅引以为座右铭的《西铭》。张载在《西铭》所表达的正是士大夫欲以充塞天地的"大人""大心"特征。按张载的观点，天地、人类皆与我有关，而我的所作所为也与天地、人类相关，由此，个人真可以称得上是天地之"帅"了。正是有了这种充塞天地的"大人""大心"思想作为支撑，宋明士绅在政治生活中才能从政治主体地位出发，勇于任事，积极担当道义和责任。所以朱熹在解释《西铭》"故天地之塞，吾其体；天地之帅，吾其性"时说"有我去承担之意"[3]。也正是因为宋代士绅具备了这种政治主体性立场，文彦博方能理直气壮地对神宗道出："为与士大夫治天下，非与百姓治天下也。"[4]同时，在表明政治主体性立场方面，理学先驱程颐也毫不

---

[1] 中华书局上海编辑所编：《临川先生文集》，中华书局1959年版，第723页。
[2] （北宋）张载著，章锡琛点校：《张载集》，中华书局1978年版，第62~63页。
[3] （南宋）朱熹著，朱傑人等主编：《朱子语类》，上海古籍出版社、安徽教育出版社2002年版，第3312页。
[4] （南宋）李焘：《续资治通鉴长编》，中华书局2004年版，第5370页。

迟疑道："帝王之道也，以择任贤俊为本，得人而后与之同治天下。"[1]余英时先生认为："'以天下为己任'可以视为宋代'士'的一种集体意识，并不是极少数理想特别高远的士大夫所独有；它也表现在不同层次与方式上面，更非动辄便提升到秩序全面重建的最高度。……总之，宋代的'士'以政治、社会的主体自居，因而显现出高度的责任意识，这是无法否认的。"[2]《吕氏乡约》的推行正是宋代士绅在政治主体性认同的激励下，勇于担当，为宋代基层社会秩序的维护所作的思考和努力。推行《吕氏乡约》的主持者吕大钧在反驳非议乡绅推行乡约的身份合法性时就曾说："若止取在上者之言为然，则君子何必博学。"[3]在吕大钧看来，作为受业儒家思想和道德的"君子"，不以"大人""大心"的态度兼济天下，而坐待灌输和救济，显然已经违背"君子"作为社会政治生活主体的基本底线。可以说，吕大钧的这一句反问已然道明了宋代士绅坚持政治主体性的基本出发点和根本原因。

明代士绅同样注重自身的政治主体意识，黄宗羲在《明夷待访录》中就论断到："缘夫天下之大，非一人所能治，而分治之以群工。故我之出仕也，为天下，非为君也；为万民，非为一姓也。"[4]同时，他痛心疾首于明代君权强势、因明代士绅政治主体性的缺失而导致的明代集权政治时道："世之为臣者昧于此义，以谓臣为君而设者也。君分吾以天下而后治之，君授吾以人民而后牧之，视天下人民为人君囊中之私物。"[5]不过较之宋代，明代士绅在坚持政治主体性的取向上却多有不同。自太祖创立"寰中士夫不为君用科"[6]开始，就意味着明代士绅在坚持政治主体性上呈现出士绅退缩而君威激进的状态。到了明代中期，尤其在明英宗、明武宗、明神宗时期，皇帝懒于国事，而在明代士绅的协作之下，明代国政并未崩溃，这显然与明代士绅群体认识到自己是政治生活的主体而各司其职、各担其责密不可分。因此，可以说明

---

[1] （北宋）程颢、程颐：《二程集》，中华书局1931年版，第1035页。
[2] 余英时：《朱熹的历史世界——宋代士大夫政治文化的研究》，生活·读书·新知三联书店2011年版，第218~219页。
[3] （北宋）吕大临等撰，陈俊民辑校：《蓝田吕氏遗著辑校》，中华书局1993年版，第568页。
[4] （清）黄宗羲：《黄宗羲全集》，浙江古籍出版社1985年版，第4页。
[5] （清）黄宗羲：《黄宗羲全集》，浙江古籍出版社1985年版，第4页。
[6] 《明史·刑法志》载："贵溪儒士夏伯启叔侄断指不仕；苏州人才姚润、王谟被征不至，皆诛而籍其家，其寰中士大夫不为君用科所由设也。"参见（清）张廷玉撰：《明史》，中华书局1974年版，第2332页。

第五章 乡约的思想渊源与基本原理

代士绅虽然在理论上不再豪言壮语与君主"同治天下",但在明代实际的政治生活中,他们仍然坚持并践行孔孟建立、宋儒主张的"平治天下,舍我其谁"和"以天下为己任"的政治主体观。明代中期,明儒之秀王守仁将明代士绅坚持政治主体性的重要性提升到哲学的高度。在王守仁看来,君子之博学称之为"知",君子之笃行称之为"行",而知与行不可以分为两事。《传习录》载王守仁言曰:"今人学问,只因知行分作两件,故有一念发动。虽是不善,然却未曾行,便不去禁止。"[1]王守仁认为君子、士大夫在实际的政治生活中勇于担当的"行"即是推广天理、天道的"知"的过程,而体验良心、推明治道的"知"同样也是践行君子、士大夫政治主体性的"行"的过程。由此可见,在王守仁的"知行合一"和"致良知"的哲学体系中,君子、士大夫是社会政治生活理所当然的主体,同时,君子、士大夫也应该在这种政治主体立场之上主动推进"知行合一""去人欲存天理"的社会政治生活的完善。王守仁在论断君子、士大夫求道明理的关键时说:"此心无私欲之蔽,即是天理,不须外面添一分。以此纯乎天理之心,发之事父便是孝,发之事君便是忠,发之交友治民便是信与仁。只在此心去人欲、存天理上用功便是。"[2]"未有知而不行者,知而不行只是未知。圣人教人知行,正是要复那本体,不是着你只恁地便罢。"[3]举行《南赣乡约》正是王守仁作为明代政治生活主体践行"知行合一""去人欲存天理"历程的例证。从《南赣乡约》约文之前"告谕"可以看出王守仁对于基层社会秩序的恢复和维护可谓兢兢业业,唯恐其不成,这正是明代士绅基于政治主体观,以整理社会秩序为义务和担当的基本体现。同时,以上这一点也和王守仁的哲学立场如合符契。王守仁曾言:"然欲致其良知,亦岂影响恍惚而悬空无实之谓乎!是必有其事矣,故致知必在于格物。物者,事也。凡意之所发,必有其事。意在之事,谓之物。格者,正也。格其不正以归正之谓也。正其不正者,去恶之谓也;归于正者,为善之谓也。"[4]"大抵学问功夫只要注意头脑是当。若主意头脑专以致良知为事,则凡多闻多见,莫非致良知之功。盖日用之间,见闻酬酢,虽千头万绪,

---

[1] (明)王守仁著,吴克等编校:《王阳明全集》,上海古籍出版社1992年版,第96页。
[2] (明)王守仁著,吴克等编校:《王阳明全集》,上海古籍出版社1992年版,第2页。
[3] (明)王守仁著,吴克等编校:《王阳明全集》,上海古籍出版社1992年版,第4页。
[4] (明)王守仁著,吴克等编校:《王阳明全集》,上海古籍出版社1992年版,第972页。

莫非良知之发用流行。"[1]与宋代士绅坚持政治主体性立场一样，明代士绅也无时无刻不注重自身在社会政治生活中的主体地位。也正是因为明代士绅时刻视自己为政治生活的主体，他们方才时刻注重在维护明代社会秩序的过程中提出自己的理论创见并尽力践行之。尤其到了明代中后期，国家权力对于基层秩序的维护越来越力不从心时，这些以政治主体自任的明代士绅为明代基层社会秩序的维护和完善做出了许多创见，而这些创见在后世逐渐成为基层社会秩序维护制度体系的精神来源。

总而言之，宋明士绅对于自己政治主体性的认同观念是他们积极在各自时代的政治生活中各抒己见、敢于担当的基本出发点，而宋明乡约方案的提出并得以践行正是这种政治主体观复苏的表现。同时，宋明乡约的方案也是宋明士绅完善社会秩序的社会秩序观的组成部分，换言之，乡约是宋明士绅对于各自时代社会秩序的总体规划在基层社会的必要环节。因此，只有全面理解宋明士绅的社会秩序观，才可能更深入地理解乡约的本质特征和基本价值以及其在宋明社会秩序维护体系中的地位。

二、宋明士绅的社会秩序观

宋明士绅一直秉承自孔孟时期就开始形成、完善的儒家哲学体系和理想社会图景。儒家哲学体系对社会秩序的规划和展望最为精炼的表达是"理一分殊"。"理一分殊"的哲学含义可用朱熹的"月印万川"比喻解释："本只是一太极，而万物各有禀受，又自各全具一太极尔。如月在天，只一而已，及散在江湖，则随处而见，不可谓月已分也。"[2]其大意指天地之间有一个理去统御，而这个理又分别体现在天地万物身上，由此，天地万物之理并不因散于万物而有所改变，其根本之理仍然是唯一的。万物所各自体现的"理"与天地万物所共具的"理"本质上一致，二者所不同在于"分（此处当音份）"，所以朱熹说："天地之间，人物之众，其理本一，而分未尝不殊也。"[3]宋代理学士大夫用"理一分殊"表达社会秩序观最为著名的理论莫过于张载的《西铭》。《西铭》所蕴涵的社会秩序"理一分殊"结构大意可以从以下三个

---

[1]（明）王守仁著，吴光等编校：《王阳明全集》，上海古籍出版社1992年版，第71页。
[2]（南宋）朱熹：《朱子语类》，上海古籍出版社、安徽教育出版社2002年版，第3312页。
[3]（南宋）朱熹：《四书或问》，上海古籍出版社、安徽教育出版社2002年版，第925页。

层面去理解：在社会秩序理念层面上，"民胞物与"是理一，亲疏有间、高下有序是分殊；在社会秩序架构上，通过"吾其体吾其性""存顺没宁"各自成就人的主体性是理一，通过从嫡长子→家臣→老弱茕子无告的社会层次分布是分殊；在社会秩序规范上，仁、孝、贼、恶是理一，长、幼、贤、愚是分殊。朱熹在评价《西铭》之于"理一分殊"的重要价值时说："盖以乾为父，以坤为母，有生之类，无物不然，所谓理一也。而人物之生，血脉之属，各亲其亲，各子其子，则其分亦安得而不殊哉？一统而万殊，则虽天下一家，中国一人，而不流于兼爱之弊；万殊而一贯，则虽亲疏异情，贵贱异等，而不梏于为我之私。此《西铭》之大指也。"[1]"理一分殊"作为宋代士绅社会秩序观的核心理念，其赋予了宋代士绅重整、完善社会秩序的动力，而乡约正是这种努力的表现之一。吕大忠在《吕氏乡约》"附言"所表达的意思可说是《西铭》之于宋代基层社会秩序的投影。同时，乡约的规范模式和其价值目标也正是宋代理学士绅"理一分殊"社会秩序观的集中体现。

明代士绅的社会秩序观同样是"理一分殊"社会秩序观的延续，《南赣乡约》的推行者王守仁的社会秩序观即是典型例证。作为明代心学的集大成者，王守仁在社会秩序观方面对宋儒的"理一分殊"进行了推进，这就是著名的"万物一体之仁"学说。王守仁在其所作名篇《大学问》中道："故明明德必在于亲民，而亲民乃所以明其明德也。是故亲吾之父以及人之父，以及天下人之父。而后吾之仁实与吾之父、人之父与天下人之父而为一体矣。实与之为一体，而后孝之明德始明矣。亲吾之兄以及人之兄，以及天下人之兄，而后吾之仁实与吾之兄、人之兄与天下人之兄而为一体矣。实与之为一体，而后弟之明德始明矣。君臣也，夫妇也，朋友也，以至于山川鬼神鸟兽草木也，莫不实有以亲之，以达吾一体之仁，然后吾之明德始无不明，而真能以天地万物为一体矣。"[2]从此段论述看，王守仁的"万物一体之仁"说与张载《西铭》中的"民胞物与"说一样，都十分注重人与天地为一体的"天人合一"理想社会秩序。从"理一分殊"的逻辑展开看，较之"分殊"，阳明先生的"万物一体之仁"说似乎更注重"理一"，其实不然：一方面，"理一分殊"其本在"理一""分殊"则是为达致"理一"的必要安排。在"理一"

---

[1] （北宋）张载著，章锡琛点校：《张载集》，中华书局1978年版，第410页。
[2] （明）王守仁著，吴克等编校：《王阳明全集》，上海古籍出版社1992年版，第968~969页。

与"分殊"的关系而言,"理一"与"分殊"同时存在,相辅相成,"理一"是"分殊"之上的"理一""分殊"是"理一"之下的"分殊"。另一方面,王守仁在讲"万物一体之仁"的时候,社会秩序中的亲疏有间、高下有序已经是题中之义了,王守仁在其著名的"拔本塞源论"中也明确表达了这一点:"圣人有忧之,是以推其天地万物一体之仁以教天下,使之皆有以克其私,去其蔽,以复其心体之同然。其教之大端,则尧、舜、禹之相授受,所谓道心惟微,惟精惟一,允执厥中;而其节目,则舜之命契,所谓'父子有亲,君臣有义,夫妇有别,长幼有序,朋友有信'五者而已。唐、虞、三代之世,教者唯以此为教,而学者唯以此为学。"[1]总而言之,王守仁的社会秩序观仍然是宋儒的"理一分殊"社会秩序观的延续和展开。

从《吕氏乡约》、《增损吕氏乡约》和《南赣乡约》涉及的乡约规范制定者对乡约推行目标的期望的相关记载,不难发现,宋明士绅推行乡约,其根本目标在于实现基层社会秩序的完善,进而推动整个社会秩序的良性运转,最后实现"民胞物与""万物一体"的理想社会状态:一方面,宋明士绅推行的乡约本身所具有的理想目标和基本价值与宋明社会秩序体系的基本价值和终极目标一致,而在宋明士绅看来,实现这些价值和目标的基本途径也一样,这就是"理一";另一方面,作为构成宋明基层社会秩序以及宋明社会秩序整体的一个环节,乡约有着独特的社会秩序功能和地位,而实现这种功能和地位又必须采用独到的理念和实践才能奏效,这就是"分殊"。

第二节 乡约的基本原理

宋明乡约既是适用于宋明基层社会的"民间法"[2],也是维持宋明基层社会秩序的基层社会组织,更是兼具了"民间法"与"宋明基层组织"两种属性的宋明基层社会秩序维护的基本制度。从乡约的规范内容和宋明士绅推

---

[1] (明)王守仁著,吴克等编校:《王阳明全集》,上海古籍出版社1992年版,第54页。
[2] "民间法"的定义可参考于语和教授的观点:"民间法是与国家法(或曰国家制定法)相对应的概念。它是某一特定社区内,在人们长期生产、生活过程中约定俗成的,用以划分人们的权利义务和调解各类纠纷,并且具有强制性、权威性、规范性和一定约束力的行为规范。"参见于语和、张殿军:"民间法的限度",载《河北法学》2009年第3期。

行乡约的期望与目标上看，宋明乡约与当下我国推行已久的村民自治制度有相似之处，甚至可以称得上是一种具有宪法意味的"基本法"[1]制度。在前文论述宋明乡约的基本构造、基本制度、基本功能和社会影响以及思想渊源的基础之上，本节拟对宋明乡约的基本法律文化原理略加总结。

一、乡约的权威原理

"权威"一词意指"可以促使他人基于信赖而自发接受其规范的力量"[2]。宋明乡约的权威原理，即宋明乡约权威的获得或形成的基本原理。乡约的权威，亦称之为乡约约束力的合法性，"合法性"是社会学、政治学的核心概念，有广义狭义之分，其狭义意指"政治统治依据传统或公认的准则而得到人民的同意和支持"[3]，其广义则更广泛地运用于讨论社会的秩序、规范或规范系统的运作以及效果发生机制。"权威"与"合法性"是现代概念，其核心实质是指对某一权力机制或系统的自愿认同。乡约的推行离不开内部（约众）和外部（国家以及社会）对乡约组织机构和规范系统的认同，因此，乡约的权威原理可以说是乡约的第一原理。乡约所获得的权威即是乡约运行的合法性，因此，宋明乡约的权威原理也可称之为宋明乡约的合法性原理。宋明乡约的权威来源有两个方面：一方面是基于乡约约众对乡约的自发认同而产生的权威，笔者称之为乡约的自发权威；另一方面是乡约的外部因素赋予乡约的权威，其主要以国家权力对乡约的认同为核心，笔者称之为乡约的赋予权威。乡约自宋到明的发展、演进，其权威原理发生了明显的变化，而这种变化亦是中国古代基层社会维护制度权威获得机制的集中体现。

《吕氏乡约》在其推行之初，就丝毫没有考虑在制度上与国家权力的对接，换言之，《吕氏乡约》的权威和合法性完全来自约众对乡约的认同，即《吕氏乡约》依靠乡约的自发权威运行。《吕氏乡约》"附言"吕大忠所言"愿与乡人共行斯道。惧德未信，动或取咎，敢举其目，先求同志。苟以为

---

[1] 基本法一词主要意指宪法，其来源可参考《德意志联邦共和国基本法》即德国宪法，以及我国的《中华人民共和国香港特别行政区基本法》和《中华人民共和国澳门特别行政区基本法》，但本文所指并非这些宪法，而是取基本法最宽泛的含义，即国家、社会运行的基本法律规范或制度。

[2] 季卫东："论法制的权威"，载《中国法学》2013年第1期。

[3] 白钢、林广华："论政治的合法性原理"，载《天津社会科学》2002年第4期。

可，愿书其诺。成吾里仁之美，有望于众君子焉"[1]即是《吕氏乡约》立足于约众对乡约的同意而获得权威的明证。《吕氏乡约》排斥外部因素对乡约权威的影响，从《吕氏乡约》的内容也可以确认：《吕氏乡约》所规定的内容自"德业相劝"章到"主事"章，乡约所有规范的施行都只针对约众，其主事、赏罚、更易都依靠约众的表决展开，所以，《吕氏乡约》属于完全自发权威类型的基层社会秩序维护制度。在保证自发权威推行乡约的同时，《吕氏乡约》的推行者吕大钧也为这种自发权威类型乡约进行了辩护："若止取在上者之言为然，则君子何必博学。……今小民有所聚集，犹自推神头、行老之目，其急难自于逐项内细说事目。止是遭水火盗贼死丧疾病诬枉之类，亦皆是自来人情所共恤，法令之所许。"[2]吕大钧这段论述有两层意思：其一，作为宋代士绅的成员，维护基层社会秩序本就是其道义所在，因此，通过"愿书其诺"取得基层绅民同意的乡约，其合法性不待"在上者"的赋予而自然存在；其二，《吕氏乡约》所推行的内容，与国家权力并不相悖（吕大钧所言的"法令之所许"并不是指国家法令已经明确许可，而是指国家法令并不禁止之意），其所行者也是国家权力在基层社会执行维护缺位的地方，在这一点上，乡约的自发权威与国家权威并无冲突，而乡约的事业则弥补了国家秩序在基层社会层面上的不足。总而言之，在吕大钧看来，《吕氏乡约》的自发权威具备自然的合法性，而且这种自然合法性也无碍国家权力在基层社会的展开。《增损吕氏乡约》的权威原理延续《吕氏乡约》的自发权威原理，但已经开始考虑乡约的自发权威与国家权力的对接问题了。《增损吕氏乡约》在"德业相劝"部分增加了"畏法令，谨租赋"[3]，在"月旦集会读约之礼"部分则对"异爵者"[4]进行了特殊安排。总体而言，《增损吕氏乡约》仍然以约众自发认同作为乡约推行的基本合法性来源。

与《吕氏乡约》《增损吕氏乡约》不同，《南赣乡约》的权威原理呈现出巨大的转变。王守仁以明代国家权力代言人的身份推行《南赣乡约》，《南赣

---

[1] （北宋）吕大临等撰，陈俊民辑校：《蓝田吕氏遗著辑校》，中华书局1993年版，第567页。
[2] （北宋）吕大临等撰，陈俊民辑校：《蓝田吕氏遗著辑校》，中华书局1993年版，第567页。
[3] （南宋）朱熹著，朱傑人等主编：《晦庵先生朱文公文集》，上海古籍出版社、安徽教育出版社2002年版，第3595页。
[4] （南宋）朱熹著，朱傑人等主编：《晦庵先生朱文公文集》，上海古籍出版社、安徽教育出版社2002年版，第3603页。

乡约》的诸多规范的救济最终也以国家权力为依归，因此，可以说《南赣乡约》的权威来自于国家权力的赋予，即《南赣乡约》是赋予权威类型的基层社会秩序维护制度。《南赣乡约》采用这种赋予权威作为乡约推行的权威来源，虽然有利于乡约在实际推行中更加顺畅——实际情况也正是如此，较之宋代乡约，《南赣乡约》的推行以及其产生的实际社会影响要大得多。但是，就激发民众自发参与基层社会秩序维护的主体性和积极性，进而从根本上达到协调基层社会秩序的层面考察，《南赣乡约》已然走上了歧途。明代后期至清代继承、发扬的《南赣乡约》精神也在基层社会秩序维护的赋予权威模式上越走越远，以至于清代中后期的乡约已然找不到宋代乡约乃至《南赣乡约》基本制度与运行模式的影子。[1]

从吕大钧所主张的《吕氏乡约》的权威原理略做引申思考，就可以发现，吕大钧认为在"人情所共恤，法令之所许"的地方，民间自发组织的权威不待任何外在认可而自然存在。这种观点在中国古代、甚至近代以来都可以说是石破天惊之论。实际上基层社会的秩序维护，仅仅依靠国家的赋予权威进行协调、维护，显然是胶柱鼓瑟，难以奏效。正如托克维尔在对比新英格兰与欧洲的乡镇制度时，曾经羡慕地评价美国的乡镇精神："新英格兰的居民依恋他们的乡镇，因为乡镇是强大的和独立的；他们关心自己的乡镇，因为他们参加乡镇的管理；他们热爱自己的乡镇，因为他们不能不珍惜自己的命运。他们把自己的抱负和未来都投到乡镇上了，并使乡镇发生的每一件事情与自己联系起来。"[2]同时托克维尔沉痛地评价欧洲国家的乡镇治理策略："他们（国家治理者）害怕乡镇强大和独立以后，会篡夺中央的权力，使国家处于无政府状态。但是，你不让乡镇强大和独立，你从那里只会得到顺民，而决不会得到公民。"[3]显然，基层社会秩序的维护需要基层社会民众（包括乡绅、士大夫以及平民）自发性认同地协商维护甚于需要国家权力赋予权威的强制监管，这个道理两百年前的托克维尔明白，近千年以前的吕大钧也明白，相信吕氏兄弟之后的士绅（如朱熹、王守仁）也明白，而宋明乡约权威原理的演进历程，却展现出基层社会秩序维护权威逐渐偏离的趋势，其背后的思想

---

[1] 清代中后期的乡约已然变成国家基层行政制度中的一种职役和宣讲圣谕的仪式。参见董建辉：《明清乡约：理论演进与实践发展》，厦门大学出版社2008年版，第227~273页。

[2] [法] 托克维尔：《论美国的民主（上卷）》，董果良译，商务印书馆1988年版，第74页。

[3] [法] 托克维尔：《论美国的民主（上卷）》，董果良译，商务印书馆1988年版，第76页。

文化原因和社会政治原因值得深思。

二、乡约的运行原理

宋明乡约的运行原理因其立约宗旨和目标的差异而不同，具体而言，宋代乡约以自主协商为其基本运行原理，而明代《南赣乡约》的运行则采用国家督导和乡约自治相结合的运行原理。

《吕氏乡约》完全由基层乡绅、士大夫自发组织并推动，因此，乡约的所有事物无一不自决于乡约内部：平常细故由约众或乡约机构自主决断，如涉及约众赏罚以及更易乡约的大事，则在乡约集会时由约众集体表决，此即《吕氏乡约》"聚会"章"聚会则书其善恶，行其赏罚。若约有不便之事，共议更易"[1]规定的基本内涵，也是《吕氏乡约》运行原理的集中体现。《增损吕氏乡约》在乡约运行原理方面完全继承《吕氏乡约》，日常细故由约众或乡约机构自主决断，如《增损吕氏乡约》"过失相规"部分所规定的"小则密规之，大则众戒之"[2]，而乡约重要的事务则在乡约集会时由乡约约众集体决断，如乡约的"书于籍"需要"询其实状于众，无异辞，乃命直月书之"[3]。结合《吕氏乡约》与《增损吕氏乡约》约正的乡约议事规则，不难发现宋代乡约采用约众自主协商、乡约自治的基本原理。与宋代乡约相比较，《南赣乡约》的运行原理有很大的改变：一方面，《南赣乡约》的运行采用与宋代乡约相同的约众自发、自主运行的基本模式。《南赣乡约》建立有比宋代乡约更为完备的乡约组织机构，同时乡约的旌善、规过以及罚金也在全部在乡约内部进行，从这一层面上看，《南赣乡约》的运行与宋代乡约并无二致。另一方面，较之宋代乡约对于严重违反乡约规范而"绝不可容"的约众采取"皆绝之"[4]或"听其出约"[5]的罚则，《南赣乡约》则采用由乡约"告官"

---

[1]（北宋）吕大临等撰，陈俊民辑校：《蓝田吕氏遗著辑校》，中华书局1993年版，第567页。
[2]（南宋）朱熹著，朱傑人等主编：《晦庵先生朱文公文集》，上海古籍出版社、安徽教育出版社2002年版，第3596页。
[3]（南宋）朱熹著，朱傑人等主编：《晦庵先生朱文公文集》，上海古籍出版社、安徽教育出版社2002年版，第3603页。
[4]（北宋）吕大临等撰，陈俊民辑校：《蓝田吕氏遗著辑校》，中华书局1993年版，第567页。
[5]（南宋）朱熹著，朱傑人等主编：《晦庵先生朱文公文集》，上海古籍出版社、安徽教育出版社2002年版，第3596页。

甚至"请兵灭之"[1]加以惩罚的模式。宋代乡约之所以不涉及与国家权力对接的问题，是因为宋代乡约致力于建立基层社会秩序维护的民间自发协商模式，就宋代乡约在宋代基层社会秩序中的定位而言，宋代乡约有些许"独善其身"的味道。《南赣乡约》由一方官员加以推行，则已经成为王守仁基层社会秩序维护体系中的重要组成部分，而社会秩序的协调、整合需要各个环节环环相扣，所以，作为基层社会秩序维护体系组成部分的《南赣乡约》，其运行需要与国家权力衔接，亦是情理之中，而国家权力要保证整个社会秩序的稳定、有序，对《南赣乡约》的运行进行督导、监管更是题中之义。《南赣乡约》的运行兼具了乡约自主与国家督导两个方面的内容，因此，可以说《南赣乡约》采用的是半自发协商、半行政化的运行原理。

宋代乡约运行基本原理的演变既有其根源，也反映出乡约作为宋明基层社会秩序体系的一部分，其运行面临着难题和困境：宋代乡约采取自主协商、乡约自治的运行原理，但其结果是乡约的运行难以推广。虽然宋代乡约难以推广有"脱离了乡村的社会基础"[2]的缺陷，但也与宋代乡绅、士大夫以及乡民缺失自发协调基层社会秩序的精神和理念有很大的关系。《南赣乡约》采用半自发协商、半行政化的运行原理虽然使得乡约的推行更为容易，但其结果是乡约逐渐失去了维持基层社会秩序的原动力，使乡约逐渐变成国家推行基层行政的工具。因此，保证民众自发参与基层社会秩序的维护，自发建立基层社会秩序维护机制，并避免机制的消亡或变质，可能一方面需要唤醒基层民众的社会秩序维护主体意识和参与意识，另一方面则需要警惕外部权威因素对这些自发、自主的基层社会秩序维护制度施加的干预。

三、乡约的规范道德化原理

宋明乡约作为宋明基层社会秩序的一种维护制度，其所推行的乡约规范也大多符合现代法理学的法律规范形式构成三要素：假定、行为模式以及法律后果，如《吕氏乡约》在"过失相规"章规定"犯义之过"六项、"犯约之过"四种以及"不修之过"五项的同时，针对不同的过失，制定了诸如书

---

[1] （明）王守仁著，吴克等编校：《王阳明全集》，上海古籍出版社1992年版，第601~602页。

[2] 金滢坤："论唐五代宋元的社条与乡约（二）——以《吕氏乡约》、龙祠乡社义约为中心"，载《敦煌研究》2008年第1期。

于籍、罚金以及出约的相应罚则。同时,"在乡民的实际生活中,乡约事实上发挥着法的作用,它对乡民的言行确有指引、评价、预测、教育、惩罚的规范作用,具有从调整关系到维持秩序的社会作用。"[1]所以,从规范的外在形式上看,宋明乡约确为法律规范无疑。同时,宋明乡约的规范内容表现出明显的道德规范内涵,换言之,乡约规范道德化是宋明乡约的基本原理,其基本理由如下:

一方面,众所周知,现代法律的基本内容限于两方面,授权法,即赋予为某事的权利或法不禁止则可为的自由;禁止法或限权法,即禁止为某事的义务或法不许可则不可为的禁制。宋明乡约的规定则不同,其规定的内容反映了中国传统社会的道德伦理的基本内容,如《吕氏乡约》"德业相劝"章所规定的"德"与"业"显然属于以道德伦理劝诫民众的内容。以法律规范视之,则这种规范既不易于操作且有些强人所难。与《吕氏乡约》一样,《增损吕氏乡约》与《南赣乡约》同样规定了诸多类似的道德化规范。另一方面,《吕氏乡约》、《增损吕氏乡约》与《南赣乡约》的推行理念也决定了乡约的规范道德化原理。推行宋明乡约的主持者(如吕大钧)和提倡者(如朱熹)对于乡约的要求,并不限于约众之间的相互救济,而是希望达到更加高远的目标,如吕大忠所言的"成吾里仁之美"和王守仁所言的"协和尔民",因此,乡约的规范就不可能仅仅只有互助救济的社会法规范,而是必然会有诸多期待性的道德规范。与梁漱溟先生在整理民国乡约时所提倡的"人生向上"[2]一样,宋明乡约的这些道德化规范所赋予乡约乃至宋明基层社会秩序的是理想化的道德目标。也只有通过这些道德化规范,宋明乡约才可能——至少是一种可能——达到推行者所期望的目标。简言之,规范道德化既是宋明乡约的基本原理,也是宋明乡约的基本属性。

宋明乡约的规范道德化并不是乡约推行者独出心裁的创见,而是结合宋明基层秩序维护现状所做的自然应对方案。梁漱溟先生"只有从人生向上之意,发挥伦理情谊;从这个地方才可以建立中国人的团体组织"[3]的观点可以说代表了宋明至近代中国知识分子思考基层社会秩序维护的典型观点。宋

---

[1] 张中秋:《原理及其意义——探索中国法律文化之道》,中国政法大学2010年版,第45页。
[2] 参见梁漱溟:《乡村建设理论》,上海人民出版社2006年版,第156~176页。
[3] 梁漱溟:《乡村建设理论》,上海人民出版社2006年版,第160页。

明乡约虽然规模大小不一,但都致力于乡约内部乃至整个宋明基层秩序全面的维持和促进,因此,采用诸多道德化的规范也就顺理成章了——毕竟整个社会秩序的推动仅仅依靠那些没有期许目标的法律规范显然不可能实现。从这个视角去理解宋明乡约的规范道德化原理,才能对宋明乡约的诸多道德化规范有相对理性的理解。

综上,权威原理、运行原理、规范道德化原理是宋明乡约的三大基本原理。通过这三个基本原理,不难发现,在宋明基层社会秩序维护体系中,乡约的制度规模和运行概貌虽然因为时代、社会环境以及推行者个人意志不同产生出诸多差异,但乡约始终作为全面协调、整合宋明基层社会秩序的制度方案存在。

结 论
Conclusion

本文以《吕氏乡约》、《增损吕氏乡约》和《南赣乡约》为基本材料去梳理、研究宋明乡约的历史和思想渊源、基本构造、基本制度、基本原理以及乡约与宋明基层社会秩序的基本关联。经过整体、系统的溯源、梳理、分析和总结，本文就乡约与宋明基层秩序的研究可以得出以下几点基本结论：

其一，乡约在宋明间经历了明显的转变。乡约在宋明间的转变包括：首先，乡约文本规范体例的转变，即由宋代乡约典型代表《吕氏乡约》的纲目式乡约规范结构转变为《南赣乡约》的"教谕体"条目规范体例。其次，乡约基本运行模式的转变，即从《吕氏乡约》完全民间自发、自主的乡约组织协调运作模式转变成《南赣乡约》官方督导与民间自发相结合的乡约运行模式。最后，乡约的运行基本理念发生明显转变，即由《吕氏乡约》通过调动基层绅民内化、自发的基层社会维护自主性以实现基层社会的和谐与发展转变为《南赣乡约》通过国家强制力量与基层绅民相结合以达到基层社会秩序的稳定与维护。

其二，宋明乡约的基本精神理念，即乡约之于宋明基层社会秩序的价值与意义一以贯之，即通过乡约的运行协调或重整基层社会秩序，以实现宋明基层社会秩序的稳定、和谐。虽然宋明乡约在规范内容、运行模式、运行理念等方面有着诸多差异，但宋明乡约的基本精神理念却一脉相承，而宋明乡约这种一脉相承的基层社会秩序基本精神理念，又和宋明士绅"以天下为己任"的政治主体性立场和"理一分殊"的社会秩序观密不可分。

其三，宋明乡约的理想制度规模与实际社会效果存在反差。经过笔者初步的梳理和分析可以发现：一方面，宋明乡约的理想制度规模可谓系统、全面。宋明乡约构建的理想制度方案为宋明基层社会的秩序维护和社会发展提供了一套涉及乡里社会的组织运行、道德教化、过恶规诫以及经济互助的系统方案。另一方面，乡约在宋明基层社会秩序实践中产生的社会效果和影响则不能与其理想制度规模相称，据宋明史籍记载，乡约在宋代处于零星推行的处境，在明代前中期也不过偶尔推行。与之相对，到了明末清代，当乡约的实践逐渐放弃其理想制度规模中的大部分内容，乡约的运行反而得到全面推广。

其四，乡约所提倡的基层社会秩序维护模式的运行与推广，需要有广泛的群众基础和民意支撑。通过对乡约与宋明基层社会秩序的研究可以发现，要保证乡约这种基层社会秩序维护模式的运行、延续且不变质，基层社会民众（包括乡绅、士大夫以及平民）自发性认同往往比国家权力的强制监管更重要，宋明乡约诞生、发展到变质的历史过程就是这一基本理念的明证。

总而言之，通过父权主义的模式强加给基层社会的所有社会秩序维护规范和方案，所得到的只能是施加者所意欲的基层秩序结果，而非民众所期望的基层秩序状态。

下 编

清代乡约新探

第一部分

再论明清基层法秩序中的"约"

摘要： 明清基层法秩序中的"约"伴随着国家、州县衙门、宗族、行会等主体制定、促成的"约"的规范体系，形成了多元化的法律渊源体系。同时，"约"的价值目标逐渐被明清时期的国家意志化约，逐渐走上被明清国家基层治理理念同质化的历程。在整个明清时代演进过程中，"约"的本质属性逐渐发生了变化，即"约"的法律渊源构造逐渐出现天平的倾斜，国家主导的"约束性命令"的意蕴逐渐趋于强势，民间自发的"契约型合意"的有效性和实践性则逐渐降低。

关键词： 概念群；多元化；同质化；演进逻辑

引 言

《说文解字》解"约"称："约，缠束也，从糸勺声。"[1]由此可见，"约"的涵义基于对某一事物的缠束行为，如约车，或缠束状态，如简约，或缠束结果，如约剂。从法学视角看，"约"是中国从古至今一直存在的法律渊源，于明清基层法律秩序亦然。与先秦时期主要作为邦国交往的盟誓而存在的"约"[2]不同，明清基层法律秩序中"约"的涵义显得多元、复杂，其解

---

[1] （汉）许慎撰：《说文解字附检字》，中华书局1963年版，第272页。

[2] 如《史记·秦本纪》载："西周君背秦，与诸侯约纵，将天下锐兵出伊阙攻秦。"参见（汉）司马迁：《史记》，中华书局1959年版，第218页；又如《周礼·司寇》言："凡大约剂书于宗彝，小约剂书于丹图。大约剂，邦国约也，书于宗庙之六彝，欲神监焉；小约剂，万民约也，丹图未闻，或有雕器、篆籀之属有图象者。"参见（汉）郑玄注、（唐）陆德明音义：《周礼（卷9）》，四部丛刊明翻宋岳氏本，北京爱如生数字化技术研究中心制作：《中国基本古籍库》电子数据库，第191页。

读也应更为全面、系统、审慎。如果我们承认历史的演进具有连续性，则想要实现新时代中国的基层法律秩序构建与维护，系统、深入地理解"约"在明清法秩序中的定位与价值是我们思考的重要基点。不无遗憾的是，迄今为止，"约"作为明清基层法律秩序的基本概念，其内涵、外延以及特征仍然隐藏在迷雾之中，这一现状既限制了我们考察明清基层法律秩序构建与维护的视野，同时也削弱了明清基层法律秩序相关研究成果的可靠性。笔者认为，欲系统、全面地理解明清基层法律秩序的静态构造与动态演进，对"约"的认识与解读是当务之急。

20世纪末，寺田浩明教授在《明清时期法秩序中"约"的性质》一文中对明清法秩序中的"约"的性质进行了深入探讨。寺田教授从国家法与民间契约两极之间的"边缘性"例证着手，探讨"约"兼备法律强制性与契约合意性的表征，进而得出"在历史上，称为'约'的种种现象，实际上都是人们为了形成某种共有规范或为了使彼此间的行动达到服从某种共有规范的状态而做出的努力，或者说也就是通过这种努力而形成或达到了共通行为规范的社会存在形态总体"[1]这一结论。同时，寺田教授将明清时期"约"的结构核心称为"首唱与唱和"："既不单纯是对等的参与者通过交涉谈判而达到的结果，也不仅仅是事前就享有权威的首长单方而发布或宣示命令就取得的效果。行为规范的共有状态只是在特定主体的'首唱'和众人的'唱和'这种相互作用中逐渐形成。"[2]寺田教授将这种"首唱与唱和"规范类型界定为与"合意型契约"与"命令型约束"都不同的"第三种类型"[3]。寺田教授的研究极具启发：一方面，其研究直指明清时期"约"的性质，在"约"位于"命令型约束"与"合意型契约"之间的模糊地带进行推断和界定；另一方面，其研究将位于模糊地带的"约"的结构核心界定为"首唱与唱和"，是对明清时期"约"的合法性论证过程中法律命令主义与法律契约主义二元论折衷的范本，具有极为重要的理论价值。刘笃才、祖伟两位教授的民间规

---

[1] [日]滋贺秀三等著，王亚新等编译：《明清时期的民事审判与民间契约》，法律出版社1998年版，第145页。

[2] [日]滋贺秀三等著，王亚新等编译：《明清时期的民事审判与民间契约》，法律出版社1998年版，第162页。

[3] 参见[日]滋贺秀三等著，王亚新等编译：《明清时期的民事审判与民间契约》，法律出版社1998年版，第160~162页。

第一部分 再论明清基层法秩序中的"约"

约研究对传统中国"约"的探索更加系统、深入，他们认为："民间规约不同于民间习惯，它是成文的、明确的规范；民间规约不同于法律，它是非官方的、民间的规范；民间规约也不同于私人契约，它规制的是公共领域的公共事务。"[1]

明清时期的"约"的构成要素并不单一。寺田教授探讨所采的史料多是符合其理论模型的例证，藉以证明明清法秩序"首唱与唱和"类型的存在。文章论证逻辑与结论虽高妙，但并不契合明清时代的历史实际。以寺田教授所引据的"乡禁约"为例：其引据的"乡禁约"都是为出于公意或首唱而为某个群体设定的规则，其规则的制定者与受众皆"在场"，只在制定规则过程中的参与程度有区别。但是，明清时期的"乡禁约"并非皆以这种样态出现。实际上，许多通过明清国家权力推行的"乡禁约"只有官方单方面的强制，乡民作为受众并不"在场"，如明弘治十三年（公元1500年）"凡辽、蓟、宣、大、延、宁等边分守、守备并府、州、县官员，禁约该管官旗军民人等，不许擅将应禁林木砍伐贩卖，违者问发南方烟瘴卫所充军"[2]，清乾隆五年（公元1740年）丹徒勒石公布的"粮户完粮禁约规条"[3]，等等。刘笃才、祖伟两位教授的民间规约识别虽有助于我们系统、全面认识明清时期的"约"，但其识别的范围不免限缩，且将"约"的本质属性限定为"民间"或"非官方"也不无可商榷之处。

大概而言，明清基层法律秩序中的"约"有三层涵义：其一，契约或合同，主要指向明清百姓之间自发缔结的人身、财产性的交易约定；其二，乡约或会社，主要指向基于明清基层的乡约或会社组织以及由此而构建的乡约或会社秩序；其三，规约与条例，主要指向明清基层法律秩序构建与维护过程中基于国家权力或乡民合意而产生的各类具有规范效力的规章、条约。很显然，上述三方面都属于"约"。同时，"约"贯穿上述三个层面并将之联结起来，协力实现明清基层法律秩序的构建与维护。欲深入、全面地认识明清

---

[1] 刘笃才、祖伟：《民间规约与中国古代法律秩序》，社会科学文献出版社2014年版，第25页。

[2]（明）王崇献修：《（嘉靖）宣府镇志（卷19）》，嘉靖四十年刻本，北京爱如生数字化技术研究中心制作：《中国方志库》电子数据库，第813页。

[3]《丹徒碑碣志（卷1）》，光绪五年刊丹徒县志本，北京爱如生数字化技术研究中心制作：《中国金石库》电子数据库，第75页。

基层法律秩序中的"约",止步于寺田教授和刘笃才、祖伟教授的研究进路显然不可,必须找到能全面考察明清时期"约"的内涵的研究进路。二十一世纪以来,概念史研究逐渐在国内兴起[1]。正如黄兴涛教授所言:"所谓'概念史'(conceptual history),与其说是将概念作为特定研究领域的一门专史,或者说思想文化史的一个分支,不如说它是一种认知转型期整体历史的独特视角或方法。"[2]近年来,概念史研究也逐渐为法学界所重视,研究成果日渐丰硕[3]。本文拟采用概念史这一研究进路对明清基层法律秩序中的"约"进行考察,以点带面,系统、动态地分析、梳理明清时期"约"的基本特征与演进趋势:首先,通过梳理、区分明清时期"约"的概念群,发现"约"的基本内涵与大致外延;进而,通过考察明清时期"约"的多元化演进趋势与同一性的倾向,增进对明清时期"约"的演进逻辑的认知;最后,结合上文对明清时期"约"的静态与动态的考察,尝试对明清基层法律秩序中的"约"的定位与特征进行分析、判断。

一、"约"的概念群

正如研究者所主张:"对概念的历史研究,不单单是考察一个概念,还要研究在同时代其他与此相近或相邻的一些概念,……事实上,在历史的演进中,概念的含义一般都是在多种概念的集合中才能得到很好地理解。"[4]欲理解明清基层法律秩序中的"约",对"约"的概念群的认识至关重要。一方面,对"约"的内涵与外延的认识往往需要通过关联概念的认识才能明晰;

---

[1] 国内概念史研究思潮的兴起,孙江、方维规、黄兴涛等教授可谓开风气之先,主要成果参见孙江:"后现代主义、新史学与中国语境",载杨念群、黄兴涛、毛丹主编:《新史学——多学科对话的图景》,中国人民大学出版社2003年版;黄兴涛:"清末民初新名词新概念的'现代性'问题——兼谈'思想现代性'与现代'社会'概念的中国认同",载《天津社会科学》2005年第4期;方维规:"历史语义学与概念史——关于定义和方法以及相关问题的若干思考",载冯天瑜等主编:《语义的文化变迁》,武汉大学出版社2007年版;孙江:"概念、概念史与中国语境",载《史学月刊》2012年第9期;李宏图:"概念史与历史的选择",载《史学理论研究》2012年第1期。

[2] 黄兴涛:"概念史方法与中国近代史研究",载《史学月刊》2012年第9期。

[3] 周永坤:"中国司法概念史研究",载《法治研究》2011年第4期;韩大元主编:《中国宪法学说史研究》,中国人民大学出版社2012年版;屈文生:"一项关于近代'宪法'概念史的研究——以清末民初的若干法律辞书为考察视角",载《贵州社会科学》2012年第7期;林来梵:"国体概念史:跨国移植与演变",载《中国社会科学》2013年第3期;韩大元:"比较宪法概念在近代中国的演变",载《比较法研究》2015年第6期。

[4] 李宏图:"概念史与历史的选择",载《史学理论研究》2012年第1期。

另一方面，只有通过比较、辨析"约"与关联概念的同异，才能得出"约"的准确界定。本节就"约"的概念群进行简要梳理、辨析。

（一）"约"与"契""合同"

明清时期的"契"与"合同"关联紧密。大致而言，"契"与"合同"皆产生于基层民间自发的经济往来活动，属于现代法学视野中的私法关系范畴，传世文献多将"契"与"合同"并称为"合同文约"[1]。"契"又称"单契"，张传玺先生指出"在买卖、赠送、赔偿等死契关系中，由于为片面义务制，所以行用单契，由义务的一方出具，归权利的一方收执"，与之相对，"合同制主要用于借贷、抵押、典当等活契关系"[2]。由此可见，即使同属于明清私法关系文书，"契"与"合同"之间也有明显的区别，这一点学者讨论较多，此处不赘述。[3] 同时，明清时期的"合同"并不限于民间交易活动，许多涉及基层公共事务的活动也通过"合同"或"合同约"的形式进行，如"明弘治四年（公元1491年）祁门县李本宏等排年里甲合同"[4]"歙县黄墩善堂做造庄屋合同"[5]"长寿会租银合同"[6]"庄民入山砍柴烧炭、应完番社租费，务须遵照此次凭官所立合同约载数目，按时应付，二比不得争多较寡，致生事端，违者照约议罚并予重惩"[7]。明清时期的私法关系中也有"约"的影子出现，如"嘉靖元年（公元1522年）歙县叶文广立还文约"[8]"明隆庆五年（公元1571年）祁门县庄仆胡初等住屋佃田应役文

---

[1] 参见中国社会科学院历史研究所宋辽金元史研究室校：《名公书判清明集》，中华书局1987年版，第231、315页。

[2] 张传玺主编：《中国历代契约汇编考释》，北京大学出版社1995年版，第27页。

[3] 参见贺卫方："'契约'与'合同'的辨析"，载《法学研究》1992年第2期；［日］岸本美绪："明清契约文书"，载王亚新等编译：《明清时期的民事审判与民间契约》，法律出版社1998年版，第280~326页；俞江："'契约'与'合同'之辨——以清代契约文书为出发点"，载《中国社会科学》2003年第6期；阿风："中国历史上的'契约'"，载《安徽史学》2015年第4期。

[4] 张传玺等：《中国历代契约汇编考释》，北京大学出版社1995年版，第1118~1119页。

[5] 安徽省博物馆编：《明清徽州社会经济资料丛编（第一集）》，中国社会科学出版社1988年版，第570页。

[6] 安徽省博物馆编：《明清徽州社会经济资料丛编（第一集）》，中国社会科学出版社1988年版，第566页。

[7]（清）屠继善：《（光绪）恒春县志（卷19）》，清钞本，北京爱如生数字化技术研究中心制作：《中国方志库》电子数据库，第511页。

[8] 安徽省博物馆编：《明清徽州社会经济资料丛编（第一集）》，中国社会科学出版社1988年版，第563页。

约"[1]等。同时,还有"借银约"[2]"议约"[3]"合约"[4]等称谓,不过,直接以"约"为名的私法关系文书难得一见。较之明清时期的"合同"在公共事务中的使用,基层乡民自发签订的"约"在基层公共事务中的使用更加普遍,如"万历三十五年(公元1607年)祁门县洪廷谘等立族产会约"[5] "顺治七年(公元1650年)歙县胡宗朝等保护风水文约"[6] "康熙十七年(公元1678年)杨彦诚等里役津贴议约"[7] "道光二十九年(公元1849年)歙县九姓轮充保长文约"[8]等。明徐三省编纂《世事通考》载"禁田禾"[9]格式称:

> 夫国以民为本,本固则邦宁。民以食为先,食足则信孚。此农布之至重,王政之首务也,切照本乡居民稠密,别无经营,惟资耕种,以充岁计。是以既东作,庶有以望西成。兹当禾苗盛长之时,不许纵放牛马践伤,鹅鸭踏食,各家须要守固阑关。爰自某月某日今众议约:以后倘有无藉者,不依禁约,照例惩罚。如有抗拒不遵,定行望究,众共攻之,以一科十。若纵放不遵,依法行据,示众通知,必敬必戒,故约。[10]

---

[1] 张传玺主编:《中国历代契约汇编考释》,北京大学出版社1995年版,第1054页。

[2] 张传玺主编:《中国历代契约汇编考释》,北京大学出版社1995年版,第1065页。

[3] 安徽省博物馆编:《明清徽州社会经济资料丛编(第一集)》,中国社会科学出版社1988年版,第567页。

[4] 安徽省博物馆编:《明清徽州社会经济资料丛编(第一集)》,中国社会科学出版社1988年版,第578页。

[5] 安徽省博物馆编:《明清徽州社会经济资料丛编(第一集)》,中国社会科学出版社1988年版,第566页。

[6] 安徽省博物馆编:《明清徽州社会经济资料丛编(第一集)》,中国社会科学出版社1988年版,第567页。

[7] 安徽省博物馆编:《明清徽州社会经济资料丛编(第一集)》,中国社会科学出版社1988年版,第567~568页。

[8] 安徽省博物馆编:《明清徽州社会经济资料丛编(第一集)》,中国社会科学出版社1988年版,第574页。

[9] 张传玺主编:《中国历代契约汇编考释》,北京大学出版社1995年版,第1120页。

[10] 类似"禁约"还有"禁蔬果""禁坟山""禁夜行"等格式,参见《捷用云笺(卷6)》,明末刻本,北京爱如生数字化技术研究中心制作:《中国基本古籍库》电子数据库,第115~116页。同时,刘笃才、祖伟从《中国日用类书集成》《中国法制史研究补订》中辑录出的"禁约"格式有"禁田禾约""禁六畜作践苗禾约""禁田园山泽约""禁盗鸡犬约""禁盗田园瓜果菜蔬约""田禾禁约""蔬果禁约"等类型,参见刘笃才、祖伟:《民间规约与中国古代法律秩序》,社会科学文献出版社2014年版,第94~100页。

第一部分 再论明清基层法秩序中的"约"

除这种针对某一特定事项的"禁约"之外,还有综合性的基层"禁约"。明陈继儒辑《捷用云笺》载"地方禁约"格式:

> 地方某某等为严申大禁以一风俗事。窃见乡设禁条,原非私举,事有明征,法无轻贷。岂强者依势横行,弱者缄口畏缩。或徇情以容隐,或贪利以偏护。辛至禁令败坏,风俗益颓,人畜交相为害,如不暇悉数。某等目击斯祸,痛惩厥奸。为此置酒会众,写立禁条,以儆后患。如有犯者,与众共罚。若再拒抗不服,会同呈官理论。但不许避嫌徇私,受钱卖放;又不得欺善畏恶,挟仇排陷。有一于此,天日鉴之,神雷击之。凡我同盟,至公无私,庶乡邻不至受害,而风俗自此淳厚矣。谨以各项禁条,开具于后。决不虚立。[1]

以上所引两则"禁约"虽注重禁令强制,但"禁约"的制定仍属于民间自发的"置酒会众,写立禁条"。同时,明清时期由州县衙门主导推行基层"禁约"已然是惯例,如明万历年间南昌府"(知府)创坊甲条鞭法及禁约铺行法,民赖以宁"[2],清康熙年间邹平县署"影壁在大门,下立石禁约"[3],清同治年间文县"多陋俗,(知县)作禁约八条革之,虽未能翕然向化,然近郊停柩之习为之稍戢"[4]。由此可见,明清时期的"约"与"契""合同"具备明显不同的气质。一方面,与"契""合同"主要在明清时期的民间经济活动中使用不同,无论是"合同约",还是"乡禁约""约"的使用更强调基层公共事务的推进与公共秩序的维护;另一方面,与"契""合同"涉及当事人多为地位平等的双方或多方。与"契"或"合同"的当事人具有较自由的选择、决策权不同,"约"的当事人(包括"约"的制定者与受众)的情形更为复杂,同时"约"的强制性色彩也更加明显。

---

[1] 《捷用云笺(卷6)》,明末刻本,北京爱如生数字化技术研究中心制作:《中国基本古籍库》电子数据库,第115页。类似"禁约"还可参见刘笃才、祖伟辑录"乡方禁约""地方禁约",参见刘笃才、祖伟:《民间规约与中国古代法律秩序》,社会科学文献出版社2014年版,第98~99页。

[2] (明)章潢:《(万历)新修南昌府志(卷16)》,明万历十六年刻本,北京爱如生数字化技术研究中心制作:《中国方志库》电子数据库,第1201页。

[3] (清)程素期修:《(康熙)邹平县志(卷2)》,清康熙三十四年刻本,北京爱如生数字化技术研究中心制作:《中国方志库》电子数据库,第155页。

[4] (清)江亦显修:《(光绪)兴文县志(卷4)》,清光绪二年刻本,北京爱如生数字化技术研究中心制作:《中国方志库》电子数据库,第352页。

（二）"约"与"会"

明清时期的"会"是指以经济互助、宗教祭祀、文化教育等为目标，由民间自发约集、组织而成的、有一定运行规范的基层组织。"会"与"社"相近，但明清时期的"社"已逐渐与里甲并行，成为基层行政名词，故此处用"会"而不用"社"指代明清时期基层行政区划（即村社组织）以外的基层组织。明清时期的"会"情势复杂、种类繁多[1]。明代中期，基层会社开始在全国各地兴起，如广东归善县署在万历年间就建置有"预备会：在城隍厅侧；义会：在城东；社会：东在水东驿、西在碧甲巡司、南在平山驿、北在汞平村；平海会：府东南平海所城内，隶本县"[2]。到明末，基层民间自发的"会"已经逐渐形成风气。到了清代，由于在基层民间自发的"会"的缔结、运行中的缺位，国家权力对"会"的监控难以深入，故清代国家对基层民间自发的"会"的监控停留在打击、防范层面。顺治九年（公元1652年），世祖御制训饬士子卧碑文称："生员不许纠党多人，立盟结社，把持官府，武断乡曲，所作文字不许妄行刊刻，违者听提调官治罪。"[3]乾隆十一年（公元1746年）谕："看来火官会乃滇、黔、四川等省常时举行之事。即滇省据称自张保太拏禁之后，亦未有人举行，则从前竟系公然聚集，盖此即聚众

---

[1] 据蔡少卿先生统计，仅清代就有白莲教、在理教、先天教、大乘教、无为教、清茶门教、红羊教、一炷香教、圣贤教、义和门教、八卦教、天龙八卦教、中八教、添柱教、红胡教、天理教、天公教、达摩教、佛门教、明灵教、无极门教、青莲教、黄阳教、罗祖教、西洋教、收园教、顺天教、鸿钧教、龙门教、白山教、天门教、儒门教、园顿教、黄天教、一碗水教、幅教、白莲地教、红灯教、红莲教、红教、白阳九宫教、摸摸教、未来真教、斋教、青教、青阳教、文贤教、黑莲教、天地会、三合会、三点会、尚弟会、双刀会、小刀会、哥老会、江湖会、花会、胜人会、游会、音乐会、牙签会、莱会、阎王会、刀枪会、大刀会、顺刀会、钩刀会、砍刀会、千刀会、钢刀会、曳刀手会、串子会、龙华会、孝义会、仁义会、祖会、青龙会、父母会、三元会、陆林会、少林会、奇门会、边钱会、红钱会、南北会、太子会、忠义会、桃园会、乌龙会、同胜会、青苗会、同心会、天元会、龙虎会、红黑会、扇会、白头会、天罡会、二字会、红会、黄会、白会、夹把刀会、千人会、兄弟会、太平会、黑红签会、铁戒指会、刀会、洋枪会、洪莲会、老人会、火官会、铁尺会、成功会、老理会、祖师会、万人会、江山会会、火官会、铁尺会、成功会、老理会、祖师会、万人会、江山会、担会、青龙会、添刀会、英雄会、悄悄会、八卦紫金会、义气会、丫头会、号军、艇军、幅军、征义堂、忠义穷团、青红帮、啯噜党等民间会社教帮215个，参见蔡少卿：《中国秘密社会》，浙江人民出版社1989年版，第6~7页。

[2]（明）郭棐：《（万历）广东通志（卷35）》，明万历三十年刻本，北京爱如生数字化技术研究中心制作：《中国方志库》电子数据库，第3248页。

[3]《广东金石略（金石略一）》，清道光二年刊广东通志本，北京爱如生数字化技术研究中心制作：《中国金石库》电子数据库，第3页。

第一部分　再论明清基层法秩序中的"约"

生事之渐也。张允随等身任封疆,似此聚众集会,理应严行禁遏,何以平时漫无查察,一任妖民借端生事。其火官会独非邪教,可以听其私相纠集乎,尔等可传旨询问之。"[1]

明清时期的"约"是指以基层法律秩序构建与维护为目标、依据一定机制与规范将基层社会民众部分或全部联结起来的基层组织,其代表是乡约。明代乡约多由基层缙绅自发推行。正德六年(公元1511年),仇楫与其兄弟仇森、仇桓等人以《吕氏乡约》为蓝本,以《仇氏家范》作为补充,在雄山乡里举行乡约[2]。正德十三年(公元1518年),王守仁颁行《南赣乡约》,乡约推行的官督民办模式开始盛行[3]。雍正二年(公元1724年),雍正皇帝将康熙皇帝创制的《上谕十六条》逐条注解,形成洋洋万言的《圣谕广训》,乡约宣讲遂大行其道。随着乡约宣讲的大旗逐渐被遗忘,作为清代国家权力在基层的现成代理人,清代乡约转而承担各种差役是最为经济、顺畅的逻辑展开。随着清代乡约藉由国家权力的"权限委让"[4]全面参与清代基层政治、经济乃至文化事务,代表国家权力对基层进行治理。

同为明清基层法律秩序的组成部分,"约"与"会"关联密切,却又判然有别。一方面,明清时期"约"与"会"的兴起基于明代缙绅的自发倡导。正统初年(公元1436年),王源在知潮州任上"刻《蓝田吕氏乡约》[5],择民为约正、约副、约士,讲肄其中"[6],广东南海唐豫的《乡约十则》[7]以及广东顺德欧阳祖华"为乡约,率先闾里,早输租赋,里社之会,规勉六行"[8]。正德六年(公元1511年),仇楫与其兄弟仇森、仇桓等人以《吕氏乡约》为蓝本,以《仇氏家范》作为补充,在雄山乡里举行乡约。从永乐十三年(公

---

[1]《清高宗实录(卷268)》,北京爱如生数字化技术研究中心制作:《明清实录》电子数据库,第14637页。
[2] 参见(明)何瑭:《柏斋集(卷10)》,台北"商务印书馆"1986年版,第13页。
[3] 参见(明)王守仁:《王阳明全集(叁)》,中国文史出版社2014年版,第300~305页。
[4] 伍跃:"'在民之役':巴县档案中的乡约群像——近代以前中国国家统治社会的一个场景",载徐世虹主编:《中国古代法律文献研究》(第十辑),社会科学文献出版社2016年版,第366页。
[5]《蓝田吕氏乡约》即《吕氏乡约》。
[6](清)张廷玉撰:《明史》,中华书局1974年版,第7196页。
[7](明)郭棐:《粤大记》,书目文献出版社1990年版,第449页。
[8](明)欧大任:"高祖处士南野府君行状",载四库禁毁书丛刊编纂委员会编:《四库禁毁书丛刊(第47册)》,北京出版社1998年版,第166页。

元 1415 年）将《吕氏乡约》编入《性理大全》到陆世仪的《治乡三约》[1]，明代乡约理论立基于民间缙绅的自发倡导。与此同时，明代会社的兴起也倚仗基层缙绅的倡导。如《（弘治）大明兴化府志》载"（吴绎思）归田几十年，非公事不入城府。尝仿洛社之意，率乡之大夫士结社，相与觞咏以为乐，而于势利纷华泊如也"[2]，《（崇祯）闽书》载"（王克复）晚归与谢瑀辈结会，敦齿乡人以为美谈"[3]。由此可见，在明代，"约"与"会"由基层自发兴起，自主运行，来自国家权力的干预和阻力尚不明显。

另一方面，明清时期"约"与"会"的成长路径大相径庭。正如上文所述，到了清代，随着国家权力对乡约的收编，清代乡约的运行与国家权力的关联极为密切，受国家法律、政令的干预也日益增强，最终成为国家基层行政体系的一部分。与之相对，会社到了清王朝则受到严格的防控和禁止。顺治十七年（公元 1660 年）谕："士习不端，结社订盟，把持衙门，关说公事，相煽成风，深为可恶。着严行禁止。以后再有此等恶习，各该（管）学臣即行革黜、参奏。如学臣徇隐，事发一体治罪。"[4]甚至连乡民组建基本的互助会社团体也不得设立名目，嘉庆十七年（公元 1812 年）谕："前据三河县民人王自士呈控命案，内有该县王国屯庄老虎会名目，特饬邹炳泰等派员确查。兹据奏查明：该庄并无老虎会之名，惟于庄稼成熟时，各家伙同看守，立有青苗会名目等语。乡间春耕秋获，守望相助，以防攘窃，原属风俗所恒有，惟不应立有会名。着该地方官即出示严禁。各村民每届收获之时，准其照常看守青苗，但不许纠众结会。如有倚恃人众，滋生事端者，即行查拏惩办。"[5]

总之，同为明清基层法律秩序构建与运行的基本要素，"约"与"会"

---

[1]（清）陆世仪："治乡三约"，载王德毅主编：《丛书集成三编（第 21 册）》，台北新文丰出版公司 1997 年版。

[2]（明）陈效修，（明）黄仲昭纂：《（弘治）大明兴化府志（卷 42）》，清同治十年重刻本，北京爱如生数字化技术研究中心制作：《中国方志库》电子数据库，第 1901 页。

[3]（明）何乔远纂：《（崇祯）闽书（卷 80）》，明崇祯刻本，北京爱如生数字化技术研究中心制作：《中国方志库》电子数据库，第 6413 页。

[4]《清世祖实录（卷 131）》，北京爱如生数字化技术研究中心制作：《明清实录》电子数据库，第 3987 页。

[5]《清仁宗实录（卷 263）》，北京爱如生数字化技术研究中心制作：《明清实录》电子数据库，第 14968 页。

的遭际表明：一方面，明清基层法律秩序的权威渊源呈现出国家化的趋势，乡约在清代的演进历程即是明证；另一方面，价值目标上的分野，决定了"约"与"会"各自的规范体系，被吸纳为明清基层法律秩序构建与维护的正式渊源的可能性和程度。换言之，明清时期的"会"承载着经济互助、宗教祭祀、文化教育等多方面价值目标，这种价值目标上的庞杂性决定了"会"被国家认可的范围较窄、程度较低。与之相对，"约"的价值目标在内核上与明清国家的基层治理主张相一致。经过不断化约，"约"最终成为明清基层法律秩序构建与维护的权威来源。

（三）"约"与其他明清基层规范概念

随着明清基层经济、社会生活的成长和复杂化，基层法律秩序构建与维护的规范体系逐渐丰富、充实。与之相应，明清时期基层规范概念逐渐呈现出多元化状态，除上文所论及的"契""合同"之外，与明清"约"并列的规范概念还有"规""条""禁""例""款"等。大致而言，这些概念产生之初皆具有形式、内容以及适用范围上的特点，如"款"最初产生并适用于宋元以来湘黔桂三省交界的苗族、侗族地区，是具有明显地方、民族特点的基层组织和规范概念[1]。随着明清时期对"款"的移用，其内涵逐渐变得与"约""规""例"相近，乾隆十六年（公元1751年）"吏部议覆兵部右侍郎裴日修奏称：乐善好施条款，现在原属奉行，但民间不能周知，往往疑阻不前。请将议叙条款，逐细详列其中，有应加增减者亦即议定条款行知各省，督抚明晰出示晓谕"[2]即是例证之一。不过，为进一步厘清"约"在明清基层法律秩序中的位置与界定，仍有必要扼要比较"约"与其他明清基层规范概念的同异。为避文繁，此处仅对"规"、"例"与"约"进行简要考察、比较。

作为明清基层法律秩序的规范渊源，"约"的内涵指向有二：一是"禁约"，意指由国家权力或基层自发产生的约束基层民众的约束行动以及相应规范体系。就国家权力而言，"禁约"基层民众的规范依据更为正式而全面。宣德四年（公元1429年）谕："旧例军民词讼自下而上，不许越诉。近来奸顽

---

[1] 相关讨论参见程泽时、徐晓光："托古改制与历史实证：乡约新论"，载《政法论丛》2016年第4期。

[2] （清）冯鼎高修：《（乾隆）华亭县志（卷6）》，清乾隆五十六年刊本，北京爱如生数字化技术研究中心制作：《中国方志库》电子数据库，第309页。

小人或因私忿辄造虚词，擅动实封或募人赴京递状，廉吏、良民多被诬枉，四川尤甚。既已命禁约，仍榜谕天下，今后机密重事有实迹者方许实封奏闻，其余事应告理者，必须自下而上，若仍前越诉，不问虚实，法司一体治之，仍究主使、教诱及代书词状之人，俱杖一百并家属悉发戍辽东，永为定例。"[1] 就基层自发订立的"禁约"而言，其约束范围较之官方的"禁约"要限缩许多，其规范效力也须待国家权力背书。二是"乡约"，意指由明清乡约制定的乡约规范体系。此处的"乡约"与前文基层自发订立的"禁约"性质相近，但"乡约"不仅包括禁止性的规范，还包括劝导性、规范性的内容，如著名的《东乡士民公呈乡约条规二十七则》[2]等。

与"约"的内涵的复杂性相比较，明清时期的"规"与"例"的含义则较为明确、单一。明清基层法律秩序中"规"又称"条规""规条"。虽然明清时期存在"乡约条规"以及"陋规"等情形，但"规"主要指向由明清官方制定的强制性命令与规则，如《（万历）遂安县志》载"会嵩少韩侯来宰吾遂，……凡可规条者，咸着为书，凡有病民者，皆次第罢去"[3]，"万历七年（公元1579年）申明存恤条规：孤老每名岁给冬夏布花木柴银陆钱，此旧例也"[4]，以及"社仓条规"[5]"秋粮条规"[6]"团练条规"[7]等。明清基层法律秩序中的"例"主要指"定例""乡例"等。大致而言，所谓"定例"主要指向由国家制定的强制性规范，如洪武二十三年（公元1390年）

---

[1]《明宣宗实录（卷53）》，北京爱如生数字化技术研究中心制作：《明清实录》电子数据库，第1458~1459页。

[2]（清）徐宗干修：《（道光）济宁直隶州志（卷3）》，清咸丰九年刻本，北京爱如生数字化技术研究中心制作：《中国方志库》电子数据库，第654~656页。亦可参见刘笃才、祖伟：《民间规约与中国古代法律秩序》，社会科学文献出版社2014年版，第120~122页。

[3]（明）韩晟等修：《（万历）遂安县志（卷1）》，明万历四十年修钞本，北京爱如生数字化技术研究中心制作：《中国方志库》电子数据库，第83页。

[4]（明）罗炌修：《（崇祯）嘉兴县志（卷15）》，明崇祯十年刻本，北京爱如生数字化技术研究中心制作：《中国方志库》电子数据库，第2471页。

[5]（清）阿思哈修：《（乾隆）续河南通志（卷35）》，清乾隆三十二年刻本，北京爱如生数字化技术研究中心制作：《中国方志库》电子数据库，第1542页。

[6]（清）佚名修：《（光绪）黔西州续志（卷4）》，清光绪刻本，北京爱如生数字化技术研究中心制作：《中国方志库》电子数据库，第192页。

[7]（清）阿麟修：《（光绪）新修潼川府志（卷25）》，清光绪二十三年刻本，北京爱如生数字化技术研究中心制作：《中国方志库》电子数据库，第2952页。

"诏蠲六合马户民田租,官田减半,永为定例"[1],顺治九年(公元1652年)《按院冯公批准军民照旧各差碑记》载"军卫有司,原自各别,卫人无当民差之例,已据文登县申详、批豁,以后钱粮照旧民催,永为定例"[2]。"乡例"又称"乡原体例",意指在明清社会经济生活中逐渐形成,并为百姓所广泛认同和遵守的习惯或惯例。正统年间,福建邓茂七起义抗租,"乡例:佃户岁还田主租外,有鸭米馈,名曰冬牲。佃户纳田主租,当负担送其家"[3]是直接的导火线。乾隆二十八年(公元1763年)《白石书院条规》载:"书院每岁拨谷三十石,以为完纳地丁漕粮之需,该董事务须踊跃输将,如值秋收谷价参差,先将纳粮银本照依乡例起息归还。"[4]

总之,从整个明清基层法律秩序的长时段看,"约"与"规""条""禁""例""款"等基层规范概念在法律渊源、规范效力等方面内涵并无显著差异。不过,由于明清时期"约"的法律渊源和演进历程的复杂特性,决定了其较之其他明清基层规范概念更难以准确把握。当然,也正是因为"约"在明清基层法律秩序中的复杂、甚至冲突的位置,使得我们可以通过"约"这一概念去一窥明清基层法律秩序构建与维护的本质特性与内在逻辑。

二、"约"的多元化与同质化

明清时期"约"的演进一方面伴随着国家、州县衙门、宗族、行会等主体制定、促成的"约"的规范体系,进而形成了明清时期"约"的多元化法律渊源概貌。另一方面,"约"的价值目标被明清时期的国家意志化约,"约"逐渐走上被明清国家基层治理概念同质化的历程。

(一)多元化的"约"

明清时期"约"的法律渊源可以分为两大类,一类是基于国家权力形成的正式渊源,包括国家、州县衙门制定的规范;另一类是民间自发的非正式

---

[1] (明)陈舜仁:《(万历)应天府志(卷3)》,明万历刻增修本,北京爱如生数字化技术研究中心制作:《中国方志库》电子数据库,第278页。
[2] (清)毕懋弟修,郭文大续修:《(乾隆)威海卫志(卷9)》,民国十八年铅印本,北京爱如生数字化技术研究中心制作:《中国方志库》电子数据库,第220页。
[3] (明)何乔远纂:《(崇祯)闽书(卷149)》,明崇祯刻本,北京爱如生数字化技术研究中心制作:《中国方志库》电子数据库,第11535页。
[4] 《(同治)兴安县志(卷7)》,清同治十年刻本,北京爱如生数字化技术研究中心制作:《中国方志库》电子数据库,第432页。

渊源，包括宗族、行会以及其他基层集会组织制定的规范。

明清国家、州县衙门对基层法律秩序中的"约"制定了系统的规范。以"乡约"为例，嘉靖十九年（公元1540年）"监察御史舒迁疏：……令有司自行劝相，或谕富民出粟，或听民聚会，为之立乡约以厚风俗，严禁令以遏强暴，择良民以司出入。……疏入，上嘉纳之"[1]，乾隆十九年（公元1754年）"四川总督黄廷桂疏奏：'将寨首仍循其旧，止令催纳粮赋，遣派差事。另选素为众番悦服之人，拔为乡约，教化番民，调处词讼。'从之"[2]。《（嘉靖）惠州府志》载："秋八月立乡约：特都御史王守仁巡抚南赣，方讨贼，以为弭盗有本，乃立十家牌、乡约法，于是民知礼教，奸宄衰息。"[3]《（乾隆）绩溪县志》载："乾隆十九年（公元1754年），知县陈锡奉府太守何达善扎，令坊乡村镇慎举绅士、耆老足以典刑闾里者一二人为约正，优礼宴待，颁发规条，令勤宣化导，立彰善、瘅恶簿，俾民知所劝惩。"[4]乾隆四十一年（公元1776年）巴县衙门颁发的乡约执照规定："嗣后每逢朔望之期，齐集公所，宣讲圣谕，化导愚顽，务使敦伦睦族。凡遇甲内大小公务勤慎办理。仍不时稽查啯噜匪类、娼妓赌博、私宰私铸、邪教端公，许尔密察本县，以凭拿究。倘敢徇情容隐，或经访闻，或被告发，一体严究，决不姑宽。"[5]此外，明清国家与州县衙门的规范更是众多基层"条约""禁约""规约"等的法律渊源，如雍正七年（公元1729年）谕："岳钟琪所拟《社仓条约》，着户部抄录，交与该督抚分发各州、县刊刻木榜，于各乡社仓竖立，以为永久程序。"[6]

民间组织自发制定的各种"约"也是明清基层法律秩序构建与维护的基

---

[1]《明世宗实录（卷239）》，北京爱如生数字化技术研究中心制作：《明清实录》电子数据库，第5840~5841页。

[2]《清高宗实录（卷466）》，北京爱如生数字化技术研究中心制作：《明清实录》电子数据库，第25617~25618页。

[3]（明）杨宗甫：《（嘉靖）惠州府志（卷1）》，明嘉靖刻本，北京爱如生数字化技术研究中心制作：《中国方志库》电子数据库，第93页。

[4]（清）较陈锡修：《（乾隆）绩溪县志（卷3）》，清乾隆二十一年刻本，北京爱如生数字化技术研究中心制作：《中国方志库》电子数据库，第469页。

[5] 参见四川省档案馆、四川大学历史系主编：《清代乾嘉道巴县档案选编（下）》，四川大学出版社1996版，第301页。

[6]《清世宗实录（卷82）》，北京爱如生数字化技术研究中心制作：《明清实录》电子数据库，第4868页。

第一部分 再论明清基层法秩序中的"约"

本规范渊源之一:其一,由宗族倡议制定的"族约"。《(嘉靖)永嘉县志》载:"王澈,字子明,……敦礼举义,创宗祠,行族约。凡乡邻有急难,及地方利病所宜兴革者,辄以身肩之。"[1]《(道光)安邱新志》载录有《秦氏族约》,其内容包括立族长、重祭祀、月会、十戒以及族内外纠纷解决等内容[2]。其二,由民间自发的治安、经济、宗教以及文化交流组织制定的"会约""会条"。万历三十七年(公元 1609 年)冯从吾创办关中书院并为之制定《宝庆寺学会约》[3],百年之后,大儒李颙亦为书院制定《关中书院会约》[4]。明中期倭寇肆虐,曹于汴为淮安起武会制定《鹰扬会约》:"以见任坐营都司及内中军等为会宾,仍设会纪、会赞、会掌,群官生于韩淮阴祠为会所,订期习武,量行资给,稽核奖荐。"[5]陈宏谋《五种遗规》载《唐灏儒葬亲社约》则属于民间自发的丧葬"会约":"凡欲葬其亲,愿入社者,各书姓氏,满三十二人则止。"[6]由此可见,这种丧葬"会约"属于基层部分成员自发参与、制定的单一性互助规范。随着明清工商业的繁荣,各地会馆、行会逐渐兴起,各会馆、公所制定的"规约"也逐渐成为明清基层法律秩序的基本规范来源之一。清康熙六十年(公元 1721 年)《正乙祠公议条规》起首云:"盖闻官有议,乡有约,家有训,虽大小不同,其义一也。吾党诸贤,贸易辇下,棋布星分。桑梓之好,不得岁时聚会,情何以能通,心何以能一?倘一旦变生不测,众何以相救?此正乙祠之设,所以报神庥,亦所以固同盟也。今于每圣诞辰,诸同人皆簿同庆于斯,载道款曲矣。然规模初备,条约未申,恐岁久人非,或且化为断井颓垣,不几咎归创业之未善乎。今刻数则,公示永久,庶斯祠之不朽也。"[7]具体而言,明清工商业行会"会约"主要致力于行业

---

[1] 王叔杲、王应辰:《(嘉靖)永嘉县志(卷6)》,明嘉靖四十五年刻本,北京爱如生数字化技术研究中心制作:《中国方志库》电子数据库,第 291~291 页。

[2] 参见(清)马世珍纂修:《(道光)安邱新志(卷11)》,民国九年石印安邱县新志本,北京爱如生数字化技术研究中心制作:《中国方志库》电子数据库,第 113~114 页。

[3] (明)冯从吾:"宝庆寺会约",载邓洪波编:《中国书院学规》,湖南大学出版社 2000 年版,第 251~254 页。

[4] (清)李颙:"宝庆寺会约",载邓洪波编:《中国书院学规》,湖南大学出版社 2000 年版,第 254~257 页。

[5] (明)曹于汴:《仰节堂集(卷11)》,清文渊阁四库全书本,北京爱如生数字化技术研究中心制作:《中国基本古籍库》电子数据库,第 111 页。

[6] (清)陈弘谋撰:《五种遗规》,苏丽娟点校,凤凰出版社 2016 年版,第 286~288 页。

[7] 彭泽益:《清代工商行业碑文集粹》,中州古籍出版社 1997 年版,第 35~39 页。

中国古代乡约新探

保护、行业自律以及行业纠纷解决的规范[1]。雍正元年（公元1723年），吴县纱缎业行会制定"会约"称"因将经纪兴衰之□□，鄂大人恩给印帖之仁，表明详述，伏冀当代贤士大夫之采□。而凡业是业者，亦期恪为遵守，毋使日久废弛，致滋异日□讼之端，则幸甚幸甚"，并将行业经营各项禁约罗列于后[2]。同时，也不乏借用国家权力约束行业行为的情形，如康熙五十九年（公元1720年）长洲、吴县衙门勒石榜示的踹坊用工"条约"[3]。

明清基层的"约"的规范来源呈现出多元化的特点。首先，明清朝廷与州县衙门都会根据国家法律政令和自身权威为基层法律秩序中的"约"提供法律渊源，甚至"乡保体系"[4]利用其在基层的国家权力代言人权威也能为"约"提供法律渊源。其次，作为基层基本组织区划，乡社或村社在基层精英的倡导下亦能自发制定"约"的规范，其典型例证有明清时期民间自发组织、制定的"乡约"[5]与"乡禁约"[6]。最后，除上述面向整个明清基层的"约"之外，还有一些由基层部分成员自发参与、制定的"约"。这种类型的"约"情形较为复杂，大致而言可以划分为三种情形：一是基于文化交流的

---

〔1〕 相关详细考证研究参见李雪梅编著：《碑刻法律史料考》，社会科学文献出版社2009年版，第175~208页；刘笃才、祖伟：《民间规约与中国古代法律秩序》，社会科学文献出版社2014年版，第200~230页。

〔2〕 苏州历史博物馆等合编：《明清苏州工商业碑刻集》，江苏人民出版社1981年版，第14页。

〔3〕 苏州历史博物馆等合编：《明清苏州工商业碑刻集》，江苏人民出版社1981年版，第68~71页。

〔4〕 如《五车拔锦（卷24）》载《禁盗田园瓜果菜蔬约》称：某保为禁约事。切照本保民居四散，业在田园，故于东作方兴之时，雨露沾濡之际，其于果蔬等物，四时糜不种，我于中预备急济日食。方今蔬菜成熟，不亦禁戒，因离家弯远，巡顾不周，却被连近居民，多有鼠窃狗偷之辈，辄起贪心，擅入田园之中，采取蔬菜，以为己有，甚于强徒扰掠，乡村人人无不受害。然此惟图一时之小利，以顺口腹之所欲，损物害理，不仁孰甚。理合给约通禁，仰各洗心涤虑。中间再有仍前偷盗不悛者，方许被害之人绳遇擒拿，赴亭从公审治，仍罚某物若干，入于本境某处充会，以禁其余。约不虚示。参见刘笃才、祖伟：《民间规约与中国古代法律秩序》，社会科学文献出版社2014年版，第97页。

〔5〕 如明清时期著名的雄山乡约、增城沙堤乡约、文堂陈氏乡约、长乐梅花里乡约等，相关考证与研究参见董建辉：《明清乡约：理论演进与实践发展》，厦门大学出版社2008年版；朱鸿林：《孔庙从祀与乡约》，生活·读书·新知三联书店2015年版。

〔6〕 如"禁蔬果""禁坟山""禁夜行""禁田禾约""禁六畜作践苗禾约""禁田园山泽约""禁盗鸡犬约""禁盗田园瓜果菜蔬约""蔬果禁约""乡方禁约""地方禁约"等类型，参见《捷用云笺（卷6）》，明末刻本，北京爱如生数字化技术研究中心制作：《中国基本古籍库》电子数据库，第115~116页；刘笃才、祖伟：《民间规约与中国古代法律秩序》，社会科学文献出版社2014年版，第94~100页。

"会约",如著名的《关中书院会约》;二是基于基层经济互助的"会约"或"社约",如前文所引《唐灏儒葬亲社约》;三是基层行业"规约"[1],如清代逐渐兴盛的工商各行业互助、禁止的"会约""禁约"。总之,从明清时期"约"的规范来源概貌可以看出,"约"的法律渊源多元化是其基本表征。

(二)同质化的"约"

明清时期的"约"在拥有多元化法律渊源的同时,也始终承载着"约"的制定者所期待的秩序与公正的价值目标。但是,伴随着明清时期基层法律秩序的历史演进,"约"的规范内涵与价值目标逐渐发生演变与转向,各种"约"的规范内涵、价值目标的同质化是这一演变过程的基本脉络。大致而言,明清时期"约"的同质化有两方面的表征:其一是明清国家权力对"约"的化约;其二是"约"的价值内涵的僵化、单一化。

1. 明清国家权力对"约"的化约

由于规范来源的多元化,明代前期的"约"体现了多元化的价值导向:以"禁约""条约"为代表的国家法令首先要求基层秩序的稳定,如毕自严奏称:"有司横征暴敛、明剥削于民者不过百中之一。乃借公法以行私暗,蠹蚀以为利者,恐比比皆是也。故禁约之规不嫌过刻,俾不肖者有所惮而不敢犯,即贤者亦有所触而常知醒,此政拔本塞源之道也。"[2]以"乡约"为代表的民间自发制定的"约"则承载着另一番期望,王守仁所倡议"自今凡尔同约之民,皆宜孝尔父母,敬尔兄长,教训尔子孙,和顺尔乡里,死丧相助,患难相恤,善相劝勉,恶相告戒,息讼罢争,讲信修睦,务为良善之民,共成仁厚之俗"[3]可谓其典型代表。

明代前期民间自发的"约"与国家权力仍有一段距离。仍以"乡约"为例:洪武年间,唐豫在广州倡行《吕氏乡约》时言:"尝读蓝田《吕氏乡约》,千载而下,蔼然仁厚之风尚,使人兴起。余等幸为太平之民,可无一言

---

[1] 这类"约"的记载多见于行业会馆的勒石的规约碑记,相关史料可参见彭泽益编:《清代工商行业碑文集粹》,中州古籍出版社1997年版;李华编:《明清以来北京工商会馆碑刻选编》,文物出版社1980年版;苏州历史博物馆编:《明清苏州工商业碑刻集》,江苏人民出版社1981年版;上海博物馆图书资料室编:《上海碑刻资料选辑》,上海人民出版社1980年版。

[2] (明)毕自严:《度支奏议(卷15)》,明崇祯刻本,北京爱如生数字化技术研究中心制作:《中国基本古籍库》电子数据库,第1106页。

[3] (明)王守仁:《王阳明全集(三)》,中国文史出版社2014年版,第301页。

以为乡间规范乎?"[1]黄佐倡行乡约时称："凡行乡约、立社仓、祭乡社、编保甲，有司俱毋得差人点查、稽考以致纷扰，约正、约副姓名亦勿遽闻于有司。盖在官则易为吏胥所持。"[2]可见在唐豫、黄佐眼中，"乡约"是民间自发且与国家法令并列的基层规范概念。到了明代末年，"乡约"与国家权力的关系开始发生变化。刘宗周倡行乡约保甲时称"除前项轻徭薄赋外，莫若有司躬先教化，讲乡约以蒸善良，行保甲以戢奸宄，而刑罚非所先焉"[3]，蕺山先生眼中的"乡约"已经是"有司"的分内之事了。到了清代，"乡约"已经完全失去民间自发的意蕴，而是国家意志在基层的体现，康熙二十四年（公元1685年）都察院左都御史陈廷敬上疏"督抚保举、荐举府、州、县官须令第一条实填无加派火耗字样，第二条实填实心奉行上谕十六条，每月吉聚乡村乡约讲解字样，余条仍照旧例开具实迹。……从之"[4]将"乡约"完全纳入国家法令体系即是明证。

除"乡约"以外，明清时期其他类型的"约"也面临着被国家意志的化约。以明清时期怡情遣怀的基层诗文会社为例，明李世熙在《乡耆会约》开篇道："呜呼！吾人立身于天地之间，岂必尽服官爵、厚赀、积有文章、多技能，而后谓之人哉？人之所以为人，以其能存此心，全天理而已。"[5]高攀龙《东林会约序》道："古之君子，其出也以行道，其处也以求志，未有饱食而无所事事者。"[6]由此可见，明代诗文会社的"会约"建立在为己行道的个人主体性价值之上。到了清代，由于对会、社、教、团的严防高压，合法存续的基层会社急剧减少，存续下来的会社在制定"会约"之时，极为注重遵奉国家意志以保证会社合法性，如《（乾隆）兰阳县续志》载陈棻撰《挹兰社约言》称："诸君子英年俊秀，复躬际昌明之期，此千载一时也。倘能及时

---

[1] （明）黄佐：《广州人物传（卷13）》，清岭南遗书本，北京爱如生数字化技术研究中心制作：《中国基本古籍库》电子数据库，第80页。

[2] （明）黄佐：《泰泉乡礼（卷1）》，清文渊阁四库全书本，北京爱如生数字化技术研究中心制作：《中国基本古籍库》电子数据库，第7页。

[3] 吴克主编：《刘宗周全集（第四册）》，浙江古籍出版社2012年版，第85页。

[4] 《清圣祖实录（卷122）》，北京爱如生数字化技术研究中心制作：《明清实录》电子数据库，第6141~6142页。

[5] 《（万历）兴化县新志（卷4）》，明万历钞本，北京爱如生数字化技术研究中心制作：《中国方志库》电子数据库，第354页。

[6] （明）高攀龙：《高子遗书》，清文渊阁四库全书补配清文津阁四库全书本，北京爱如生数字化技术研究中心制作：《中国基本古籍库》电子数据库，第194页。

弩力，为国家鼓吹休明，庶不负此七尺之躯，上以报圣主培养之恩，下以慰不佞属望之雅，宁非今兹之盛事，异时之佳话哉。"[1]与诗文会社"会约"逐渐受到明清国家意志化约有所差异，明清时期工商业行会"规约""会约"因其涉及民间经济交流与秩序稳定，从一开始就面临被国家意志化约：一方面，明清时期的工商业行会"规约"需要得到国家权力的背书。同治十二年（公元1873年）《海货业设立永和公堂办理同业善举碑》载苏州海货同业会经过"同业各行店妥为会议，酌量进货之多寡，扯算一月应抽若干。每月认捐钱文，按月由堂持簿收取，各立允议存堂，言明永以为例"之后向苏州府衙门申请，得到正堂"既据查明会议乐从，众情允恰，合行给示勒石"的许可之后，此"会约"方才得以生效推行[2]。另一方面，明清国家权力也会直接通过法令为各行会制定"规约"，如雍正十二年（公元1734年）《长洲县永禁机匠叫歇碑》载：长洲县衙针对境内纺织机匠歇机导致"使机户停职，机匠废业"的乱象申禁："嗣后如有不法棍徒，胆敢挟众叫歇，希图从中索诈者，许地邻机户人等，即时扭察地方审明。……为此示谕机匠人等知悉：各遵宪禁，各安其业，毋得聚众叫歇误工，致于照把持行市律究处，枷号示众。"[3]

2."约"的价值内涵单一化

明代前期的"约"因其不同的规范来源和价值目标而表现出多元化的概貌，同时，多元化的渊源与价值则塑造了明代"约"复杂而宏大的内涵。随着明清时期的社会历史环境的演变以及国家权力对"约"的化约，明清时期"约"的价值内涵逐渐与明清国家的基层治理宗旨靠近，最终，"约"成为与明清时期国家法令同质化的范畴。

国家主导的基层"禁约""条约"等概念形成了明代"约"国家法令进路，这一进路一直贯穿到清王朝结束。如明太祖朱元璋颁布的《教民榜文》，清世宗雍正创设颁行的《圣谕广训》等，国家权力主导的基层"禁约""条约"的首要价值目标是确保基层法律秩序的稳定，明太祖朱元璋宣谕的"孝顺父母，恭敬长上，和睦乡里，教训子孙，各安生理，毋作非为"可谓是最

---

[1]《(乾隆) 兰阳县续志（卷8）》，民国二十四年铅印本，北京爱如生数字化技术研究中心制作：《中国方志库》电子数据库，第206~207页。

[2] 苏州历史博物馆等合编：《明清苏州工商业碑刻集》，江苏人民出版社1981年版，第252~254页。

[3] 苏州历史博物馆等合编：《明清苏州工商业碑刻集》，江苏人民出版社1981年版，第15~16页。

经典的诠释。

明代前中期"乡约"的兴起基于基层缙绅对蓝田《吕氏乡约》的继承与调试，《吕氏乡约》所载的"德业相劝、过失相规、礼俗相交、患难相恤"堪称基层法律秩序价值内涵的全面彰显。明代前中期的"乡约"指向更为宏大、全面的基层法律秩序理想，在此基础之上，"乡约"形成了明代"约"的民间自发进路。随着王守仁颁行《南赣乡约》，将乡约纳入州县衙门的监控之下，"乡约"开始走上与国家法令同质化的道路。到了吕坤为官一方而倡行乡约保甲之时，"乡约"已然与国家基层法令融为一体，难分彼此。吕坤道："乡甲之约，良民分理于下，有司总理于上。提纲挈领，政教易行。日考月稽，奸弊自革。"[1]"法度严明，即不择约正、保正，而约保正自不敢为恶。只一宽松，全不照管，而约保正借法以作奸，虽有贤者亦不能自保，胥化而为恶矣。故鼓舞振作之法，弹压操纵之权，全在有司。"[2]到清代，"乡约"完全变成了国家基层治理法令的一部分。雍正六年（公元1728年），第一金川之役结束之后在建昌地区重建基层法律秩序时，兵部议定："近卫者归卫管辖，近营者归营管辖，并择番苗之老成殷实者立为乡约、保长，令其约束。"[3]雍正七年（公元1729年）上谕："令直省各州县大乡大村人居稠密之处，俱设立讲约之所。于举贡生员内拣选老成者一人以为约正，再选朴实谨守者三四人以为值月。每月朔望，齐集乡之耆老、里长及读书之人宣读《圣谕广训》，详示开导，务使乡曲愚民共知鼓舞向善。"[4]到此时，"乡约"从宋代到明代中前期的宏大理想已然被国家基层治理策略所取代，明清国家权力对"乡约"的同质化也已完成。

致力于文化交流、道德宣教的明代会社受国家权力干预较少，这些会社制定的"会约"是明清基层法律秩序中的"约"的另一种民间规范来源，其价值目标也独立于明代国家权力主导的"禁约""规约"以及基层自发的

---

［1］（明）吕坤：《实政録（乡甲约卷5）》，明万历二十六年赵文炳刻本，北京爱如生数字化技术研究中心制作：《中国基本古籍库》电子数据库，第115页。

［2］（明）吕坤：《实政録（民务卷3）》，明万历二十六年赵文炳刻本，北京爱如生数字化技术研究中心制作：《中国基本古籍库》电子数据库，第57页。

［3］《清世宗实录（卷66）》，北京爱如生数字化技术研究中心制作：《明清实录》电子数据库，第3794~3795页。

［4］（清）素尔讷等纂：《钦定学政全书（卷74）》，清乾隆三十九年武英殿刻本，北京爱如生数字化技术研究中心制作：《中国基本古籍库》电子数据库，第304页。

"乡约",堪称明代基层法律秩序别具特色的规范渊源。经过明末会社议政风波[1]和清代对会社的防范、禁止,明代兴盛一时的文化交流会社归于沉寂,剩下的都是"乡有约、社有会,所以奉王章而宣德化也"[2]的教谕宣讲团。在文化交流会社衰颓的同时,随着工商业的发展,以经济互助为目标的商业行会、会馆逐渐兴盛起来。由于商贾贸易的趋利性,正如雍正元年(公元1723年)《吴县纱缎业行规条约碑》所载:"遂生一辈□□□□之徒,往往□□□力口辨,一盘踞于往来要道之所,拉□织□,用强扭卖。商客或隐忍而受其不堪之物,机户亦饮恨而蒙其侵渔之累。甚至以所卖之银,不交还机户。非花销于茶肆□□□所,即浪掷于□□局赙之场。竟将生民养命之本,化为子虚乌有。是经纪之途一坏,而客商与行家机户交受其害也。"[3]各种不正当竞争行为随之而生,于是工商业经济往来的稳定秩序亟待建立。正如上文所述,明清工商"会约"若非寻求州县衙门背书,即直接由州县衙门制定法令,自始即向国家权力看齐。由此可见,明清工商"会约"的价值内涵与国家基层治理宗旨相一致,"会约"与国家法令的同质化程度亦不可低估。

随着明清时期国家权力对"约"的化约,"约"的规范内涵逐渐向国家法令靠拢;同时,"约"的固有价值内涵亦逐渐被明清国家意志取而代之。至此,"约"的"强制性约束"属性逐渐增强,而"约"的"约集众人,公议条约"的"约定"意涵逐渐隐去。明清时期的"约"向国家法令过渡的同质化历程,是明清基层法律秩序构建与维护的基本历史进程之一,也体现了明清基层法律秩序构建与维护的法律渊源特征。

三、"约"的定位

通过上文的考述,明清时期"约"的基本内涵与历史演进趋势大致已经清晰,但"约"作为明清基层法律秩序构建与维护的基础性法律渊源,其内涵与外延仍有晦暗之处需进一步廓清,本节就明清时期的"约"属于国家法抑或民间法的问题,以及"约"的"约束性命令"与"契约型合意"悖论两方面进行简述,以期对明清基层法律秩序中的"约"得出更为系统、全面的理解。

---

[1] 主要指东林书院、复社等明代末期会社的政治活动以及引起的风波。
[2] 《(康熙)内乡县志(卷5)》,清康熙三十二年刊本,北京爱如生数字化技术研究中心制作:《中国方志库》电子数据库,第359页。
[3] 苏州历史博物馆等合编:《明清苏州工商业碑刻集》,江苏人民出版社1981年版,第14页。

所谓国家法，又称实在法、制定法。谢晖教授认为："国家法则是指由国家出面，通过一定的方式，包括君主命令方式、代议制方式或者全民公决方式等所制定的，在一个国家具有普遍效力的法律。"[1]明清时期的国家法令显然指经由明清君主、朝廷以及地方官府制定或者认可而产生的具有国家强制力的规范。与之相对，民间法是"某一特定社区内，在人们长期生产、生活过程中约定俗成的，用以划分人们的权利义务和调解各类纠纷，并且具有强制性、权威性、规范性和一定约束力的行为规范。"[2]同时，从梁治平教授开始流行的"国家—社会秩序格局（或称官—民秩序格局）"[3]二元研究进路即决定了民间法与国家法彼此对应与参照的理论结构，谢晖教授所主张"民间法则是指在一切国家法之外，对人们的交往行为及权利义务分配具有现实调整作用的社会规范"[4]即是这一理论结构的经典例证。民间法又称习惯法，涵盖了民族法、宗教法、宗族法、行会法以及会社法等内容[5]，具有适用范围的区域性、规范渊源的非正式性以及法律效力的不确定性等特征。通过前文的论述不难发现，明清基层法律秩序中的"约"归属于国家法还是民间法的问题已然呼之欲出。

正如上文所主张，"约"是明清基层法律秩序构建与维护的法律渊源之一，其渊源具有多元性：既有出自国家权力制定的"禁约""条约"，如宣德四年（公元1429年）颁行的禁止约束"禁约"[6]，康熙五十九年（公元1720年）长洲、吴县两县衙门为规制两地踹行行为而联合制定的踹匠"条约"等，也有出自基层乡约、宗族自发制定的"乡约""族约"，如明代著名的《雄山乡约》《文堂陈氏乡约》等，更有出自民间自发兴起的会社制定的"会约"，如顾宪成为东林书院制定的《东林会约》[7]，康熙与雍正两朝浙江

---

[1] 谢晖："论民间法研究的学术范型"，载《政法论坛》2011年第4期。
[2] 于语和、张殿军："民间法的限度"，载《河北法学》2009年第3期。
[3] 梁治平：《清代习惯法：社会与国家》，中国政法大学出版社1996年版；梁治平："中国法律史上的民间法——兼论中国古代法律的多元格局"，载《中国文化》第15、16期。
[4] 谢晖："论民间法研究的学术范型"，载《政法论坛》2011年第4期。
[5] 参见梁治平教授的归纳，梁治平："中国法律史上的民间法——兼论中国古代法律的多元格局"，载《中国文化》第15、16期。
[6] 《明宣宗实录（卷53）》，北京爱如生数字化技术研究中心制作：《明清实录》电子数据库，第1458~1459页。
[7] （明）顾宪成：《顾端文公遗书（卷6）》，清康熙刻本，北京爱如生数字化技术研究中心制作：《中国基本古籍库》电子数据库，第239~248页。

银业北京会馆自发制定的《正乙祠公议条规》[1]等。由此可见，断然论定明清基层法律秩序中的"约"属于国家法或民间法皆不妥帖。但是，深入、准确地理解"约"的民间法抑或国家法属性一方面有利于我们全面、系统地认识明清时期的"约"，同时也能更加系统、动态地把握明清基层法律秩序构建与维护进程的基本脉络与本质属性。从上文所述明清时期"约"的规范渊源、整体面貌和概念演进基本趋势不难发现：

从法律渊源的静态构造而言，明清基层法律秩序构建与维护中的"约"在规范渊源的权威来源上处于"约束性命令"与"契约型合意"的悖论之中。明清基层法律秩序中的"约"是外延宽广、内涵复杂的范畴。"约"的规范来源既有国家制定的法律和命令，其权威根据是明清国家权力自上而下对基层民众的约束；也有民间约定俗成的规例与惯习，其权威根据是基层民众自发达成的秩序、正义等共同价值或合意。国家主导的"约束性命令"与基层自发的"契约型合意"任何一方在明清基层法律秩序中都不能取对方而代之。于是，明清基层法律秩序的权威渊源只能是"约束性命令"与"契约型合意"这对悖论的折衷：吕坤在倡行乡约时一面主张"如约长、保长不许用无身家棍徒，使挟倚外需索。……不许令乡保长等打卯接官及派应夫役"[2]以确保乡约运行的自发、自主且不受国家权力操控。另一面吕坤又坚持"只一宽松，全不照管，而约保正借法以作奸，虽有贤者亦不能自保，胥化而为恶矣。故鼓舞振作之法，弹压操纵之权，全在有司"[3]以保证国家权力对乡约乃至基层法律秩序的监督与制衡。清代规范工商业贸易的"约"也不例外，道光六年（公元1826年），苏州府为当地烛业行会的祭祀规约背书即是对"约束性命令"与"契约型合意"进行结合、折衷的典型例证：一方面，苏州府在《苏州府为烛业东越会馆规定各店按月捐款以作春秋祭费准予备案碑》[4]文首"钦加道衔江南苏州府正堂加十级纪录十次额，为给示遵守事"与结尾"嗣后各店进货，应凭行按销货多寡，务各照议捐输，实心经理，毋得私将捐

---

[1] 彭泽益：《清代工商行业碑文集粹》，中州古籍出版社1997年版，第35~39页。

[2] （明）吕坤：《实政录（乡甲约卷5）》，明万历二十六年赵文炳刻本，北京爱如生数字化技术研究中心制作：《中国基本古籍库》电子数据库，第110页。

[3] （明）吕坤：《实政录（民务卷3）》，明万历二十六年赵文炳刻本，北京爱如生数字化技术研究中心制作：《中国基本古籍库》电子数据库，第57页。

[4] 彭泽益：《清代工商行业碑文集粹》，中州古籍出版社1997年版，第134~135页。

项侵蚀，致扰公端。该经手行户等，亦不得遗漏滋弊。各宜永远遵守"都彰显着国家权力为烛业行会设立规范和禁约的正当性；另一方面，苏州府又是基于烛业行会自主订立的"兹向众行稽察岁销柏油各货多寡，议令每担扣存元银二分。按月向行对簿核收，交存会馆。厘属店捐，银归行扣，各相允议，永远遵行"的"会约"而给予许可和备案的。总之，明清时期"约"的法律渊源是国家法令与民间规约共同构造的。

从明清基层法律秩序构建与维护的动态演进看，上述"约"的法律渊源构造逐渐出现天平的倾斜，国家主导的"约束性命令"的意蕴逐渐趋于强势，民间自发的"契约型合意"的有效性和实践性逐渐降低。随着人口的增长，一方面明清基层的经济总量逐渐增长、经济往来日益频繁，这些条件为国家权力下沉到基层提供了利益驱动力；另一方面，伴随着人口增长与经济繁荣，基层法律秩序构建与维护的离心力日渐增强，传统中国"国权不下县，县下惟宗族，宗族皆自治，自治靠伦理，伦理造乡绅"[1]的基层法律秩序构建与维护模式显然已经背离明清时期中央集权的国家权力强化趋势。明清国家权力欲确保对基层法律秩序构建与维护的有效控制，必须强化国家法令对基层法律秩序的直接规制和间接监督，这是明清国家权力下沉到基层乡野的根本动因。正如上文所述，明清时期"乡约"从王源、唐豫立基于民间缙绅的自发倡导的乡约到王守仁倡导的官督民办乡约再到清代乡约完全转型为国家权力在基层的代言人的演进历程，正是明清时期"约"的"约束性命令"日趋强势而"契约型合意"逐渐沉寂的典型例证。进而，当强势的国家权力绝对掌控基层法律秩序时，即使一贯被视为民间自为的工商业行会的"规约"也会带上明显的国家权力烙印，如康熙四十二年（公元1703年）榜示勒石的《常熟县议定典铺取息等事理碑》记载：常熟县典当行业因取息、银色标准不一导致市场秩序混乱，道台饬常熟县调查、讨论，并在县衙上报查议结论并申请设范勒石后批示"宪批详议事理，一体遵行。如敢阳奉阴违，混淆借端生衅者，定即究解各宪治罪，决不姑贷"[2]。由此可见，在国家权力强势干预基层法律秩序的情势下，民间自发社群的"约"的"契约型合意"不得不让位于代表国家意志的"约束性命令"。不过，随着清王朝后期内乱与外敌的

---

[1] 秦晖：《传统十论》，复旦大学出版社2004年版，第3页。
[2] 苏州历史博物馆等合编：《明清苏州工商业碑刻集》，江苏人民出版社1981年版，第187~189页。

夹击下，国家权力对基层法律秩序的控制日渐式微，民间自发社群的"约"的国家权力印记又呈现出淡化的趋势，如著名的义和团及其"会约"。

结 论

大体而言，寺田教授、刘笃才教授等前辈对明清时期"约"的思考已经较为成熟，并为学界所认可并沿用至今。但是，诸位前辈的理解和判断仍然没有完全把握明清时期"约"的内涵、外延以及动态的演进历程。本文利用概念史研究范式为主要路径，对明清基层法秩序中的"约"的概念群、"约"的基本演进脉络以及"约"的性质进行了一次独特视角的尝试。通过上文的研究，笔者通过"约"与关联概念群的比较、分析，对"约"在明清基层法秩序中的基本定位进行了初步界定。进而，以"多元化"和"同质化"为基本线索，对"约"在明清时期的演变历程及其基本演进逻辑进行了梳理、厘清。最后在诸位前辈的定性研究基础之上，对明清基层法秩序中的"约"进行定性。套用寺田教授所使用的"约束性命令"与"契约型合意"的二元结构论述，笔者认为，从静态法律渊源构造上看，明清基层法秩序中的"约"是由国家法令与民间规约共同构造而成的。同时，从动态演进上看，在整个明清时代演进过程中，"约"的本质属性逐渐发生了转变，即，"约"的构造逐渐出现天平的倾斜，国家主导的"约束性命令"的意蕴逐渐趋于强势，民间自发的"契约型合意"的有效性和实践性逐渐降低。

第二部分

清代乡约秩序构建研究

摘要：无论是主持圣谕宣讲的乡约，还是履行基层行政的乡约，都是清代州县衙门依据国家法律、政令进行选任、授权并监督的基层职役。因此，无论清廷如何鼓吹、强调，基层缙绅们对于清代乡约教谕秩序的热情都不可持续。当基层缙绅疏离乡约教谕秩序，清代乡约秩序就逐渐演变成为由乡约利用有限的国家授权进行基层治理的乡约基层治理秩序。

关键词：乡约秩序构建、法律渊源、演进、特征

引 言

清代国家法秩序是以国家法为基本渊源，以国家行政体系为主要秩序维持依凭的法律秩序系统，这一秩序系统的目标是确保清代国家自下而上的结构稳定、沟通顺畅且运行有效。正如张中秋教授所主张的"一体二元主从式多样化"构成所揭示，传统中国法秩序是"由国家法所确立的至高无上、一统天下的社会大秩序"[1]，清代国家法秩序也不例外。在清代国家构成的基层板块，各种"小秩序"共同构成了清代国家法秩序"大秩序"的基础，乡约秩序就是其中重要的一环。与民间自发、官督民办的宋明乡约自治秩序不同，清代乡约秩序构建从一开始就立基于国家权力的背书；与保甲、客长制度一以贯之的基层行政治理定位不同，清代乡约经历了从宣讲圣谕、劝化百姓到奉行公务、治理基层的定位嬗变；乡约主持者由知书达理的基层缙绅转变为"家道

---

[1] 张中秋："概括的传统中国的法理观——以中国法律传统对建构中国法理学的意义为视点"，载《法学家》2010年第2期。

第二部分：清代乡约秩序构建研究

殷实、老成谙练"[1]的基层平民。上述清代乡约的主要特性与演变轨迹，一方面让我们得窥清代乡约秩序构建脉络的冰山一角；另一方面也使清代乡约秩序成为我们理解清代基层法律秩序乃至清代国家法秩序的重要窗口。

民国以来，关于清代乡约的研究一直在进行[2]。二十世纪前期的清代乡约研究从杨开道的《中国乡约制度》到萧公权的《中国乡村》，清代乡约的基本特征与演进趋势逐渐清晰，如萧公权明确指出了清代乡约的"变质"："乡约吸收了与教化无直接关系的功能，随着时间的推移，清朝统治者原先指派给它的目的大多被忘掉了。"[3]二十一世纪初，经过近百年的知识层垒，加之众多清代基层行政档案[4]的发现、解读，晚近以来，清代乡约研究呈现出成果喷发、思路多样的趋势：如张中秋教授[5]、朱鸿林教授[6]的乡约基本原理研究，邓建辉教授[7]的明清乡约综论大著，段自成教授[8]清代北方官

---

[1] 四川省档案馆、四川大学历史系主编：《清代乾嘉道巴县档案选编（下）》，四川大学出版社1996年版，第298页。

[2] 二十世纪至今，研究清代乡约的成果众多，其中显著者有杨开道：《中国乡约制度》，商务印书馆2015年版；萧公权：《中国乡村——19世纪的帝国控制》，张浩、张升译，九州出版社2018年版；赵秀玲：《中国乡里制度》，社会科学文献出版社1998年版；董建辉：《明清乡约：理论演进与实践发展》，厦门大学出版社2008年版；段自成：《清代北方官办乡约研究》，中国社会科学出版社2009年版；常建华：《宋以后宗族的形成及地域比较》，人民出版社2013年版；刘笃才、祖伟：《民间规约与中国古代法律秩序》，社会科学文献出版社2014年版；牛铭实编著：《中国历代乡规民约》，中国社会出版社2014年版；朱鸿林：《孔庙从祀与乡约》，生活·读书·新知三联书店2015年版；胡庆钧："从蓝田乡约到呈贡乡约"，载《云南社会科学》2001年第3期；汪毅夫："试论明清时期的闽台乡约"，载《中国史研究》2002年第1期；张中秋："乡约的诸属性及其文化原理认识"，载《南京大学学报（哲学·人文科学·社会科学）》2004年第5期；常建华："明清山西碑刻里的乡约"，载《中国史研究》2010年第3期；马馨："明清时期乡约运行机制研究"，南开大学2014年博士学位论文；程泽时、徐晓光："托古改制与历史实证：乡约新论"，载《政法论丛》2016年第4期；朱仕金："乡约与清代基层社会法律秩序研究——以乡约所建置为线索"，载谢晖、陈金钊、蒋传光主编：《民间法（第十九卷）》，厦门大学出版社2017年版，第182~202页。

[3] 萧公权：《中国乡村——19世纪的帝国控制》，张浩、张升译，九州出版社2018年版，第239页。

[4] 截至目前使用频率较高的清代基层行政、司法档案有徽州文书、淡新档案、宝坻档案、巴县档案、南部档案等，实际上这一类档案数量众多，仅以川渝地区为例，目前所知有冕宁档案、江津档案、荣县档案、叙永档案等。

[5] 张中秋："乡约的诸属性及其文化原理认识"，载《南京大学学报（哲学·人文科学·社会科学版）》2004年第5期。

[6] 朱鸿林：《孔庙从祀与乡约》，生活·读书·新知三联书店2015年版，第223~241页。

[7] 董建辉：《明清乡约：理论演进与实践发展》，厦门大学出版社2008年版。

[8] 段自成：《清代北方官办乡约研究》，中国社会科学出版社2009年版。

办乡约的全方位研究成果，马馨博士[1]的清代乡约运行机制研究，常建华教授[2]的清代乡约与宗族关联研究，以及成果众多的清代乡约地域性研究[3]。经过上述诸家的清代乡约考证、归纳以及提炼，清代乡约的本质属性与基本特征已较为清晰，但是，清代乡约之所以存在并延续于清代基层法律秩序中的秩序机理并未得到清晰、准确的认识；清初朝廷通过国家权力在基层推广乡约秩序的本旨，清代乡约秩序转型的秩序机理以及转型对清代乡约秩序构建的影响，以及清代乡约秩序构建之于清代基层法律秩序构建与维护的理论与实践价值等问题仍然没有得到清楚的解答。

本文从法学视角出发，首先，通过考证、辨析清代乡约秩序构建的法律渊源，还原清代乡约秩序的静态规范体系构造；接下来，通过考察清代乡约秩序的演进历程去探索清代乡约秩序演进、转型的秩序机理和价值取向；进而，对清代乡约秩序构建的本质属性和基本特征进行总结。在研究范式选择上，本文尝试运用由美国社会学家罗伯特·默顿提出，杨念群教授引入中国社会史研究的"中层理论"[4]研究范式，在基层法律秩序这一范畴之下考察清代乡约秩序构建的静态构造、动态进程以及清代乡约秩序的本质属性与基本特征。笔者希望通过本文的研究，能得出对清代乡约秩序构建乃至清代基

---

[1] 马馨："明清时期乡约运行机制研究"，南开大学2014年博士学位论文。

[2] 常建华：《宋以后宗族的形成及地域比较》，人民出版社2013年版。

[3] 如常建华："明清山西碑刻里的乡约"，载《中国史研究》2010年第3期；汪毅夫："试论明清时期的闽台乡约"，载《中国史研究》2002年第1期；赵丽君："清代新疆乡约制度研究三题"，载《新接师范大学学报（哲学社会科学版）》2006年第4期；李江龙："清代西和乡约职能探究——以西和县档案馆馆藏清代档案为例"，载《档案》2017年第5期等。

[4] 罗伯特·默顿指出："中层理论既非日常研究中广泛涉及的微观但必要的工作假设，也不是尽一切系统化努力而发展出来的用以解释所能观察到的社会行为、社会组织和社会变迁的一致性的统一理论，而是指介于这两者之间的理论。"他进一步说明："中层理论原则上应用于社会学中对经验研究的指导。中层理论介于社会系统的一般理论和对细节的详尽描述之间。社会系统的一般理论由于远离特定类型的社会行为、社会组织和社会变迁而难以解释所观察到的事物，而对细节的详尽描述则完全缺乏一般性的概括。当然，中层理论也涉及抽象，但是这些抽象是与观察到的资料密切相关的，是结合在允许进行经验检验的命题之中的。"参见［美］罗伯特·K.默顿：《社会理论与社会结构》，唐少杰、齐心等译，译林出版社2015年版，第59~60页。杨念群教授针对中国社会史研究的体系癖与考据癖两个极端，提出了使用中层理论的主张："多少年来，中国社会史界一直在寻找把宏大叙事与乾嘉式的史料钩沉风格进行有效衔接的突破性方法以避免徘徊于目的性极强的政治图解或碎屑冗琐的朴学遗风这两个极端之间而止步不前。当然，万灵的药方是不存在的，不过从'中层理论'的建构中我们也许能发现协调两个极端取向的可行性方案。"参见杨念群：《中层理论：东西方思想会通下的中国史研究（增订本）》，北京师范大学出版社2016年版，第174页。

层法律秩序构建与维护形式相对抽象、系统且动态的认识。

一、清代乡约秩序的法律渊源

中国古代乡约的精神渊源可以追溯至秦汉时期。朱子门生黄榦认为乡约是《礼记·乡饮酒义》的"遗意"[1],这种观点多被后世儒家所赞同。北宋蓝田吕氏兄弟提出并推行的《吕氏乡约》是乡约的肇端。南宋朱熹增损《吕氏乡约》之后,乡约的理念与实践影响进一步扩大。元至正元年(公元1341年)在河南濮阳推行的《龙祠乡约》(亦称《龙祠乡社义约》)[2],有"蓝田吕氏之范"[3]的美誉。明代朝廷将乡约纳入国家基层治理规范体系,并与圣谕宣讲联系在一起。明代正统初年王源在知潮州任上"刻《蓝田吕氏乡约》,择民为约正、约副、约士,讲肄其中"[4]。正德六年(公元1511年),仇楫与其兄弟仇森、仇桓等人以《吕氏乡约》为蓝本,以《仇氏家范》作为补充,在雄山乡里举行乡约[5]。正德十三年(公元1518年),王守仁颁布《南赣乡约》[6]。从王守仁制定的《南赣乡约》到陆世仪的《治乡三约》[7],乡约的精神理念得以进一步推广。

清王朝建立之初,就定下了重视基层道德文化秩序的基调。清太祖努尔哈赤认为:"为国之道,以教化为本。移风易俗,实为要务。诚乱者辑之,强者训之,相观而善,奸慝何自而逞。故残暴者,当使之淳厚;强梁者,当使之和顺,乃可几仁让之风焉。舍此不务,何以克臻上理耶?"[8]顺治九年(公元1652年),清世祖"颁行六谕卧碑文于八旗及直隶各省"[9],康熙九

---

[1] (南宋) 黄榦撰:《勉斋集》,商务印书馆1935年版,第12页。
[2] 参见焦进文、杨富学校注:《元代西夏遗民文献〈述善集〉校注》,甘肃人民出版社2001年版,第23~26页;杨富学、焦进文:"河南濮阳新发现的元末西夏遗民乡约",载《宁夏社会科学》2001年第9期,第79~80页。
[3] 焦进文、杨富学校注:《元代西夏遗民文献〈述善集〉校注》,甘肃人民出版社2001年版,第4页。
[4] (清) 张廷玉撰:《明史》,中华书局1974年版,第7196页。
[5] (明) 何瑭:《柏斋集(卷10)》,台北"商务印书馆"1986年版,第13页。
[6] (明) 王守仁:《王阳明全集(叁)》,中国文史出版社2014年版,第300~305页。
[7] (清) 陆世仪:"治乡三约",载王德毅主编:《丛书集成三编(第21册)》,台北新文丰出版公司1997年版。
[8] 《清太祖实录(卷10)》,北京爱如生数字化技术研究中心制作:《明清实录》电子数据库,第334~335页。
[9] 《清世祖实录(卷144)》,北京爱如生数字化技术研究中心制作:《明清实录》电子数据库,第1923页。

年（公元1670年），康熙皇帝特别颁布《上谕十六条》[1]。雍正二年（公元1724年），雍正皇帝将康熙的《上谕十六条》逐条进行注解，每条600余言，最后形成洋洋万言的《圣谕广训》。雍正七年（公元1729年），清代朝廷颁布规定："直省各州县大乡大村人居稠密之处，俱设立讲约之所，于举贡生员内，拣选老成者一人以为约正，再选朴实谨守者三四人，以为直月。每月朔望，齐集乡之耆老、里长及读书之人，宣读《圣谕广训》，详示开导，务使乡曲愚民，共知鼓舞向善。"[2] 从上述规定可知，清代乡约推行的基本模式是：立乡（讲）约所→选举贡生员为约正→朔望举行集会→约正、耆老进行道德教化。由此可见清代朝廷对基层法律秩序中的思想道德秩序的重视。随着清代乡约秩序在清代基层法律秩序中运行、调试，加之清代基层行政组织体系的兴衰更替[3]，清代乡约秩序逐渐由最初的乡约教谕秩序构造演变、转型成为集各种基层行政事务于一身的乡约基层治理秩序构造。

(一) 清代乡约宣讲的法律渊源

明末伦序陵替、道德沦丧的基层法律秩序状态是明代国家法秩序崩溃的注脚，清王朝入关之初，即开始注重基层思想道德秩序的重建与维护。顺治九年（公元1652年），"颁行六谕卧碑文于八旗及直隶各省。"[4] 顺治十六年（公元1659年），清廷再次通过法令将乡约教谕推行全国："议准译书六谕，令五城各设公所，择善讲人员讲解开谕，以广教化，直省府州县亦皆举行乡约。该城司及各地方官责成乡约人等。于每月朔望日聚集公所宣讲。"[5] 并规定乡约教谕的负责人应当"公举六十以上、业经告给衣顶、行履无过、德业素著之生员统摄。若无生员，即以素有德望六七十岁以上之平民统摄。……不应以土豪、仆隶、奸胥、蠹役充数。"[6] 康熙九年（公元1670年），康熙

---

[1]《清圣祖实录（卷34）》，北京爱如生数字化技术研究中心制作：《明清实录》电子数据库，第1849~1850页。

[2]（清）昆冈、李鸿章：《钦定大清会典事例（卷397）》，上海古籍出版社2003年版，第330~331页。

[3] 此处主要指清代里甲制的衰颓，保甲制的强势。里甲制的赋役、簿籍职能被保甲、乡约等基层行政组织所继受。

[4]《清世祖实录（卷144）》，北京爱如生数字化技术研究中心制作：《明清实录》电子数据库，第1923页。

[5]（清）陈梦雷编纂：《古今图书集成》，中华书局、巴蜀书社1985年版，第40013页。

[6]（清）昆冈、李鸿章：《钦定大清会典事例（卷397）》，上海古籍出版社2003年版，第314页。

皇帝将《六谕》演绎为《圣谕十六条》，并"晓谕八旗并直各省府州县乡村人等切实遵行"[1]。在康熙皇帝的号召下，乡约宣讲成为国家基层治理规范体系的一部分并逐渐完善，如康熙十八年（公元1679年）"浙江巡抚将'上谕十六条'衍说辑为直解、缮册，进呈通行直省督抚。通行直省督、抚，照依奏进《乡约全书》刊刻各款，分发府、州、县、乡、村，永远遵行。"[2]同时，乡约教谕也成为清廷考察地方官吏政绩的评价标准，如都察院左都御史陈廷敬上疏："督抚保举、荐举府、州、县官须令第一条实填无加派火耗字样，第二条实填实心奉行上谕十六条，每月吉聚乡村乡约讲解字样；余条仍照旧例开具实迹。……从之。"[3]

雍正二年（公元1724年），雍正皇帝将《上谕十六条》注释、演绎成为洋洋万言的《圣谕广训》并推行全国。雍正七年（公元1729年），清廷制定了乡约教谕的具体操作流程及监督考核相关规定："令直省各州县大乡大村人居稠密之处，俱设立讲约之所。于举贡生员内拣选老成者一人以为约正，再选朴实谨守者三四人以为值月。每月朔望，齐集乡之耆老、里长及读书之人宣读《圣谕广训》，详示开导，务使乡曲愚民共知鼓舞向善。至约正、值月果能化导督率，行至三年，著有成效。督抚会同学臣择其学行最优者，具题送部引见；其诚实无过者，量加旌异，以示鼓励；其不能董率，怠惰废弛者，即加黜罚。如地方官不实力奉行者，该督抚据实参处。"[4]直到在位最后一年，即雍正十三年（公元1735年），雍正皇帝仍通过上谕在旗民中重申乡约教谕："壬午，谕八旗都统等：令八旗于朔望日宣讲《圣谕广训》，以教诲兵民，俾知忠孝、立身之大义。"[5]乾隆皇帝登基之初即重申乡约教谕："乾隆二年（公元1736年），令直省转饬各州县，摘取简明律例并和睦乡里之上谕

---

[1]《清圣祖实录（卷34）》，北京爱如生数字化技术研究中心制作：《明清实录》电子数据库，第1849~1850页。

[2]（清）素尔讷等纂：《钦定学政全书（卷74）》，清乾隆三十九年英武殿刻本，北京爱如生数字化技术研究中心制作：《中国基本古籍库》电子数据库，第303页。

[3]《清圣祖实录（卷122）》，北京爱如生数字化技术研究中心制作：《明清实录》电子数据库，第6141~6142页。

[4]（清）素尔讷等纂：《钦定学政全书（卷74）》，清乾隆三十九年英武殿刻本，北京爱如生数字化技术研究中心制作：《中国基本古籍库》电子数据库，第304页。

[5]《清世宗实录（卷159）》，清乾隆三十九年英武殿刻本，北京爱如生数字化技术研究中心制作：《明清实录》电子数据库，第8265页。

录刊成册，酌量大小，各乡村遍行颁给。仍令州县各官董率约正、值月勤为宣讲，该督抚严加查察，毋使视为具文。"[1]之后，乾隆将圣谕宣讲的职责推广到所有州县官吏的头上："大小各官，凡遇士民吏役聚集之时，公事毕后，俱照前委曲开导；兵丁令该管官弁于操演之暇，详切教训；并各省义学行令教习于生童课试之日，亦谆谆训诲，实力奉行。"[2]并要求州县官员"除每月朔望二次宣讲外，或于听讼之余以及公出之便，随事、随时加以提命。不妨以土音谚语敬谨诠解，明白宣示"[3]。不过，由于在基层展开乡约教谕的任务繁重，显然，"令约正等勤加宣讲，仍饬地方官与教官不时巡行、稽察"[4]才是乡约教谕的常态。同时，圣谕宣讲也成为乡约的法定职权：乾隆年间的州县衙门在颁发给乡约的执照之中明确规定乡约应"每逢朔望齐集公所，宣讲圣谕，化导愚顽，和睦乡党，以敦人伦"[5]。嘉庆年间，嘉庆皇帝再次重申："各官选举乡约、耆老于朔望之日，齐集公所，宣读圣谕广训，按期讲论，毋得视为具文，日久废弛，以副朕化民成俗至意。"[6]

实际上，在清前期，不仅朝廷通过了诸多法律、诏令、上谕以推广乡约教谕，地方州县也制订了众多关于乡约教谕的规定：雍正三年（公元1725年），陕西乾州设立二十四处约所，"奉御制圣谕广训颁布郡县，月朔宣讲，

---

[1]（清）素尔讷等纂：《钦定学政全书（卷74）》，清乾隆三十九年英武殿刻本，北京爱如生数字化技术研究中心制作：《中国基本古籍库》电子数据库，第304页。

[2]（清）素尔讷等纂：《钦定学政全书（卷74）》，清乾隆三十九年英武殿刻本，北京爱如生数字化技术研究中心制作：《中国基本古籍库》电子数据库，第306页。

[3]（清）素尔讷等纂：《钦定学政全书（卷74）》，清乾隆三十九年英武殿刻本，北京爱如生数字化技术研究中心制作：《中国基本古籍库》电子数据库，第307页。

[4]（清）素尔讷等纂：《钦定学政全书（卷74）》，清乾隆三十九年英武殿刻本，北京爱如生数字化技术研究中心制作：《中国基本古籍库》电子数据库，第306页。

[5]《巴县档案》所见乾隆年间的乡约执照皆有规定乡约进行圣谕宣讲的内容，如乾隆三十三年巴县县衙颁发给乡约殷仕洪的乡约执照：为给照事乾隆三十三年六月初九日，据孝里三甲民殷仕洪认充乡约前来。据此，合行给照。为此照给乡镇约殷仕洪收执。嗣后凡遇甲内公事，必须勤慎办事。每逢朔望，齐集公所宣讲圣谕，化导愚顽，永敦和睦，以正人伦。仍不时稽查噜术匪类，窝娼窝赌，私铸私宰、邪教端公，以及面生可疑之人，许尔密票，本县以凭拿究。倘有徇情容隐，一经查出，或被告发，加倍重惩。尔宜凛遵毋违。须至执照者右照给乡约殷仕洪准此类似规定出现在巴县县衙颁发给周元润、陈天浩、杨延现、谢毓安、曾汤臣的乡约执照中，参见四川省档案馆、四川大学历史系主编：《清代乾嘉道巴县档案选编（下）》，四川大学出版社1996版，第295~301页。

[6]《清仁宗实录（卷68）》，清乾隆三十九年英武殿刻本，北京爱如生数字化技术研究中心制作：《明清实录》电子数据库，第3612页。

并合诸生导其子弟。每里设一约所，每所迁点约正、约副二名尚管宣讲。"[1]乾隆十四年（公元1749年）刊刻的《饶阳县志》记载了当地乡约教谕的仪程："每月朔望，供上谕十六条于公所，知县率僚属行礼毕，约正宣讲圣谕广训及律令数条毕，仍行礼退。"[2]嘉庆年间，无为州规定："（各官）每朔、望、逢五、逢十穿补服，各乡村、巨堡设讲约所，选老成为约正，集耆老、民人，宣读圣谕广训及律条，务明白讲解、家喻户晓。"[3]道光年间刊刻的《重修平度州志》记载了圣谕宣讲的仪程："每月朔望，奉上谕十六条于公所，有司率僚属行三跪九叩礼，铎生宣讲圣谕广训及律令数条。"[4]直到光绪年间，有些地方还有乡约教谕的规定："每月朔望日，在成德观殿前露台上设立圣谕牌，文武官衣公服，礼生唱序，班行三跪九叩首，礼毕，退班至讲所。木铎乡约站立圣谕牌边，礼生唱：'恭请开讲。'司讲生捧圣谕广训登台宣讲毕，各官俱退。"[5]

（二）清代乡约职役的法律渊源

在雍正、乾隆大力倡行圣谕宣讲，选择"经告给衣顶、行履无过、德业素著之生员"统摄乡约的同时，另一种作为基层职役的乡约从清初即开始出现并逐渐被推广。顺治三年（公元1646年），顺治皇帝谕兵部："先定逃人自归寻主者，将窝逃之人正法，其九家及甲长、乡约俱各鞭一百、流徙，该管官俱行治罪。今定逃人自归者，窝逃之人及两邻流徙，甲长并七家之人各鞭五十，该管官及乡约俱免罪，其余俱照以前定例。"[6]由此可见，早在顺治年间，乡约已与甲长一道成为清代基层行政组织的法定组成。到了康雍乾三朝，乡约、保甲的配置已然成为清王朝基层法律秩序建构的模范。雍正六年（公

---

[1]《（雍正）重修陕西干州志（卷3）》，清乾隆三十九年英武殿刻本，北京爱如生数字化技术研究中心制作：《中国方志库》电子数据库，第106页。

[2]《（乾隆）饶阳县志（上卷）》，清乾隆三十九年英武殿刻本，北京爱如生数字化技术研究中心制作：《中国方志库》电子数据库，第191页。

[3]（清）常廷璧修《（乾隆）无为州志（卷10）》，清乾隆八年刻本，北京爱如生数字化技术研究中心制作：《中国方志库》电子数据库，第515页。

[4]（清）保忠修：《（道光）重修平度州志（卷27）》，清道光二十九年刻本，北京爱如生数字化技术研究中心制作：《中国方志库》电子数据库，第502页。

[5]《（光绪）卢氏县志（卷6）》，清乾隆三十九年英武殿刻本，北京爱如生数字化技术研究中心制作：《中国方志库》电子数据库，第285页。

[6]《清世祖实录（卷27）》，清乾隆三十九年英武殿刻本，北京爱如生数字化技术研究中心制作：《明清实录》电子数据库，第890~891页。

元1728年），第一金川之役结束，在建昌地区重建基层法律秩序时，兵部议定："其阿都宣抚司、阿史安抚司及纽结、歪溪等土千百户共五十六处，一并改流。近卫者归卫管辖，近营者归营管辖，并择番苗之老成殷实者立为乡约、保长，令其约束。"[1]到乾隆年间，当乡约教谕的风头过去，缙绅儒士不再有兴趣开展讲读圣谕的活动时，清代乡约逐渐从教谕型乡约转变为职役型乡约——乡约的基本职责从康熙、雍正年间的乡约教谕与基层行政并重到逐渐将乡约教谕遗忘。《巴县档案》载乾隆三十四年（公元1769年）颁发的乡约执照规定乡约的职责称："嗣后每逢朔望，宣讲圣谕，化导愚顽，仍不时稽查咽噜匪类。私宰私铸、赌博娼妓，以及外来面生可疑之人，许尔具察本县，以凭拿究。"[2]同样是《巴县档案》的记载，道光二十九年（公元1849年）巴县衙门颁发的乡约执照规定的乡约职责如下："嗣后凡遇甲内大小公事，务须勤慎办理。一切鼠牙雀角钱债细故，允当善为排解，毋使滋讼。仍不时留心稽查，如有窝娼、窝赌、私宰、私硝、私铸、私贩盐、咽匪及外来面生可疑之人，许尔查明，指名赴县具禀，以凭拿究。"[3]可见，至道光年间，巴县地区的乡约教谕已然被淡忘。

如上文所述，作为基层职役的乡约从清初一直得以延续，其法定权限也逐渐扩充。乾隆十九年（公元1754年），户部议覆："四川总督黄廷桂疏奏：'将寨首仍循其旧，止令催纳粮赋，遣派差事。另选素为众番悦服之人，拨为乡约，教化番民，调处词讼。旧有之外保，改为甲长，令其稽查奸匪。寨首、乡约、甲长、均听抚夷掌堡管束，其差头、牌头、保正等名目，请一并裁汰。'从之。"[4]而同属乾隆年间的巴县乡约，其法定权限如上文所引，包括圣谕宣讲和治安稽查两部分。清代中后期，作为基层职役的乡约，一方面其法定权限不再重视宣讲教谕，另一方面乡约的法定权限逐渐扩充。从嘉庆年间的"至乡约、保正稽查匪类，随时结报，本系编查保甲内应办之事，并着

---

[1]《清世宗实录（卷66）》，清乾隆三十九年英武殿刻本，北京爱如生数字化技术研究中心制作：《明清实录》电子数据库，第3794~3795页。

[2] 四川省档案馆编：《清代巴县档案整理初编：司法卷·乾隆朝（一）》，西南交通大学出版社2015版，第97页。

[3] 四川省档案馆、四川大学历史系主编：《清代乾嘉道巴县档案选编（下）》，四川大学出版社1996版，第305页。

[4]《清高宗实录（卷466）》，清乾隆三十九年英武殿刻本，北京爱如生数字化技术研究中心制作：《明清实录》电子数据库，第25617~25618页。

实力奉行,毋得视为具文"[1],到道光皇帝谕令"各州县设立乡约,原为约束乡里,稽察牌保。如有盗窃及不法匪徒,即应送官究治,岂得擅行处断?着吴光悦察访该乡约等有无藉词扰害及致毙人命之事,如有前项情弊,立即严拏惩办,并饬所属于派充乡约时,慎加遴选,以资董劝,而靖闾阎"[2],乡约的法定权限与职责逐渐趋于全面、综合,与保甲、客长等基层职役之间的区别也日渐缩小。据学者统计,清代在新疆推行的乡约,其职权包括公共管理、道路维护、教谕乡人、赋税催收、矿产管理、扶助灾伤等十五项内容[3]。同样,有学者考证,清代甘肃陇南西和县乡约的职权有清查烟户、社会治安以及基层司法三方面[4]。到光绪二十八年(公元1902年),四川南部县衙颁发的乡约执照对乡约的法定权限规定如下:"凡地方命盗、窝娼、私铸、私宰、邪教、会匪以及外来匪徒三五成群、形踪诡秘、面生可疑之人俱应留心稽查,随时禀报。勿许徇情容隐,挟嫌妄禀。至于民间口角细故亦宜善为排解,勿令轻易涉讼。此外地方应办公件,更须实力奉行。"[5]总之,清代乡约运行到清代中后期,其法定权限已然与保甲别无二致。在时人眼中,乡约与保甲都是国家权力设置的基层行政组织,其职责主要有三方面:协调基层各种"鼠牙雀角钱债细故"、稽查匪徒维护治安、执行州县衙门派发的各类公务。

二、清代乡约秩序的演进

清代乡约秩序构建不仅是静态的乡约规范体系构造,更是乡约秩序运行、演进的动态过程。在国家法律、政令的支撑下,清代乡约秩序的构建具备了系统、详备的规范体系基础,但清代乡约秩序的规范体系构造随着时代的变迁,不断发生变化,随之而来,清代乡约秩序的运行及其基本特性也会演变、

---

[1]《清仁宗实录(卷285)》,清乾隆三十九年英武殿刻本,北京爱如生数字化技术研究中心制作:《明清实录》电子数据库,第16223页。

[2]《清宣宗实录(卷165)》,清乾隆三十九年英武殿刻本,北京爱如生数字化技术研究中心制作:《明清实录》电子数据库,第11347页。

[3] 参见赵丽君:"清代新疆乡约制度研究三题",载《新疆师范大学学报(哲学社会科学版)》2006年第4期。

[4] 参见李江龙:"清代西和乡约职能探究——以西和县档案馆馆藏清代档案为例",载《档案》2017年第5期。

[5] 四川省南充市档案局编:《清代四川南部县衙门档案(第212分册)》,黄山书社2015年版,第37页;吴佩林:《清代县域民事纠纷与法律秩序考察》,中华书局2013年版,第90~91页。

转型，而清代乡约秩序动态的演进过程正是我们理解清代乡约秩序构建的关键。大体而言，清代乡约秩序的运行与演进可以分为三个环节，下文略分述之：

（一）讲约宣善俗

自蓝田《吕氏乡约》开始，道德宣讲、劝化善俗即是乡约的基本内涵之一。通过国家法令的强制推行与推广，在康雍乾三朝，清代乡约教谕秩序的运行可谓如火如荼：首先，清代方志记载了众多乡约宣讲的事迹，兹举两例，《琼山县志》载："康熙二十五年（公元1686年），副使程宪、郡守佟湘年始于南门直街建乡约亭，朔望聚民讲钦颁上谕十六条。"[1]《漳平县志》载："查侯（讳继纯号长淳）每月吉集绅衿耆庶于乡约所，讲行不辍，久废之礼，一旦复兴，洵为圣朝盛治。"[2]其次，康熙、雍正、乾隆三朝为推行乡约宣讲，在全国范围内的基层乡镇建置了众多的乡约所（又称讲约所、公所、约所）[3]，康熙二十六年（公元1687年）刊刻的《常熟县志》记载的康熙年间该县为推行乡约宣讲建置的六十四处乡约所就是其中的典型代表[4]。再者，康熙、雍正、乾隆三朝乡约教谕秩序的运转涉及整个清代州县及以下的社会成员，包括州县各级官员、基层缙绅、乡保吏胥以及基层平民：一方面，

---

[1]（清）必登修：《（康熙）琼山县志（卷2）》，清康熙四十七年刻本，北京爱如生数字化技术研究中心制作：《中国方志库》电子数据库，第109~110页。

[2]（清）查继纯修：《（康熙）漳平县志（卷5）》，清乾隆四十六年重刻本，北京爱如生数字化技术研究中心制作：《中国方志库》电子数据库，第354页。

[3] 关于清代乡约所建置的考述可参见朱仕金："乡约与清代基层社会法律秩序研究——以乡约所建置为线索"，载谢晖主编：《民间法（第十九卷）》，厦门大学出版社2017年版，第182~202页。

[4]《常熟县志》关于乡约所建置记载如下：考周礼，地官司徒掌邦国之教令，分遣乡师，各掌所治之教，凡四时征令有常者，以木铎徇于朝，岁时巡国及野党，正属，民、读邦法纠戒之，此后世乡约之制所由仿也。今知县杨振藻实心教民，正己化俗，力举讲约之政，虑乡隅辽远煌煌，圣谟未及周知，爰择神宫佛宇凡六十四所，按八卦以定八方，每所各颁铎书编列某所某号，悬额以垂永久，俾遐迩相率，翕然从风：西北乾号乡约所八：清源神庙、结草庵、继缘道院、高神祠、大慈寺、辟尘道院、何王庵、泗水庵；正北坎号乡约所八：扈城庵、法云庵、东湖三官堂、汤王庙、太尉庙、中沙净土庵、东岳庙、长寿庙；东北艮号乡约所八：香堂周孝子庵、双林禅院、邵庄庵、寿圣庵、李墓三官堂、最胜庵、何市三元堂、桑场庵；正东震号乡约所八：崇教兴福寺、金神庙、五聚东岳庙、屋径庵、三元堂、胜法寺、坞丘增福院、智林寺；东南巽号乡约所八：福城禅院、护国禅院、龙旋宫、真武殿、高真堂、地藏殿、达孝庵、上真殿；正南离号乡约所八：儒学明伦堂、大悲殿、资福禅院、妙清寺、吴塔观音堂、观音庵、关帝庙、圣寺庵；西南坤号乡约所八：永福庵、朱岸观音堂、练塘寺、晏林庵、庙桥庵、关帝庙、马圣天台庵、白马庵；正西兑号乡约所八：慧日寺、致道观、延福禅院、永庆寺、李王堂、清凉禅院、净居禅院、万善庵。参见杨子器修：《（康熙）常熟县志（卷3）》，明弘治十二年修十六年刻本，北京爱如生数字化技术研究中心制作：《中国方志库》电子数据库，第193~199页。

乡约宣讲秩序的推动要求官员、乡绅和平民各司其职、严加奉行。乾隆二年（公元1737年），清廷再次严申："约正、值月原令州县官于各乡举行，不论士民，不拘名数，惟择其人以行化导之事，自宣讲圣谕广训之外，并将钦定律条刊布、晓谕。比年以来，屡经严饬地方官及教官实力奉行，但恐各省之内尚有未及刊布之处，应再行令直省转饬各州县摘取简明律例并和睦乡里之上谕录刊成册，酌量大小各乡村，遍行颁给。仍令州县各官董率约正、值月，勤为宣讲，该督抚严加查察，毋使视为具文。"[1]另一方面，乡约宣讲仪程的进行，要求官员、绅耆以及平民参加。雍正九年（公元1731年）刊刻的《揭阳县志》记载乡约宣讲仪制如下："朔望日，正官率属及绅士、约正、直月至约所，恭行三跪九叩头礼毕，直月登宣讲亭，讲圣谕广训、大义觉迷录，兵民环而聚听。各都则绅士、耆民齐集，宣讲如仪。"[2]总之，清代前期的乡约教谕在国家法令的推动下，形成了相当的规模和持续的乡约教谕风气。以乡约教谕秩序运行为基础构建而成的清代前期基层法律秩序也表现出明显的道德劝化特征。

清廷通过法令、上谕推行的乡约教谕在康雍乾三朝遍及大江南北，但就其结果而言，乡约教谕秩序并未扎根于清代基层法律秩序，而是随着时代的变迁而被抛诸脑后。清代前期的乡约教谕秩序之所以走向衰颓，其原因要归结到乡约教谕秩序的秩序构造上：首先，乡约宣讲需要由主事者进行定期的圣谕讲读、解释，这就要求乡约的约正、直月拥有相当的知识文化水平，而这一点只有基层缙绅才能满足，而他们并非都有兴趣担任这一责重利薄、近乎义务付出的基层职役。同时，由于大部分乡约宣讲还附带了解读律条和协调基层纠纷的内容，如果将这一法权交给基层缙绅保持，则清代州县衙门将面对由基层缙绅引领的基层利益共同体，这显然违背了清廷对基层力量进行分而治之的政策方针。因此，乡约教谕的制度设计从一开始就面临悖论。基于实际的基层控制考虑，清代乡约的约正、直月不会是文义通晓、德业素著的基层缙绅，而只能是身家殷实、老成谙练的基层平民。再者，如果将乡约教谕的职权交给基层平民，让这些平头百姓在乡约所位居众官绅之前，则从

---

[1]（清）素尔讷等纂：《钦定学政全书（卷74）》，清乾隆三十九年英武殿刻本，北京爱如生数字化技术研究中心制作：《中国基本古籍库》电子数据库，第304页。

[2]（清）陈树芝纂：《（雍正）揭阳县志（卷2）》，清雍正九年刻本，北京爱如生数字化技术研究中心制作：《中国方志库》电子数据库，第294页。

根本上违背了固有的阶层伦理，这一制度构造决定了乡约宣讲必将遭遇众官绅发自心底的轻视。最后，正如萧公权先生所言："挡在（清廷）思想控制成功之路上的根本障碍，是广大中国民众生活在其中的恶劣环境。"[1]当整个基层绝大部分目不识丁的平民还在生存线上挣扎的时候，乡约宣讲集会即使没有给他们造成负担，其效果也不会超过一场热闹。乾隆年间刊行的官箴著作《州县须知》评价这种宣讲仪式道："朔望之辰，（官员）鸣锣张盖前诣城隍庙中，公服端坐，不出一语，视同木偶，而礼生绅士请诵圣谕一遍，讲不晓其义，听不得其详，官民杂沓，哄然而散。"[2]

（二）解纷正道理

在清代前期以圣谕宣讲为中心的乡约教谕秩序大行其道的时候，作为基层纠纷协调、仲裁的乡约也在逐渐成长。不过，需要分别的是，作为清代前期基层纠纷协调、仲裁者的乡约与乡约教谕秩序中的乡约并不统一：圣谕宣讲之风过去之后，那些主持宣讲教谕、具备缙绅身份的乡约会消散，而作为基层纠纷协调、仲裁者的乡约会延续下来。《大清律例》对"乡保"的基层社会纠纷解决权能的规定还较为笼统、模糊："民间词讼细事，如田亩之界址、沟洫、亲属之远近亲疏，许令乡保查明。"[3]山西《长子县志》载："乡约所二，东在崔公庙，西在能仁寺。……礼毕，执事者供讲案，鸣钟鼓，约正、约副纠举善恶，分别赏罚。"[4]新疆《镇西厅乡土志》载："遇有口角细故、钱债琐务，必关白乡约，量为调处；若有别项大故，禀官究办。"[5]甘肃《东乐县志》载："凡有民间细故，先质与耆约。"[6]同时，也有呈报州县的诉讼，州县指令乡约审查、调停的情形，如甘肃《合水县志》记载："偶有口角是非，批令该处乡约，会同公正绅耆查覆。"[7]除此之外，如上文所引，清

---

[1] 萧公权：《中国乡村——19世纪的帝国控制》，张浩、张升译，九州出版社2018年版，第236页。

[2] 《（乾隆）州县须知（卷1）》，清乾隆五十九年刻本，北京爱如生数字化技术研究中心制作：《中国基本古籍库》电子数据库，第3页。

[3] 张荣铮等点校：《大清律例（卷23）》，天津古籍出版社1993年版，第372页。

[4] 中国科学院图书馆选编：《稀见中国地方志汇刊》（第5册），中国书店1992年版，第91~92页。

[5] 马大正等整理：《新疆乡土志稿》，新疆人民出版社2010年版，第117~118页。

[6] （清）徐传钧纂修：《东乐县志（卷1）》，吴坚主编：《中国西北文献丛书（第48册）》，兰州古籍书店1990年版，第419页。

[7] （清）陶奕曾纂修：《合水县志（下卷）》，吴坚主编：《中国西北文献丛书（第48册）》，兰州古籍书店1990年版，第215页。

代州县衙门在颁发"乡约执照"时,也明确要求乡约对基层民众间的"一切鼠牙雀角钱债细故,允当善为排解,毋使滋讼"[1]。总而言之,清代国家权力明确赋予了乡约调处基层纠纷的法定权限,南部县知县袁用宾在光绪二十一年(公元1895年)颁布的一则告示亦可资佐证:"照得城厢约(即乡约、城约)保,原宜绥靖闾阎;凡遇民间细故,自当排解无偏;……一切鼠牙雀角,首人劝解勿延。"[2]

清代通过国家法律和州县衙门的政令将基层纠纷的调处之法定权限授予乡约,并对乡约汇报处理结论后予以背书。同时,清代州县衙门还通过告示和批示劝告民众"词讼细事"未经乡约调处不得兴讼,并对恶意兴讼的行为进行警告或惩罚,如《巴县档案》载"乾隆四十九年本城萧东升私通寡妇陈氏一案"中巴县正堂对萧东升明知理亏而不由乡约调停,反而粉饰兴讼的行为提出了严厉警告:"萧东升奸污孀妇,已据族邻人等当场拿获,反敢先发制人,饰词妄禀,其情甚属可恶。"[3]总之,清代乡约通过国家权力的授权取得基层纠纷的调处权限,并通过行使这一权限与耆老、保甲、宗族一起,共同构建了清代基层的非诉讼纠纷解决模式。

(三)协力臻秩序

虽然在清代前期某些情形下,清王朝将乡约视作与保甲、里甲类似的基层职役,如在改土归流的建昌地区建置基层行政体系时规定"近卫者归卫管辖,近营者归营管辖,并择番苗之老成殷实者立为乡约、保长,令其约束"[4],但清代前期选任的乡约,绝大多数是作为乡约教谕秩序的参与者或主持者而存在的。当此之时,清代基层法律秩序由保甲主导的治安保障秩序、里甲主导的赋役催收秩序、乡约主导的圣谕宣讲秩序共同构建而成。乡约与保甲、里甲等基层职役各有所主,各司其职,正如于成龙所言:"朝廷设立乡约,慎选年高有德,给以冠带,待以礼貌。每乡置乡约所亭屋,朔望讲解《上谕十六条》,所以劝人为善去恶也。至于查奸戢暴,出入守望,保甲之法,更多倚赖

---

[1] 四川省档案馆、四川大学历史系主编:《清代乾嘉道巴县档案选编(下)》,四川大学出版社1996年版,第305页。

[2] 南充市档案局藏:《清代四川南部县衙门档案》(12—1105—5—D80),转引自吴佩林:《清代县域民事纠纷与法律秩序考察》,中华书局2013年版,第86~87页。

[3] 四川省档案馆藏:《清代巴县档案汇编(乾隆卷)》,档案出版社1991年版,第150页。

[4] 《清世宗实录(卷66)》,清乾隆三十九年英武殿刻本,北京爱如生数字化技术研究中心制作:《明清实录》电子数据库,第3794~3795页。

焉。"[1]随着圣谕宣讲逐渐成为僵化敷衍的例行公事，作为国家权力的基层代理人，乡约的法定权限和职责逐渐复杂起来。萧公权先生认为，清代乡约的变质，使其具备了纠纷仲裁、治安保卫和赋役催收三种职能[2]；段自成教授将清代北方官办乡约的职能归纳为催科、稽查、基层司法、救灾和教化五项[3]；董建辉教授将清代乡约的职能归纳为教化职能、救助职能、行政职能和司法职能。[4]通过三位先贤的研究结论，不难发现，在清代乡约教谕秩序衰颓的同时，清代乡约逐渐转型成为和保甲、客长相类的基层职役，并最终成为清代基层职役群体的一员。

光绪年间刊刻的《黄冈县志》载："国初定制。邑设厢镇，有乡约、里正，编保甲、稽赋册、察非常。无事则相率宣谕，有事则竭作奉公。上下相维、远近相笼。非周礼鄺长、市司之遗意欤。"[5]可见在时人印象中，乡约的职责远比宣讲教谕要宽泛许多，其目标则是为了实现清代基层"上下相维、远近相笼"的基层法律秩序状态。同时，通过州县衙门颁发的乡约执照，可以发现，清代中后期，乡约的法定权限涉及基层法律秩序的劝化乡民、治安维护、违法稽查、纠纷调处、赋税催收、公务奉行六方面[6]。实际上，除此

---

[1]（清）贺长龄、魏源：《皇朝经世文编（卷74）》，（清）魏源：《魏源全集（第17册）》，岳麓书社2004年版，第147页。

[2] 参见萧公权：《中国乡村——19世纪的帝国控制》，张浩、张升译，九州出版社2018年版，第238~243页。

[3] 参见段自成：《清代北方官办乡约研究》，中国社会科学出版社2009年版，第131~189页。

[4] 参见董建辉：《明清乡约：理论演进与实践发展》，厦门大学出版社2008年版，第280~284页。

[5]《（光绪）黄冈县志（卷3）》，清乾隆三十九年英武殿刻本，北京爱如生数字化技术研究中心制作：《中国方志库》电子数据库，第347页。

[6] 如道光二十九年巴县衙门颁发给戚德著的乡约执照规定乡约的职权如下："嗣后凡遇甲内大小公事，务须勤慎办理。一切鼠牙雀角钱债细故，允当善为排解，毋使滋讼。仍不时留心稽查，如有窝娼、窝赌、私宰、私硝、私铸、私贩盐啯匪，及外来面生可疑之人，许尔查明，指名赴县具禀，以凭拿究。但不得徇情容隐，挟嫌妄禀。至尔该甲现管花户□百□十名，原额正粮银□百□十□两□钱□分，核与接充典吏之条相符，扣至五年役满，自行赴案呈明，另行招募接充。"参见四川省档案馆、四川大学历史系主编：《清代乾嘉道巴县档案选编（下）》，四川大学出版社1996版，第305页。光绪二十八年，南部县衙签发乡约执照时规定乡约职权如下："嗣后务须守法奉公。凡地方命盗、窝娼、私铸、私宰、邪教、会匪以及外来匪徒三五成群、形踪诡秘、面生可疑之人俱应留心稽查，随时禀报。勿许徇情容隐，挟嫌妄禀。至于民间口角细故亦宜善为排解，勿令轻易涉讼。此外地方应办公件，更须实力奉行。"参见南充市档案局编：《清代四川南部县衙门档案（第212分册）》，黄山书社2015年版，第37页。

之外，乡约还要参与甚至主持基层灾伤救恤的事务。早在康熙年间，地方州县就有"凡社仓，每里一乡约则一社仓，仓粟赈其本里之人。或本里贫而积少，旁里积多，遇凶年则以富里所积分赈之。……每乡约立约正一人或二人、副二人，仓谷出入悉听正副册籍，用约正钤记。此法徧行，当无流民"[1]的设计，到清代中后期，乡约更是成为基层救灾事务主要实行者。不过，与宋明乡约自发展开基层救恤不同，清代乡约的灾伤救恤主要是通过上报灾伤、下发钱谷的方式实行其基层救恤职权。

正如段自成教授所言："清代乡约职能的转型，必然引起乡约与官府关系的深刻变化，乡约在基层社会中的地位与作用也将随之改变。"[2]随着圣谕宣讲的大旗逐渐被遗忘，作为清代国家权力在基层的现成代理人，清代乡约转而承担各种差役是清代基层法律秩序构建与维护最为经济、顺畅的逻辑展开。随着清代乡约藉由国家权力的"权限委让"[3]全面参与清代基层政治、经济乃至文化事务，代表清代国家对基层秩序进行治理与维护。同时，其与保甲、客长、宗族、会社等清代基层"小秩序"之间彼此制约、相互协作，最后共同推动并实现清代基层法律秩序的构建与维护。至此，清代乡约秩序构建也完成了从乡约教谕秩序向乡约基层治理秩序的转型。

三、清代乡约秩序构建的特征

通过上文的简述，清代乡约秩序构建的历史脉络和基本内涵已大致明晰，但是，清代乡约秩序构建的本质属性和基本特征仍有进一步分辨、总结的必要。结合上文的论述与史料证据，笔者本节拟对清代乡约秩序构建的基本特征展开简要论证、归纳，以期对清代乡约秩序构建得出相对清晰的认识。大体而言，清代乡约秩序构建的基本特征可以从国家权力主导、秩序稳固优先以及秩序构建同质化三方面进行讨论。

（一）国家权力主导

秦晖教授在评价传统中国基层法律秩序时有二十五字箴言："国权不下

---

[1]（明）沈朝宣纂修：《（康熙）仁和县志（卷13）》，清乾隆三十九年英武殿刻本，北京爱如生数字化技术研究中心制作：《中国方志库》电子数据库，第986~987页。

[2] 参见段自成：《清代北方官办乡约研究》，中国社会科学出版社2009年版，第189页。

[3] 伍跃："'在民之役'：巴县档案中的乡约群像——近代以前中国国家统治社会的一个场景"，中国政法大学法律古籍整理研究所编：载《中国古代法律文献研究》（第十辑），社会科学文献出版社2016年版，第366页。

县，县下惟宗族，宗族皆自治，自治靠伦理，伦理造乡绅。"[1]很显然，清代基层法律秩序与这一论断并不契合，而清代乡约秩序构建即是明证。在宋明时期，乡约多为居乡缙绅自发筹建并自主运行，如著名的蓝田《吕氏乡约》仇氏《雄山乡约》。即使王守仁以地方政令督导建立《南赣乡约》之时，也明确分别了乡约与州县衙门的权限——王守仁显然希望《南赣乡约》能自主运行下去。清代乡约则不同。无论是作为基层职役的乡约，还是作为宣讲劝化的乡约，乡约的选任、授权与监督乃至整个清代乡约秩序构建过程始终伴随着国家权力和法令：一方面，乡约的选任与授权规则有清廷法令的许可或认可，如雍正年间"兵部议覆云贵广西总督尹继善疏奏黔省九股新辟苗疆善后事宜八款之'于旧有头目内择其良善、老诚者，按寨大小酌定乡约、保长、甲长，令其管约稽查'。从之"[2]。另一方面，对乡约的监督与约束也有明确的国家法令作为法源。雍正年间，黄河泛滥，泗州灾伤，雍正皇帝"谕户部：'……着布政使石麟动支库银二万两，亲自前往泗州，确查被灾之民，逐户散给，勿令乡约、里长及胥吏人等丝毫侵蚀，务使穷民均沾实惠，不至失所。'"[3]乾隆初年，"王大臣议覆兵部左侍郎舒赫德奏称：'应饬令无论旗民一体清查，除已入档者毋庸议外，其情愿入档者，取结编入档册；不愿入档者，即逐回原籍。该地方、乡约若隐匿不首，严究治罪。'……从之。"[4]结合从清代档案所见的乡约执照，不难发现从法律政令到书册仪程，清代国家权力对乡约的监督与约束已经形成了系统、全面的规范体系，而这正是清代国家权力下沉至基层的表征。自然，乡约与国家权力的紧密联系也决定了清代乡约秩序与宋明乡约秩序本质上的不同，即国家基层治理模式与基层自治模式的分别。

（二）秩序稳固优先

清代乡约源于宋明乡约，而宋明乡约的核心理念是实现基层伦理维护和

---

[1] 秦晖：《传统十论》，复旦大学出版社2004年版，第3页。
[2] 《清世宗实录（卷141）》，北京爱如生数字化技术研究中心制作：《明清实录》电子数据库，第7581页。
[3] 《清世宗实录（卷45）》，北京爱如生数字化技术研究中心制作：《明清实录》电子数据库，第2709~2710页。
[4] 《清高宗实录（卷115）》，北京爱如生数字化技术研究中心制作：《明清实录》电子数据库，第6551~6558页。

第二部分：清代乡约秩序构建研究

价值整合，而实现这一目标的基本形式是通过"读约之礼"进行"德业相劝、过失相规"，最终实现基层伦理道德理念的沟通与共享[1]。清代设立乡约的初衷与宋明乡约一致，即"选年高有德，给以冠带，待以礼貌。每乡置乡约所亭屋，朔望讲解《上谕十六条》，所以劝人为善去恶也"[2]，清代前期颁行并严令讲读《六谕》、《上谕十六条》以及《圣谕广训》，就是清廷为恢复乡约价值目标所做的努力。但是，随着里甲秩序的衰颓，加之白莲教在基层扩散，清代基层法律秩序面临危机。在基层法律秩序的危机之下，清代乡约秩序的宗旨开始从教谕劝善转向防恶维稳。乾隆初年，从"礼部会议河南巡抚雅尔图奏：'每月朔望宣讲圣谕时，地方官将律载邪教、妖言各条分晰、讲解，并将雍正五年严禁学习拳棒谕旨宣读，俾知警惕。'……从之"[3]开始，清代乡约的价值目标开始转向。嘉庆年间，清代乡约的职权范围演变成"嗣后务须恪尊法纪，化导乡愚。凡遇地方命盗，并匪徒窝赌窝窃、私铸私宰、师诬邪术以及行迹诡秘、面生可疑、来历不明之人，俱应留心查察，随时禀报，毋稍拘私隐纵。如遇乡约间雀角细故，亦宜善为排解，令其各安生业，不可轻易奸讼"[4]。仅由此例，即可见乡约在清代基层法律秩序构建与维护中所享有的法定权限和承担的职责。清代朝廷和州县衙门之所以赋予乡约如此全面的法权，其出发点是通过清代乡约秩序构建实现清代基层法律秩序的稳定。基于此，清代国家一方面给予乡约多样化的基层治理权限，让乡约代表国家尽力去弥合清代基层法律秩序的裂痕；另一方面，为了防止乡约基层治理权力的扩大，清代国家将乡约设定为"在民之役"[5]的差役、职员，并利用保甲、客长等职役和非官方的宗族、会社对乡约进行牵制、约束。如此一来，清代基层法律秩序有了乡约秩序这一层鼎峙之效，其稳固更可期待，

---

[1] 参见（南宋）朱熹著，朱杰人等主编：《晦庵先生朱文公文集》，上海古籍出版社、安徽教育出版社2002年版，第3601~3603页。

[2] （清）贺长龄、魏源：《皇朝经世文编（卷74）》，（清）魏源：《魏源全集（第17册）》，岳麓书社2004年版，第147页。

[3] 《清高宗实录（卷107）》，北京爱如生数字化技术研究中心制作：《明清实录》电子数据库，第6213~6217页。

[4] 南充市档案局藏：《清代四川南部县衙门档案》（3—83—2—D1192），转引自吴佩林：《清代县域民事纠纷与法律秩序考察》，中华书局2013年版，第88~89页。

[5] 《清文献通考（卷21）》，北京爱如生数字化技术研究中心制作：《中国基本古籍库》电子数据库，第330页。

而处于"上下相维、远近相筦"之下的清代乡约秩序自然会成为维护清代基层法律秩序稳固的结构性要素。

（三）秩序构建同质化

明末刘宗周言："讲乡约以蒸善良，行保甲以戢奸宄。"[1]而到清道光年间，连皇帝本人都认为："各州县设立乡约，原为约束乡里，稽察牌保。"[2]随着基层教谕劝化法定权限的边缘化，清代乡约秩序的构建立基于乡约拥有全面参与清代基层社会治安、赋役征派、纠纷调处、灾伤救恤等事务的法定权限。但是，清代乡约在基层的上述法定权限并非独占。随着清代前期基层法律秩序的滞后和维持基层法律秩序稳定的压力增大，自乾隆年间开始，清廷逐渐强化乡约、保甲、客长、牌头等基层职役的基层维稳权限。同时，在以秩序稳定为首要目标的基层法律秩序构建与维护过程中，时人很难分辨清代乡约与保甲、客长等秩序构建在基层法律秩序构建与维护过程中各自的地位与特点。清代《巴县档案》记载的乡约职权如下："嗣后凡遇甲内大小公事，务须勤慎办理。一切鼠牙雀角钱债细故，允当善为排解，毋使滋讼。仍不时留心稽查，如有窝娼、窝赌、私宰、私硝、私铸、私贩盐咽匪，及外来面生可疑之人，许尔查明，指名赴县具禀，以凭拿究。"[3]同时，《巴县档案》记载的保长职权为"嗣后凡有甲内公事，务必勤慎办理。倘遇啯噜匪类、私宰私铸，娼妓赌博、端公邪教，以及外来面生可疑之人，许尔密察，本县以凭究治"[4]，客长的职权为"凡遇场内大小公事，务须勤慎办理。仍不时稽查啯噜匪类、娼妓赌博、私宰私铸、邪教端公，以及外来面生可疑之人，许尔密禀本县，以凭严究"[5]。由此可见，乡约与保甲、客长已趋于同质。乡约秩序之于基层法律秩序构建与维护只有职员配置上的价值，而清代乡约

---

[1] （明）刘宗周：《刘蕺山先生奏疏五卷（卷3）》，清乾隆十七年证人堂刻蕺山先生集本，北京爱如生数字化技术研究中心制作：《中国基本古籍库》电子数据库，第39页。

[2] 《清宣宗实录（卷165）》，北京爱如生数字化技术研究中心制作：《明清实录》电子数据库，第11347页。

[3] 四川省档案馆、四川大学历史系主编：《清代乾嘉道巴县档案选编（下）》，四川大学出版社1996版，第305页。

[4] 四川省档案馆、四川大学历史系主编：《清代乾嘉道巴县档案选编（下）》，四川大学出版社1996版，第294页。

[5] 四川省档案馆、四川大学历史系主编：《清代乾嘉道巴县档案选编（下）》，四川大学出版社1996版，第300页。

秩序构建独特的精神理念和规范构造已消失殆尽。

总之，作为国家权力下沉到基层的投影，清代乡约秩序构建自始至终受清代国家权力进行基层法律秩序构建与维护的价值取向、制度设计以及资源配置左右。在与保甲、客长等基层"小秩序"的资源竞争中，清代乡约在国家法律、政令以及州县衙门的基层治理偏好共同支撑下，实现乡约秩序构建并襄助清代基层法律秩序的构建与维护。同时，秩序构建的同质化特征决定了清代乡约秩序构建被替代和复制的概率增加，清代中后期全国各地多样化、不均衡的乡约秩序运行实践即是明证。

结 论

无论是主持宣讲教谕的乡约，还是履行基层行政的乡约，都是清代州县衙门依据国家法律、政令进行选任、授权并监督的基层职役。正是因为清代基层的缙绅们对乡约的身份有明确的认识，无论清廷如何鼓吹，他们对于乡约教谕的热情都不可持续。当基层缙绅疏离乡约教谕秩序，清代乡约秩序逐渐演变成为由乡约以有限的国家授权进行基层治理的乡约基层治理秩序。不过，虽然转型后的清代乡约秩序有着诸多缺陷，但从清代基层法律秩序构建与维护的长时段来看，作为随时可以被保甲、客长等所取代的基层"小秩序"，清代乡约秩序构建实际上却构成了清代基层法律秩序构建与维护不可或缺的部分。清代乡约秩序构建之于清代基层法律秩序构建与维护"可有可无"与"不可或缺"的生存悖论，一方面反映了清代国家的基层法律秩序构建与维护的价值取向与制度安排，以及这种价值取向与制度安排的风险。同时，正如克罗齐所言："一切真历史都是当代史"[1]。清代乡约秩序构建对于当今中国基层法律秩序构建与维护的价值取向与制度设计也应有所镜鉴。

---

[1] [意] 贝奈戴托·克罗切：《历史学的理论和实际》，傅任敢译，商务印书馆1982年版，第2页。

第三部分

明清乡约纠纷解决权能再探

摘要：明清乡约的纠纷解决权能不能称之为司法，因为其不具备明清国家司法的基本构成要素。同时，乡约纠纷解决权能也不能被认为是具备诉讼"前置程序"地位的明清基层社会纠纷解决的基本建制。乡约在明清基层社会纠纷解决的过程中较之老人、邻佑、保长、甲长、亲族等基层社会纠纷调停建制既没有明确的法定权限优势，其纠纷解决结果也没有法定的优先效力。

关键词：明清乡约　纠纷解决权能　法律渊源　法律效力

引　言

明清乡约可以远溯至《周礼》的"读法之典"。北宋蓝田吕氏兄弟提出并推行的《吕氏乡约》是乡约的肇端。南宋朱熹增损《吕氏乡约》之后，乡约理念与实践的影响进一步扩大。明代朝廷将乡约纳入国家基层社会治理体系，并与圣谕宣讲联系在一起。至清代，乡约得以进一步推广，最终成为基层社会法律秩序体系的重要组成部分。截至目前，学界先贤关于乡约与明清基层社会秩序的研究在文献搜罗、功能分析、价值论证以及原理探索方面都已做出了相当的成就。[1]

---

[1] 有关清代乡约研究的著述数量颇多，此处不一一列举，大体可参见杨开道：《中国乡约制度》，商务印书馆2015年版；刘笃才、祖伟：《民间规约与中国古代法律秩序》，社会科学文献出版社2014年版；段自成：《清代北方官办乡约研究》，中国社会科学出版社2009年版；董建辉：《明清乡约：理论演进与实践发展》，厦门大学出版社2008年版；常建华：《明代宗族组织化研究》，紫禁城出版社2012年10月版；牛铭实编著：《中国历代乡规民约》，中国社会出版社2014年版；朱鸿林：《孔庙从祀与乡约》，生活·读书·新知三联书店2015年版；张中秋："乡约的诸属性及其文化原理认识"，载《南京大学学报（哲学·人文科学·社会科学版）》2004年第5期；段自成："明清乡约的司法职能及其产生原因"，载《史学集刊》1999年第2期；常建华："明清山西碑刻里的乡约"，载《中国史研究》2010年第3期；汪毅夫："试论明清时期的闽台乡约"，载《中国史研究》2002年第1期。

第三部分：明清乡约纠纷解决权能再探

在这些研究成果中，明清乡约的纠纷解决权能是基本的研究主题之一[1]。明清乡约纠纷解决权能是指作为明清基层社会秩序体系的一员的明清乡约在运行过程中基于一定权威而展开乡约的基层社会纠纷解决职能。明清乡约纠纷解决权能的内涵有两个关键点：一是"权"，即明清乡约展开基层社会纠纷解决所具备的权威；二是"能"，即明清乡约进行基层社会纠纷解决的职能。

随着对明清基层社会治理、明清基层社会法律秩序、明清基层社会纠纷解决以及明清乡约等主题研究的全面、系统、深入，对明清乡约基层社会纠纷解决权能的考察也开始深入、多元：一方面，在从明清社会治理、明清基层社会法律秩序出发探讨明清基层社会纠纷解决的宏观研究视阈中，乡约与明清基层社会其他组成部分（如保甲、家族、邻佑、团社等）一起构成了明清时代的"基层社会纠纷解决体系"[2][3]；另一方面，研究明清乡约的专著将明清乡约基层社会纠纷解决权能作为研究的基本内容并明确了明清乡约的"基层司法职能"或"调解民事纠纷"价值[4]；此外，还有以乡约基本制度及其价值为视阈去考察明清乡约基层社会纠纷解决权能的研究视野，这种研究视野着重考察明清乡约如何通过道德教化规范和旌善罚恶制度主动去协调、弥合各类基层社会纠纷[5]。总而言之，截至目前学界对明清乡约基层社会纠纷解决权能的制度设计、制度运行及其社会效果的历史考证已经取得

---

[1] 有学者在其研究中辟有专章论述乡约有关纠纷解决权能的内容，具体内容可参见段自成：《清代北方官办乡约研究》，中国社会科学出版社2009年版，第157~163页；陈会林编著：《地缘社会解纷机制研究——以中国明清两代为中心》，中国政法大学出版社2009年版，第227~247页。

[2] 此处的"基层社会纠纷解决体系"主要指非官方的纠纷解决体系，但如此理解并不妥帖，因为在明清时期，这个"基层社会纠纷解决体系"时刻受到来自官方的干预。不过此处论及的"基层社会纠纷解决体系"与明清基层社会基于国家权力进行纠纷解决的内容有相当的差异，后文会进行阐述、甄别。

[3] 持此论点的学者甚众，其中又以历史学界为著，可参见[日]中岛乐章：《明代乡村纠纷与秩序——以徽州文书为中心》，郭万平、高飞译，江苏人民出版社2012年版，第170~213页；吴佩林：《清代县域民事纠纷与法律秩序考察》，中华书局2013年版，第102~125页。

[4] 参见段自成：《清代北方官办乡约研究》，中国社会科学出版社2009年版，第157~163页；王日根："论明清乡约属性与职能的变迁"，载《厦门大学学报（哲学社会科学版）》2003年第2期。

[5] 这种研究视野虽并不直接考察明清乡约的纠纷解决权能，但却从制度设计和价值目标上对明清乡约基层社会纠纷解决进行了探讨，这种视野也是研究明清乡约基层社会纠纷解决权能的恒久视野，参见杨开道：《中国乡约制度》，商务印书馆2015年版，第114~116页；董建辉：《明清乡约：理论演进与实践发展》，厦门大学出版社2008版，第187~197页；朱仕金："乡约及其与宋明基层社会秩序研究——以《吕氏乡约》《增损吕氏乡约》《南赣乡约》为分析材料"，中国政法大学2016年博士学位论文。

了长足的进展,结合明清乡约基层社会纠纷解决的理论与实践,学界先贤们也提出了许多关于当下基层社会纠纷解决和社会秩序维护的建议[1]。

  与此同时,目前明清乡约基层社会纠纷解决权能研究所展开的径路和取得的成果也给我们反思和进一步研究的展开提供了契机:其一,有关明清乡约基层社会纠纷解决权能的界定问题。从宋代乡约到明代乡约再到清代乡约,乡约的运行经历了从民间自发运行到官方督导运行的模式,而这种转变也体现在乡约的纠纷解决权能上。从宋代《增损吕氏乡约》自发的"登记于旌善、规过籍,……听其出约"[2]到明代《南赣乡约》的"约长与之明白,……鸣之官司"[3]再到清代县官颁发的乡约执照规定乡约"如遇口角细故,亦当善为排解,毋任讦讼成仇"[4]的职权。明清乡约纠纷解决权能应如何定性呢?段自成先生将明清乡约纠纷解决权能界定为明清乡约的"司法职能"[5],陈会林教授则将明清乡约纠纷解决定性为地缘社会纠纷解决机制之一,其与乡里组织、同乡组织以及乡里结社组织共同构成了明清地缘社会纠纷解决机制体系,而这种地缘社会纠纷解决机制体系堪为国家司法解决争讼的"前置程序"[6]。显然,无论从上述明清乡约的文本、实践中,还是从诸学界前贤有关明清乡约纠纷解决权能的论述、观点中,都难以得出明清乡约纠纷解决权能的准确界定。进而,正所谓"名不正则言不顺",明清乡约纠纷解决权能缺乏清晰、理性且为学界认可的基本定性,则对明清乡约纠纷解决权能进行系统法理分析的研究径路仍然没有浮出水面。总结而言,若缺乏整体、系统的法理考察,则明清乡约纠纷解决的研究始终缺乏稳定的原理基础和理论范畴,未来的明清乡约纠纷解决权能研究乃至中国古代基层社会纠纷解决研究都可能走入迷途。

---

  [1] 参见陈会林编著:《地缘社会解纷机制研究——以中国明清两代为中心》,中国政法大学出版社2009年版,第477~489页。
  [2] (南宋)朱熹著,朱杰人等主编:《晦庵先生朱文公文集》,上海古籍出版社、安徽教育出版社2002年版,第3603页。
  [3] (明)王守仁:《王阳明全集》(三),中国文史出版社2014年版,第302页。
  [4] 南充市档案局藏:《清代四川南部县衙门档案》(15—318—4),转引自吴佩林:《清代县域民事纠纷与法律秩序考察》,中华书局2013年版,文前插图13。
  [5] 参见段自成:"明清乡约的司法职能及其产生原因",载《史学集刊》1999年第2期。
  [6] 此处的地缘社会组织是指与国家行政组织相对的基层社会民间组织,参见陈会林编著:《地缘社会解纷机制研究——以中国明清两代为中心》,中国政法大学出版社2009年版,第475页。

第三部分：明清乡约纠纷解决权能再探

笔者在梳理先贤研究成果基础之上，发现学界对目前明清乡约纠纷解决权能研究需要展开的径路，而这正是本文研究的主题。本文拟从明清乡约纠纷解决权能的实践概貌、法律渊源以及法律效果其进行系统的法理考察。本文结合明清两代乡约纠纷解决的历史资料，运用法学专有的法律规范分析方法展开研究，最后回归法社会学的视野去考察明清乡约纠纷解决权能的社会定位及其原因。笔者希望通过本文的研究厘清明清乡约纠纷解决权能的基本法律属性和定位，明晰明清国家对乡约纠纷解决权能进行定位的策略和基本动因。研究视野所限，不当之处，请方家指正。

一、明清乡约纠纷解决权能概观

在明清基层社会法律秩序构建与维护体系中，乡约作为基层社会法律秩序的基本构成部分之一，与保甲、邻佑、团社一道，在基层社会纠纷解决过程中担当仲裁人的角色，展开纠纷解决之权能。明正德年间，王守仁颁行的《南赣乡约》规定："今后一应斗殴不平之事，鸣之约长等公论是非；或约长闻之，即与晓谕解释。"[1]明隆庆年间，徽州祁门县有委托乡约调解纠纷"托中凭约正劝谕免词"[2]的记载。清代巴县档案记载道光二十九年（公元1849年）巴县衙门颁发的"乡约执照"明确规定乡约有"一切鼠牙雀脚、钱债细故，允当善为排解，毋使滋讼"[3]的权能。清代南部县衙档案记载光绪二十八年（公元1902年）南部县衙门颁发的"乡约执照"有"至于民间口角细故亦宜善为排解，勿令轻易涉讼"[4]的规定。从上述明清乡约展开纠纷解决权能历史记载的历时性上可以看出，在明清基层社会中，依凭乡约进行社会纠纷的仲裁和调停是基本历史事实。

明清乡约展开纠纷解决权能所适用的社会纠纷类型大致如何呢？从上文

---

[1]（明）王守仁著，吴克等编校：《王阳明全集》（三），中国文史出版社2014年版，第302页。

[2] 张传玺主编：《中国历代契约汇编考释》（通号904），转引自（日）中岛乐章：《明代乡村纠纷与秩序——以徽州文书为中心》，郭万平、高飞译，江苏人民出版社2012年版，第182页。

[3] 四川省档案馆、四川大学历史系主编：《清代乾嘉道巴县档案选编（下）》，四川大学出版社1996年版，第305页。

[4] 南充市档案局藏：《清代四川南部县衙门档案》（Q1—15—948），转引自苟德仪："清季四川南部县乡约考述——基于清代《南部县档案》为中心的考察"，载《西华师范大学学报（哲学社会科学版）》2010年第3期。

历史记载可知，明清基层社会多发的细碎"钱债""口角"纠纷显然属于其受理范围。然而，明清乡约所能仲裁和调停的基层社会纠纷内容远不止此。一方面，按照明清基层社会纠纷的严重程度和复杂性划分，明清乡约能够居中仲裁和调停的基层社会纠纷事项大致涵盖了婚姻家庭、田土租售等基层民事纠纷的范畴，这些民事纠纷大部分属于明清官府所言的"钱债细故"，但也不排除兼涉刑民、牵连日久的案件，县官仍然需要依凭"约保邻证查理复"[1]方能奏效。同时，根据段自成先生、陈会林教授的划分，明清乡约还需要裁断"州县官批转乡约调处"[2]或称"官批民调"[3]的基层社会纠纷，如县官批示乡约裁断较轻的乡里刑事纠纷并汇报结论等；另一方面，由于明清乡约推行的基本宗旨之一是"化导愚顽，永敦和睦，以正人伦"[4]，则明清乡约更具备通过主动的"旌善""罚恶"去调停明清基层社会纠纷的权能。总体而言，明清乡约在消解基层社会纠纷的"钱债细故"方面，秉持省讼息争、和睦乡里的立场仲裁和调停，既达到了消弭纠纷的效果，又节省了大量明清州县官裁决基层社会纠纷的司法资源。而在明清基层社会的民刑重案方面，乡约则作为明清基层司法的辅助，起着协助州县衙门调查案件、沟通官民的权能。

在上述明清乡约纠纷解决权能概观的梳理基础之上，还需进一步去考察明清时代对乡约纠纷解决权能的定位。从明清国家的基层社会治理策略层面去理解，则明清乡约纠纷解决权能的展开是明清两代国家意志的表达：一方面，明清乡约的推行依凭国家权力为支撑、督导，清代乡约更是由官方直接实施推行，而明清乡约纠纷解决权能的权威也来源于国家权力的"权限委让"[5]，在一定程度上可以说，明清乡约展开基层社会纠纷解决权能实际上是在代表国家权力进行基层社会治理；另一方面，明清乡约展开基层社会纠纷解决权能的价值取向与明清国家宣扬的国家正统意识形态相一致，换言之，明清乡约展开基层社会纠纷解决权能的宗旨契合于明清乡约推行的另一价值

---

[1] 四川省档案馆编：《清代巴县档案汇编》（乾隆卷），档案出版社1991年版，第305页。
[2] 段自成："明清乡约的司法职能及其产生原因"，载《史学集刊》1999年第2期。
[3] 陈会林编著：《地缘社会解纷机制研究——以中国明清两代为中心》，中国政法大学出版社2009年版，第245~246页。
[4] 四川省档案馆编：《清代巴县档案汇编》（乾隆卷），档案出版社1991年版，第201~202页。
[5] 伍跃："'在民之役'：巴县档案中的乡约群像——近代以前中国国家统治社会的一个场景"，载中国政法大学法律古籍整理研究所编：《中国古代法律文献研究》（第十辑），社会科学文献出版社2016年版，第366页。

目标——教导愚顽、化民成俗。清康熙九年（公元 1670 年）颁布的《上谕十六条》中有"和乡党以息争讼"一款，而《上谕十六条》以及经雍正皇帝注解成书颁行的《圣谕广训》是清代乡约推行的精神依凭和法律渊源。明清乡约以其纠纷解决权能息讼止争，在基层社会纠纷投告到州县衙门之前，将绝大部分纠纷调停、消弭。这正是对明清国家"和乡党以息争讼"的基层社会秩序目标的回应。从明清基层社会法律秩序的构建与维护的视角去理解，则明清乡约展开纠纷解决权能的过程也是明清基层社会法律秩序的构建与维护的过程。这种认知是一种法社会学视野的理解结果。

二、明清乡约纠纷解决权能的法律渊源

法律渊源是一个现代法律科学的概念，指那些具有法律意义和作用的法律外在表现形式，如制定法、判例以及习惯等。明清乡约纠纷解决权能的法律渊源，是指在明清时期的国家与社会中产生、存续的有关乡约纠纷解决权能的国家法律、地方性规范以及民间习惯等。结合明清乡约存在与运行的半官方化特点，理解明清乡约纠纷解决权能的法律渊源至少需要理顺两个要点：其一，明清乡约纠纷解决的主体合法性；其二，明清乡约纠纷解决权能展开所依凭的法律渊源及其基本特征。

（一）明清乡约纠纷解决的主体合法性

总体而言，明清国家法律对乡约纠纷解决的主体合法性的认可经历了从明代的默许到清代的明确授权。

在明清国家制定法规范中，乡约与耆老、里长、保甲等共同构成了明清基层社会的组织体系，可简称为"乡保"。明代前期，耆老、里长、申明亭制度推行顺畅，民间多数纠纷往往通过基层社会予以解决。嘉靖二十九年（公元 1550 年）重刊《大明律释义》的"拆毁申明亭"条明确注释："各州县设立申明亭，凡民间有词状，许耆老、里长准受，于本亭剖理。"[1]洪武三十一年（公元 1398 年）明太祖朱元璋在《教民榜文》中规定："户婚、田土、钱债、均分水利私宰耕牛、擅食田园瓜果等民事案件，系民间小事，禁止径到

---

[1] 应槚：《大明律释义》之《杂犯》之"拆毁申明亭"条，转引自［日］中岛乐章：《明代乡村纠纷与秩序——以徽州文书为中心》，郭万平、高飞译，江苏人民出版社 2012 年版，第 264 页。

官府诉讼，必须先由本里老人、里甲断决。"[1]明代中后期，耆老、里长、申明亭制度逐渐衰颓，正如中岛乐章教授所言："（明代国家）随之在全国广泛施行以宣讲《六谕》为中心，以教化和纠纷调停为目的的乡约，以及为治安维持和乡村防卫而组织的保甲。"至此，乡约开始成为明清基层社会纠纷解决中的基本样态。不过，明代乡约进行基层社会纠纷解决虽然有众多大儒的论证、呼吁和部分地方官员（如王守仁）的支持，但明代国家并没有明确的许可规范颁布。大致而言，明代国家对于乡约纠纷解决权能的实践持默许的态度。

清代乡约纠纷解决的传统沿袭自明代，而清代国家法令对乡约纠纷解决的主体合法性开始有了明确的认可。《大清律例》对"乡保"的基层社会纠纷解决权能的规定还较为笼统、模糊："民间词讼细事，如田亩之界址、沟洫，亲属之远近亲疏，许令乡保查明。"[2]清康熙年间颁布的《上谕十六条》与雍正年间扩充颁行的《圣谕广训》则明确规定乡约有宣教"和乡党以息争讼"的权能。同时，清代乡约这一职责也没有停留在宣讲中。清徐飏廷续修、徐介续纂的《长子县志·乡约》记载该县清康熙二十三年（公元1684年）颁行《圣谕十六条》的事迹并介绍了该县的乡约推行情况："乡约所二，东在崔公庙，西在能仁寺，以月朔望之第二日分东西递讲，其日知县率师生僚属齐集，设皇帝圣谕牌，行三跪九叩头。礼毕，执事者供讲案，鸣钟鼓，约正、约副纠举善恶，分别赏罚。"[3]从《长子县志》的记载我们可以发现长子县乡约通过主动纠举、赏罚进而展开基层社会纠纷解决的权能。到乾嘉时期及之后，清代乡约的基层社会纠纷解决权能由国家授权已经成为基本模式。这一点从上文列举的道光年间巴县颁发的"乡约执照"规定"一切鼠牙雀脚、钱债细故，允当善为排解，毋使滋讼"和光绪年间南部县颁发的"乡约执照"有"至于民间口角细故，亦宜善为排解，勿令轻易涉讼"的规定可见一斑。"乡约执照"是清代乡约行使纠纷解决权能的凭证，也是清代基层政府依据国家法令授权乡约进行基层社会纠纷解决的制度安排。

从上文论述可知，明清乡约纠纷解决主体的合法性在明清两代经历了从

---

[1] 杨一凡点校：《皇明制书（第二册）》，社会科学文献出版社2013年版，第729页。
[2] 张荣铮等点校：《大清律例》（卷23），天津古籍出版社1993年版，第372页。
[3] 中国科学院图书馆选编：《稀见中国地方志汇刊》（第5册），中国书店1992年版，第91~92页。

默许到明确授权的历程。对于明清国家对乡约纠纷解决主体合法性的默许和授权,我们应当如何评价呢?段自成先生认为:"乡约负责调处民间纠纷、调查取证和勾摄人犯,表明明清时期的乡约已被赋予基层司法职能。"[1]从段自成先生这一结论可以解读出两点:其一,明清乡约已被赋予基层司法职能;其二,明清乡约的基层司法职能包括调处民间纠纷、调查取证和勾摄人犯三方面。结合本文研究主题,笔者认为有必要明确段自成先生结论中的两个相关联的概念:基层司法职能、民间纠纷解决是基层司法职能的内容。要理解基层司法职能这一概念,就必须明确何为司法,毕竟司法是基层司法职能的核心内涵,而基层司法职能是司法在清代基层政府和基层社会的体现。

司法,按照目前通行的定义,是指国家司法机关及其工作人员依照法定职权和法定程序,运用法律处理具体案件的专门活动。从这个定义可以明确司法的三个基本特征:其一,主体限定,司法的主体是国家司法机关;其二,职权限定,司法必须依照法定的职权和程序;其三,内容限定,司法的内容是将法律适用到具体案件中去。明清乡约纠纷解决权能是否符合"司法"这一概念,我们从明清国家对乡约纠纷解决的许可限度来看即可明了:

其一,乡约不是明清基层政府(这里指明清的县级衙门)专司司法的官吏,也不是明清基层政府的官吏队伍之一员,相反,明清时期的乡约属于基层社会非官方的组成部分。《皇朝文献通考》记载:"其以乡人治其乡之事者,乡约地方等役,类由本乡本里之民保送佥充……其管内税粮完欠、田宅争辩、词讼曲直、盗贼生发、命案审理,一切皆与有责。遇有差役,所需器物,责令催办;所用人夫,责令摄管。稍有违误,扑责立加。终岁奔走,少有暇时。乡约、里长、甲长、保长各省责成轻重不同,凡在民之役大略若此。"[2]由此可见,清代的乡约并非基层政府的一员,而是民间职役的一种。与之相近,明代的乡约也是基层社会的非官方构成。王守仁颁行的《南赣乡约》在规定乡约内部不能协调的纷争时,多处强调"告官惩治"、"呈官究治"以及"鸣

---

[1] 段自成:"明清乡约的司法职能及其产生原因",载《史学集刊》1999年第2期。
[2] 《皇朝文献通考》(第632册),台湾"商务印书馆"影印文渊阁四库全书本,第447~448页,转引自伍跃:"'在民之役':巴县档案中的乡约群像——近代以前中国国家统治社会的一个场景",载中国政法大学法律古籍整理研究所编:《中国古代法律文献研究》(第十辑),社会科学文献出版社2016年版,第365页。

之官司"[1]等，可见王守仁对《南赣乡约》的非官方社会定位有着清晰的认知。随后，明隆庆六年（公元1572年）徽州祁门县文堂陈氏家族推行的《文堂陈氏乡约》也明确界定了乡约的基层社会纠纷解决主体地位："各户或有争竞事故，先须投明本户约正副理谕；如不听，然后具投众约正副，秉公和释；不得辄讼公庭，伤和破家。若有恃其财力强梗，不尊理处者，本户长转呈（官）纠治。"[2]很显然，明清国家与明清乡约的推行者们都明确认识到乡约不是国家权威的代表，相反，明清时期的乡约是国家权威的作用对象。如此一来，将明清乡约基层社会纠纷解决权能的展开称之为司法在主体层面难以成立。

其二，明清基层社会纠纷在诉讼到州县衙门之前，大致会经历由老人、邻佑、乡约、保长、甲长、亲族等组织的纠纷调停活动，乡约的纠纷解决正是体现在这一过程中。实际上，明清时期的乡约在基层社会纠纷解决的过程中，较之老人、邻佑、保长、甲长、亲族等组织既没有明确的权限优势，其纠纷处理结果没有法定的优先效力。以明清乡约的纠纷解决权限为例，前文所引清代巴县档案记载道光二十九年（公元1849年）巴县衙门颁发的"乡约执照"规定乡约有"一切鼠牙雀脚、钱债细故，允当善为排解，毋使滋讼"的纠纷调停权能，但同时期的《道光十三年正月三十日巴县编查保甲条规》中也规定："牌甲内遇有户婚、田土、钱债、口角等项细故，保正甲长妥为排解，以息忿争。"[3]此外，《道光二十九年歙县九姓轮充保长文约》中也订有："为先充当保长者，恐邻里有口角微嫌，必须照理公言，排解消除弥合。"[4]由此可见，明清基层社会纠纷解决中的乡约、老人、里长、保甲并行不悖。同时，与老人、邻佑、保长、甲长、亲族等组织一样，乡约通过沟通、协调得出的基层社会纠纷解决方案或结论在得到明清国家权力的追认之前，并没有当然的法律效力。

---

[1]（明）王守仁：《王阳明全集》（三），中国文史出版社2014年版，第302页。

[2]《文堂陈氏乡约》，安徽省图书馆藏本，转引自董建辉：《明清乡约：理论演进与实践发展》，厦门大学出版社2008年版，第316页。

[3] 四川省档案馆、四川大学历史系主编：《清代乾嘉道巴县档案选编（下）》，四川大学出版社1996年版，第293页。

[4] 安徽省博物馆编：《明清徽州社会经济资料丛编》（第一编），中国社会科学出版社1988年版，第574页。

在论述中国古代社会纠纷解决的国家司法模式与民间调处模式以及二者关系的研究成果中,范愉先生的观点值得思考:"在民事纠纷解决中,国家的审判权和民间的自治权分工明确,把民间调处作为基本和必经的程序,允许地方权威根据民间社会规范进行调处;地方官员在其执政期间,通常会尽力维护与地方乡绅和宗族的和谐关系。但同时,国家保持了审判权的独占和至上地位,民众在不服民间调处时,或者在纠纷涉及宗族之间、乡土社区之外的时候,可以径向官府告状,直至层层上告,直至京城。"[1]范愉先生的论述点明了我国古代基层社会纠纷解决的基本面貌:民间调处是基本程序和审判权的国家独占。但是,如果不深入剖析范愉先生论述的内在逻辑,则难以理解"必须经过民间调处"与"审判权的国家独占"的矛盾。范愉先生所言"把民间调处作为基本和必经的程序"是从中国古代基层社会纠纷解决的实际样态得出的结论,而不是从中国古代纠纷解决法律制度的运行逻辑出发得出的结论。实际上,中国古代纠纷解决的民间调处模式并没有得到与国家司法同等的法律地位。所以,范愉先生才有了接下来"国家保持了审判权的独占和至上地位,民众……可以径向官府告状"的结论。正如吴佩林教授所言:"纠纷解决者对纠纷调解的成功与否多取决于他们自身的影响力,而这却是柔性的力量,非制度化的权威,具有很大的不确定性。"[2]作为明清基层社会纠纷解决体系的一员,相较于"审判权独占"的明清州县司法,明清乡约进行纠纷解决的法律定位显然并不是司法,而是有待于州县衙门许可和追认的非官方纠纷解决机制。同时,明清州县衙门对乡约纠纷解决权能的许可是基于"省讼息争"的基层社会治理理念和降低基层政府运转成本两方面的考虑。

(二)明清乡约纠纷解决权能的法律渊源

明清乡约之所以能展开基层社会纠纷解决权能,基于其有着相对稳定而明确的法律渊源。乡约自宋代肇始之初,即有协调纷争、和睦约众的权能,只不过宋代乡约纠纷解决权能的权威来自于约众自发的认同,其纠纷解决机制也较为单一。明成祖永乐十三年(公元1415年)将《吕氏乡约》编入《性理大全》而颁行天下,令人诵行。在明代政府的倡导下,乡约开始在全国

---

[1] 范愉:"试论民间社会规范与国家法的统一适用",载谢晖、陈金钊主编:《民间法》(第一卷),山东人民出版社2002年版,第83~84页。

[2] 吴佩林:《清代县域民事纠纷与法律秩序考察》,中华书局2013年版,第150页。

各地零星发起、运行。正统初年（1436年）王源在知潮州任上"刻《蓝田吕氏乡约》，择民为约正、约副、约士，讲肄其中"。正统年间至《南赣乡约》之前，又有一些较为详细的乡约实践记载，最为著名的当属山西潞州仇氏举行乡约的盛况。正德六年（公元1511年），仇楫兄弟以《吕氏乡约》为蓝本乡约，入约者竟达260余家，最少时也有176家。《雄山乡约》在当时影响较大，甚至与稍后王守仁主持推行的《南赣乡约》并称。正德十三年（公元1518年）十月，王守仁颁行《南赣乡约》。嘉靖十五年（公元1536年），王守仁的弟子在江西永丰推行乡约。从上述乡约推行概貌来看，明代乡约虽然没有国家法律和政令的强制推行，但乡约的推行一直与州县官府的治理策略密切相关，如由吉安同知季本推行的《永丰乡约》在理顺基层社会纠纷解决与国家司法权关系时规定："民间事务，不系重情，未经上司，能自含忍之，悉以省事为主，免使遭刑。其余事干十恶并人命、盗情及余事，已经上司告行者，仍须到官问决，以明大法，以杜刁风。如有纵容不举者，乡约及中见人俱坐以私和之律，有赃者仍从重论。"[1]王守仁推行的《南赣乡约》规定："今后一应斗殴不平之事，鸣之约长等公论是非；或约长闻之，即与晓谕解释。敢有仍前妄为者，率诸同约呈官诛殄。"[2]由此可见，明代乡约对于乡约展开纠纷解决权能及其限度已经有明确的规定。

　　清代乡约由国家权力强制推行，乡约的规范内容就是康熙皇帝颁布的《上谕十六条》和雍正皇帝注解《上谕十六条》而成书颁行的《圣谕广训》。清代基层亲民官在国家推广正统意识形态政令的促使下，在广大基层社会建置乡约所，任命讲约、直月、乡约等乡约组织机构人员。设立的乡约通过乡约组织机构宣讲国家正统意识形态并以此为准则裁判基层社会的道德、法律事项。以上是清代乡约推行的概貌。同时，清代州县对于乡约纠纷解决也有明确的规范和限定，如新疆《镇西厅乡土志》记载："遇有口角细故、钱债琐务，必关白乡约，量为调处；若有别项大故，禀官究办。"[3]甘肃《东乐县

---

[1] 康熙《永丰县志》（卷8），国家图书馆藏缩微胶卷，转引自董建辉：《明清乡约：理论演进与实践发展》，厦门大学出版社2008年版，第206页。
[2]（明）王守仁：《王阳明全集》（三），中国文史出版社2014年版，第302页。
[3] 马大正等整理：《新疆乡土志稿》，新疆人民出版社2010年版，第117~118页。

志》记载:"凡有民间细故,先质与耆约。"[1]同时,也有不少呈报州县的诉讼,州县指令乡约审查、调停的情形,如甘肃《合水县志》记载:"偶有口角是非,批令该处乡约,会同公正绅耆查覆。"[2]除此之外,如上文所引证,清代州县衙门在颁发"乡约执照"时,也明确要求乡约排解基层社会的"鼠牙雀脚、钱债细故"。总体而言,清代国家权力明确赋予了乡约展开纠纷解决的权能,南部县知县袁用宾在光绪二十一年(公元1895年)颁布的一则告示可谓清代国家赋予乡约纠纷解决权能的绝佳佐证:

照得城厢约(即乡约、城约)保,原宜绥靖闾阎;凡遇民间细故,自当排解无偏;何得抗违公令,一事苛索数千;本县访闻确实,业经责革从严;自此示谕之后,各宜奉己以广;一切鼠牙雀角,首人劝解勿延;以此陋规□□,岂□违例敛钱;如蹈从前故辙,准其扭禀鸣冤;若经提案讯实,惩办决不姑宽。[3]

不过,明清乡约纠纷解决权能有法律渊源的同时,其法律渊源又有着相当的弹性。

其一,明清国家的法律、政令对乡约得以受理、调处的基层社会纠纷类型规定过于笼统、模糊。如上所述,明清国家掌握着司法审判的独占权,乡约主要针对"鼠牙雀脚、钱债细故"展开纠纷解决权能。大体而言,明清国家视野中的"鼠牙雀脚、钱债细故"主要指涉案金额较小、涉案人员简单的民事纠纷。但是,明清国家对"鼠牙雀脚、钱债细故"界定的弹性很大:一方面,根据明清国家法律制度的规定,所谓的"鼠牙雀脚、钱债细故"也是国家司法审判的权能范围,如《大清律例》明文规定:"民间词讼细事,如田亩之界址、沟洫,亲属之远近亲疏,许令乡保查明,呈报该州县官,务即亲加剖断,不得批令乡地处理完结。如有不经亲审批发结案者,该管上司即行

---

[1] (清)徐传钧纂修:《东乐县志》(卷1),转引自吴坚主编:《中国西北文献丛书》(第48册),兰州古籍书店1990年版,第419页。

[2] (清)陶奕曾纂修:《合水县志》(下卷),转引自吴坚主编:《中国西北文献丛书》(第48册),兰州古籍书店1990年版,第215页。

[3] 南充市档案局藏:《清代四川南部县衙门档案》(12—1105—5—D80),转引自吴佩林:《清代县域民事纠纷与法律秩序考察》,中华书局2013年版,第86~87页。

查参，照例议处。"〔1〕依照《大清律例》的规定，则清代基层社会的"民间词讼细事"都应由州县衙门进行裁断，乡约只有调查上报的权限，并无调处、裁断的权能。另一方面，明清时期存在不少牵连日久的民事纠纷或兼涉刑民而诉讼到公堂的案件，州县衙门大都要求当地的乡约、保甲和四邻调查、处理案件并汇报，如《巴县档案》记载"乾隆二十七年智里六甲民彭尔聪具告杨茂兄弟侵挖坟冢案"中县官"赐差陈忠协同约邻查复"〔2〕的批示和"道光十二年十二月十六日陈文斗等复状"中"该厢约保查明，据实具复察夺"〔3〕的批示。由此二例可见，乡约又确实推动了基层社会纠纷的解决，只是乡约在纠纷解决权能展开的过程中，时刻受到州县衙门的监管和调控，正如郑金刚博士在深入研究了巴县乡村纠纷解决模式之后得出的结论："地保、乡约与客长们虽然有'妥为排解'乡村一般纠纷的责任，但是自始至终都不可能拥有真正的最终裁决权。"〔4〕

其二，明清乡约对归属于其调处的基层社会纠纷没有管辖独占的权限。正如上文所述，明清基层社会纠纷，包括"民间词讼细事"，都是明清州县衙门司法的管辖范围。虽然明清州县的牧民官都倾向于将"民间细故"交给乡约进行调处，上文引述巴县与南部县颁发的"乡约执照"中明确规定乡约有调停"鼠牙雀脚、钱债细故"的责任。但是，对于明清基层社会中惯常发生的"词讼细事"，明清乡约并没有独占管辖的法律渊源。换言之，当一件基层社会普通的钱债纠纷发生之后，寻求乡约进行纠纷解决并不是必须经历的程序，用现代诉讼程序法的逻辑去理解，则明清乡约的纠纷解决并不是案件进入州县衙门审判的前置程序。这一点有学者可能并不赞同，但是笔者此处所言的前置程序是指法律程序设计上的基本性建置，而非明清基层社会纠纷解决实际运行中出现的乡约调查、调处实践。

三、明清乡约纠纷解决的法律效力

乡约作为明清基层社会纠纷解决体系中的一员，虽然其纠纷解决并没有

---

〔1〕 张荣铮等点校：《大清律例》（卷23），天津古籍出版社1993年版，第372页。
〔2〕 四川省档案馆编：《清代巴县档案汇编》（乾隆卷），档案出版社1991年版，第289页。
〔3〕 四川省档案馆、四川大学历史系主编：《清代乾嘉道巴县档案选编》（上），四川大学出版社1989年版，第385页。
〔4〕 郑金刚：《文书转述：清代州县行政运作与文字·技术》，人民出版社2016年版，第128页。

法律上的终局效力,但是由于严重缺乏明清基层社会专司纠纷解决的国家司法资源配备,较之辖内层出不穷的"词讼细事"无异于杯水车薪,加之多数州县辖地广阔,境内交通不便,因而仅仅依靠州县衙门的司法裁判显然是远水解不了近渴。如此一来,赋予乡约纠纷解决以法律效力既是明清州县政府基层社会治理的基本策略,也是实现明清基层社会秩序稳定与持续所势在必行之举。不过,基于基层社会纷争与诉讼案件的类型及其利害程度,明清国家法令与州县政府对乡约纠纷解决的态度也大不相同,下文略分述之。

(一)"词讼细事"下的明清乡约纠纷解决法律效力

明清乡约在基层社会纠纷解决中有着天然的优势,如乡约自然形成的民间权威以及因"讲约"在基层社会中形成文化、道德的引导力量。而对于明清州县衙门而言,由于司法资源不足,根本不可能全面裁判户婚、田土、口角之类的基层社会纠纷,乡约因其特殊的优势,使得官府选择其作为基层社会纠纷解决的承担者。因此,在明清基层社会常见的"词讼细事"发生或诉讼到州县衙门之时,无论是老百姓还是州县长官第一时间想到的纠纷解决途径都指向乡约。

明嘉靖年间,吉安同知季本作为地方长官推行的永丰乡约明确规定"约中除人命盗贼、机密重情及事应告官者不得擅理外,其余斗殴、户婚、田土,诸凡小忿争讼,且于各家族长处办理,应该书善书过者,约察同族长具报约长,如约法举行,不得辄听教唆之人捏写词状,紊烦官府。"[1]清代州县官府对于基层社会"词讼细事"应先寻求乡约解决的规定更加全面:一方面,州县政府通过乡约执照和告示等政令手段要求乡约承担调停基层社会"词讼细事",如上文所引的"照得城厢约保,原宜绥靖闾阎;凡遇民间细故,自当排解无偏";另一方面,州县衙门通过批示将基层社会"词讼细事"的调处权授予乡约,并在乡约汇报处理结论后予以认可。同时,还通过告示和批示劝告民众"词讼细事"未经乡约调处解决不得兴讼,并对恶意兴讼的行为进行警告或惩罚,如《巴县档案》载"乾隆四十九年本城萧东升私通寡妇陈氏一案"中巴县正堂对萧东升明知理亏而不经由约邻理处,反而粉饰兴讼的行为提出了严厉警告:"萧东升奸污孀妇,已据族邻人等当场拿获,反敢先发制

---

[1] 康熙《永丰县志》(卷8),国家图书馆藏缩微胶卷,转引自董建辉:《明清乡约:理论演进与实践发展》,厦门大学出版社2008年版,第306页。

人，饰词妄禀，其情甚属可恶。"[1]总体而言，明清乡约运行纠纷解决权能调理基层社会"词讼细事"的模式既受到州县衙门的推广，其纠纷解决结果的法律效力也能得到国家权力的背书。

(二) 明清乡约纠纷解决法律效力的不确定性

虽然乡约是明清州县衙门所倚重的基层社会纠纷解决主要责任承担者，但是由于明确基层社会纠纷的复杂性和乡约纠纷解决权能自身的劣势，使得明清乡约纠纷解决的法律效力呈现出极大的不确定性，而产生这种不确定性的根源主要有以下两个方面：

其一，明清乡约纠纷解决权能与明清基层社会纠纷的实际样态不成比例。一方面，明清基层社会的纷争除"鼠牙雀脚、钱债细故"之外，还有诸类刑事案件和牵连深广的继承纠纷、主仆纠纷、田土纠纷、租佃纠纷、坟茔纠纷等民事纠纷。上述纠纷有些属于明清州县司法的法定管辖范围，如人命、盗贼等刑事重案。这些重案即使尚未诉讼到衙门，乡约也并无理断的权力。对此，明嘉靖年间的永丰乡约有明确规定："其余事干十恶并人命、盗情及余事，已经上司告行者，仍须到官问决，以明大法，以杜刁风。如有纵容不举者，乡约及中见人俱坐以私和之律，有赃者仍从重论。"[2]对于这些案件，明清乡约只有调查、汇报的权力。但是，在明清州县司法实践中，诉讼到衙门的案件往往需要在诉状中附上乡约的证明材料，如《巴县档案》载"道光二年十二月初十日张维试等禀状"中乡约的证词：

> 情钟吴氏以盘剥害惨事，首伊子钟永发，并控戴联立等在案。蒙恩谕令约等邀同清查。约等协同刑书原差，于本月初四聚集各种债主在岳庙清算。查理钟永发外帐银一万一千余两，凭神盟誓，毫无虚浮。钟永发扫业尽卖，止获银二千九百六十两，债多价少，家产尽绝，难以清还，故将押佃银议摊八成，换掉借帐会项议摊二成，愿书允字五十余人。若以二成摊还，借帐四百余金分厘无偿。约等再三筹议，惟有掉换一项，从前得过利息，只得将所欠

---

[1] 四川省档案馆编：《清代巴县档案汇编》（乾隆卷），档案出版社1991年版，第150页。
[2] 康熙《永丰县志》（卷8），国家图书馆藏缩微胶卷，转引自董建辉：《明清乡约：理论演进与实践发展》，厦门大学出版社2008年版，第306~307页。

掉换银按成摊让，方可尽数摊给，并无瞒漏。约等民难服民，恳恩作主。[1]

而刑事案件的调查、协助也是乡约需要承担的责任，如《巴县档案》载乾隆三十九年□月二十八日盗贼案发之后，重庆府总捕调查案件时"唤集约保人等当堂查讯"[2]和"乾隆三十四年二月四日赵大淮通奸败露自杀案"[3]申册中乡约张东山的调查汇报。

另一方面，即使本属于乡约理断的"词讼细事"，如果已经兴讼到州县衙门，则原则上不得再由乡约进行调停。以上文引述的《巴县档案》载"乾隆四十九年本城萧东升私通寡妇陈氏一案"为例，巴县正堂在对萧东升"饰词妄禀"加以警告之后，进一步批评涉案约邻说："尔等既经捉获，即应送究，徇情私和。亦属不合。并饬。"[4]郑金刚博士认为："为了维护官府的权威，地方州县衙门通常会要求乡村纠纷一旦转化为民事词诉讼案，即不能轻易允许再由本地约保调解和息。"[5]清代曾经任职巴县的刘衡在其《理讼十条》中也表示"状不轻准，准则必审，审则断，不许和息也"，其给出的理由是："盖一准告息，则讼棍逆知状可息销，便敢放心告状。即使凭空结撰，概属虚词，但须于临审之前数刻一纸调停，事即寝息。其诡秘之情形，鬼蜮之伎俩，官既未讯，无由得知，彼诬告者，竟终其身无水落石出之时。讼案之所以日滋，讼师之所以肆毒，未必不由于此。州县官既准之词，不许告息，其亦息讼而杜诬告之一道乎？"[6]不过，在明清基层社会纠纷解决的实践中，已经兴讼到衙门的"词讼细事"允许和息销案的情况不在少数[7]。因此，已经立案的"词讼细事"能否再经由乡约调处结案大致随州县长官的司法裁判策略

---

[1] 四川省档案馆、四川大学历史系主编：《清代乾嘉道巴县档案选编（下）》，四川大学出版社 1996 年版，第 149 页。

[2] 四川省档案馆编：《清代巴县档案汇编》（乾隆卷），档案出版社 1991 年版，第 105 页。

[3] 四川省档案馆编：《清代巴县档案汇编》（乾隆卷），档案出版社 1991 年版，第 86~87 页。

[4] 四川省档案馆编：《清代巴县档案汇编》（乾隆卷），档案出版社 1991 年版，第 150 页。

[5] 郑金刚：《文书转述：清代州县行政运作与文字·技术》，人民出版社 2016 年版，第 128 页。

[6] （清）刘衡："理讼十条"，载官箴书集成编纂委员编：《官箴书集成》（第七册），黄山书社 1997 年版，第 389 页。

[7] 以《巴县档案》记载为例，县衙已经立案后准许和息结案的案件有"道光十六年四月二十五日窦祥盛息状""道光廿四年七月十七日李洪发等人息状""道光元年十月初八日约邻年庆元等息状"等。同时，《清代四川南部县衙门档案》也有不少类似案例的记载，参见吴佩林：《清代县域民事纠纷与法律秩序考察》，中华书局 2013 年版，第 356~360 页。

而转移。

概而言之,由于明清基层社会纠纷的复杂形态和州县衙门司法权和司法策略对乡约纠纷解决权能的监管和调控,明清乡约纠纷解决法律效力的稳定性也随着州县司法的态度而波动。

其二,由于明清乡约推行的特点,即权轻、事烦、责重导致权力寻租与信任丧失,最终导致明清乡约纠纷解决法律效力的不确定性。乡约在明代的推行相对单一,但是已经逐渐显露出大包大揽的特征。王守仁推行的《南赣乡约》虽主要目的在于破除南赣新化之民的"心中贼"[1],但从其约规的内容看,救恤患难、安靖地方也是题中之义。到了王门后学季本任吉安同知时推行的《永丰乡约》,乡约需要实现的目标开始明确为"申明约法""崇尚礼教""经理粮差""安靖地方"[2]四个方面,而这四个方面的内容已经涵盖了基层社会秩序构建与维持的主干内容。至此,乡约已经成为明清国家实现基层社会治理的全方位手段。清代前期,乡约的推行以宣讲圣谕为中心,故又称之为"讲约",其推行模式和目标也较为单一。但随着时间的推移,乡约承担的职责逐渐增多。《巴县档案》记载有道光二十九年巴县衙门颁发给乡约戚德著的"乡约执照":

为发给执照事

卷查道光二十九年四月□日,经前县任内,案据慈里七八甲绅粮戚庭献等,公举戚德著承充该处乡约一案。据此合行给照,为此照仰该乡约收执。嗣后凡遇甲内大小公事,务须勤慎办理。一切鼠牙雀角钱债细故,允当善为排解,毋使滋讼。仍不时留心稽查,如有窝娼、窝赌、私宰、私硝、私铸、私贩盐啯匪,及外来面生可疑之人,许尔查明,指名赴县具禀,以凭拿究。但不得徇情容隐,挟嫌妄禀。至尔该甲现管花户□百□十名,原额正粮银□百□十□两□钱□分,核与接充典吏之条相符,扣至五年役满,自行赴案呈明,另行招募接充。如有限内果能查照前案所发契格,□勇急公,踊跃催税,并未逾违者,许令房书查明,加具附票,准其复用。倘有限满,延不禀报,任意朦充,扰害善良者,定即差拘,照例究办,决不姑宽,各宜凛遵!

---

[1] (明)王守仁著,吴克等编校:《王阳明全集》,上海古籍出版社1992年版,第168页。
[2] (清)陆湄纂修:康熙《永丰县志》(卷8),国家图书馆藏缩微胶卷,转引自董建辉:《明清乡约:理论演进与实践发展》,厦门大学出版社2008年版,第305~313页。

第三部分：明清乡约纠纷解决权能再探

须至执照者

右照给慈里七八甲乡约戚德著准此[1]

从这份"乡约执照"可以看出，清代中后期乡约的职责除本文讨论的基层社会纠纷解决以外，还有稽查、征税等"公事"的承办，乡约所面临的压力可谓史无前例。同时期四川南部县的乡约所承担的职责也是大同小异。[2]

由于乡约推行大包大揽的特征，明清乡约纠纷解决权能的展开以及其法律效力也面临巨大冲击：一方面，明清乡约展开纠纷解决权能面临民间威信与国家权威的冲突。明清乡约虽由国家督导或推行，但乡约以及乡约领袖从基层社会中成长，往往具备一定影响力和威望。与此同时，基层社会民众也期望乡约成为他们伸张正义、维护权益的代表人。但是，由于明清乡约受到国家权力的监管和制约，当民众的权益和国家权益发生冲突的时候，乡约一般不得不服从大局。如此一来，明清乡约在基层社会纠纷解决之时不得不面临难以兼顾国家权威和民众期望的尴尬境地。另一方面，随着明清乡约所须承担事项的增多，乡约承受的压力日益沉重。明清乡约领袖大多择基层社会德行端正、家境殷实的人担任，如王守仁在《南赣乡约》颁行次年将约长的任职条件从"年高有德、为众所敬服"改为"家道殷实、行止端庄"[3]。《巴县档案》记载的多起乡约推荐状所注重的乡约任职资质大多集中在"殷实谙练"[4]上。由此可见，"家道殷实、端正干练"是担任乡约领袖的基本素质。"端正干练"毋庸赘言，而"家道殷实"则是乡约完成州县衙门征税任务的基本保证，如上文所引"乡约执照"中对乡约税务职责的明确规定。明清乡约身兼协助公务、纠纷解决、捐税催纳、劳役征发等职责，可谓事务繁重。同时，由于乡约不是州县衙门的官吏成员，而是国家摊派的职役，因此可谓有责而无权，有罚而无利。在这种情形下的乡约，为了保证自身权威的

---

[1] 四川省档案馆、四川大学历史系主编：《清代乾嘉道巴县档案选编（下）》，四川大学出版社 1996 年版，第 305 页。

[2] 《清代四川南部县衙门档案》保存了多份完整的"乡约执照"，为便学界同仁进行比较、研究，吴佩林教授进行了搜检、整理，可参见吴佩林：《清代县域民事纠纷与法律秩序考察》，中华书局 2013 年版，第 88~91 页。

[3] （明）王守仁：《王阳明全集》（三），中国文史出版社 2014 年版，第 278 页。

[4] 四川省档案馆编：《清代巴县档案汇编》（乾隆卷），档案出版社 1991 年版，第 194、198、199、201 页。

维持和不因"抬垫"而破家，明清乡约利用微弱的权威进行权力寻租就难以避免了。然而，就乡约纠纷解决权能的展开而言，明清乡约的权力寻租让民众不再信任乡约的纠纷调停，转而直接兴讼。同时，明清州县衙门也把基层社会的"词讼细故"不能消弭在诉讼之前的责任归在乡约玩忽职守、徇私枉法上，进而对其严加苛责。最终，明清乡约纠纷解决权能的展开因为基层社会民众的不信任加上明清州县官府的质疑，其法律效力呈现出严重的不确定性。

结　论

正如上文所述，明清乡约的纠纷解决权能不能称之为司法，因为不具备明清国家司法的基本构成要素。同时，乡约纠纷解决权能也不能被认为是具备诉讼"前置程序"地位的明清基层社会纠纷解决的基本建制。相反，除经由州县衙门批示调处的案件以外，明清时期的乡约在基层社会纠纷解决的过程中较之老人、邻佑、保长、甲长、亲族等基层社会纠纷解决建制既没有明确的法定权限优势，其纠纷解决结果也没有法定的优先效力。当然，由老人、邻佑、乡约、保长、甲长、亲族等组织共同构成的明清基层社会非官方纠纷解决体系中的每一种建制都一样，并没有哪一种在纠纷解决上有法定的优越地位。同时，对于明清基层社会纠纷解决体系而言，缺少了其中某一种纠纷解决建制并不会有什么大问题。事实上，从历时性和地域性两个方面考察，上述这些纠纷解决建制在明清时期并不是必不可少、长盛不衰的。虽然上述纠纷解决权能中的每一种并非必不可少，甚至可有可无。但明清基层社会的纠纷解决体系正是由这些可有可无、权能相似且交叉竞争的部分共同构建而成，而这个基层社会纠纷解决体系则是不可或缺的。这个从"可有可无"到"不可或缺"的进路值得深思。

换一个视角考察，明清乡约在国家权力的督导和监管下，承担了国家权力在基层社会之代理人的角色，因而，乡约纠纷解决权能的展开较之民众自发的纠纷解决又有其特殊性。运用现代法学的分析方法去理解明清乡约纠纷解决的法律渊源和法律效力，不难发现，由于明清国家权力对乡约地位的限定，明清乡约展开纠纷解决权能的法律渊源和法律效力都呈现出尴尬、模糊的处境：一方面，明清乡约纠纷解决权能展开有默示或明确的法律渊源，也有得到州县衙门背书的法律效力；另一方面，明清乡约纠纷解决权能展开的法律渊源和法律效力又有着相当大的弹性和不确定性。

第四部分

乡约与清代基层社会法律秩序研究
——以乡约所建置为线索

摘要： 系统考察清代乡约所建置所利用的主要建筑设施以及这些建筑设施固有的功能与价值，不难发现，清代乡约推行者基于实用主义立场利用基层社会能保证乡约权威、能聚集众多人流量的各类固有建筑设施建置乡约所，并通过乡约的推行在基层社会中传达国家正统意识形态和儒家伦理体系，其根本动因正是立基于清代乡约的价值目标：更有效地实现基层社会教化与社会治理，换言之，更有效地实现清代基层社会法律秩序的构建与维护。

关键词： 清代基层社会法律秩序；乡约；乡约所建置；构建；演进

引　言

社会秩序的变化是历史演变的集中体现，而基层社会法律秩序则是社会秩序运行的基础场域。从法学的视角看，基层社会法律秩序是整个社会法律秩序系统的基础和开端，正如先有乡镇，方才有州县，然后才有国家。因此，中国传统社会基层社会法律秩序构建与维护理当是中国法律史研究的基本内容之一。

清代基层社会法律秩序是以国家法为主要渊源，以官方组织为主要维持依凭的法律秩序系统。这种秩序保证了清代基层社会与社会整体的一致性，而这种法律秩序的一致性正是清代中央集权政治体制的基本表征。正如张中秋教授提出的传统中国法秩序"一体二元主从式多样化"构成所揭示，传统中国的法秩序主要是"由国家法所确立的至高无上、一统天下的社会大秩序"。[1]清代社会法律秩序正是"一体二元主从式多样化"法秩序体系的典型例证。正是因为清代社会法律秩序所表现出的"一体二元主从式多样化"特征,则研究那些构成清代社会法律秩序体系基础的"小秩序"就大有必要。只有深入研究"小秩序",才可能更加清晰地了解"大秩序"和"小秩序"的实际运行状态以及两者之间的主要关联。更为重要的是,只有深入研究"小秩序",才可能了解清代基层社会"大秩序"与"小秩序"的竞争、互动,以及产生这种竞争、互动的政治、经济、制度乃至文化根源。乡约作为清代基层社会法律秩序中重要的"小秩序",它从清代基层社会秩序体系中汲取营养并形成独特的基层社会法律秩序维护机制,进而通过这种维护机制实现基层社会的政治经济协调、思想文化交流,最终实现清代基层社会法律秩序的构建与维护,因此,清代乡约之于清代基层社会法律秩序的研究价值不言自明。

清代乡约的渊源可以远溯至《周礼》的"读法之典"。北宋蓝田吕氏兄弟提出并推行的《吕氏乡约》是乡约的肇端。南宋朱熹增损《吕氏乡约》之后,乡约理念与实践的影响进一步扩大。明代朝廷将乡约纳入国家基层社会治理体系,并与圣谕宣讲联系在一起。至清代,乡约得以进一步推广,最终成为清代基层社会法律秩序体系的重要组成部分。截至目前,学界关于乡约与清代基层社会法律秩序的研究已有相当数量的成果。就乡约与清代基层社会法律秩序研究截至目前所取得的成果看,学界诸位先贤在文献搜罗、功能分析、价值论证以及原理探索方面已做出了相当的成就。[2]然而,研究清代

---

[1] 本文前已发表在谢晖、蒋传光、陈金钊主编:《民间法(第19卷)》,厦门大学出版社2017年版,收入本书时有修改。张中秋:"概括的传统中国的法理观——以中国法律传统对建构中国法理学的意义为视点",载《法学家》2010年第2期。

[2] 有关清代乡约研究的著述数量颇多,此处不一一列举,大体可参见杨开道:《中国乡约制度》,商务印书馆2015年版;刘笃才、祖伟:《民间规约与中国古代法律秩序》,社会科学文献出版社2014年版;段自成:《清代北方官办乡约研究》,中国社会科学出版社2009年版;董建辉:《明清乡约:理论演进与实践发展》,厦门大学出版社2008年版;常建华:《明代宗族组织化研究》,故宫出版社2012年版;牛铭实编著:《中国历代乡规民约》,中国社会出版社2014年版;朱鸿林:《孔庙从祀与乡约》,生活·读书·新知三联书店2015年版;张中秋:"乡约的诸属性及其文化原理认识",载《南京大学学报(哲学·人文科学·社会科学版)》2004年第5期;段自成:"明清乡约的司法职能及其产生原因",载《史学集刊》1999年第2期;常建华:"明清山西碑刻里的乡约",载《中国史研究》2010年第3期;汪毅夫:"试论明清时期的闽台乡约",载《中国史研究》2002年第1期。

第四部分：乡约与清代基层社会法律秩序研究——以乡约所建置为线索

乡约的著述诸家在论述清代乡约时，对清代乡约实践中至关重要的结构性要素，即乡约所的论述却语焉不详，或寥寥数笔带过。[1]乡约所作为明清乡约运行的基本场所，是乡约运行实践展开的原点，也是考察清代乡约理念、乡约实践以及乡约与清代基层社会法律秩序构建与维护基本关联的基本线索。清代乡约所建置因清代乡约的时代背景、基本功能和价值目标的差异，体现出复杂的建置面貌和价值内涵。本文拟以清代乡约所建置为基本线索，考察乡约与清代基层社会法律秩序构建与演进的基本关联；进而，在理清乡约与清代基层社会法律秩序基本关联的基础上，探索清代基层社会法律秩序构建与演进的基本样态。笔者希望通过上述研究思路，一方面为清代基层社会法律秩序研究提供一种新的研究视野可能性，另一方面则进一步加深对清代乡约基本理念与乡约实践的认知。研究视野所限，不当之处，请方家指正。

一、清代乡约所建置概貌

北宋时期，蓝田吕氏兄弟拟定的《吕氏乡约》对乡约集会的场所没有明确规定。南宋朱熹修订的《增损吕氏乡约》则第一次明确规定了乡约集会的场所："……于乡校。设至圣先师之象于北壁下，无乡校则别择一宽闲处。"[2]到了明代，《南赣乡约》规定："立约所于道里均平之处，择寺观宽大者为之。"[3]至此，乡约所成为乡约推行过程中的基本建置。大体而言，明代乡约所多建置于城镇之中，如段自成先生所言："明代乡约所多限于城市。"[4]到了清代，随着乡约推行的推广，乡约所的建置也推广至乡村，最终成为清代乡约实践的基本设置。

结合历史记载可知，清代乡约所的建置有如下特征：其一，根据现存史料可以看出，随着乡约的推广，清代乡约所的建置遍布整个王朝的领域：东北地区，吉林有"直省府州县乡堡均择适中地为乡约所"[5]的记载。西北地

---

[1] 清代乡约所建置的研究以段自成先生的论述最为详细，参见段自成：《清代北方官办乡约研究》，中国社会科学出版社2009年版。

[2] （南宋）朱熹著，朱傑人等主编：《晦庵先生朱文公文集》，上海古籍出版社、安徽教育出版社2002年版，第3602页。

[3] （明）王守仁著，吴克等编校：《王阳明全集》，上海古籍出版社1992年版，第600页。

[4] 段自成：《清代北方官办乡约研究》，中国社会科学出版社2009年版，第120页。

[5] （清）长顺、讷钦等纂：《吉林通志·经制一·礼仪上》，清光绪十七年刻本，第35页。

区，青海有"街北有庙，门悬匾额曰'讲约所'，盖从前讲习吕氏乡约之遗迹"[1]的记载。西南地区，云南元谋有"乡约所：大门三间，大殿三间，两厢六间。殿傍观音阁三间，内塑关圣像，今为讲约所"[2]的记载。两广地区，新安县（今深圳市南山区）有"首任县令吴大训改淫祀祠为乡约所"[3]的记载。由此可见，就清代乡约所建置地域分布而言，乡约所是乡约推行的基本场所。就乡约所建置的基本趋势而言，清代的乡约所往往随着推广乡约的行政命令而建置。其典型者如河南许州（今河南许昌市）的乡约所建置。许州乡约所建置始于明代嘉靖年间，最初只有州治旁建置有乡约所一处。至清代，许州乡约所的建置则遍及全州，史载："至清代，乡约所发展到乡。在城有东关准提巷、西关祖师庙、南关三元宫、北关三圣祠。城东有五女店、张潘、朱家寺、八里营、古城；城西有兴源铺、石固、长店集、灵沟河、泉店；城南有玉皇庙、繁城、大石桥、柏冢、愉林；城北有许田、丈地、尚家集、小赵店、湾店。临顺县讲约所城乡共五处，襄城县讲约所城乡共二十五处，郾城县讲约所城乡共十一处，长葛县讲约所城乡共三十四处。"[4]其二，清代乡约所的建置城镇与乡村分布不平衡。正如段自成先生所言："有的州县乡约所主要分布在治城和乡镇，乡约所数量比较少。……即使在乡约所分布比较广泛的地区，也不是每个乡约都有乡约所。"[5]由此可见，明清时期中国北方的乡约所建置既体现出行政化推行的均衡分布特点，也有城乡分布不平衡的概貌。其三，明清时期宗族组织化的加深，开始出现宗族乡约化，[6]进而形成宗族型乡约，其中典型者如清代福建长乐的梅花里乡约。在这种宗族型乡约模式下，乡约所的建置也被引进，形成了宗族乡约所、公所、宗祠以及乡约亭等形式的乡约所建置。这类乡约所往往是清代乡里缙绅家族基于对国家推

---

[1] 同希武著，王晶波点校：《西北行记丛萃·宁海纪行》，甘肃人民出版社2002年版，第10页。
[2] 杨成彪主编：《楚雄彝族自治州旧方志全书（元谋卷）》，云南人民出版社2005年版，第53页。
[3] 参见王卫宾：《中国名城掌故丛书·深圳掌故》，海天出版社2013年版，第85页。
[4] 中国人民政治协商会议许昌市政协文史资料研究委员编：《许昌文史资料（9-10辑）》，许昌市政协文史资料研究委员会1985年版，第80~81页。
[5] 段自成：《清代北方官办乡约研究》，中国社会科学出版社2009年版，第127~128页。
[6] 有关宗族乡约化的考证与论述可参见常建华：《明代宗族组织化研究》，故宫出版社2012年版。

第四部分：乡约与清代基层社会法律秩序研究——以乡约所建置为线索

行乡约的响应而自发建置的，其分布与建置与基于官方行政命令建置的乡约所有所不同。其四，清代乡约所的建置除少数单独置地建造乡约所以外，清代绝大多数乡约所的建置与其时基层社会固有的建筑设施有关联。事实上，为了节省乡约所建置成本，清代乡约所的建置大多采用在基层社会原有的建筑设施上设立乡约所的办法进行。清代乡约所建置的这一立场从朱熹"……于乡校。设至圣先师之象于北壁下，无乡校则别择一宽闲处"到王守仁"择寺观宽大者为之"便形成了一贯的基调。

表5　清代乡约所建置建筑设施来源表

序号	内容	史料来源	建筑来源
1	清朝末年，福州四城郊的城乡交接处都有乡约所。	名城的记忆：方柄桂民间文化作品选集	不明
2	乡约所二：东讲约所在天妃庙，西讲约所在天宁寺。	康熙万州志	宫观庙堂
3	汪口乡约所是早于俞氏宗祠的宗法自治场所和组织。	徽州古村落	宗祠
4	同治七年（公元1868年），僧广缘募修弥陀殿，悬"乡约所"额。	民国法华乡志	宫观庙堂
5	商州知州王邦俊在城乡共设40处乡约所。	商州志	不明
6	现于致和观共同善堂设立总局，适居城中，往来甚便。每逢朔望，本二县及绅董等到局齐赴乡所龙牌前，行三跪九叩礼，宣讲圣谕广训，席地听讲。	常熟、昭文县乡约规条式	宫观庙堂
7	古街上还有一座乡约所，这里存放着百多年前保留下来的乡约。	梅花里乡约二十二条	独立建置
8	一名何尚选，……安置乡约所；一名刘桂，……安置乡约所。	巴县档案·乾隆朝	乡保公所
9	辽阳以西，多有关羽庙，庙前闲敞，可以会众，故作门悬牌，日乡约所。	乡间约俗	宫观庙堂

续表

序号	内容	史料来源	建筑来源
10	溪头龙尾村的乡约所，可以说是古时婺源村庄乡约制度的一个缩影。	婺源的桥	独立建置
11	镇有乡约所二。一在常平仓，隶广和；一在大善寺，隶德清。	栖里景物略	宫观庙堂
12	总局有约正六人，赴乡倡导，给以报酬。在城分东南西北四里宣讲。在乡各图有乡约所一处，每年每处轮讲二次。	锡金乡约局乡约规式	不明
13	乡设乡约所，挑选60岁以上有声望的生员或德高望重的长者担任乡约，每年更换一次，亦可连任，执掌教化、治安。	米脂县志	不明
14	白云庵在桐乡濮院镇陆家桥南人和坊。……名其庵为"白云庵"，题其额为"乡约所"。	农村地名诗歌	宫观庙堂
15	防风氏庙：……内四厦：一相公殿，一地藏殿，一观音堂，一乡约所。有碑记。	武康县志	宫观庙堂
16	杨侯振藻稽城乡不经之祀有八，其四改名贤祠宇，其二改文昌魁星，又其二改建丞署及编乡约所，从此师巫说寝。	常熟县志	宫观庙堂
17	庵名义金，……嘉靖五年（公元1526年）改为社庙，讲乡约所，城隍因得崇祀于此。	横泾风情	宫观庙堂
18	吴大训下令禁止淫祠，将祠中神像撤除，改挂"乡约所"的门匾。	新安县志	宫观庙堂
19	门厅里挂着清康熙戊子年（公元1708年）仲春，诏邑知县陈汝咸题写"乡约所"牌匾，显示五通宫亦作为"乡约所"的集会场所。	闽客交界的诏安	宫观庙堂
20	（社学）近废殆尽，其所存者亦民间之乡约所而已。	东莞县志	乡校

第四部分：乡约与清代基层社会法律秩序研究——以乡约所建置为线索

续表

序号	内容	史料来源	建筑来源
21	清末，县以下置乡、里。乡建乡约所，置约长、约副和约吏；里设里正，均由乡绅充任，不拿薪俸。	黄陂县志	不明
22	农村义学以乡约所（类似今乡政府）为单位设立，共设义学34所，其中州城2所。	隰县志	乡校
23	狮子宫在龙山下，即今乡约所。	安溪县志	宫观庙堂
24	显应庙……嘉熙三年（公元1239年）重修，邑人余克济记，即今之乡约所也。	安溪县志	宫观庙堂
25	自蔚乃以此金扩建乡约所后层土主殿，化湫隘为轩敞，邑人称之。	新纂云南通志	宫观庙堂
26	重申洪武礼制举行社祭，祭毕会饮并读誓词。各里推选约正一人、约副二人，依乡约规定，设善恶二簿，每月一会，劝善惩恶。	橙阳散志	宫观庙堂
27	奉应天巡抚行本县各里立社，本社内有碑刻告示、社簿，……崇祯丁丑（公元1637年）重修，并装神像。	岩镇志草	宫观庙堂
28	观音堂在城隍庙右。设讲乡约所。	康熙陵水县志	宫观庙堂
29	(宾兴书院) 门左为乡约所。	庐陵县志	乡校
30	殿傍观音阁三间，内塑关圣像，今为讲约所。	楚雄彝族自治州旧方志全书 元谋卷	宫观庙堂
31	至康熙二十七年，革去世袭里长名色，每乡按其乡之大小，设粮乡约二、三、四人不等，……立乡约所，总其为县辖之四。	楚雄彝族自治州旧方志全书 禄丰卷	乡保公所
32	乡约所，在城者五，负郭者四，在乡者十七。	钱塘县志	不明
33	仪门左迎宾馆，右乡约所。	楚雄彝族自治州旧方志全书 牟定卷	衙门
34	清设乡约所，明嘉庆年间全县共设七所。	湖口县志	不明

续表

序号	内容	史料来源	建筑来源
35	雍正八年（公元1730年），奉文设立约所。乾隆二年（公元1737年），复奉文又添设。今一在城隍庙，一在上社鲤湖隐陀庵，一在中社湖东花巢寺，一在中社大埔墟，一在下社新桥庵，一在下社广平墟，一在塘边公馆，一在溪东仔墟，一在贵屿寨双忠庙。	普宁县志	宫观庙堂
36	乡有石鼓庙，旧宇倾圮，捐己赀而一新之，于是崇明黜幽，迁佛像于其东西傍，而中为众会之所。	晋江县志	宫观庙堂
37	（尉迟土地）庙成，与野人燔黍捭豚，蒉桴土鼓，置社仓行，保甲饮社，读法于其中，则请以此为古人乡约所。	确庵文稿	宫观庙堂
38	讲约所，在县治西关帝庙。	左云县志	宫观庙堂
39	在四城门内择宽敞庙宇为讲约所。	榆社县志	宫观庙堂
40	申明亭……改为乡约所。	寿阳县志	申明亭、旌善亭
41	（察院）康熙中……改为讲约所……嘉庆间……改为万寿宫，仍存讲约之名。	葭县志	衙门
42	乡约所，设于各乡寺庙，凡九十处。	介休县志	宫观庙堂
43	乡约所，各关厢里社俱以宽敞庙宇为之。	猗氏县志	宫观庙堂
44	择人民辐凑、城乡市镇适中之地，就庙寺庵观之最宽敞者，立为约所。	岷州志	宫观庙堂
45	（乡约所）于城隍庙内，乡村各择空阔祠宇为之。	汤子遗书	宫观庙堂
46	（寺宇）多藉以为讲约之所。	堂邑县志	宫观庙堂
47	（乡约所）或就村之寺宇、族之祠堂。	福惠全书	宗祠
48	禀请立清真寺宣讲圣谕。	左宗棠文集	宫观庙堂
49	公立教堂改充社学、义仓、义学、讲约所公用。	培远堂偶存稿	宫观庙堂

续表

序号	内容	史料来源	建筑来源
50	（寺观）寓社塾、约所之时多。	洋县志	宫观庙堂
51	于各地方民居比栉之中，构茅屋一间，以避风日，颜额曰"乡约所"。	寿张县志	独立建置
52	乡约所，城内设于城隍庙，四乡多废。	朝邑县后志	宫观庙堂
53	县境区分为四十八牌，各置乡约、保正一名……牌设会房一所。	安东县志	乡保公所
54	祠前为公直所，为乡约公议之地。	鳌县志	乡保公所
55	于……村镇公所之处	阳信县志	乡保公所
56	有公所，如古所称"街弹"之室，乡长听之谓之约所，其长即名"乡约"。	涉县志	乡保公所
57	约所于城内外四乡各就本处寺庙设一所。	洋县志	宫观庙堂
58	巡按察院在东街，今废，大门改乡约所。	阳高县志	衙门
59	南门建有乡约所，正厅三间，供奉着皇帝的龙牌每逢朔望，文武官员、绅士遵集宣讲圣谕一十六条，劝教军民。	山西宁武守御所志	独立建置
60	大门同约所讲堂三间，侧房四间，厨房二间，后书舍十间，置课桌一百五十张。岁捐馆谷修资，延老成文望者主学以训导之。	康熙琼山县志	乡校
61	在吴江、嘉善两县交界地方，一直存在一个乡约所，设于泗洲寺。	明清江南地区的环境变动与社会控制	宫观庙堂
62	清制有正副乡约，公推六十岁以上有德望的生员统摄。每遇朔望，于申明亭宣讲圣谕。	渭南县志	申明亭、旌善亭
63	乡约所六，在各乡社。每所设谕长一、谕副一、乡耆、童子朔、望会于所，讲读谕条。	平度旧志	宫观庙堂

续表

序号	内容	史料来源	建筑来源
64	每乡设乡约所,置约长、副约长,乡约堂内藏朝廷谕牌等,常集里人于此讲解,并置有二簿册,登记善恶,间行劝惩。	溧水县志	独立建置
65	全境置涉6乡52区(里)。乡建乡约所,设约长,约副,约史;区(里)设保正。	新洲县志	乡保公所
66	中设"敦睦堂";后设寝室、敕书阁;又后设迎龙楼、凌云书舍;左设祭器房、乡约所;右设义仓社学。	中华罗氏通谱	宗祠
67	镇故有申明亭,久废,……今乡约所即其地也。	续淞南志	申明亭、旌善亭
68	明成弘间,里人严平等在镇西之美桥北猛将堂内设立乡约所。……后郡守蔡国熙又严令乡镇择神宇宽敞者改立之。	甫里志稿	宫观庙堂
69	摩诃庵,现存。在问村。宋时创建。雍正丙午(公元1726年),僧惟明重建,奉宪立乡约所。同治十三年(公元1874年),里人公修。屋两进,连侧厢共十二问,亭一座,主佛三世,僧仁菊住持。	新续梅李小志	宫观庙堂
70	净土庵,现存。在梅李东北七里先生桥北市稍。屋两进,共十间,主佛三世。乾隆十二年(公元1747年),邑侯张曧改为乡约所。道光八年戊子(公元1828年),僧祖澄募捐重建。	新续梅李小志	宫观庙堂
71	长乐观音堂清乾隆己亥(公元1779年)里人重建为乡约所。	福建宗教史	宫观庙堂
72	(社学)一在东乡榔桥河乡约所,本洪武间建,屡圮屡修。	泾县志	乡校
73	乡约所,在府治前。今毁。	延安府志	衙门

第四部分：乡约与清代基层社会法律秩序研究——以乡约所建置为线索

续表

序号	内容	史料来源	建筑来源
74	乡镇设立乡约，择庙宇中之宽厂适中者改立之。吾里设在延福寺。	元和唯亭志	宫观庙堂
75	乡约所，在三官殿。	阜宁县志	宫观庙堂
76	集庆庵，在镇北，一名集真庵，编"巽"号乡约所。	支溪小志	宫观庙堂
77	观音堂在三都岱边。元至正二十五年建，嗣圮。清雍正间，移建斗南桥上，改名松溪寺。乾隆己亥年（公元1779年），里人重建，为乡约所。	长乐县志	宫观庙堂
78	乡约所，在崇寿寺内。	乾隆汤阴县志	宫观庙堂
79	乡约所，在县署东，康熙初知县冯应麒建。	睢宁旧志	衙门
80	禁祀撤像，以乡约所额焉；朔望读圣训。	康熙新安县志	宫观庙堂
81	乡约所，在仙林寺内。	武林坊巷志	宫观庙堂
82	迎恩福地，在迎仙桥北，祀土谷神，今为乡约所。	闽都记	宫观庙堂
83	一济善堂，在县治南申明亭左。……同治三年（公元1864年）购申明亭亭地建房，并重建申明亭为乡约所。	上海轶事大观	申明亭、旌善亭
84	旌善亭……今为乡约所。	巢县志	申明亭、旌善亭
85	正学书院"前厅悬圣谕，为乡约所"。	灵璧县志	乡校
86	每月朔望奉上谕十六条于公所	重修平度州志	乡保公所

简而言之，清代乡约所建置所使用的基层社会固有建筑设施众多，大致而言有州县衙，乡保公所，申明、旌善亭，乡校，宫观庙堂，宗祠六大基本类型，此外还有里社、城隍、集市、牌坊等，其中又以宫观庙堂的使用最为

广泛。[1]

二、清代乡约所建置的动因

清代乡约所的建置的首要动因也是清代乡约的基本价值目标，即构建并维护清代基层社会法律秩序。洪富《青阳乡约记》论道："每岁庄姓偕诸巨姓各二人，分董其事，务在相劝、相规、相友、相恤，有善者与众扬之，虽微不弃；有犯者与众罚之，虽亲不贷。抑强而扶弱，除奸而御盗，解纷而息争，由是众子弟以礼相轨，僮仆以法相检，乡族赖以睦，鸡犬赖以宁，百谷果木赖以蕃，沟渠水利赖以疏。"[2]由此可见，清代乡约与宋明乡约的价值目标追求一致，都是以"德业相劝、过失相规、礼俗相交、患难相恤"为其宗旨，乡约所的建置自然也是以实现这一价值目标为首要动因。

同时，与宋明乡约大都处于自发推行状态，乡约所的建置相对自主、灵活不同，清代乡约所的建置有着明显的国家权力强制。顺治九年（公元1652年），清世祖"颁行六谕卧碑文于八旗及直隶各省"[3]，顺治十六年（公元1659年），清代国家正式推行乡约："议准译书六谕，令五城各设公所，择善讲人员讲解开谕，以广教化，直省府州县亦皆举行乡约。该城司及各地方官责成乡约人等。于每月朔望日聚集公所宣讲。"[4]康熙九年（公元1670年），

---

[1] 清代乡约所建置使用基层社会固有宫观庙堂的记载以《常熟县志》最为详致，此处不避文烦，录全文于此：考周礼，地官司徒掌邦国之教令，分遣乡师，各掌所治之教，凡四时征令有常者，以木铎狗于朝，岁时巡国及野党，正属、民，读邦法纠戒之，此后世乡约之制所由仿也。今知县杨振藻实心教民，正已化俗，力举讲约之政，虑乡隅辽远煌煌，圣谟未及周知，爰择神宫佛宇凡六十四所，按八卦以定八方，每所各颁铎书编列某所某号，悬额以垂永久，俾遐迩相率，翕然从风。西北乾号乡约所八：清源神庙、结草庵、继缘道院、高神祠、大慈寺、辟尘道院、何王庵、泗水庵；正北坎号乡约所八：崑城庵、法云庵、东湖三官堂、汤王庙、太尉庙、中沙净土庵、东岳庙、长寿庙；东北艮号乡约所八：香堂周孝子庙、双林禅院、邵庄庵、寿圣庵、李墓三官堂、最胜院、何市三元堂、桑林庵；正东震号乡约所八：崇教兴福寺、金神庙、五渠东岳庙、屋径庵、三元堂、胜法寺、坞丘增福院、智林寺；东南巽号乡约所八：福城禅院、护国禅院、龙旋宫、真武殿、高真堂、地藏殿、达孝庵、上真殿；正南离号乡约所八：儒学明伦堂、大悲殿、资福禅院、妙清寺、吴塔观音堂、观音庵、关帝庙、圣寺庵；西南坤号乡约所八：永福庵、朱岸观音堂、练塘寺、晏林庵、庙桥庵、关帝庙、马圣天台庵、白马庵；正西兑号乡约所八：慧日寺、致道观、延福禅院、永庆寺、李王堂、清凉禅院、净居禅院、万善庵。

[2] 引文据厦门大学人类学研究所《青阳乡约记》抄本，转引自汪毅夫："明清乡约制度与闽台乡土社会——《闽台区域社会研究》之一节"，载《台湾研究集刊》2001年第3期。

[3]《清世祖实录（卷63）》，中华书局1985年版，第490页。

[4]（清）陈梦雷编纂：《古今图书集成》，中华书局、巴蜀书社1985年版，第40013页。

第四部分：乡约与清代基层社会法律秩序研究——以乡约所建置为线索

康熙皇帝特别颁布《上谕十六条》。[1]雍正二年（公元1724年），雍正皇帝将康熙的《上谕十六条》逐条进行注解，每条600余言，最后形成洋洋万言的《圣谕广训》。雍正七年（公元1729年），清代朝廷颁布规定："直省各州县大乡大村人居稠密之处，俱设立讲约之所，于举贡生员内，拣选老成者一人以为约正，再选朴实谨守者三四人，以为直月。每月朔望，齐集乡之耆老、里长及读书之人，宣读《圣谕广训》，详示开导，务使乡曲愚民，共知鼓舞向善。"[2]由此可见，清代乡约的推行和乡约所建置受到明显的国家权力驱动。

进而，结合上文整理的清代乡约所建置所使用的建筑设施情况统计，不难发现清代乡约所建置大量使用了乡保公所，申明、旌善亭，乡校以及宫观庙堂等既有建筑，只有极少数乡约所为独立建置。究其原因，大致有两方面：一方面为了更有效地扩大乡约的社会影响。以宫观庙堂为例，正如段自成先生所言："乡约所之所以多设在寺庙，除了不用花钱建房之外，还在于寺庙是乡民公共活动的中心，汉族人有初一、十五到寺庙烧香的习惯，朔望在这里讲约自然可以聚集较多的听众。"[3]另一方面则是较为功利的原因。结合上文可知，推行乡约既是清代基层亲民官的基本职责，也是其政绩的基本体现。由于清代官吏转迁较为频繁，而乡约所的修建不仅耗费基层财政经费，更要经历一定时间才能完工。基于最基本的成本与回报考量，选择既有的建筑设施建置乡约所是最经济的模式，这也是清代乡约所建置的基本模式。

除了上述动因之外，清代乡约所建置的建筑设施选择也是清代基层社会文化传统的直观反映。以申明、旌善亭为例，清代乡约所建置利用既有的申明、旌善亭建筑，其根本理由在于明清申明、旌善亭已经成为基层社会价值文化的组成部分。申明、旌善亭存在的基本价值目标是对基层社会进行道德宣教和行为规训。清代乡约推行的宗旨之一就是修复因申明、旌善亭缺位而导致的基层社会法律秩序缺位，而乡约所建置借用申明、旌善亭的历史传统和文化积淀，则于清代基层社会法律秩序的构建与维护皆有助益。清代乡约所建置大量利用明清基层社会存续已久的宫观庙堂，正是明清基层社会固有

---

[1]《清圣祖实录（卷34）》，中华书局1985年版，第466页。
[2]（清）昆冈等纂：《钦定大清会典事例·礼部·风教·讲约一》，上海古籍出版社2003年版，第330~331页。
[3] 段自成：《清代北方官办乡约研究》，中国社会科学出版社2009年版，第122页。

宗教信仰和社会文化传统之于基层社会法律秩序构建和维护的价值所在，正如李玉昆先生所言："民间宫庙被视为神圣之地，往往是村社的活动中心，而且地方有威望的乡绅参与宫庙的管理，因此许多宫庙成为乡约所的所在，约所与庙、堂、宫、庵合而为一现象相当普遍，乡约制度很大程度上是通过宫庙的支持，才真正起到维系社会秩序的作用。"[1]可以说，影响清代乡约所建置的诸多动因中，社会文化传统是最本质的因素。

三、乡约与清代基层法律秩序构建

乡约所作为清代乡约展开的原点和基础，是认识清代乡约的极佳线索。不过，乡约所作为理解清代乡约的建筑符号，其涵盖的信息量不足以支撑系统、全面的清代乡约乃至基层社会法律秩序研究。因此，必须要从乡约所建置出发，结合在乡约所上推行的乡约的规范内容和运行样态去理解清代乡约与基层社会法律秩序。幸运的是，大部分清代乡约所建置的历史记载都伴随着乡约规范内容和乡约运行概况的记载，让笔者以清代乡约所建置为线索去研究乡约与清代基层社会法律秩序成为可能。

（一）清代乡约的规范建构

与宋明乡约不同，清代乡约的规范渊源和规范模式具有明显的特点。如前文所述，清代乡约由国家权力强制推行，乡约的规范内容就是康熙皇帝颁布的《上谕十六条》和雍正皇帝注解《上谕十六条》而成书颁行的《圣谕广训》。《上谕十六条》的内容如下：

> 敦孝悌以重人伦，笃宗教以昭雍睦，和乡党以息争讼，重农桑以足衣食，尚节俭以惜财用，隆学校以端士习，黜异端以崇正学，讲法律以儆愚顽，明礼让以厚风俗，务本业以定民志，训子弟以禁非为，息诬告以全良善，戒窝逃以免株连，完钱粮以省催科，联保甲以弭盗贼，解仇忿以重身命。[2]

康熙皇帝颁布的《上谕十六条》可谓清代乡约的"基本法"，清代乡约几乎都是在《上谕十六条》这一基本纲领之上展开运行的。不过，比北宋乡

---

[1] 参见李玉昆："明清时期泉州推行乡约若干问题"，载《闽台民俗》1998年第2期。
[2] 《清圣祖实录（卷34）》，中华书局1985年版，第466页。

第四部分：乡约与清代基层社会法律秩序研究——以乡约所建置为线索

约的肇端《吕氏乡约》更为极端的是，《上谕十六条》着力于乡约运行的实体性规范的规定，而对乡约运行的组织机构、奖惩机制等内容付之阙如。如此一来，便有了清代乡约退化为形式化的"讲约"，或清代乡约被基层行政权力同化为清代基层社会行政系统组成部分的观点。[1]事实是否如此？在清代乡约大规模推行前期，我们可以一窥清代乡约的规范渊源、规范模式等规范建构之大概。

清徐飔廷续修、徐介续纂的《长子县志·乡约》记载该县清康熙二十三年（公元1670年）颁行《圣谕十六条》的事迹并介绍了该县的乡约推行情况：

> 乡约所二，东在崔公庙，西在能仁寺，以月朔望之第二日分东西递讲，其日知县率师生僚属齐集，设皇帝圣谕牌，行三跪九叩头。礼毕，执事者供讲案，鸣钟鼓，约正、约副纠举善恶，分别赏罚。[2]

从《长子县志》的记载我们至少可以发现长子县乡约所蕴含的清代乡约推行的三大关键因素：其一，乡约推行所凭借的乡约所正是在固有的宫观庙堂上建置而成；其二，乡约的规范渊源来自康熙皇帝颁布的《圣谕十六条》；其三，乡约有明确的组织机构和运行机制。其实，虽然我们所见的清代乡约在方志、碑刻中往往之留存了乡约所的记载，但这些乡约所记载的背后即是清代乡约推行的一整套系统，包括规范内容、组织机构、规范模式等，清道光七年（公元1827年）的福建长乐梅花里乡约就是清代乡约的另一典型例证。

梅花里位于福建长乐城区东北，在明代便是繁荣富庶的乡镇。清道光年间，鉴于梅花里愈演愈烈的以众欺寡、以强凌弱的状况，本地乡绅采取了一系列措施，试图从根本上扭转这种社会生活的混乱状态，最终在梅花里建立一个"父与父言慈，子与子言孝，兄与兄言友，弟与弟言恭，毋恃富以欺贫，毋倚贵以凌贱，毋饰智以惊愚，毋藉强以欺弱"[3]的高下有别、秩序井然的

---

[1] 学界大多持此观点，可参见杨开道：《中国乡约制度》，商务印书馆2015年版；董建辉：《明清乡约：理论演进与实践发展》，厦门大学出版社2008年版；常建华：《明代宗族组织化研究》，故宫出版社2012年版；牛铭实编著：《中国历代乡规民约》，中国社会出版社2014年版。

[2] （清）徐飔廷、徐介纂："长子县志"，载中国科学院图书馆选编：《稀见中国地方志汇刊》，中国书店1992年版，第91~92页。

[3] 《长乐梅花志：乡约二十二条》，厦门大学图书馆藏钞本，第11页，转引自董建辉：《明清乡约：理论演进与实践发展》，厦门大学出版社2008年版，第319页。

完美社会秩序状态。

梅花里《乡约二十二条》[1]的内容既有乡约规范权威来源的规定，如"爰同各姓尊长，朔望集诸子弟于乡约所，宣讲圣谕广训，申明乡规条约""孝弟为人伦之首，推之事君、治民、交友，皆于孝弟肇其基。各甲长董事，朔望整肃衣冠，集诸子弟，赴乡约所听讲，以期感召愚顽，退缩者记次议罚"等；也详实规定了乡约的组织机构以及组织机构的权力与义务，如"兹编为十甲，每甲举齿德兼优一人为长，举晓事秉公一人为董事，才干者二人副之""乡内小可事体，业经甲董公断，或赏或罚，各宜遵依，其有倔强不服，复致争讼，则公禀直，决不徇情"等；同时，更对乡约运行中面临的问题进行了明确安排，如董事的革替"二十、董事之选，原藉其秉公理事。凡朔望讲期及甲内事体，宜齐集商议，不得缄默退缩，于事知无不言，言无不公，庶克安靖乡间。倘有利己徇私，躲避不前，经众论摘发，则立即会议以革，另选充补"等。从列举的梅花里乡约的乡约规范内容，不难发现梅花里乡约是一个完整、系统的乡约秩序系统，并通过乡约的教化功能、司法功能、救恤功能去实现当地基层社会的整合、协调与发展，而这正是清代基层社会法律秩序当然的价值目标。

清代乡约通过国家权力和国家意识形态的支撑，通过国家强制性的推广而在全国范围内实行。基层亲民官在国家推广正统意识形态政令的促使下，在清代广大基层社会建置乡约所，任命讲约、直月、乡约等乡约组织机构人员。设立的乡约通过乡约组织机构宣讲国家正统意识形态并以此为准则裁判基层社会的道德、法律事项。至此，清代乡约的规范建构已经完成。

(二) 清代乡约的运行模式

与宋明乡约一样，清代乡约自诞生起，就需要面对乡约运行过程中与基层社会其他社会秩序维护组织的竞争与互动的问题，而这本质上就是清代乡约的运行模式问题。结合上文论述可知，清代乡约由国家制定基本准则，由国家督导推行。从乡约建构的初衷上看，清代乡约有明确的乡约规范、乡约所和组织机构，也有既定的乡约功能和价值目标。由于清代国家在推广乡约时，浓墨重彩的强调将乡约的基本价值目标拟定为宣传国家正统意识形态和

---

[1] 参见《长乐梅花志：乡约二十二条》，厦门大学图书馆藏钞本，第11~16页，转引自董建辉：《明清乡约：理论演进与实践发展》，厦门大学出版社2008年版，第320~325页。

第四部分：乡约与清代基层社会法律秩序研究——以乡约所建置为线索

既定道德规范。如此一来，清代乡约的运行被视圣谕宣讲活动也在情理之中了。虽然确有一定数量的清代乡约是基层亲民官在朝廷政令的督促下，临机设定了宣讲圣谕的讲约的活动，而对乡约的其他功能不予重视，但这并非清代乡约的全貌。实际上，清代乡约的运行远比一期一会的圣谕宣讲要丰富得多。

清代乡约建置乡约所并设立乡约组织，显然有其长远、持续的目标和存续可能性。福建长乐梅花里乡约制定的《乡约二十二条》规定的内容既秉承了清代乡约一贯的通过圣谕宣讲以敦促教化的乡约运行模式，同时也明确规定了乡约的运行除圣谕宣讲外，还有规诫约众、救恤贫弱、维护公正的职能，因此，梅花里乡约是以全方位构建并维护当地的基层社会秩序为其基本运行模式。梅花里乡约与清代大部分乡约所不同者在于清代绝大部分乡约为官办乡约，而梅花里乡约是民间自发而经官方认可的乡约。

清代乡约的运行模式大致如下：平日约中诸甲长察辖内某人为善，合于"圣谕"者，如谆良孝友、和族睦邻等，以及有悖于"圣谕"者，如游惰赌博、邪教匪为等，一一记录并报与直月、约正。值乡约朔、望宣讲"圣谕"时，同时进行旌善、规过簿的登记与约众善行、恶迹的褒奖和惩戒。从乡约的运行模式看，清代以国家权力督导推行的乡约，其组织机构从一开始就利用了基层社会固有的基层行政组织系统。河南《涉县志》载："按涉旧制，乡置长一人，择有德望者为之，以约束一乡之人，兼平其曲直。有公所，如古所称'街弹'之室，乡长听之谓之约所，其长即名'乡约'。"此为清代乡约运行行政组织化的典型例证。正如段自成先生论述清代北方官办乡约设置时道："清代官办乡约绝大多数为一级制乡约，乡约本身缺乏完全隶属于自己的下级组织系统，需要借助其他基层行政组织的组织系统和传统社会组织的力量，把乡约的触角伸向辖区的每家每户。"[1]如此一来，清代乡约的运行从一开始就具备了成熟的组织体系：约正（乡约）→直月（知约）→甲长→约众。但是，清代乡约运行模式与明清基层社会固有的里甲、保甲职能展开有着明显的区别。清代凌烽的《设牌劝缴罗经详》一文在论述乡约与保甲之于基层社会法律秩序维护职能时道：

---

[1] 段自成："清代北方官办乡约组织形式述论"，载常建华编：《中国社会历史评论（第7卷）》，天津古籍出版社2006年版，第294页。

立保甲，本以稽查匪类，相应一并责令保甲严查。凡庵堂、寺院、歇店等处，如有容留来历不明之人，保甲一并惩处。……至本地居民作何化导改邪归正之处，查各乡设立约长，值日宣讲《圣谕广训》，原以化导愚顽无知，各县视为具文，其实心奉行者究为无几。应饬各州县遵照雍正八年奉行条议实力遵行，勤于宣布，庶几渐仁摩义，不难易俗移风矣。[1]

凌一的观点是清代前期对乡约定位的通行观点。在清代国家广泛推行初衷下的乡约虽然兼具司法、治安、救恤等职能，但其重心在道德教化，即通过灌输正统意识形态与价值观实现清代基层社会法律秩序的内化、整合与维护，而清代基层社会固有的里甲、保甲系统则承载了赋税征收、劳役分派、维持治安、患难救恤等多种职能，全方位构建并维护清代基层社会法律秩序。

(三) 清代乡约的价值目标

张中秋先生在"乡约的诸属性及其文化原理认识"一文中对中国古代乡约的价值性进行了系统的归纳。张先生认为中国古代乡约具有教化价值、乡治价值与实际价值三方面内容。[2] 其实，张先生所归纳的乡约价值性也是中国古代乡约的价值目标，清代乡约也不例外。笔者上文梳理的清代乡约所建置所利用的基层社会固有建筑设施类型正是清代乡约价值目标的直观反映。建置乡约所使用基层社会既有的建筑设施必然基于一定的价值理由，清代乡约推行者在这些基层社会固有建筑设施之上建置的乡约所对这些建筑固有的功能与价值按照预定的标准加以引进、吸收或排斥，之后，新建置的乡约所作为乡约推行的基本场所向基层社会传达乡约的价值目标。清代乡约所建置所体现的基层社会法律秩序价值对于理解清代乡约与清代基层社会法律秩序构建与维护至关重要。

1. 清康熙年间云南定远县乡约所直接建置在县衙之内："大堂左右书吏

---

[1] （清）凌燽:《西江视臬纪事·设牌劝缴罗经详》，转引自常建华:"乡约·保甲·族正与清代乡村治理——以凌燽《西江视臬纪事》为中心"，载《华中师范大学学报（人文社会科学版）》2006年第1期。

[2] 参见张中秋:"乡约的诸属性及其文化原理认识"，载《南京大学学报（哲学·人文科学·社会科学版）》2004年第5期。

房各五间，左右班房各一间。左更房一间，仪门三间，左右角门二间。仪门左迎宾馆，右乡约所。"[1] 由此可见，乡约所建置在州县衙门附近或衙门之内是清代建置乡约所的选择之一。将乡约所建置于基层政权机关区域之内，其基本目标是为了提高乡约的权威性，而乡约所与国家机关融为一体显然有利于实现这一点。

2. 清代初期乡约尚未全面推广，乡约所建置居城镇者较多，乡里则较少。如此一来，乡约道德宣讲职能在乡村社会的实现往往依靠讲约教官的巡行宣讲，西部经济贫瘠的地区尤其如此，正如苟德仪博士所言："教官下乡宣讲，宣布朝廷德意，普及乡民的律法知识逐渐成为普遍现象。"[2] 如此一来，乡保公所便成为清代乡约在乡村社会的依附性建置。清中期，伴随着清代乡约行政组织化进程的展开，公所逐渐成为乡约办公场所的代称。但是从基本内涵上看，清代乡约所与乡保公所仍有分别。从诸多清代乡约所建置记载来看，乡约所的建置从一开始即独立于公所，因为从清代乡约推行的价值目标可知，乡约与保甲有着本质的区别。之所以会出现乡约所与公所名称的混淆，大致有以下两种可能：其一，部分地区经济贫瘠的乡村本无乡约所的建置，乡约的推行依附于乡保公所，经年日久，称呼不免混淆；其二，乡约所的别称，如长乐县令王履谦称呼梅花里乡约的乡约所为"公所"[3]。

3. 山西《寿阳县志》"申明亭……改为乡约所"[4] 的记载和安徽《巢县志》"旌善亭在县治前街左，今为乡约所"[5] 的记载可资佐证清代乡约所建置对申明、旌善亭建筑的利用。清代乡约所建置之采用申明、旌善亭作为基础，其根本理由在于申明、旌善亭所具备的基层社会道德教化和行为规训价值。清代乡约推行的宗旨之一就是修复因申明、旌善亭缺位而导致的基层社

---

[1] 杨成彪主编：《楚雄彝族自治州旧方志全书（牟定卷）》，云南人民出版社 2005 年版，第 16 页。

[2] 苟德仪："清代教官的宣讲与地方教化——兼及科举制废除对教官的影响"，载吴佩林、蔡东洲主编：《地方档案与文献研究（第 1 辑）》，社会科学文献出版社 2014 年版，第 302 页。

[3] 参见《长乐梅花志：乡约二十二条》，厦门大学图书馆藏钞本，第 11~16 页，转引自董建辉：《明清乡约：理论演进与实践发展》，厦门大学出版社 2008 年版，第 320~325 页。

[4] 《寿阳县志·建置志·官署第三》，清光绪八年刻本，第 5 页，转引自段自成：《清代北方官办乡约研究》，中国社会科学出版社 2009 年版，第 121 页。

[5] （清）舒梦龄等撰："道光巢县志·舆地志"，载（清）唐庭伯等纂：《中国地方志集成·安徽府县志辑6》，江苏古籍出版社 1998 年版，第 254 页。

会法律秩序维护缺位,而乡约所建置借用申明、旌善亭的历史传统和文化积淀,则于基层社会法律秩序的复旧与开新皆有助益。

4. 据目前所见清代乡约所建置史料,借用宗教性建筑建置乡约所最为普遍,其数量也最庞大,正如段自成先生所言:"清代乡约在乡村普遍推广,乡村的讲约所也多分布在寺庙中。"[1]试举几例:山西《介休县志》载:"乡约所,设于各乡寺庙,凡九十处。"[2]曾在关中任官的汤斌曾说:"讲约所在城市设'于城隍庙内,乡村各择空阔祠宇'。"[3]甘肃《岷州志》载:"择人民辐凑、城乡市镇适中之地,就庙寺庵观之最宽敞者,立为约所。"[4]左宗棠记载:回民陈林等"禀请立清真寺宣讲圣谕"[5]。清代乡约所建置通过在宫观庙堂之上设立乡约所以宣讲德化、推行乡约,其根本目标主要体现在以下两个方面:其一,借用宫观庙堂的人气与影响力宣传乡约的教化和乡治价值,以期将清代乡约所承载的基层社会法律秩序内容与价值更快捷、全面地推广;其二,通过在宫观庙堂之处宣讲德化、推行乡约,用国家正统的意识形态和儒家伦理道德体系置换基层民众的各种宗教信仰。但是,宫观庙堂固有的宗教功能和价值不免与乡约的价值目标相冲突。因此,清代利用宫观庙堂建置乡约所并推行的乡约,其实际社会效果必须审慎评判。

系统考察清代乡约所建置所利用的主要建筑设施以及这些建筑设施固有的功能与价值,不难发现,清代乡约推行者基于实用主义立场利用基层社会能保证乡约权威、能聚集众多人流量的各类固有建筑设施建置乡约所,并通过乡约的推行在基层社会中传达国家正统意识形态和儒家伦理体系,其根本动因正是立基于清代乡约的价值目标:更有效地实现基层社会教化与社会治理,换言之,更有效地实现清代基层社会法律秩序的构建与维护。

四、乡约与清代基层法律秩序演进

自吕氏乡约开始,乡约就志于通过思想道德、文化礼仪的修习、劝导实

---

[1] 段自成:《清代北方官办乡约研究》,中国社会科学出版社2009年版,第121页。
[2] (清)王谋文等撰:《介休县志·学校》,乾隆三十五年刻本,第5页。
[3] (清)汤斌:"汤子遗书·陕西公牍",载《中国史学丛书续编·三贤政书》,台湾学生书局1976年版,第616页。
[4] (清)汪元绚、田而穟等撰:"岷州志·典礼·乡约",载《中国西北文献丛书·西北稀见方志文献(第39册)》,兰州古籍书店1990年版,第105页。
[5] (清)左宗棠著,邓云生校点:《左宗棠全集·札件》,岳麓社1986年版,第256页。

第四部分：乡约与清代基层社会法律秩序研究——以乡约所建置为线索

现基层社会法律秩序的建构与维护，清代乡约也不例外。清代乡约有国家权力为权威来源、以"圣谕"为规范渊源、有固定建置的乡约所、也有相应的乡约组织系统为支撑，清代乡约的运行却随着时间的流逝逐渐发生变化，失去了乡约推行的初衷，偏离了既定的轨道，最终成为清代基层社会行政组织系统的一部分。与此同时，乡约的变异以及造成乡约变异的基层社会政治、经济文化根源则共同塑造了清代基层社会法律秩序演进的历史进程。

（一）清代乡约的流变

清代乡约随着时间流逝逐渐行政组织化，最终与保甲制度一起形成清代基层社会行政组织化的"乡保制"是学界的共识。到清代中后期，乡约失其原貌已经人所共知。乡约所在清代乡约运行历程中的境遇即是清代乡约流变的明证。清代乡约初衷重在教化，因此多设乡约所与乡校或设乡校于乡约所。《康熙琼山县志》记载："康熙二十五年夏四月，建义学在乡约所后，乃雷琼道副使程公宪、郡守佟公湘年捐建，以教育人材。"[1]由此可见清代乡约对施行教化的乡校的重视和利用。但到了后来，乡校被废置的情况十分常见，如《东莞县志》载："国初改为义学，雍正诏各县立书院，自是比义学为重，此社学之变迁也。迩来成为乡约，视为集合之公所，甚少延师设教者。"[2]随着清代乡约运行的异化，清代因宫观庙堂建置的乡约所也大多恢复原貌，清黄冈撰《新续梅李小志》载：

> 福寿庵，在梅李东四里，白宕桥中市。雍正元年，僧一轮募捐重建，并置饭。僧士辅合三号田二十余亩，禀请陈邑侯立案勒石。奉宪编震字又七号乡约公所[3]。乾隆丙寅岁，甲子举人徐灏为立碑记，一轮传四代，终于道光二十二年后，易道士孙景春传六代至今。顾益甫独建后殿，改名福寿道院。屋四进，共二十间。前殿供猛将，中殿供关帝，后殿供三世诸佛，道士即今住持云。……摩诃庵，在问村。宋时创建。雍正丙午，僧惟明重建，奉宪立乡约所。同治十三年，里人公修。屋两进，连

---

[1]（清）潘廷侯、佟世南修，吴南杰纂：《康熙琼山县志（康熙二十六年本）》，海南出版社2006年版，第118页。

[2] 转引自广州市人民政府地方志办公室编：《地方史志与广州城市发展研究》，广州出版社2013年版，第213页。

[3] 此处的震字又七号乡约公所并不是前文注释引的常熟县令杨振藻所建置的六十四乡约所之一，而是常熟另一次大规模建置乡约所的事迹，由此也可佐证清代前期乡约推行运动的繁盛。

侧厢共十二间，亭一座，主佛三世，僧仁菊住持。……净土庵，在梅李东北七里先生桥北市稍。屋两进，共十间，主佛三世。乾隆十二年，邑侯张晷改为乡约所。道光八年戊子，僧祖澄募捐重建。光绪十九年，里人陈怀本、徐在天等修葺大殿。[1]

与此同时，光绪二十八年（公元1902年），四川南部县衙颁发给乡约梅正义的任职执照则从另一方面给我们提供了理解晚清乡约功能和价值目标的确证：

> 为给发执照事。案查东关外乡约李联升因案革黜，乏人补充。兹据保正职员何逢源等禀举前来。除当堂验充外，合行给发执照。为此照给该乡约收执。嗣后务须守法奉公。凡地方命盗、窝娼、私铸、私宰、邪教、会匪以及外来匪徒三五成群、形踪诡秘、面生可疑之人俱应留心稽查，随时禀报。勿许徇情容隐，挟嫌妄禀。至于民间口角细故亦宜善为排解，勿令轻易涉讼。此外地方应办公件，更须实力奉行。毋得恃充乡约，藉事敛钱，武断乡曲，致干革究。须至执照者。[2]

由此例可见，晚清南部县的乡约已经成为基层行政系统的一部分，其职责在治安、司法与官役，已经与基层社会教化没有瓜葛。同时，从胡庆钧先生在民国时期所做的调研来看，在基层行政组织系统中的地位与权威方面，乡约也附属于保长。[3]总而言之，清代乡约的运行逐渐变异，乡约的道德教化价值目标逐渐泯灭，最终乡约变成了基层社会行政组织体系的一部分。不过，在清代乡约异化过程中，也有个别逆势而动、复兴乡约的特例，这就是晚清江苏的"乡约局"。

江苏的江阴、常熟地区是清代乡约推行最为得力的地区，但在太平天国运动泛滥到江苏之前，此地的乡约推行已然销声匿迹。由于战乱的刺激和结团自保的需要，江阴士绅在筹备团练的同时，提出以团练、乡约互为表里的

---

[1] （清）黄冈等撰："新续梅李小志"，载沈秋农、曹培根主编：《常熟乡镇旧志集成》，广陵书社2007年版，第158~160页。

[2] 南充市档案局藏：《清代四川南部县衙门档案（第212分册）》，黄山书社2015年版，第37页。

[3] 参见胡庆钧："从蓝田乡约到呈贡乡约"，载《云南社会科学》2001年第3期。

主张。他们认为："倘人心不正，团练亦恐难恃。惟力行乡约，以时化导，激发忠义，使人人有去恶从善之心，则有勇知方，无非腹心干城之寄，此无形之保卫也。"[1]这个主张受到地方亲民官的许可和支持。江阴县在咸丰四年（公元1854年）设乡约局，延请士绅宣讲乡约。随后，邻近的常熟、青阳等县及外省一些地方也开始模仿推行。但是，由于当时的江阴、常熟已成虎狼环视之地，虽然士绅理想团练与乡约相结合，但是实际情况则是重团练而轻乡约。如此一来，乡约局虽有文式，却难以实行。不久之后，太平天国攻占该地区，乡约局的施行随即归于历史。

（二）乡约流变与清代基层法律秩序演进

清代基层社会法律秩序是一个秩序系统整体，而乡约的基本价值目标则从思想道德、文化传统方面建构并维护清代基层社会法律秩序。如上文所述，清代乡约在推行过程中逐渐失去初衷而变成清代基层行政组织体系的组成部分。与此同时，清代乡约的变异影响着清代基层社会法律秩序的演进历程。可以说，正是因为逐渐变异的清代乡约实践，才使得清代基层社会法律秩序及其历史演进呈现出独特的时代特征。

为了在明末兵荒之后收拾人心，端正纲纪，最终构建起有序的清代基层社会法律秩序，清代前期的统治者做了周全的部署，通过乡约达到思想道德、文化传统秩序的构建和维护就是其中关键。事实上，在清兴之时，清代统治者就认识到道德教化与文化整合之于基层社会法律秩序构建的重要价值。清太祖努尔哈赤认为：

> 为国之道，以教化为本。移风易俗，实为要务。诚乱者辑之，强者训之，相观而善，奸慝何自而逞。故残暴者，当使之淳厚；强梁者，当使之和顺，乃可几仁让之风焉。舍此不务，何以克臻上理耶？[2]

不过，由于清初国家秩序刚刚建立，对于基层社会法律秩序建构和完善的策略尚未成熟，因而清代初期将基层社会法律秩序建构的全部职责全部付之保甲。保甲制作为明清主要的基层社会行政组织，是明清基层社会法律秩

---

[1]"现行乡约·谨拟振兴乡约条说"，载一凡藏书馆文献编委会编：《古代乡约及乡治法律文献十种（第2册）》，黑龙江人民出版社2005年版，第444页。

[2]《清太祖实录（卷6）》，中华书局1986年版，第85页。

序的基本构成内容。清代建国即将保甲从明代继承过来,早在顺治元年(公元1644年)就开始推行。正如闻钧天先生所言:"清代行保甲,重在户口,警察,收税三端。"[1]但是在清初基层社会法律秩序中,保甲还需要承担基层社会道德教化职责。保甲长需要要向知县"举善恶",凡"读书苦斗之士""耐贫守节之妇""乐善好施之人"和"孝顺之子孙"等善迹,保长要向知县公举;凡违背教约,素行不俭者,保长需要向官府检举后,官府"先以训伤,继以鞭笞,于户口簿内注明其劣迹,许其自新"[2]。平时保甲长还要负责执行官府的禁令,向百姓宣讲法律,通过这些措施,使乡民知所为与所不为。其实,如果保甲组织系统能兼具清代基层社会赋役、治安、教化、救恤诸功能而力所能及,则"扶儒法之中心,备刑教作用而有之者,厥为保甲之法制……其中育民,训民之道,即本教的立场,而彰化育之功"[3]可以期待,清代基层社会法律秩序构建与维护也可以基本实现。但是,随着社会经济的恢复,保甲在清代基层社会教化中的重要性逐渐降低。究其原因,一方面,由于清代人口政策的推动,基层社会人口大量增长,随之而来的保甲组织工作量大幅度增长,由此导致保甲组织无力分心去完成清代基层社会的教化职责。如此一来,随着清代大规模推行乡约,保甲组织之于清代基层社会法律秩序的道德教化、文化整合功能逐渐疏散到乡约身上。另一方面,随着经济、文化的恢复,清代基层社会道德修复、文化整合任务的难度与复杂性逐渐增加,而这样有难度的任务显然不是作为乡里吏役的保甲成员所能完成的。

清代统治者意识到依靠保甲进行基层社会道德教化已然难以奏效,便开始在全国范围内推广乡约。从上文所引雍正七年(公元1729年)颁布的规定可知,清代乡约推行的基本模式是:立乡(讲)约所→选举贡生员为约正→朔望举行集会→约正、耆老进行道德教化。由此模式可见清代国家督导的乡约推行对基层社会法律秩序中道德修复与文化整合的重视。如果清代基层社会法律秩序中的保甲与乡约各司其职、各尽其责,则清代基层社会法律秩序的维护理当是良性而有效的。但是,历史事实给了我们另一个答案,即清代乡约随着时间流逝逐渐行政组织化,最终与保甲制度一起形成清代基层社会

---

[1] 闻钧天:《中国保甲制度》,上海商务印书馆1936年版,第204页。
[2] (清)徐栋辑,张霞云校点:《保甲书》,安徽师范大学出版社2012年版,第32页。
[3] 黄强:《中国保甲实验新编》,正中书局1935年版,第21页。

第四部分：乡约与清代基层社会法律秩序研究——以乡约所建置为线索

的"乡保制"。

随着清代乡约逐渐行政组织化，基层社会道德教化、文化整合功能被新的官方宣教机制（如教官宣讲）和非官方的教化机制（如宗族、宗教、会社等）所承载，由此形成了晚清时期别具一格的基层社会法律秩序面貌。

余论：中国古代乡约研究视野反思

自杨开道先生奠基中国古代乡约研究开始，乡约推行的主导者和乡约的价值目标一直是研究的中心，也是诸家观点分歧的根源。自杨先生以来，多数中国古代乡约研究立基在两大基本预设之上：其一，民间自发推行乡约是中国古代乡约推行的理想状态，之后的乡约推行变体（尤其是清代官办乡约）失去了乡约的初衷；其二，乡约的基本功能是在基层社会进行礼仪道德宣传，以实现基层社会道德教化、文化整合的价值目标，违背这一宗旨的乡约有乡约之名，无乡约之实。基于这两个预设，研究者结合史料，对中国古代乡约的基层自治意义和文化整合价值进行了明确、系统的评判，清代乡约也不例外。这种预设价值判断，再寻找证据论证的乡约研究范式有着不小的危险：一方面，研究者用预设的范畴，穿越时空强架于历史事实之上，其方枘圆凿可想而知；另一方面，历史一直处于流动变化的进程中，使用既定的价值范畴强合于演变中的乡约演进历史进程，其结论难免胶柱鼓瑟。

中国古代乡约是如何推行的？乡约的基本价值目标为何？如何排除先入之见，从历史真实出发去探究中国古代乡约及其基层社会法律秩序构建与维护价值？关于这些问题，朱鸿林先生"无论乡约最初是由什么引导着而构成，其希望达到的结果只有同样的一个，那就是达到并维持一个理想的社会环境，而民居其中会遵守某些规范，其犯事者亦必遭受应得惩罚"[1]的观点值得深思。中国古代乡约及其价值目标的生成与转换历程，发生在基层社会法律秩序构建与维护的总体进程之中。乡约的生成、运行以及演变历程，即是中国古代基层社会法律秩序的构建和维护历程；乡约的转换与消亡，其职能与价值由新生组织所承继，这也是基层社会法律秩序构建与维护历程的一部分。只有价值中立地思考乡约在中国古代基层社会法律秩序中所处的位置、所承载的功能以及所生成的秩序价值，才可能理性识别乡约演进过程中产生的乡

---

[1] 朱鸿林：《孔庙从祀与乡约》，生活·读书·新知三联书店2015年版，第235页。

约地位、乡约职能和乡约价值的变化，以及这些变化对同时期基层社会法律秩序构建与维护产生的影响。同时，只有从基层社会法律秩序构建与维护的整体性视野去研究乡约，才可能从系统、比较的视角研究乡约的权威渊源、组织机构、规范内容以及推行模式的兴衰转换，并探究促成这些兴衰转换历程的根源。

笔者认为，中国古代乡约与基层社会法律秩序研究应当具备宏观而价值中立的视野。以乡约与清代基层社会法律秩序研究为例：首先，应对清代乡约的基本要素，即责任者、规范内容、规则模式以及运行效果进实证研究；其次，将乡约置于清代基层社会法律秩序中进行宏观、抽象、系统的原理探讨；最后才是结合人类学、社会学以及现代民主法治理念对清代乡约及其基层社会法律秩序构建与维护的价值进行评判。同时，中国古代乡约与基层社会法律秩序研究需要将区域、个案的实证比较研究和基本原理研究结合起来：一方面，中国古代乡约与基层社会法律秩序研究需要立基于众多区域、个案的史料记载，不能脱离史料记载而空谈高论；另一方面，中国古代乡约与基层社会法律秩序研究又必须在众多区域、个案的史料支撑之上，探索乡约与中国古代基层社会法律秩序构建与维护的总体构架与基本路径。

参考文献

References

一、古籍方志类

1. 一凡藏书馆文献编委会编：《古代乡约及乡治法律文献十种》，黑龙江人民出版社 2005 年版。
2. （明）陶宗仪等编：《说郛三种》，上海古籍出版社 1988 年版。
3. （清）李元春：《青照堂丛书次编》，道光 15 年刻本，第 62 册。
4. 杨一凡点校：《皇明制书》，社会科学文献出版社 2013 年版。
5. 张荣铮等点校：《大清律例》，天津古籍出版社 1993 年版。
6. （清）陈宏谋：《五种遗规》，中华书局 1985 年版。
7. （清）乾隆官修：《清朝文献通考》，浙江古籍出版社 2000 年版。
8. 官箴书集成编纂委员会编：《官箴书集成》，黄山书社 1997 年版。
9. 宋联奎：《关中丛书》，《丛书集成续编（第 78 册）》，上海书店 1994 年版。
10. （北宋）吕大临等撰，陈俊民辑校：《蓝田吕氏遗著辑校》，中华书局 1993 年版。
11. 宁可、郝春文辑校：《敦煌社邑文书辑校》，江苏古籍出版社 1997 年版。
12. 焦进文、杨富学校注：《元代西夏遗民文献〈述善集〉校注》，甘肃人民出版社 2001 年版。
13. 瞿宣颖纂辑、戴维校点：《中国社会史料丛钞（甲编 397）》，湖南教育出版社 2009 年版。
14. （清）阮元校刻：《十三经注疏（清嘉庆刊本）（下）》，中华书局 1980 年版。
15. 郑振满、[美] 丁荷生编纂：《福建宗教碑铭汇编（泉州府分册）》，福建人民出版社 2003 年版。
16. （北宋）宋敏求编：《唐大诏令集》，中华书局 2008 年版。
17. （北宋）王溥撰：《唐会要》，中华书局 1955 年版。
18. （南宋）郑樵撰：《通志》，中华书局 1987 年版。

19. （南宋）李焘：《续资治通鉴长编》，中华书局 2004 年版。
20. （清）徐松：《宋会要辑稿》，中华书局 1957 年版。
21. （元）马端临撰：《文献通考》，浙江古籍出版社 2000 年版。
22. （北齐）魏收：《魏书》，中华书局 1974 年版。
23. （元）脱脱等撰：《宋史》，中华书局 1985 年版。
24. （清）张廷玉撰：《明史》，中华书局 1974 年版。
25. 中国人民大学清史研究所、档案系中国政治制度史教研室编：《康雍乾时期城乡人民反抗斗争资料》（上册），中华书局 1979 年版。
26. 《明太祖实录》，上海书店 1990 年版。
27. 《明世宗实录》，北京爱如生数字化技术研究中心制作：《明清实录》电子数据库。
28. 《明宣宗实录》，北京爱如生数字化技术研究中心制作：《明清实录》电子数据库。
29. 《清太祖实录》，北京爱如生数字化技术研究中心制作：《明清实录》电子数据库。
30. 《清世祖实录》，北京爱如生数字化技术研究中心制作：《明清实录》电子数据库。
31. 《清圣祖实录》，北京爱如生数字化技术研究中心制作：《明清实录》电子数据库。
32. 《清高宗实录》，北京爱如生数字化技术研究中心制作：《明清实录》电子数据库。
33. 《清仁宗实录》，北京爱如生数字化技术研究中心制作：《明清实录》电子数据库。
34. （南宋）谢深甫等纂修：《庆元条法事类》，戴建国点校，黑龙江人民出版社 2002 年版。
35. 中国社会科学院历史研究所宋辽金元史研究室校：《名公书判清明集》，中华书局 1987 年版。
36. （明）史桂芳："题汝南乡约册"，载（清）陈梦雷编纂：《古今图书集成》，中华书局、巴蜀书社 1985 年版。
37. （明）王樵："金坛县保甲乡约记"，载（清）陈梦雷编纂：《古今图书集成》，中华书局、巴蜀书社 1985 年版。
38. （清）黄宗羲著，（清）全祖望补修，陈金生、梁运华点校：《宋元学案》，中华书局 1986 年版。
39. （清）黄宗羲著，沈芝盈点校：《明儒学案》，中华书局 1985 年版。
40. （南宋）黎靖德编，王星贤点校：《朱子语类》，中华书局 1986 年版。
41. （南宋）张栻著，杨世文、王蓉贵校点：《张栻全集》，长春出版社 1999 年版。
42. （北宋）张载著，章锡琛点校：《张载集》，中华书局 1978 年版。
43. （明）刘宗周著，吴光主编：《刘宗周全集（第四册）》，浙江古籍出版社 2012 年版。
44. （南宋）袁采著，章锡琛点校："袁氏世范"，载王云五主编：《丛书集成初编·黑心符及其他三种》，商务印书馆 1938 年版。
45. （南宋）朱熹著，朱杰人等主编：《晦庵先生朱文公文集》，上海古籍出版社、安徽教育出版社 2002 年版。

46. （明）戴铣："朱子实纪年谱"，载（宋）朱熹撰（编）朱杰人等编：《朱子全书（第27册）》，上海古籍出版社、安徽教育出版社 2002 年版。
47. （明）欧大任："高祖处士南野府君行状"，载《四库禁毁书丛刊》编纂委员会编：《四库禁毁书丛刊（第47册）》，北京出版社 1998 年版。
48. （明）何瑭：《柏斋集》，台北"商务印书馆"1986 年版。
49. （明）王守仁著，吴克等编校：《王阳明全集》，上海古籍出版社 1992 年版。
50. （南宋）阳枋撰：《字溪集》，台北"商务印书馆"1986 年版。
51. （南宋）黄干：《勉斋集》，台北"商务印书馆"1986 年版。
52. （南宋）赵彦卫撰，傅根清点校：《云麓漫钞》，中华书局 1996 年版。
53. （南宋）陆游："放翁家训"，载王云五主编：《丛书集成初编·黑心符及其他三种》，商务印书馆 1938 年版。
54. （北宋）欧阳修著，吕雪菊点校：《欧阳修全集》，中华书局 2001 年版。
55. （明）吕坤撰：《吕坤全集》，中华书局 2008 年版。
56. （清）陆世仪："治乡三约"，载王德毅主编：《丛书集成三编（第21册）》，台北新文丰出版公司 1997 年版。
57. （西汉）贾谊：《贾谊新书译注》，于智荣译注，黑龙江人民出版社 2003 年版。
58. 中华书局上海编辑所编：《临川先生文集》，中华书局 1959 年版。
59. （北宋）程颢、程颐：《二程集》，中华书局 1981 年版。
60. （唐）韩愈：《昌黎先生集》，北京图书馆出版社 2003 年版。
61. （北宋）范仲淹：《范仲淹全集》，四川大学出版社 2007 年版。
62. （清）黄宗羲：《黄宗羲全集》，浙江古籍出版社 1985 年版。
63. （清）王懋竑撰，何忠礼点校：《朱熹年谱》，中华书局 1998 年版。
64. （明）邹守益：《邹守益集》，凤凰出版社 2007 年版。
65. （清）徐栋：《保甲书》，安徽师范大学出版社 2012 年版。
66. （清）屈大均：《广东新语》，中华书局 1985 年版。
67. （清）西周生：《醒世姻缘传》，齐鲁书社 1980 年版。
68. （清）李颙："二曲集"，清康熙三十三年刻后印本，载邓洪波编：《中国书院学规》，湖南大学出版社 2000 年版。
69. （明）吴麟徵："家诫要言"，载新文丰出版公司编辑部编：《丛书集成新编（第33册）》，台北新文丰出版公司 1985 年版。
70. （明）庞尚鹏："训蒙歌"，载新文丰出版公司编辑部编：《丛书集成新编（第33册）》，台北新文丰出版公司 1985 年版。
71. （明）方孝孺，徐光大校点：《逊志斋集》，宁波出版社 2000 年版。

72. 杨成彪主编：《楚雄彝族自治州旧方志全书（元谋卷）》，云南人民出版社 2005 年版。
73. 杨成彪主编：《楚雄彝族自治州旧方志全书（牟定卷）》，云南人民出版社 2005 年版。
74. 王卫宾：《中国名城掌故丛书·深圳掌故》，海天出版社 2013 年版。
75. 中国人民政治协商会议许昌市政协文史资料研究委员会编：《许昌文史资料》，许昌市政协文史资料研究委员会 1985 年版。
76. （清）俞森："社仓考"，载李文海、夏明方主编：《中国荒政全书（第2辑第1卷）》，北京古籍版社 2004 年版。
77. （南宋）沈作宾："嘉泰会稽志"，载中华书局编辑部：《宋元方志丛刊》，中华书局 1990 年版。
78. （明）程敏政辑撰，何庆喜、于石点校：《新安文献志》，黄山书社 2004 年版。
79. 《（嘉靖）惠州府志》，明嘉靖刻本，北京爱如生数字化技术研究中心制作：《中国方志库》电子数据库。
80. （明）王崇献修：《（嘉靖）宣府镇志》，嘉靖四十年刻本，北京爱如生数字化技术研究中心制作：《中国方志库》电子数据库。
81. 《丹徒碑碣志》，光绪五年刊丹徒县志本，北京爱如生数字化技术研究中心制作：《中国金石库》电子数据库。
82. （清）佘华瑞：《岩镇志草》，《中国地方志集成·乡镇志专辑（第27册）》，江苏古籍出版社 1992 年版。
83. （清）屠继善：《（光绪）恒春县志》，清钞本，北京爱如生数字化技术研究中心制作：《中国方志库》电子数据库。
84. （明）章潢：《（万历）新修南昌府志》，明万历十六年刻本，北京爱如生数字化技术研究中心制作：《中国方志库》电子数据库。
85. （清）程素期修：《（康熙）邹平县志》，清康熙三十四年刻本，北京爱如生数字化技术研究中心制作：《中国方志库》电子数据库。
86. （清）江亦显修：《（光绪）兴文志》，清光绪二年刻本，北京爱如生数字化技术研究中心制作：《中国方志库》电子数据库。
87. （明）郭棐：《（万历）广东通志》，明万历三十年刻本，北京爱如生数字化技术研究中心制作：《中国方志库》电子数据库。
88. 《广东金石略（金石略一）》，清道光二年刊广东通志本，北京爱如生数字化技术研究中心制作：《中国金石库》电子数据库。
89. （明）郭棐：《粤大记》，书目文献出版社 1991 年版。
90. （明）陈效修，（明）黄仲昭纂：《（弘治）大明兴化府志》，清同治十年重刻本，北京爱如生数字化技术研究中心制作：《中国方志库》电子数据库。
91. （明）何齐远纂：《（崇祯）闽书》，明崇祯刻本，北京爱如生数字化技术研究中心制作：《中国方志库》电子数据库。

92. （清）冯鼎高修：《（乾隆）华亭县志》，清乾隆五十六年刊本，北京爱如生数字化技术研究中心制作：《中国方志库》电子数据库。

93. （清）徐宗干修：《（道光）济宁直隶州志》，清咸丰九年刻本，北京爱如生数字化技术研究中心制作：《中国方志库》电子数据库。

94. （明）韩晟等修：《（万历）遂安县志》，明万历四十年修钞本，北京爱如生数字化技术研究中心制作：《中国方志库》电子数据库。

95. （明）罗炌修：《（崇祯）嘉兴县志》，明崇祯十年刻本，北京爱如生数字化技术研究中心制作：《中国方志库》电子数据库。

96. （清）阿思哈修：《（乾隆）续河南通志》，清乾隆三十二年刻本，北京爱如生数字化技术研究中心制作：《中国方志库》电子数据库。

97. （清）佚名修：《（光绪）黔西州续志》，清光绪刻本，北京爱如生数字化技术研究中心制作：《中国方志库》电子数据库。

98. （清）阿麟修：《（光绪）新修潼川府志》，清光绪二十三年刻本，北京爱如生数字化技术研究中心制作：《中国方志库》电子数据库。

99. （明）陈舜仁：《（万历）应天府志》，明万历刻增修本，北京爱如生数字化技术研究中心制作：《中国方志库》电子数据库。

100. （清）毕懋弟修，郭文大续修：《（乾隆）威海卫志》，民国十八年铅印本，北京爱如生数字化技术研究中心制作：《中国方志库》电子数据库，第220页。

101. 张传玺主编：《中国历代契约汇编考释》，北京大学出版社1995年版。

102. 《长乐梅花志：乡约二十二条》，厦门大学图书馆藏钞本，转引自董建辉：《明清乡约：理论演进与实践发展》，厦门大学出版社2008年版。

103. 安徽省博物馆编：《明清徽州社会经济资料丛编（第一集）》，中国社会科学出版社1988年版。

104. 四川省档案馆藏：《清代巴县档案汇编（乾隆卷）》，档案出版社1991年版。

105. 四川省档案馆、四川大学历史系主编：《清代乾嘉道巴县档案选编（上）》，四川大学出版社1989年版。

106. 四川省档案馆、四川大学历史系主编：《清代乾嘉道巴县档案选编（下）》，四川大学出版社1996年版。

107. 四川省档案馆编：《清代巴县档案整理初编：司法卷·乾隆朝（一）》，西南交通大学出版社2015年版。

108. 四川省南充市档案馆编：《清代四川南部县衙门档案》，黄山书社2016年版。

109. 彭泽益选编：《清代工商行业碑文集粹》，中州古籍出版社1997年版。

110. 苏州历史博物馆等合编：《明清苏州工商业碑刻集》，江苏人民出版社1981年版。

111. 李华编：《明清以来北京工商会馆碑刻选编》，文物出版社1980年版。
112. 上海博物馆图书资料室编：《上海碑刻资料选辑》，上海人民出版社1980年版。
113. 广州市人民政府地方志办公室编：《地方史志与广州城市发展研究》，广州出版社2013年版。
114. 虞新华主编：《武进掌故（下）》，中国文史出版社2000年版。

二、著作类

1. 杨开道：《中国乡约制度》，山东省乡村服务人员训练处1937年版。
2. 杨开道：《中国乡约制度》，商务印书馆2015年版。
3. 闻钧天：《中国保甲制度》，上海商务印书馆1936年版。
4. 黄强：《中国保甲实验新编》，正中书局1935年版。
5. 萧一山：《清代史（原名清史大纲）》，商务印书馆1945年版。
6. 瞿同祖：《清代地方政府》，范忠信、何鹏、晏锋译，法律出版社2011年版。
7. 赵秀玲：《中国乡里制度》，社会科学文献出版社1998年版。
8. ［美］包弼德：《历史上的理学》，［新加坡］王昌伟译，浙江大学出版社2009年版。
9. ［美］包弼德：《斯文：唐宋思想的转型》，刘宁译，江苏人民出版社2001年版。
10. 张晋藩：《中国法制史》，中国政法大学出版社2002年版。
11. 萧公权：《中国乡村——19世纪的帝国控制》，张浩、张升译，九州出版社2018年版。
12. 吴松弟：《北方移民与南宋社会变迁》，（台北）文津出版社1993年版。
13. 张中秋：《原理及其意义——探索中国法律文化之道》，中国政法大学2010年版。
14. 余英时：《朱熹的历史世界——宋代士大夫政治文化的研究》，生活·读书·新知三联书店2011年版。
15. 余英时：《士与中国文化》，上海人民出版社2003年版。
16. 蔡少卿：《中国秘密社会》，浙江人民出版社1989年版。
17. ［日］滋贺秀三等：《明清时期的民事审判与民间契约》，王亚新、梁治平编，王艳新、范愉、陈少峰译，法律出版社1998年版。
18. ［日］中岛乐章：《明代乡村纠纷与秩序：以徽州文书为中心》，郭万平、高飞译，江苏人民出版社2012年版。
19. 刘笃才、祖伟：《民间规约与中国古代法律秩序》，社会科学文献出版社2014年版。
20. 朱鸿林：《孔庙从祀与乡约》，生活·读书·新知三联书店2015年版。
21. ［法］谢和耐：《蒙元入侵前夜的中国日常生活（插图本）》，刘东译，北京大学出版社2008年版。
22. 梁治平：《清代习惯法：社会与国家》，中国政法大学出版社1996年版。

23. 黄宽重：《宋代的家族与社会》，国家图书馆出版社 2009 年版。
24. 邢铁：《宋代家庭研究》，上海人民出版社 2005 年版。
25. ［法］托克维尔：《论美国的民主（上卷）》，董果良译，商务印书馆 1988 年版。
26. 刘润忠：《社会行动·社会系统·社会控制：塔尔科特·帕森斯社会理论述评》，天津人民出版社 2005 年版。
27. Talcott Parsons, *The Social System*, Taylor & Francis Group, 2005.
28. 段自成：《清代北方官办乡约研究》，中国社会科学出版社 2009 年版。
29. 董建辉：《明清乡约：理论演进与实践发展》，厦门大学出版社 2008 年版。
30. 吴佩林：《清代县域民事纠纷与法律秩序考察》，中华书局 2013 年版。
31. 牛铭实编著：《中国历代乡规民约》，中国社会出版社 2014 年版。
32. ［美］狄百瑞：《亚洲价值与人权：儒家社群主义的视角》，尹钛译，社会科学文献出版社 2012 年版。
33. Throdore de Bary, *Asian Values and Human Rights*, Harvard University Press, 1998.
34. ［美］狄百瑞：《中国的自由传统》，李弘祺译，香港中文大学出版社 1983 年版。
35. ［意］贝奈戴托·克罗齐：《历史学的理论和实际》，傅任敢译，商务印书馆 1982 年版。
36. 许娟：《从符号到信号：乡约价值、类型与机理的考察》，中国社会科学出版社 2012 年版。
37. 梁漱溟：《乡村建设理论》，上海人民出版社 2006 年版。
38. 陈来：《宋明理学》，生活·读书·新知三联书店 2011 年版。
39. 陈来：《朱子哲学研究》，华东师范大学出版社 2000 年版。
40. 陈来：《有无之境——王阳明哲学的精神》，人民出版社 1991 年版。
41. 常建华：《明代宗族研究》，上海人民出版社 2005 年版。
42. 常建华：《明代宗族组织化研究》，故宫出版社 2012 年版。
43. 常建华：《宋以后宗族的形成及地域比较》，人民出版社 2013 年版。
44. ［日］酒井忠夫：《中国善书的研究》，刘岳兵等译，江苏人民出版社 2010 年版。
45. 孟宪实：《敦煌民间结社研究》，北京大学出版社 2009 年版。
46. 梁庚尧：《南宋的农村经济》，新星出版社 2006 年版。
47. 李雪梅编著：《碑刻法律史料考》，社会科学文献出版社 2009 年版。
48. 孟淑慧：《朱熹及其门人的教化理念与实践》，台湾大学出版委员会 2003 年版。
49. 杨宽：《古史新探》，中华书局 1965 年版。
50. 谭景玉：《宋代乡村组织研究》，山东大学出版社 2010 年版。
51. ［加］卜正民：《明代的社会与国家》，陈时龙译，商务印书馆 2014 年版。
52. 梁庚尧：《宋代社会经济史论集》，台北允晨文化实业股份有限公司 1997 年版。
53. 何朝晖：《明代县政研究》，北京大学出版社 2006 年版。

54. 吴晗等：《皇权与绅权》，上海书店出版社 1948 年版。
55. 黄志繁：《"贼""民"之间：12—18 世纪赣南地域社会》，生活·读书·新知三联书店 2006 年版。
56. 陈会林编著：《地缘社会解纷机制研究——以中国明清两代为中心》，中国政法大学出版社 2009 年版。
57. 陈宝良：《中国的社与会》，浙江人民出版社 1996 年版。
58. 赵世瑜：《狂欢与日常——明清以来的庙会与民间社会》，生活·读书·新知三联书店 2002 年版。
59. 卞利：《明清徽州社会研究》，安徽大学出版社 2004 年版。
60. 郑金刚：《文书转述：清代州县行政运作与文字·技术》，人民出版社 2016 年版。
61. 俞伟超：《中国古代公社组织的考察——论先秦两汉的"单—僤—弹"》，文物出版社 1988 年版。
62. 刘岱总主编：《吾土与吾民》，生活·读书·新知三联书店 1992 年版。
63. ［日］井上徹：《中国的宗族与国家礼制——从宗法主义角度所作的分析》，钱杭译，钱圣音校，上海书店出版社 2008 年版。
64. ［美］明恩溥：《中国乡村生活》，陈午晴等译，中华书局 2006 年版。
65. 韩大元主编：《中国宪法学说史研究》，中国人民大学出版社 2012 年版。
66. 秦晖：《传统十论》，复旦大学出版社 2004 年版。

三、论文类

1. 马馨："明清时期乡约运行机制研究"，南开大学 2014 年博士学位论文。
2. 吴晓龙："《醒世姻缘传》与明代世俗生活"，上海师范大学 2006 年博士学位论文。
3. 王司瑜："中国古代教化思想及方式研究"，黑龙江大学 2013 年博士学位论文。
4. 杨建宏："宋代礼制与基层社会控制研究"，四川大学 2006 年博士学位论文。
5. 周扬波："宋代士绅结社研究"，浙江大学 2005 年博士学位论文。
6. 翟秀娟："宋代乡约制度研究——兼与中古英国乡村共同体比较"，山东师范大学 2012 年硕士学位论文。
7. 刘欣："宋代家训研究"，云南大学 2010 年博士学位论文。
8. 战秀梅："北宋士大夫地方教化研究"，上海师范大学 2010 年博士学位论文。
9. 吴启琳："传承与嬗变：明清赣南地方政治秩序与基层行政之演化"，复旦大学 2011 年博士学位论文。
10. 康武刚："论宋代基层势力与基层社会控制"，华东师范大学 2009 年博士学位论文。
11. 吴晓玲："宋明理学视野中的法律"，中国政法大学 2005 年博士学位论文。

12. 党晓虹："中国传统乡规民约研究"，西北农林科技大学 2011 年博士学位论文。
13. 杨开道："乡约制度的研究"，载《社会学界》1931 年第 5 卷。
14. 杨开道："吕新吾的乡甲约制度"，载《社会学界》1934 年第 8 卷。
15. 王兰荫："明代之乡约与民众教育"，载《师大月刊》1935 年第 21 期。
16. 吕著青："中国乡约述要"，载《河北月刊》1936 年第 4 卷第 3 期。
17. 吕咸："中国乡约概要"，载《四川县训》1936 年第 3 卷第 9 期。
18. 张哲郎："乡遂遗规——村社的结构"，载刘岱总主编：《吾土与吾民》，生活·读书·新知三联书店 1992 年版。
19. 王日根："论明清乡约属性与职能的变迁"，载《厦门大学学报（哲学社会科学版）》2003 年第 2 期。
20. 韩玉胜：" '宋明乡约'乡村道德教化展开的历史逻辑"，载《伦理学研究》2014 年第 2 期。
21. 谢长法："乡约及其社会教化"，载《史学集刊》1996 年第 3 期。
22. 李玉昆："明清时期泉州推行乡约的若干几问题"，载《闽台民俗》1998 年第 2 期。
23. 段自成："明清乡约的司法职能及其产生原因"，载《史学集刊》1999 年第 2 期。
24. 段自成："论清代北方里甲催科向乡约催科的转变"，载《青海师范大学学报》2005 年第 6 期。
25. 段自成："清代北方官办乡约组织形式述论"，载《中国社会历史评论》第 7 卷，天津古籍出版社 2006 年版。
26. 段自成："论清代北方乡约和保甲的关系"，载《兰州学刊》2006 年第 3 期。
27. 张中秋："乡约的诸属性及其文化原理认识"，载《南京大学学报（哲学·人文科学·社会科学版）》2004 年第 5 期。
28. 张中秋："概括的传统中国的法理观——以中国法律传统对建构中国法理学的意义为视点"，载《法学家》2010 年第 2 期。
29. 梁治平："中国法律史上的民间法——兼论中国古代法律的多元格局"，载《中国文化》1997 年第 15、16 期。
30. ［日］内藤湖南："唐宋時代の研究——概括的唐宋時代観"，载《歴史と地理》1922 年第 9 卷第 5 号。
31. 刘志松、冯志伟："宋以来乡约与乡约法探析——以乡约碑刻为考察对象"，载谢晖，陈金钊主编：《民间法（第十二卷）》，厦门大学出版社 2013 年版。
32. 刘志松、冯志伟："中国古代基层社会民间规范体系略论"，载《贵州师范大学学报（社会科学版）》2014 年第 1 期。
33. 刘志松："中国古代基层社会权威体系及其博弈"，载《吉首大学学报（社会科学版）》2013 年第 3 期。

34. 谢晖:"论民间法研究的学术范型",载《政法论坛》2011 年第 4 期。
35. 于语和、张殿军:"民间法的限度",载《河北法学》2009 年第 3 期。
36. 汪毅夫:"明清乡约制度与闽台乡土社会——《闽台区域社会研究》之一节",载《台湾研究集刊》2001 年第 3 期。
37. 汪毅夫:"试论明清时期的闽台乡约",载《中国史研究》2002 年第 1 期。
38. 孙江:"后现代主义、新史学与中国语境",载杨念群等主编:《新史学——多学科对话的图景》,中国人民大学出版社 2003 年版。
39. 黄兴涛:"清末民初新名词新概念的'现代性'问题——兼谈'思想现代性'与现代'社会'概念的中国认同",载《天津社会科学》2005 年第 4 期。
40. [德]方维规:"历史语义学与概念史——关于定义和方法以及相关问题的若干思考",载冯天瑜等主编:《语义的文化变迁》,武汉大学出版社 2007 年版。
41. 孙江:"概念、概念史与中国语境",载《史学月刊》2012 年第 9 期。
42. 李宏图:"概念史与历史的选择",载《史学理论研究》2012 年第 1 期。
43. 周永坤:"中国司法概念史研究",载《法治研究》2011 年第 4 期。
44. 屈文生:"一项关于近代'宪法'概念史的研究——以清末民初的若干法律辞书为考察视角",载《贵州社会科学》2012 年第 7 期。
45. 林来梵:"国体概念史:跨国移植与演变",载《中国社会科学》2013 年第 3 期。
46. 韩大元:"比较宪法概念在近代中国的演变",载《比较法研究》2015 年第 6 期。
47. 贺卫方:"'契约'与'合同'的辨析",载《法学研究》1992 年第 2 期。
48. [日]岸本美绪:"明清契约文书",载[日]滋贺秀三等著,王亚新等编译:《明清时期的民事审判与民间契约》,法律出版社 1998 年版。
49. 俞江:"'契约'与'合同'之辨—以清代契约文书为出发点",载《中国社会科学》2003 年第 6 期。
50. 阿风:"中国历史上的'契约'",载《安徽史学》2015 年第 4 期。
51. 王金洪、郭正林:"王阳明的乡村治理思想及实践体系探析",载《华南师范大学学报(社会科学版)》1999 年第 4 期。
52. 衷海燕:"明代中叶乡约与社区治理——吉安府乡约的个案研究",载《华南农业大学学报(社会科学版)》2004 年第 3 期。
53. 曹国庆:"王守仁与《南赣乡约》",载《明史研究》1993 年第 3 辑。
54. 曹国庆:"明代乡约发展的阶段性考察——明代乡约研究之一",载《江西社会科学》1993 年第 8 期。
55. 曹国庆:"王守仁的心学思想与他的乡约模式",载《社会科学战线》1994 年第 6 期。
56. 曹国庆:"明代乡约推行的特点",载《中国文化研究》1997 年第 1 期。
57. 曹国庆:"明代乡约研究",载《文史》1999 年第 1 辑。

58. 朱鸿林："明代嘉靖年间的增城沙堤乡约"，载侯仁之、周一良主编：《燕京学报》新 8 期，北京大学出版社 2000 年版。

59. 朱鸿林："从沙堤乡约谈明代乡约研究问题"，载张国刚主编：《中国社会历史评论》第 2 卷，天津古籍出版社 2000 年版。

60. 黄志繁："乡约与保甲：以明代赣南为中心的分析"，载《中国社会经济史研究》2002 年第 2 期。

61. 常建华："宋明以来宗族制形成理论辨析"，载《安徽史学》2007 年第 1 期。

62. 常建华："明代徽州的宗族乡约化"，载《中国史研究》2003 年第 3 期。

63. 常建华："明清山西碑刻里的乡约"，载《中国史研究》2010 年第 3 期。

64. 常建华："明代江浙赣地区的宗族乡约化"，载《史林》2004 年第 5 期。

65. 常建华："乡约的推行和明朝对基层社会的治理"，载朱诚如、王天有主编：《明清论丛》第 4 辑，紫禁城出版社 2003 年版。

66. 常建华："国家与社会：明清时期福建泉州乡约的地域化——以《福建宗教碑铭汇编·泉州府分册》为中心"，载《天津师范大学学报（社会科学版）》2007 年第 1 期。

67. 伍跃："'在民之役'：巴县档案中的乡约群像——近代以前中国国家统治社会的一个场景"，载徐世虹主编：《中国古代法律文献研究（第十辑）》，社会科学文献出版社 2016 年版。

68. ［韩］李瑾明："朱熹的《增损吕氏乡约》和朝鲜社会——以对朝鲜乡约特性的研究为中心"，载葛志毅主编：《中国古代社会与思想文化研究论集（第二辑）》，黑龙江人民出版社 2007 年版。

69. 马镛："我国古代的乡约道德教育"，载《道德与文明》1992 年第 4 期。

70. 金滢坤："论唐五代宋元的社条与乡约（二）——以吕氏乡约、龙祠乡社义约为中心"，载《敦煌研究》2008 年第 1 期。

71. 方钰、孙华莹："浅析宋明时期乡约的发展及功能发挥"，载《哈尔滨学院学报》2011 年第 7 期。

72. 韩玉胜："'宋明乡约'乡村道德教化展开的历史逻辑"，载《伦理学研究》2014 年第 2 期。

73. 杨建宏："《吕氏乡约》与宋代民间社会控制"，载《湖南师范大学社会科学学报》2005 年第 9 期。

74. 胡庆钧："从蓝田乡约到呈贡乡约"，载《云南社会科学》2001 年第 3 期。

75. 杨华："战国秦汉时期的里社与私社"，载《天津师范大学学报（社会科学版）》2006 年第 1 期。

76. 孟宪实："论唐宋时期敦煌民间结社的组织形态"，载《敦煌研究》2002 年第 1 期。

77. 杨富学、焦进文："河南濮阳新发现的元末西夏遗民乡约"，载《宁夏社会科学》2001

年第 9 期。
78. 宁可："汉代的社"，载《文史》第 9 辑，中华书局 1980 年版。
79. 宁可："关于《侍廷里父老僤买田约束石券》"，载《文物》1982 年第 12 期。
80. 邢义田："汉代的父老、与聚族里——《侍廷里父老僤买田约束石券》读记"，载《汉学研究》（台北）1983 年第 1 卷第 2 期。
81. 张金光："有关东汉侍廷里父老僤的几个问题"，载《史学月刊》2003 年第 10 期。
82. 林兴龙："东汉《侍廷里父老僤买田约束石券》相关问题研究"，载《云南师范大学学报（哲学社会科学版）》2007 年第 4 期。
83. 高天霞："论唐宋时期敦煌民间结社的当代意义——以敦煌社邑文书为中心"，载《东南学术》2012 年第 4 期。
84. ［日］竺沙雅章："敦煌出土'社'文书研究"，载《东方学报》1964 年总 35 分册。
85. 李龙潜："明代钞关制度述评——明代商税研究之一"，载《明史研究》1994 年第 4 辑。
86. 周扬波："宋代乡约的推行状况"，载《浙江大学学报（人文社会科学版）》2005 年第 5 期。
87. 程泽时、徐晓光："托古改制与历史实证：乡约新论"，载《政法论丛》2016 年第 4 期。
88. 王善军："范氏义庄与宋代范氏家族的发展"，载《中国农史》2004 年第 2 期。
89. 于语和、张殿军："民间法的限度"，载《河北法学》2009 年第 3 期。
90. 季卫东："论法制的权威"，载《中国法学》2013 年第 1 期。
91. 白钢、林广华："论政治的合法性原理"，载《天津社会科学》2002 年第 4 期。
92. 吴晓龙、陶学荣、陶睿："乡约与明代乡村社会治理——以《醒世姻缘传》为例"，载《甘肃社会科学》2006 年第 5 期。
93. 秦富平："明清乡约研究述评"，载《山西大学学报（哲学社会科学版）》2006 年第 3 期。
94. 李江："王阳明的心学思想与《南赣乡约》的推行"，载《江西师范大学学报》1994 年第 2 期。
95. 韩秀桃："《教民榜文》所见明初基层里老理讼制度"，载《法学研究》2000 年第 3 期。
96. 贺宾、陈伟："传统社会的民间组织与乡村社区的道德教化——以《泰泉乡礼》为中心的考察"，载《石家庄学院学报》2006 年第 5 期。
97. 黄宽重："从中央与地方关系互动看宋代基层社会演变"，载《历史研究》2005 年第 4 期。
98. 刁培俊："官治、民治规范下村民的'自在生活'——宋朝村民生活世界初探"，载

《文史哲》2013 年第 4 期。

99. 孔妮妮:"论南宋后期理学官员对基层社会秩序的构建——以真德秀为中心的考察",载《历史教学问题》2013 年第 2 期。

100. 田晓忠:"论宋代乡村组织演变与国家乡村社会控制的关系",载《思想战线》2012 年第 3 期。

101. 傅衣凌:"中国传统社会:多元的结构",载《中国社会经济史研究》1988 年第 3 期。

102. 申万里:"宋元乡饮酒礼考",载《史学月刊》2005 年第 2 期。

103. 姚伟钧:"乡饮酒礼探微",载《中国史研究》1999 年第 1 期。

104. 王美华:"乡饮酒礼与唐宋地方社会",载《社会科学辑刊》2010 年第 4 期。

105. 王君、杨富学:"《龙祠乡约》所见元末西夏遗民的乡村建设",载《宁夏社会科学》2013 年第 1 期。

106. 赵丽君:"清代新疆乡约制度研究三题",载《新接师范大学学报(哲学社会科学版)》2006 年第 4 期。

107. 李江龙:"清代西和乡约职能探究——以西和县档案馆馆藏清代档案为例",载《档案》2017 年第 5 期。

108. 范愉:"试论民间社会规范与国家法的统一适用",载谢晖、陈金钊主编:《民间法(第一卷)》,山东人民出版社 2002 年版。

109. 苟德仪:"清代教官的宣讲与地方教化——兼及科举制废除对教官的影响",载吴佩林、蔡东洲主编:《地方档案与文献研究(第 1 辑)》,社会科学文献出版社 2014 年版。

110. 陈亚平:"清代巴县的乡保客长与地方秩序——以巴县档案史料为中心的考察",载《太原师范学院学报(社会科学版)》2007 年第 5 期。

111. 孙海泉:"清代中叶直隶地区乡村管理体制——兼论清代国家与基层社会的关系",载《中国社会科学》2003 年第 3 期。

112. 魏光奇:"清代乡地职役人员问题考辨",载《北京师范大学学报(社会科学版)》2013 年第 1 期。

113. 黄士斌:"河南偃师县发现汉代买田约束石券",载《文物》1982 年第 12 期。